道德增强技术的
伦理问题研究

RESEARCH ON ETHICAL ISSUES OF
R M ORAL ENHANCEMENT
TECHNOLOGY

陈万球　著

社会科学文献出版社
SOCIAL SCIENCES ACADEMIC PRESS (CHINA)

目　录

导　论

　　增强自身一直是人类不懈的追求。随着以提升人类能力为目标的纳米技术、生物技术、信息技术和认知科学（Nano-Bio-Info-Cogno，NBIC）会聚技术的发展，梦想正在快速成为现实。人类正进入一个"增强的社会"（Enhancement Society），利用高新技术推进人类精神世界的认知增强、情感增强和道德增强正在成为现实，由此引发了学界热议，其中以"道德增强"争议为最。道德增强技术及其发展，可能会引发更内在深刻、更复杂艰巨的伦理问题，我们不能无视，必须主动应对。

　　随着科学技术的发展，尤其是生物医疗技术的发展，人类增强获得了空前的技术支持。人类增强的历程先是从增强人外化于行的身体开始，再由外向内深入人的精神世界，主要方式是通过技术提高人们应对自然的适应能力和面对疾病的抵御能力，甚至修正基因缺陷使人从未降生之时便被塑造至趋向完美的标准，让人寿命更长，体格更强健，外貌更精致，或大脑更聪慧。① 人类对自身的增强和完善由来已久，从外在身体的强化扩展到内在的思想道德领域，② 如今更试图通过生物技术手段提高人的道德感和美德意识。

　　然而，增强技术与任何重大新技术一样，一方面将使人类实现优化自身和后代的美好梦想；另一方面也会由于使用不当而带来各类风险，给人类社会造成种种不良影响甚至带来各种伦理问题。人类整体道德水平的高低，似乎决定着人类社会的整体氛围，高道德水平的社会可被称为理想的天堂，而低道德水平的社会会被视作恶魔苟且的地狱。道德增强技术的提

---

① 江璇：《人体增强技术与良善生活的身体伦理维度探析》，《伦理学研究》2014 年第 1 期，第 114～117 页。

② 冯烨：《国外人类增强伦理研究的综述》，《自然辩证法通讯》2012 年第 4 期，第 118～124、128 页。

出就是为了增强个体的自律性和向善性。道德标准与要求因文化背景和习俗的差异而异，善恶的划分也因人而异。① 因此，意识层次的界定比身体机能的辨别更为困难，并且在使用道德增强技术实现优化自身这一梦想的道路上，还存在着关于自由、公平、安全和人格等一系列问题。科学技术向来是一把"双刃剑"，道德增强技术也是如此。由此，道德增强技术在学术界引发了一场激烈的辩论，增强派与反增强派两个学派的学者的辩论围绕着"人类是否有权行使道德增强技术"而展开，并以实现构建完整的道德提升理论体系、提出可行的技术实际应用方案为目标。

人类正在开创一个用技术干预和控制道德的时代，其后果难以预料。一方面，道德增强技术提供一个全新的思维模式，为道德提升开辟了新进路；另一方面，道德增强技术对传统道德的冲击更为复杂和深刻，由此引发的道德问题亟待人们去研究回答。对此，我们从既有的伦理资源中似乎无法寻找到现成的答案。因此，本书对于深入揭示道德发展的新规律、新方法，拓展技术伦理学研究新视野和新领域，促进生命伦理学学科发展等具有一定意义。

道德增强技术是人类运用最新技术深入干预人类精神世界的全新方式。道德增强技术有科学的生理机制和道德进步性，因而能够得到合理性辩护。道德增强技术不同于传统的道德增强，它打开了一个全新的道德空间，提供了全新的道德思维与行为模式，创造了全新的道德进步路径，展现了人类无限美好的道德前景，对于促进人类道德的完善、实现人的自由全面发展等具有重要意义。传统道德增强与非传统道德增强相辅相成，共同推动人类的道德进步。

道德增强伦理问题是在道德增强技术研发和应用过程中引发的，深入挖掘这一具有独特性的伦理问题意义重大。道德增强伦理问题的实质是技术对人性的侵蚀在伦理上的表现，是技术的异化，其根源是复杂而多元的。技术自身的局限性、技术与价值的冲突、对道德神圣性的忽视和缺乏伦理法律规制等共同构成了道德增强伦理问题的沉重面向。人类可以做的，并不一定是应该做的。人类必须谨慎对待道德增强技术，尽早开展相关问题

---

① 张灿：《人类增强的类型、范式与伦理争议》，《东北大学学报》（社会科学版）2018 年第 1 期，第 1~6 页。

研究非常重要。

　　面对道德增强技术的发展，激进主义赞成派显得过于乐观，而保守主义反对派表现得过于谨慎。激进主义和保守主义都有可能走向极端，应该提倡一种积极又谨慎的技术发展策略：对使用基因编辑技术设计"道德完美婴儿"等行为。必须禁止研发和应用；对兼具正负价值维度的技术，必须谨慎研发和应用，如催产素；对完全有利于人类的技术，应当自由研发和应用，如利他林。道德增强伦理问题的治理是一个系统工程，我们认为：其治理基石是确立科学合理的伦理原则，治理重点是构建"五位一体"治理机制，实践维度是技术临床应用的限度，治理关键是实施适宜的技术分级制度。

　　总之，道德增强技术的发展之路任重道远，我们需要以平衡、审慎的态度，通过完善的治理体系，引导其朝着有利于人类的方向健康发展，让技术真正成为增进人类福祉、推动社会进步的有力工具，而非引发混乱和伦理危机的源头。只有这样，我们才能在科技进步与伦理道德之间找到和谐共生的广阔天地，实现人类社会的可持续发展。

第一章 从人类增强技术到道德增强技术

随着科学技术的迭代进步，如何"增强"自己成为人们所关注的焦点之一。旨在改善人类精神层面的认知增强、情感增强和道德增强也已经在欧美一些国家进行实验论证，并逐渐成为现实，引起了国际社会的广泛关注。其中，"道德增强"最具前沿性，也最具争议性。道德增强技术与人类增强技术有着千丝万缕的联系，两者存在着众多相似之处。人类增强技术的发展路径在某种程度上影响着道德增强技术未来的发展方向。所以，本章从人类增强技术入手，进而分析道德增强技术的缘起与含义以及道德增强的技术路线与实施量度，最后分析其发展阶段。

一 人类增强技术的含义与特征

道德增强技术是从人类增强技术中演绎而来的，其发展也因袭人类增强技术的某些特性。因此，在深入探讨道德增强技术之前，必须把握人类增强技术的概念、类型、特征及其应用发展等。

1. 人类增强技术的概念

人类增强是一个既古老又年轻的重要议题。自人类诞生以来，人就一直力图提升自己在时间和空间上的行为能力。通过食物、药物、运动等来增强体质、延年益寿的尝试都可以看作人类为实现增强愿望做出的努力。近年来，随着人工智能技术、生物与基因工程技术、认知科学以及纳米技术等科学技术取得突破性发展，人类自然进化的步伐和节奏正在被打乱和重组，关于人类自身发展的一种新的观念，即"人类增强技术"进而出现。邱仁宗认为，人类增强是指，"用人工的手段即技术克服人体的目前限制，增强人的认知、情态、体能以及延长寿命，使得人比目前更健康和幸福"。[①]

---

① 邱仁宗：《人类增强的哲学和伦理学问题》，《哲学动态》2008 年第 2 期，第 33~39 页。

2003 年，美国发布了一篇题为《用以增强人类功能的技术的汇合：纳米技术、生物科技、信息技术及认知科学》的研究报告。该报告建议大力投资人类增强项目，因为它会带来巨大好处。由此，人类增强计划被提上了重要议事日程。这一计划的重心是主张大力投资和发展 NBIC 会聚技术，以此为基础来推进人类自身的发展，也就是"人类增强"。

对于人类增强的具体内涵，目前有多种解释。从国外学者的研究来看，尼克·博斯特罗姆（Nick Bostrom）和安德斯·桑德伯格（Anders Sandberg）把人类增强定义为"是提高人们的次级系统功能（例如长时记忆），使其超出个体的正常功能范围，或者增加一些新功能的一种干预措施"。[①] 塔玛拉·加西亚（Tamara Garcia）和罗纳德·桑德勒（Ronald Sandler）把人类增强技术定义为"提高或者增强人类某些核心的认知、生理、感觉或者心理的能力，或者赋予人类一些超出基本能力之外的特殊能力的技术"。[②] 帕特里克·林（Patrick Lin）和弗里茨·奥尔霍夫（Fritz Allhoff）认为，从严格意义上来讲，"人类增强包括任何能够提高我们身体素质、充实我们思想和提升能力的活动方式。因此，阅读书籍、进行体育锻炼都可以称为人类的增强"。[③] 国内学者甘绍平认为："所谓增强是指并非通过训练与教育，而是借由药物、手术或生物技术手段，使健康人的形体与能力获得超出维持与重建健康所需的改善、美化和提效的活动。这就包括通过手术美化外表形体，通过药物提高身体效能（运动能力、性能力、抗衰老）、增进认知与心智能力（注意力、记忆力）、改善品格特征和道德素质（同情心、信任感、利他性及亲社会行为），通过基因干预塑造未来人类的身体与心理状态。"[④] 从这些论述中不难看出，国内外学者对"人类增强"这一概念的具体定义虽然在说法上互不相同，但基本内涵还是较为统一的。概言之，"人类增强"指的就是以技术化手段来增进人的各种能力和生理水平，使其达到自然进化以及教育训练所无法达到的高度的活动过程。换言之，"人类增

---

① Bostrom, N., & Sandberg, A., "The Wisdom of Nature: An Evolutionary Heuristic for Human Enhancement," in Savulescu, Julian, & Bostrom, Nick, eds., *Human Enhancement* (Oxford: Oxford University Press, 2009), p. 378.

② Garcia, T., & Sandler, R., "Enhancing Justice?" *Nanoethics* 2(2008): 278.

③ Lin, Patrick, & Allhoff, Fritz, "Untangling the Debate: The Ethics of Human Enhancement," *Nanoethics* 2(2008): 251. https://doi.org/10.1007/s11569-008-0046-7, 2008-02-18.

④ 甘绍平：《对人类增强的伦理反思》，《哲学研究》2018 年第 1 期，第 116 页。

强"作为一种促进人的发展的方式，在方法上是人工的、技术化的，尤其强调的是对新型科学技术的运用，而在目标或结果上则是超出人的正常功能限制的。这种方式与传统的自然进化以及教育实践等人的发展路径和方式有重大区别。

2. 人类增强技术的类型

人类增强技术所涵盖的范围较广，包括从人的外在至人的内在的增强。目前人类增强技术的类型大致可以分为以下几种：生理增强、认知增强、道德增强、复合增强等。

（1）生理增强

生理增强是指通过直接作用于人体的方式，使人体的生理能力进一步得到提升从而超过正常人体能力范围，包括在人体原有功能基础上的增强和增加人体之前没有的功能等。传统意义上的生理增强一般指通过外部手段来干预或者增强人体。例如，美容整形技术通过技术手段来改善人的外貌，从而对人的外形美观起到增强的作用；人们通过使用健身器械以及坚持不懈锻炼和运动，再加之饮食的搭配来增强自身的体质，进而拥有优于一般人的健壮体魄；人们通过使用人工耳蜗技术使耳聋的人重获听觉；等等。作用于人体的生理增强逐渐由对人的外部干预转化为对人的内部干预，将技术与身体进行融合，构建出更为强壮聪明和具有新功能的身体。例如，人们利用现代高科技，将晶状体植入人的眼球来修复原本受损的视力，让人们在恢复视力的基础上还能获得更好的视力，甚至还能获得超乎常人的"千里眼"的能力；通过使用基因编辑技术，让由于携带耳聋基因而一出生便耳聋的婴儿拥有与听力健康的常人相同的基因片段，从而表现出正常听力的性状，甚至还能拥有超乎常人的"顺风耳"的能力；对于身患残疾的人，可以将医学机械骨骼与他们的肢体相连接，从而使其身体重新获得肢体完整性和实用性，甚至拥有超过原有肌体的速度和耐力。

（2）认知增强

认知增强是指通过使用一系列技术手段，提升人对于信息的提取、分析等能力，从而使人获得超出常人普遍水平的认知优势，主要包括利用人工植入物、药物、基因干预以及 NBIC 会聚技术等手段来进一步提升人的记忆能力、推理能力等综合认知能力。例如，人们通过在大脑中植入某个器械，提升人的神经反应能力或扩大大脑的容量；在大脑中植入一个装载了海量信息的超级芯片，使人脑达到计算机一般的计算能力和反应速度以及获得拥有巨大信息存储量的能力；通过使用兴奋剂、抗抑郁药等神经性药物来提升人的专注度、反应力、想象力、记忆力和执行力；等等。

（3）道德增强

道德增强是指通过药物的应用、信息技术的使用、外部对脑部的刺激或纳米技术的使用等来增强人的道德行为及情绪。对于道德增强的应用，较为传统的方式是通过使用信号或提示等外在的方式来引导、督促人的行为，使人的行为始终符合道德标准。伴随着科学技术尤其是神经外科技术的发展，道德增强开始逐渐由作用于人的外在的方式转变为通过作用于人的内在的方式来增强人的道德行为，即直接在大脑中注入道德信息并使其成为人脑的一部分从而增强人的道德行为。例如，人们利用药物来提升一部分人的道德水平，一些人在使用后叶催产素和血清素后，相比以前更富有同情心和责任感；通过神经外科手术或者神经药物来直接作用于人脑，从而达到提升人的道德品质、让人变得更加友好善良、增强人的奉献精神等目的。当然，认知增强和道德增强之间存在着紧密的关系。因为一个人对于道德的判断取决于这个人的自我反省能力和逻辑推理能力等，所以人的认知能力对道德行为很重要，拥有较高的认知能力通常也会有较高的道德水平。但是认知能力的高低与道德水平的高低是不成正比的，认知能力的增强与道德的增强之间也并不存在必然关系，如一个智商很高的人也可能存在一些不道德的思想从而去做一些违法乱纪的事。

（4）复合增强

复合增强主要是利用 NBIC 会聚技术来实现的。NBIC 会聚技术是将纳米技术、生物技术、信息技术、认知科学聚集在一起的技术。随着 NBIC 会聚技术的广泛应用，人类和技术之间的关系也愈发紧密，人类逐渐成为技术的一部分或者说技术成为人体的一部分。复合增强有以下特点。一是复合增强从不同的角度出发为人类增强了自身或者提供了新的能力，但正是因为复合增强是不同科技领域共同汇聚而生的产物，所以会使得不同类型的增强之间的界限逐渐变得模糊，即在复合增强的应用中，生理增强、认知增强和道德增强三者之间的界限伴随着人机的交互而逐渐消失。二是 NBIC 会聚技术不单单实现了人的逐渐技术化，反过来也加快了技术的人格化，使得人与技术之间逐渐变得统一，进而形成了人机共同体。NBIC 会聚技术从一方面来说能够极大增强人的能力、加速社会生产力的发展，但是从另一方面来说，其带来的人类增强可能会导致新的超过现有正常人普遍水平的人产生。所以对于 NBIC 会聚技术的应用引起了学者的担心，即现阶段的，我们所看到的人是否会在今后的某天，被人类增强技术所孕育出来的新兴人类所取代。假如这一设想成为现实的话，不仅是人类的生存安全将受到威胁，人类从古至今衍生的价值体系和文化也将面临危机。

3. 人类增强技术的特征

人类增强技术的研究从 20 世纪 90 年代就已开始，关于此课题的研究时间及内容都具有较大的跨度，因此学界对人类增强技术定义的阐述略有不同。人类增强技术可描述为应用相关的科学技术使人类增加额外的特殊能力或改善原有的正常功能的方式，[①] 也可论述为通过与治疗相反的方式改变身体的结构和功能使个人能力提高，并超出一般个体正常运作的范围。[②] 不过，我们能从学者的界说中归纳出一个较为统一的界定，即人类增强技术是一种不以恢复正常能力水平的治疗为目的，而是试图在正常水平之上增强人类外在和内在的实力的新兴技术。由此可推断，人类增强技术的主要发展特征如下。

第一，人类增强技术的研发更偏向于非自然的、人为的方向。虽然对人类增强技术的探究中包含"自然"的方式，如自我教育以及工具的使用等，但是人类增强技术更侧重于对新兴技术和会聚技术的构建与分析。其中主要的会聚技术是纳米技术、生物技术、信息技术以及认知科学的融合与协同，[③] 而这四大技术又可具体细分为多种科学应用技能。例如，仅生物技术就包括基因工程、细胞工程、发酵工程、酶工程与蛋白质工程等主要内容，而且能从每项工程中再次细分出多种技术。

第二，人类增强技术的发展路径最凸显的特征是由外至内的转变。一方面，会聚技术由外部性技术转向内部性技术。外部性技术是指以物质或

---

① 江璇：《人类增强技术的发展与伦理挑战》，《自然辩证法研究》2014 年第 5 期，第 43~48 页。

② Lin, Patrick, & Allhoff, Fritz, "Untangling the Debate: The Ethics of Human Enhancement," *Nanoethics* 2(2008): 251. https://doi.org/10.1007/s11569-008-0046-7, 2008-02-18.

③ 王国豫、马诗雯：《会聚技术的伦理挑战与应对》，《科学通报》2016 年第 15 期，第 1632~1639 页。

产品等形式直接对外部环境进行操作的技术；内部性技术则是指为修复并提升人体内部组织和能力而操作的技术。① 外部性技术与内部性技术相互联系。外部性技术的单独使用和发展，只会导致技术工具性的泛化，这将使人类增强成为工具使用的代名词，几乎所有人为的事情都将成为一种增强，但这种增强只是固化的、暂时的，只有外部性技术转向内部性技术，把工具整合进入身体，甚至让其成为身体的一部分，而不仅仅是在外部进行使用，才能实现人类全面的、按需的、永久的增强。② 例如，能够形成人机合一的复合增强。另一方面，人类增强技术由机体外部性增强转向内部性增强。内部性增强其实是一种对人体和心理的增强。早期的人类增强技术的研究更多关注的是机体外部的能力与健康，比如体力的提升和寿命的延长，而当前人类增强技术研讨的中心则逐渐转移至内心的相关领域，譬如认知、情感和意志的增强。

4. 人类增强技术的应用

普遍意义上可以将人类增强技术的实际应用分为以下几个方面，即医学美容增强的应用，这也是目前使用范围最广的增强技术；基因增强的应用，通常体现为通过基因手术来改变人体所呈现的性状，可以将基因增强分为两类，即体细胞基因增强和生殖细胞基因增强。

（1）医学美容增强

医学美容增强是指通过外科手术，改善人的外貌或者体形以达到整体美化的效果。对于医学美容，可以追溯到 20 世纪后半叶。医学美容以美容外科的名义进入美国，从 20 世纪 70 年代开始，人们便利用美容技术进行外形的美化和抵御面部的衰老。③ 由于人们生活水平的显著提高以及审美需求和美容技术的飞速发展，美容整形市场变得空前繁荣。近年来，医学美容在我国极为普及。医学美容增强流行的原因在于以下几点。首先，人们拥有对美向往的天性，使得美容整形成为一部分人的需求与选择。关于这一

---

① 赵克：《会聚技术及其社会审视》，《科学学研究》2007 年第 3 期，第 430~434 页。

② Allhoff, Fritz, Lin, Patrick, & Moor, James, et al. , "Ethics of Human Enhancement: 25 Questions & Answers," *Studies in Ethics, Law, and Technology* 1 (2010) . https://doi. org/10. 2202/1941 - 6008. 1110, 2010-02-10.

③ 〔法〕让-雅克·库尔第纳主编《身体的历史》（卷三），孙圣英等译，华东师范大学出版社，2013，第 94 页。

点，舒斯特曼在《实用主义美学：生活之美，艺术之思》一书中谈道："在决定我们对怎样引导和塑造我们的生活和怎样评估什么是善的生活的选择上，审美的考虑或许是至关重要的，也许是最重要的。"① 其次，社会审美标准的变化。不同时代对于美的衡量标准存在明显差异。唐朝女子以身材丰腴为美，流行的女子妆容为红妆、月眉、点绛唇和额黄妆。如今的审美标准则截然相反，推崇以瘦为美，认为女子五官呈明朗立体最为好看，妆容上也更偏向于韩式或欧美浓妆。审美标准的变化导致一些人出于对社会认同感的渴望而进行美容手术。再次，社会对高颜值群体的友善态度。一些长相出众的人在求职时更具优势，招聘单位也认为拥有一个具备良好的外形条件的人更有利于工作的顺利进行。最后，媒体对美容整形的过度宣传。为了促进美容行业的发展，一些美容整形机构大力宣传美容整形。例如，韩国热门整容真人秀节目《Let 美人》，通过在电视上进行真人参与整容前以及整容后的对比，为观众呈现了整容给人带来的最直观的变化。该节目播出后，在韩国和其他国家掀起了一股美容整形的浪潮，美容整形自然也成了当时最热门的话题。

美容整形可能引发一系列问题。对个体而言，美容整形手术对身体健康有极大的影响。在整形手术过程中存在一些不确定的安全隐患。主刀医生的技术和状态如何，医务人员是否细心和材料环境是否消毒以及所使用材料优劣与否都将对美容整形能否成功产生巨大的影响。如果整形不当，轻则导致面部肌肉僵硬，重则导致面部瘫痪或畸形甚至可能死亡。对社会而言，在社会竞争如求职、选美中，医学美容增强可能会引发社会不公平问题。比如，在选美大赛中，是否应该将大赛桂冠颁发给人造美人；在求职中，是否应该将唯一的工作机会给人造美人……这些问题无疑会拷问医学美容增强的存在意义。

（2）基因增强

基因增强是指一种作用于基因上的技术，人们通过这项技术来改变人体基因以达到增强人体性状或能力的目的。根据基因增强技术作用对象不同，可以将基因增强分为体细胞基因增强和生殖细胞基因增强。由于基因

---

① 〔美〕理查德·舒斯特曼：《实用主义美学：生活之美，艺术之思》，彭锋译，商务印书馆，2002，第 316 页。

技术是随着科学技术的发展而逐渐成熟的，人们便运用基因技术来治疗传统治疗方法无法攻克的疾病。这是出于医学目的的基因增强，人们通过基因增强技术对人的基因进行人为干预，使人体恢复健康、减轻疼痛或者预防疾病。比如，运用生长激素来治疗脑垂体激素缺乏症，使患者恢复至人的正常身体激素水平，从而恢复人的健康。出于医学目的的基因增强技术主要存在的隐患就是主治医师的专业度不够、在手术过程中引发感染以及手术材料不具备安全性，再者就是术后存在后遗症，会对身体其他器官或者功能造成影响。但还存在一种出于增强目的的基因增强，即通过基因增强技术，让人获得以前没有的能力，或者让人的某种能力提升并超过人的正常水平，包括增加身高，增强力量、认知能力、情商、身体耐力等。通过以增强为目的的基因增强，人们获得了超过正常人水平的能力，比如通过增强运动员基因中的促红细胞生成素（促红细胞生成素对运动员是禁用药）等使运动员具有更好的耐力和更快的速度。

以增强为目的的基因增强技术也可能引发一系列的消极影响。对于以增强为目的的基因增强技术的使用，会使一部分人获得超乎常人的能力，表现为智力、体力、耐力等的增强且这种增强可能是呈遗传性的，这部分人可以被称为过渡性人类或者超人。他们拥有常人无法比拟的能力。在社会竞争中，他们所展现的是比常人更强的能力，他们将因此获得更好的资源和更多的机会，而这种能力是后天通过基因增强技术获得的。人有攀比心理，当人可以通过基因增强技术来使自己趋于完美时，人们将会不惜代价，蜂拥而至地使用基因增强技术，这会导致越来越多的被增强过的人出现在社会之中，进而形成一个超级群体，但他们会对资源和机会造成垄断，其结果就是为其他人带来更多的不公平。当基因增强技术落入不法分子手中，他们在增强自身后，利用自己的能力去做违法乱纪的事，这将会给社会和谐稳定带来更大的挑战。

5. 人类增强技术的发展

人类增强技术的发展阶段可划分为人类、超人类和后人类三个阶段。人类增强技术的发展随着人类由外向内的需求趋势显示出了相同的转变趋向。

人类增强技术发展第一阶段——"人类"阶段，处于科学技术相对不发达的时代。此时，人类增强技术主要依靠传统的非生物医学方式，以较为缓慢且局限于自身极限能力范围之内的实践活动来提升人类本有的能力,如教育、训练等。人类增强技术发展第二阶段,即"超人类"阶段,发生在现代科技飞速发展的时期。在这一发展阶段中,人类增强技术汇集了大量技术成果,包括药物增强、纳米增强、基因增强,乃至电子机械增强等一系列技术的前沿成果,帮助人类以较快的速度在一定限度内突破自身的生物、神经以及心理等自然生理条件的限制,从而获得内部与外部的高水平能力。人类增强技术发展第三阶段则为进阶的"后人类"阶段。不同于之前两个阶段着重于人类能力数值的增长,这一阶段的目的是促使人类的能力实现"质"的飞跃。在现代科技的基础之上,人们利用未来的"后现代"科技对"超人类"阶段进行突破性和开拓性的增强,即从增强人类原本所具有的能力到发展并增强人类未曾拥有的能力,[1] 以追求人类随心所欲改造自我的"没有任何限制的永恒进步"。[2]

因此,依照"人类—超人类—后人类"的进阶模式,人类增强技术对应着由外至内的发展脉络。其中,从"人类"转变为"超人类"的发展路径,也是逐步从使用外部性技术转向研究并尝试内部性技术,从人类外在机体增强逐渐转向人类内在心理有限增强的过程;从"超人类"转变为"后人类"的进化路径,则是内部性技术和内在心理逐步纵向深入发展且无限增强的历程。或许未来科技会改变关于"人"的定义,使"人"不再局限于生物和自然属性之中。人类可以通过新兴的增强技术提升和发展原有或全新的各种能力,但这无法改变人类社会属性的本质,即想要成为更好的人唯有逐步深入发展内在更好的人性。

人类增强技术发展的"人类—超人类—后人类"的阶段显示着一种人类从外至内增强的意愿,其最终目的是实现更好的自我、获得美好的未来。随着人类增强技术的发展和广泛应用,人们逐渐意识到增强意味着打破原有的限制,是对人类的自然性进行超越。如今,人们的内在与外在的能力都获得了一定程度的提高,人们可以不再局限于自身条件的限制,通过外在肌体的增强获得更强健的体魄和更长的寿命,也可以通过内在增强获得

---

① 冯烨:《国外人类增强伦理研究的综述》,《自然辩证法通讯》2012 年第 4 期,第 118~124 页、第 128 页。

② 陈万球、丁予聆:《人类增强技术:后人类主义批判与实践伦理学》,《伦理学研究》2018 年第 2 期,第 81~85 页。

更为灵活的大脑思维和更为善良的内心情感，亦能够通过复合增强的方式实现"人的技术改造"，使人类不再局限于原本的躯体，而是成为与技术产物相融合的"人工人"。

二 道德增强技术的缘起与含义

道德增强技术是从人类增强技术的发展中延伸而来的，道德增强技术因生物医学技术的发展而丰富。道德增强技术的兴起与应用似乎能够解决当前世界性危机并引领人类走向更为完善的自身和美好的未来。

1. 道德增强技术的缘起

在世界快速发展但又极度不平衡的状态下，全球社会发展暴露出了前所未有的危机，其中之一便是道德缺失引发的道德灾难。但生物医学技术的发展似乎能引领我们走向一条技术提升道德水平的新路径，也能带领着我们步入幸福人生。人类道德的缺失会引发重大的社会灾难。种族歧视、环境破坏和恐怖袭击等让我们觉得个人的道德缺失似乎能够引发许多全球性问题。比如历史上的法西斯纳粹主义、切尔诺贝利核泄漏事件以及美国"911"自杀式恐怖袭击等都印证着少数人严重道德缺失的毁灭性后果。但社会问题不是由个体道德缺失引起的，而是根植于人类相互作用的社会结构之中。① 社会问题看似是某个个体的道德缺失，实则映射的是影响个人道德选择的社会环境的改变。当社会生活中充满欺骗、不公正、冷漠、自私等不道德的现象时，人与人之间便会因为缺乏信任导致沟通交流不顺畅，会因为偏见而各自为政进而难以建立互惠合作关系，从而加剧社会中原有的矛盾，导致许多恶劣性事件爆发。

由于道德缺失而引发的一系列重大人为灾难似乎也表明了传统的非生物道德增强方式已经无法满足现代社会对道德水准的要求。为了避免道德灾难的再次发生，人类试图通过技术助力解决社会的急迫难题。人们迫切希望对个体道德缺陷进行修补，就如同治疗自身身体缺陷一般。于是当人们的道德能力不能满足当代社会需求时，人们同样期望着现代生物医疗技术能够像治疗肢体缺陷一样弥补道德上的欠缺之处，预防和减少个体极端

---

① Zarpentine, C., "'The Thorny and Arduous Path of Moral Progress': Moral Psychology and Moral Enhancement,"*Neuroethics* 6(2013): 141-153.

反社会行为的发生。当人们整体的道德素养通过道德增强技术逐步得到提升时，社会也将更加和谐有序，正像孔子"仁学"中所提到的幸福快乐是由泛爱众的"仁"以及以道德情感和道德理性为基础的"礼"所构成的。①

2. 道德增强技术的内涵

早在 2008 年，道格拉斯（Thomas Douglas）、赛沃莱思库（Julian Savulescu）和佩尔森（Ingmar Persson）就在《应用哲学杂志》② 中提出了"道德增强"（Moral Enhancement）这一概念，并一致认为道德增强旨在使人们在道德上拥有更好的动机。不过他们对"道德增强"的理解存在一定的区别。道格拉斯认为，道德增强是一种使人成为更好自己的改变——以一种合理的方式从道德上提升自己，以获得更好的道德动机或减少自身的反道德情感。另外，道格拉斯更着重于使用合理的"生物医学技术"这一方式获得道德增强。③ 赛沃莱思库和佩尔森则表示道德增强可以通过传统的、文化的手段与遗传学的、生物医学的方式进行，但强调可以通过生物医学技术的手段弥补传统道德提升方式的局限性。④ 因此，在"道德增强"更倾向于使用生物医学技术的情况下，道德增强衍生出了几种主要的别名，如生物医学道德增强（Biomedical Moral Enhancement，BME）、道德生物增强（Moral Bioenhancement，MB）和非传统道德增强（Non-traditional Moral Enhancement）等。

此后，道德增强成为哲学伦理学界一个学术热点。学界对道德增强这一概念的讨论，可以归结为以下三种观点。一是道德增强的目的不仅是强化道德动机，还有其他内容。比如，欧文·斯凯弗（G. Owen Schaefer）认为，道德增强是一种对特定的道德的直接或间接干预，目的是使人产生道

---

① 朱贻庭主编《中国传统伦理思想史》，华东师范大学出版社，2009，第 38~47 页。

② 《应用哲学杂志》是由 Wiley-Blackwell 代表应用哲学协会出版、Suzanne Uniacke（University of Hull）编辑的同行评议学术期刊。它涵盖了环境、医学、科学、政策、法律、政治、经济和教育方面的广泛议题。

③ Douglas, T., "Moral Enhancement," *Journal of Applied Philosophy* 3(2008): 228–245.

④ Persson, I., & Savulescu, J., "The Perils of Cognitive Enhancement and the Urgent Imperative to Enhance the Moral Character of Humanity," *Journal of Applied Philosophy* 3(2008): 162–177.

德正确的信仰、动机和行为。① 大卫·德格雷兹亚（David DeGrazia）则提出，道德增强的目的除了强化道德动机外，还包括提高道德认知水平，因为道德认知促成道德行为，不可将动机与认知分离。② 二是道德增强只需加强道德认知。道格拉斯坚持认为道德增强不应限制或减少人类自由，而行动是推理的产物。因此，要提升道德水平并增进道德行为就必须增强道德认知，即增进正确的道德推理。③ 三是道德增强应区别于治疗。尼古拉斯·阿加（Nicholas Agar）区别了道德增强和道德治疗，认为道德增强是在正常水平之上的提升，超越人类能力范围；而道德治疗则是恢复至人类正常平均水平，不具道德恶化的威胁性。④ 国内学者叶岸滔则指出，严重的道德缺失似乎能够依照病理学归类为疾病，但人们在伦理情感上不允许对具有严重后果的不道德行为不进行惩罚，而只实施治疗。⑤

　　虽然学界对道德增强的界定存在诸多差异，但我们还是可以概括出道德增强的基本特征。第一，道德增强的方式区别于传统道德增强。道德增强以生物医学技术的运用为基础来提高人类道德水平，这些生物医学技术主要包括：对有利于增强道德的化学或遗传物质加以提升的直接药理学、指向大脑的外科与基因手术等。而传统的道德增强是通过教育、习俗和社会舆论等非生物医学方式来实现的。第二，道德增强不仅包括强化道德情感、动机和行为，也包括减轻反道德情感、动机与行为。"道德"的标准在不同文化背景的社会和不同群体中存在差异，无法进行统一，但就整体人类社会而言，对"不道德"的衡量却有着相似的尺度，如伤害、欺骗等。当人的反道德属性减弱时，其反道德情感、动机与行为相应减少，也就间接地提升了个体的道德水平。第三，道德增强的作用是增强而不是治疗。增强与治疗的区别在于，增强是在正常水平之上对其个体能力进行短暂或

①　Schaefer, G. O., "Direct vs. Indirect Moral Enhancement," *Kennedy Institute of Ethics Journal* 3 (2015): 261-289.

②　DeGrazia, D., "Moral Enhancement, Freedom, and What We (Should) Value in Moral Behaviour," *Journal of Medical Ethics* 6(2014): 361-368.

③　Douglas, T., "Moral Bioenhancement, Freedom and Reasoning," *Journal of Medical Ethics* 40 (2014): 359-360.

④　Agar, N., "A Question about Defining Moral Bioenhancement," *Journal of Medical Ethics* 6(2014): 369.

⑤　叶岸滔：《道德增强：伦理困境与自然主义思考》，《学术月刊》2017 年第 3 期，第 40~47 页。

永久、局部或整体的提高，治疗则是对个体原有能力的恢复。[①]

三 道德增强的技术路线与实施量度

近年来，生物医学技术和神经科学领域的实证研究为认知增强、记忆增强、情绪增强和注意力增强等不同形式的人类增强铺平了道路。与治疗不同的是，增强的目的是提升人们已经良好运转的能力。21世纪初，随着人类增强技术的迅猛发展，有关道德增强的社会和伦理问题的讨论也在国外引起了广泛关注，关于道德增强与未来世界、道德增强的可能性与可行性的争论不绝于耳：一方面，人们对道德增强的前景充满了期待，甚至将其看作提升人类的道德水平，使人类社会变得越来越美好的核心技术之一；另一方面，种种关于道德增强的担忧和顾虑与日俱增。这些担忧包括道德增强对人类健康和环境的负面影响，道德增强技术利益与风险的公平分配，道德增强对人的主体性和自主权的挑战问题，等等。在这样的背景下，一个新的科学技术伦理学的研究领域——道德增强伦理应运而生。

1. 道德增强的技术路线

目前，道德增强技术在实践中主要有四种形式：化学增强、植入物增强、脑手术增强以及神经与基因增强。其中各种技术运用的方式和成效均有差别。

（1）化学增强

化学增强亦称药物增强，是道德增强技术在现阶段讨论中获得最多关注的增强方式。药物增强主张通过使用包括催产素、血清素、β受体阻滞剂、安非他命等在内的药物影响人的信任、公平、合作、反社会和暴力等倾向性心理和行为。其中催产素水平能够通过性和触摸自然地提高，但也可以通过使用催产素鼻喷剂提升，催产素具有调节母性行为、伴侣关系以及产生其他亲社会的态度，比如信任、同情和慷慨的作用。使用过催产素的人群表现出明显更信任他人的行为，[②] 高催产素水平与群体的高信任与可信赖程度相匹配。血清素则是一种神经递质，常存在于选择性血清素再摄取抑制剂

---

① 刘玉山、陈晓阳：《高等教育中认知增强药物使用的伦理审视》，《自然辩证法通讯》2015年第2期，第114~121页。

② Crockett, M. J., "Pharmaceutical Effects on Moral Behavior: A Neuroscientific Perspective," *Philosophy Psychiatry & Psychology* 2(2015): 131-134.

（SSRIs）类药物中，该类药物工作原理是减缓血清素的再吸收，普遍用于治疗抑郁、焦虑和强迫症，对情绪的影响至关重要，并且 SSRIs 类药物似乎也能让实验对象更公正、更愿意合作。[1] 当血清素中的营养物质色氨酸缺失时，会导致血清素水平的降低，从而降低囚徒困境博弈中的实验者合作率，并增加最后通牒博弈中对实验者不公平待遇的拒绝率。从理论基础看，化学增强是建立在道德自然主义的理论基础之上的。科学研究表明，个体道德具有某种意义上的生物学基础，"道德就像我们从事其他事情一样，都以神经生物学为牢固的基础"。[2] 道德的形成和发生实际上具有一定的生物学依据。[3] 脑科学研究表明，道德判断在人脑中具有相应的发生机制。人类具有三类情感型道德倾向，即安全道德（the Ethics of Security）、情绪卷入道德（the Ethics of Engagement）和想象道德（the Ethics of Imagination），而且各自在人脑中都有相应的发生机理。质言之，道德自然主义认为，人的道德行为具有生物化学基础，个体的道德活动可以还原成生物化学过程，因而道德性情在某种程度上可以通过技术加以控制调节。正如人体的任何动作，都对应着肌肉、骨骼、血液等肌体的机械作用，人的任何思想、情感，也对应着大脑中的物理化学变化。因此，道德增强可从化学药物干预、基因编辑、神经递质调节、激素调剂等方面入手。从技术路线看，化学增强主要通过化学药物嵌入方式增强道德。传统化学道德增强方式虽然也是为了塑造更好的人类，但技术外在于人体，技术与人的关系是"（技术）—（人）"。非传统化学道德增强方式则是由外而内，技术内在于人体，技术与人的关系是"（技术—人）"。在实践中，非传统道德增强的常见药物是普萘洛尔、催产素、二硫龙、托卡朋等，都是基于化学方法合成的。普萘洛尔（Propranolol），分子式为 $C_{16}H_{21}NO_2$，可以减少隐性的种族歧视，产生较少功利性的判断。[4] 催产素（Oxytocin），分子式为 $C_{43}H_{66}N_{12}O_{12}S_2$，有助于增强信任、同情等亲社会态度。抗酗酒药物二硫龙（Disulfiram）机理是借由

[1] Powell, S. K., "SSRIs as a Component of, Rather than Exclusive Means to, Moral Enhancement," *AJOB Neuroscience* 3(2014): 33-34.
[2] DeWaal, F., *Good Natured: The Origins of Right and Wrong in Humans and Other Animals* (Cambridge: Harvard University Press, 1996).
[3] 叶岸滔：《道德增强：伦理困境与自然主义思考》，《学术月刊》2017年第3期，第41页。
[4] 刘海英：《一心脏病药物可改变种族偏见心理》，《科技日报》2012年3月19日，第2版。

抑制乙醛脱氢酶进而阻断乙醇（酒精）的生成，从而使患者再次吸收酒精时会产生不舒服的反应。托卡朋（Tolcapone），分子式为 $C_{14}H_{11}NO_5$，实验结果表明，托卡朋可以驱使人们更加公平地分配金钱等社会资源。[①] 从技术性质看，化学增强具有正向增强和反向增强两种性质。正向增强主要是依靠化学药物强化人的道德动机，使道德品质"好的更好"。上述普萘洛尔、催产素等药物，在使用后都具有正向增强作用。反向增强是指通过化学技术抑制、剔除人的"恶的道德因子"从而实现增强的目的，如抗酗酒药物二硫龙、抗性欲药的使用。反向增强最为典型的例子就是"化学阉割"。化学阉割的理论依据是：罪犯之所以行恶，是因为罪犯先天身体上存在有害"基因"，只有剔除这种有害基因，消除生理机能，斩断作恶行为的生理链条，才能最终制止犯罪。化学阉割的方法是：通过对罪犯注射或让罪犯口服抗睾酮药物，降低睾酮的水平，使之失去性欲和性能力。实践表明，化学阉割对性暴力侵犯者有积极疗效，但也会因此剥夺其合法的性享受权利。[②] 从技术效率看，化学增强作用迅速且有效。传统道德教育增强方式对道德提升的作用是从个体开始的，通过改变人的道德认知，激发道德情感，即以所谓的"晓之以理，动之以情"方式进行。这种方式无法快速有效地使人养成与现代科技及其塑造的生存环境相匹配的道德心理。而在非传统道德增强方式中，化学技术的应用实现了性质上的逻辑跳跃——"适者生存"。吃上一片"道德丸"（morality pill），人们就能成为有道德、有修养的人。因此，化学增强效率更高、速度更快。从某种意义上说，道德被化学技术操控的可能性正在不断增加。

（2）植入物增强

植入物增强是指通过将设备（传感器、微型芯片、纳米器件等）或假肢安装到人体中以扩充大脑容量，提高信息接收、处理、传输等方面的能力，从而提高被增强者的道德能力。例如，将"道德芯片"嵌入人体，让

---

① 汪丽青、王丹:《论神经增强类药物应用的伦理问题及法律调控》,《中国卫生事业管理》2018 年第 10 期, 第 748 页。

② Persson, I., & Savulescu, J., "Getting Moral Enhancement Right: The Desirability of Moral Bioenhancement," *Bioethics* 3 (2013): 124–131.

其给受体提供咨询或帮助受体做出道德判断，甚至做出道德选择。[①] 随着 NBIC 会聚技术的发展，纳米技术与生物技术、信息技术、认知科学的融合，人类已能够制造出与生物相容性更强的纳米植入器件，如纳米芯片、纳米神经假肢，并打开脑机接口研究的新思路。[②] 人工智能技术通过脑机接口的方式改善人的道德认知，这种方式被称为"三阶道德"，可以实现"人脑"与"外脑"的有机结合，形成功能强大的网络信息系统，为道德决策提供参考，提高个体的智能化评估和道德决策能力和水平。[③]

（3）脑手术增强

脑手术增强是处于初步探索阶段的精准道德增强手段之一。脑手术增强指利用包含经颅磁刺激、经颅直流电刺激、深部脑刺激等在内的技术，准确刺激脑内特定区域，调节脑区的活动以达到增强道德意向、道德动机、道德情感以及道德判断等目的。[④] 经颅磁刺激是以磁线圈产生强大的磁场阻断或增强特定皮质区域的神经活动，从而改变神经元的电活动。通过操纵皮质活动，经颅磁刺激被证明是治疗包括成瘾在内的一系列精神疾病的有效方法。一段时间的经颅磁刺激会对个体做出的决定产生重大影响，并可能增强认知和记忆。频繁重复刺激右前额皮质可以减少可卡因成瘾者对香烟的渴望。经颅直流电刺激手术能够通过刺激或抑制人脑的左右侧颞顶联合区（TPJ），影响个体进行道德判断时的心理状态归因。当刺激右侧 TPJ 并抑制左侧 TPJ 时，被实验者有更高的概率对事件的负性结果进行谴责，做出的道德判断更依靠行为的结果；而在抑制右侧 TPJ 并刺激左侧 TPJ 时，被实验者有更高的概率对负性意图进行谴责，做出的道德判断更依靠行为的动机。深部脑刺激技术将电极植入大脑特定区域，并使之受到脉冲电流刺激，以此操纵脑区域活动。到目前为止，深部脑刺激技术已被证实能够影

---

① 陈万球：《人工智能：道德进化的新引擎及其风险应对》，《中国科技论坛》2019 年第 9 期，第 4~6 页。

② 冯烨：《纳米认知增强的伦理思考》，《自然辩证法通讯》2016 年第 1 期，第 98~103 页。

③ 陈万球：《人工智能：道德进化的新引擎及其风险应对》，《中国科技论坛》2019 年第 9 期，第 4~6 页。

④ 罗俊、叶航、郑昊力等：《左右侧颞顶联合区对道德意图信息加工能力的共同作用——基于经颅直流电刺激技术》，《心理学报》2017 年第 2 期，第 228~240 页。

响受体的脑内认知，并已经被用于治疗成瘾性疾病、帕金森综合征以及抑郁症。[①]

（4）神经与基因增强

基因增强是精准且极具侵入性的增强路径，包含与基因工程相关的基因编辑、刺激、治疗等技术。基因组编辑、基因治疗和光遗传学技术会对人的记忆和认知产生影响。基因组编辑与基因治疗能够通过医学手段改变人原本的"不适当"或存在缺陷的基因和基因组，从而变更人在特定场景之下的情绪与感知。神经增强是指用于预防和治疗成瘾的神经影像学方法。与遗传筛查一样，神经影像学可能被用于识别神经心理弱点。神经影像学通过功能性磁共振成像（fMRI）、正电子发射断层成像（PET）、单光子发射计算机断层成像及扫描（SPECT）、脑磁图（MEG）和脑电图（EEG）等技术，使研究人员能够识别成瘾个体大脑的功能和结构异常的部分，进而预防成瘾性疾病和开发对其更有效的治疗方法。[②] 神经影像学在识别神经心理缺陷之后，再通过特定的药理学转化或增强其患者认知和基因，从而改善个体的行为。[③] 例如，增强患者执行能力，使其摆脱成瘾性的困境。尽管学界对道德增强技术的增强群体仍存有争议，但道德增强技术三类不同的应用方式主要指向了两类实施对象。

一种观点认为，道德增强技术主要针对道德显著缺失的人群，即已成年的严重犯罪和违法乱纪者。已成年的道德缺失者，其心性早已定型且很难改变，通过技术可以快速改变并提升他们的道德品质，防止他们日后再出现危害和扰乱社会的思想和行为。至于道德缺失的未成年群体，可通过监控取代道德增强技术。未成年群体可能发育迟缓从而导致道德心理成长缓慢，这可能只是暂时的状况，不能与已成年的道德缺失者等同。因此对未成年的道德缺失者只需定期检查，监控其成长发育情况，并让其同其他道德水平正常的人一样，继续接受传统的道德教育，在维持原有的道德基

---

① 张力博、常祥文、孙艳等：《深部脑刺激技术在神经精神疾病中的应用》，《中国药物依赖性杂志》2018年第2期，第83~88页。

② 彭薇、龚启勇、贾志云：《难治性抑郁症非药物治疗新方法的神经影像学研究进展》，《中国医学影像学杂志》2018年第7期，第540~542页、第546页。

③ 王国豫、孙慧：《药物神经增强的不确定性及其伦理问题》，《医学与哲学》（A）2013年第12期，第18~21页。

础之上逐渐将道德品质提升至常人的水准。道德与文化之间具有紧密的联系——不同文化背景下的群体会形成各具差别的道德要求，也会对道德缺失的评定存在差异。[①] 例如，虐待动物在一些欧美国家被明确定性为犯罪行为，而在其他一些国家最多是受到一定的道德谴责。那么，在不同的文化环境中，如果有一人出现虐待动物的情况，其被判定为"需要进行道德增强"的结果也可能会截然相反。另一种观点认为，为了防止社会突发道德缺失引起的恶劣性事件，全人类都需要道德增强。在增强对象难以明确的情况下，道德增强技术应用的范围可拓展至全人类的所有非道德品质上，即通过减少非道德品质从而提升道德水平。例如，一个满嘴胡话的人被道德增强技术去除了欺骗的劣性后，只代表他所说属实，却并不代表他就成为一个值得信任的人，因为他可以隐瞒部分真相或者对任何事情闭口不谈。虽然某人或许暂时没有拥有诚实的道德品质，但摒弃掉欺骗的非道德品质则是实现诚实、构建信任的基础，也是道德提升的另一种表现。仅针对道德缺失群体进行道德增强似乎只是一种危机后的补救措施，要想保持社会持续稳定的发展就需要运用道德增强技术增强全人类。因为这样既可不受制于文化差异的影响，又可不受限于发育成长的问题。况且，非道德情感是可以隐藏于人内心而不被轻易察觉的，并且非道德情感的长期酝酿很可能导致非道德行为的突然爆发却无法预警。

2. 道德增强技术的实施量度

倘若道德增强技术能够明确增强对象，道德增强技术的实施量度似乎也可以寻求一个明确而恰当的量值。但其实施量度需要通过"相对"而不是"绝对"的方式寻得。

道德增强技术的实施量度应该由"相对计量"取代"绝对计量"，才能找到合适的实施量度。道德增强的实现主要通过生物医学技术提升道德品质，减弱非道德品质。然而不论在具体哪种文化视角的评判语系之中，道德水平都无法用数字准确表达，道德增强的需求和效果更是无法具体计算。所以道德增强的效果只能与自己、他人和整体社会进行相对比较得出模糊的结论。以增强需求为例，不同文化的群体会对道德增强的实施量度提出

---

① 叶岸滔：《道德增强：问题的提出与正反论证》，《自然辩证法通讯》2016 年第 5 期，第 114~120 页。

不同的需求。譬如，较为追求个性、主张个人独立的西方社会与更服从集体、兼顾整体的东方社会相比，前者对利他性情感和行为的要求低于后者，而后者需要更高的利他性才能获得与拥有较少利他性的前者相同的道德水平评价。由此可知，东方社会对利他性的增强需求高于西方社会，东方社会对应的道德增强技术的应用程度也会相应高于西方社会。

同时，道德增强技术的实施量度不能"绝对化实现"。[①] 彻底的道德增强只会产生"道德圣人"，即最大化拥有所有的道德品质，最大化摒弃全部的非道德品质。道德圣人的出现并不能解决现在危机重重的社会问题，社会问题是经济、政治、文化等多方面因素形成的，不仅是道德缺失所导致的，而道德圣人可能导致社会出现更大的自卫性问题。人类所具有的欺骗、暴力、不公等非道德品质是在进化过程中保留下来的，这些非道德品质其实也是人类物种生存至今的原因之一。虽说非道德品质不能同道德品质一样促进人类团结友爱，但其能够使人类在发展过程中获得更多的资源以达到生存的目的。我们反对暴力行为，但当主动性破坏袭来并危及生命时，我们被动的暴力还击并不违背道德原则。道德圣人认为暴力违反道德原则因此选择不进行暴力回击，而道德正常的普通人选择正当的暴力防卫，结果是道德圣人丧失生命的概率大于普通人。这种道德上的"圣洁"只会导致人类自我保护能力的削弱。因此，道德增强技术的实施量度应在人们能够保持自我保护能力的程度之内。

四 道德增强技术的发展阶段

道德增强技术与人类增强技术的探讨和尝试一同贯穿整个人类文明的发展历史，甚至它们的发展道路也存在相似之处，但道德增强技术仍存有与人类增强技术的区别之处。

道德增强技术的发展同样可以分为"人类—超人类—后人类"三个阶段。在最初的"人类"阶段，道德增强技术以传统增强方式为主，即道德教育以及以严肃和科学的态度开发的其他非生物医学方法。在"超人类"的第二个发展阶段，道德增强技术能够快速、有效、安全地提升道德水平，

① 陈万球、丁予聆：《人类增强技术：后人类主义批判与实践伦理学》，《伦理学研究》2018年第2期，第81~85页。

是成熟应用阶段，并且人们会更多地自愿选择使用道德增强技术。在科学应用成为可能的当下，道德增强技术正处于由"人类"过渡至"超人类"阶段，人们也开始逐步尝试使用道德增强技术使道德水平符合社会发展需求。至于设想中的"后人类"阶段，我们可以大胆假设：对摆脱了自然属性限制的人类，道德增强技术的应用能够使人们孕育出崭新的道德品质或是发展出前所未有的高道德水准，以使个体道德完全符合社会高速发展的全部需求。譬如，有学者提出了"上帝机器"（the God Machine），① 将人脑接入"上帝机器"便可随时监测并及时修正人脑中所有错误的道德意识、道德情感等不应当的思想和意图，以消除不道德的行为。

　　道德增强技术的发展特征带有由外至内的色彩。一方面，道德增强技术是机体外部性增强研究转向内部性增强研究的产物。当人类增强技术不再满足于人类外在的增强而涉足内在能力的提高时，由于道德增强主要是由人类增强中的内部认知与情感领域的研究发展而来的，关于道德增强的研究自然就无法避免。道德增强的研究中道德认知以及道德情感是其重要的组成部分，拥有"应当"的认知理解和"正确"的情感反应是人们进行道德选择和行为的主观条件和前提之一。另一方面，道德增强技术可算作提升人体内部能力的内部性技术，但有着借助外部工具辅助转向至内部自我发展的研究趋势。道德增强的研究已逐步由通过药物或脑手术等外部产品获得非永久性的道德提升转为通过修改基因让人们在生命的起源处便拥有孕育高道德的确定性。

　　从有关道德增强技术的研究中，我们可以窥见道德增强技术的发展路径主要呈现三种趋势。第一，增强应用逐步医学化。在大多数情况下，我们能明确地区分道德增强与道德治疗之间的界限，但在增强与治疗之间仍然存在一个模糊的界限。例如，没有同情心的见死不救的人是否可以成为道德增强技术干预的对象？多大程度的不道德行为应该被认为是病态的？佩尔森和赛沃莱思库认为，安全有效的道德增强技术应该是强制的，因为最需要道德增强的就是那些最不愿意和最不可能使用技术的人。② 第二，增

<hr />

① Savulescu, J., & Persson, I., "Moral Enhancement, Freedom and the God Machine,"*The Monist* 3 (2012): 399.

② Persson, I., & Savulescu, J., "The Perils of Cognitive Enhancement and the Urgent Imperative to Enhance the Moral Character of Humanity,"*Journal of Applied Philosophy* 3(2008): 162-177.

强过程突出自主性。道德增强技术促使我们做我们认为正确的事情，而不是通过技术干预破坏道德推理和反思。所以，学术界普遍反对直接的道德增强而倡导间接的道德增强，因为前者会剔除掉被增强者的推理过程及其价值观，使增强过程完全不受自己控制。① 第三，增强手段转向复合型。未来可能进行的认知增强是复合型的认知增强，即同时运用多种认知增强手段，如化学药物、植入器械、基因干预等，或是运用一种增强手段能产生多种认知效果。② 同时，未来的情感增强也将是基于多种技术的复合应用，如会聚技术融合所产生的人机交互性控制技术将比单一技术更能融入人体，从而更好影响情感。③ 随着会聚技术的发展，增强手段会出现跨学科、多功能的融合，增强技术手段将会更精准、更有效，如增强药物会更贴合人体器官运动规律、增强手术创伤更小、植入工具更微型等，这些都是可以预见到的会聚技术的融合在道德增强领域的发展前景。

五　本章小结

道德增强技术一经提出，就承担着自己的使命：不仅要让做好事或做对事的可能性更大，让做坏事的可能性更小，而且还要让人们理解并判断正确和错误行为。

1. 预防因道德危机导致的生存危机

人类的技术运用范围从过去一个小到互相了解的区域扩大到今天这个巨大的社会，这使得人类能够影响全球的环境，影响到遥远的未来。然而人类还没有形成与现代科技相匹配的道德心理，没有意识到掌握巨大技术的人如果没有德性将给世界带来的毁灭性打击。④ 现代科学技术研制了很多高科技武器和病毒生化武器，如果掌握这些大规模杀伤性武器的是一个具有自私、暴虐、仇视等人格的人，那他将对世界造成毁灭性的破坏。令人

---

① Schaefer, G. O., "Direct vs. Indirect Moral Enhancement," *Kennedy Institute of Ethics Journal* 3 (2015): 261-289.
② 冯烨：《认知增强及其伦理社会问题探析》，《自然辩证法研究》2013 年第 3 期，第 63~68 页。
③ 易显飞、胡景谱：《当代新兴"情感增强技术"的界定、类型与特征》，《科学技术哲学研究》2019 年第 3 期，第 70~75 页。
④ Persson, I., & Savulescu, J., "Getting Moral Enhancement Right: The Desirability of Moral Bioenhancement," *Bioethics* 3(2013): 124-131.

不安的是具有这类人格的人通常难以被察觉，人类只能诉诸新科技手段以寻求突破，而道德增强技术的出现可以说是解决这一忧虑的福音。通过道德增强技术提高人们的道德水平，增强同情、正义感等道德力量，尽量降低怀有恶意或疯狂的人的比例，那么发生这种毁灭性破坏的概率将比未使用道德增强技术之前低很多。

2. 弥补传统道德增强方式对道德失范的无效性

人们即便习得了关于善恶的判断和关于德性的知识，也未必会做出道德和行为上正确的事情。由于不同的人有不同的道德心理、道德动机和道德信仰，很难确保人们普遍遵守社会道德标准和规范。传统的道德增强方式花费了人类太多时间和精力来培养道德品质，而培养的结果却充满不确定性，道德进步缓慢，作用有限，无法有效养成与现代科技及其塑造的生存环境相匹配的道德心理，[1] 难以解决种族歧视、性别歧视、校园暴力、拐卖儿童、气候变化等社会问题。人类道德的发展在历史进程中一直处于相对缓慢的状态，而我们要负责任地使用现代科学技术的巨大力量，因此在短时间内取得巨大道德进步是必要的，于是必须大力研究道德增强技术，将其视为传统道德增强方式的补充。[2] 人类现在需要使用这些增强手段提升积极的人格特征或抑制消极的人格特征来改变我们的道德心理以适应这些已经改变的环境。虽然可能需要几十年才能发现有效的道德增强手段，且实施初期可能相当危险，但只要不断研究和试验，道德增强技术终将在道德领域发挥重要作用。

---

① 芦文龙：《论佩尔松和萨夫列斯库的生物医学道德增强观》，《自然辩证法研究》2017 年第 9 期，第 61~66 页。

② Persson, I., & Savulescu, J., "The Duty to Be Morally Enhanced," *Topoi* 1 (2019): 7-14.

第二章　道德增强技术的本质：一种
历史唯物主义的考察[＊]

近年来，一种通过药物、非侵入性脑刺激、基因修饰及其他直接修饰人体生物属性的生物医药技术被用于增强人类道德，并被称为"道德增强"（Moral Enhancement）。在历史唯物主义看来，道德增强技术在形式上是一个以人的实践为主动干预方式的社会过程，但这种主动性的条件和可能使其在现实性上也是一个自然过程。因此，我们只有从自然过程和社会过程的矛盾运动中才能把握道德增强技术的本质。

一　道德增强技术是人类道德进化的新密码

以基因编辑为内核的道德增强技术引发了智能哲学和生命哲学的大裂变。道德增强技术打断了道德的传统演进过程，是人类道德进化的新密码，从此，人类进入了一个崭新的时代——道德增强技术控制道德的时代。

1. 食物（药物）技术增强道德的时代

民以食为天。食物既是人体的燃料，也是人的精神发动机。小说《香水》中香水能传播"香味的魔咒"，香水中的月桂叶、丁香、姜、薰衣草、蜜蜂花、薄荷、芥末、豆蔻、胡椒、番红花等具有催情效果。最典型的使用食物技术增强道德的方式，就是酒的酿造与食用。历史发展表明，酒是人类无法抗拒的诱惑，它与人类文化不可分割。酒是道德的试金石，也催化了人类的情感："酒能壮胆，诗可言志；酒可俳忧，诗可抒情"，[①]"酒乱性，色迷人"。尚酒的地区或民族，如俄罗斯、匈奴人等，无不以孔武、雄

———

＊　本章参考陈万球、何家玮《道德增强的本质：人类史的自然过程与社会过程的矛盾运动》，《世界哲学》2002 年第 5 期，第 142~150、161 页。

① 陈佳：《浅论唐代酒诗的反伦理倾向》，《成都师范学院学报》2015 年第 9 期，第 104~108 页。

健、刚毅的男性特质著称。① 而使用药物技术增强道德也具有悠久的历史。在古中国，人们使用银杏果来治疗咳嗽、哮喘和提高认知功能，使用人参、枸杞、灵芝等草药促进大脑功能。在古埃及，人们采用富有香味的芳香剂增加美梦、减少焦虑以及消除痛苦，甚至梦想用药物延寿和提高生命活力，创造"长命超人"。事实上，食物（药物）技术增强道德的方式是外在的、微小的和局部的。具体来说，食物（药物）技术对道德的影响方式是外在的，它通过摄入食物、服用药物从人的身体上以生理的、物理的方式介入。食物（药物）技术增强道德从程度上看是微小的，不可能从根本上助推道德的进化。从范围上看，食物（药物）技术对道德的影响是局部的，仅限于个体范围，对整个社会道德风尚的影响有限。人类从诞生开始就一直使用食物（药物）技术增强道德，并持续到现在。

2. 教育技术增强道德的时代

教育是一项关乎德性的活动，是一项道德的事业。康德认为，人具有发展向善和向恶双重自然倾向。道德教育的价值旨归在人，教育可以帮助个体开发道德潜能，促进人格完善，成就真正的人。② 教育是促进人类进步和社会变革最基本、最有效的工具，教育的好坏直接关系到社会的兴衰与走向，它既是塑造人的精神生命、造就人的第二天性、培养一代新人、使人成为"人"的活动，也是通过精神遗产的不断传承与更新，通过一代又一代新人的培养，延续人类文明、促进社会进步与变革的一种活动。在教育过程中，主体不断自我完善，其精神世界得到充分洗礼。相对于食物（药物）技术而言，教育对道德的影响是内在的、巨大的、宏观的。具体来说，从方式上看，教育对道德的影响是内在的，不管是以榜样示范、和风细雨的方式，还是以言传身教的方式介入，都是在人的心灵和精神世界中发挥作用。从程度上看，教育对道德的作用是巨大的，教育隐含着人性完善的重大秘密，正是教育带来了人类全部的善。从范围上看，人是唯一必须接受教育的动物，人只有通过教育才能成为人，所以教育对道德的影响超越了局部的范围，覆盖整个人类，教育始终是人类道德进化的最有力的

① 陈佳：《浅论唐代酒诗的反伦理倾向》，《成都师范学院学报》2015 年第 9 期，第 104～108 页。
② 陈默：《道德反哺：道德之代际传递的新型模式探讨》，《云梦学刊》2017 年第 4 期，第 61～65 页。

助推器。

3. 基因编辑控制道德的时代

当然,教育的作用正在面临一种新的挑战,这就是以基因编辑为代表的道德增强技术。在我们这个时代,"技术成为一种新的社会权力,这种力量可以用来获得对他人的控制权"。① 我们正进入一个技术控制道德的时代,技术将对道德产生内在的、长久的、根本的影响。具体来说,食物(药物)、教育等传统道德增强方式虽然也是为了塑造更好的人,但都不会通过突破人体的自然状态实现,而以基因编辑为代表的道德增强技术,必须使用先进技术突破自然状态,让技术内在于人体才能实现。道德增强技术是在生物学意义上真实地嵌入人体,技术与人的关系是"(技术—人)";传统道德增强方式虽然有时也会借助先进技术,但其使用的技术外在于人体,技术与人的关系是"(技术)—(人)"。② 道德增强技术这种技术集成带来的直接后果就是高效。对于个体来讲,以往一种优秀道德品质(如勇敢)的形成是一个长期的过程,有时耗尽一生才能养成,而在道德增强技术的条件下,一种优秀道德品质(如忠诚)的形成可能在服用一种药物之后立竿见影。从文化学看,技术增强道德实际上是打破文化渐变论,代之以文化突变论。从久暂性看,一种道德品质经过药物、神经刺激或基因编辑能否持久地发挥作用,这个问题应该作具体的分析。就像醉酒的人清醒后可能不再胡乱作为一样,服用药物的增强效果应该是短暂的。"千经万典,孝悌为先",如果一个逆子在服用药物后对父母百依百顺,但是药物失效后转身对父母面目狰狞、拳脚相加,那么药物增强的持续性应该是有限的。而在道德增强支持者看来,基因编辑技术对道德增强的效果应该是持久的,因为通过基因编辑技术制造的"道德完美婴儿",可能终其一生都会对父母关爱有加。道德增强技术从程度上看是根本的。食物(药物)被摄入人体,本质上是通过改善人的身体物质世界从而使人变得暂时有道德性;教育技术是对食物(药物)增强道德的反动,它不是通过改变人的身体物质世界来建构人的道德世界,而是通过改变精神与心灵世界

---

① 刘宝杰、田文君:《简论里森技术哲学思想》,《长沙理工大学学报》(社会科学版)2018年第4期,第28~34页。

② 芦文龙:《论生物医学道德增强——与刘玉山、陈晓阳和宋希林三位学者商榷》,《科学技术哲学研究》2018年第6期,第56~61页。

来建构人的道德世界；道德增强技术则是对教育的反动，它通过化学的、医学生物的技术作用于人体，培植"人的本性中向善的原初禀赋"，[①] 从而在根本上改变人的身体物质世界，完善人的自然性，这显然是一种道德发展螺旋式的上升运动。这种根本性还表现在影响的广泛性上：从理论上看，普遍使用道德增强技术必然使得"人皆可以为尧舜"，这样，整个社会的道德风尚就可能提升了。

二 人性的历史矛盾性与道德增强技术的必要性

从食物（药物）技术增强道德的时代到教育技术增强道德的时代，再到基因编辑控制道德的时代，技术对道德的干预正在以加速度的方式发生作用，人类正在开创一个道德进步的新时代。之所以如此，是因为道德依托于人性，人性是道德的基础，道德的价值旨归在人，道德进步根源于人性的历史矛盾性，[②] 道德增强技术的目的就是借助技术对人性的改善来不断推动道德进步。

1. 从历史视角看，人的自然性和社会性的矛盾使道德产生和存在成为必然

人是一种悖论性存在，是具有物性与超物性、自然性与超自然性、自在性与自为性双重本性的存在。[③] 因此，人有生命本质，也有超生命本质。人性可以从人的内外两方面进行分裂。人的内在主要体现为人的自然性。人是自然界的产物，个体的生存与发展依附并受制于自然的环境和条件；人也是自然界的生物，有着同动物一般的本能。人的外在主要体现为人的社会性。人通过劳动发展出了不同于动物的社会性，社会性是人的本质属性，社会性统摄自然性。

人的自然性表现为人的个人需要和个人利益，人的社会性表现为人的社会需要和社会利益。个人需要和个人利益与社会需要和社会利益是矛盾的，这是因为，一个社会在一定时期内所创造的物质财富和精神财富的总和是一定的，如果满足个人需要和个人利益的部分增加了，那么满足社会

---

① 〔德〕康德：《单纯理性限度内的宗教》，李秋零译，中国人民大学出版社，2003，第9页。
② 吴秀莲：《人性与道德》，《伦理学研究》2011年第3期，第38~41页。
③ 穆艳杰：《论马克思实践观对道德实践观与生产实践观的超越》，《吉林大学社会科学学报》2002年第3期，第19~24页。

需要和社会利益的部分就会相应地减少；反之亦然。所以，道德的出场恰恰就是为了协调两者的矛盾关系，协调的方法是抑制和牺牲个人需要和个人利益，所谓"道德之途通往牺牲之谷"说的就是这个道理。一般说来，道德提倡在维护个人正当合理利益的前提下，牺牲个人利益来保证社会利益的实现，在面临国家和民族战争以及重大历史转折关头时更是如此。当然，对个人利益的牺牲不能做绝对化的理解，在历史发展长河中也存在牺牲社会整体利益来满足个人正当合理利益的偶然性。总之，人具有自然性和社会性，而且两者是矛盾的，道德从调节两者的利益关系中产生，既是一个事实判断，也是一个价值判断。在这两个判断中，前者表明道德存在的历史必然性，后者表明道德存在的价值合理性。

当然，人的自然性与社会性既是对立统一的，也是具体的历史的统一，即我们对人的理解经历了"人是自然存在物—人是类存在物—人是社会存在物—人是社会关系的总和"的过程。① 因此，不能将人性的自然性和社会性绝对化。绝对的自然性固守人的自然本性，反对任何人为的干预，人类无法发挥主观能动性行事；绝对的社会性高扬人类的社会属性，忽视自身的自然属性，人类无法正确对待自然客体。在科学技术高速发展的今天，强调两者具体的、历史的统一显得尤为必要。

2. 从现实角度看，人的自然性和社会性的矛盾空前激化使道德增强技术成为必要

道德增强技术的支持者认为：人类进入了一个空前复杂的时代，人的自然性和社会性产生了激烈冲突，表现为恐怖主义横行、种族主义加剧、各种倒行逆施祸害社会的现象层出不穷。在当代，人类拥有的先进且影响范围较广的科学技术带来的不只是发展，还可能引发人为的惨重灾难。② 比如，大规模毁灭性的核武器和生物武器的使用，以及人为干预造成的大面积的环境恶化和有害的气候变化。"当前最主要的社会问题无一不与道德相

---

① 秦志龙、王岩：《"人性"概念考辨与人的本质探要——基于历史唯物主义的视角》，《理论月刊》2017 年第 7 期，第 56~61 页。

② Savulescu, J. , & Persson, I. , "Moral Enhancement, Freedom and the God Machine," *The Monist* 3 (2012): 399-421.

关，因而提高人的道德水平才是解决这些问题最直接的途径。"① 为什么矛盾会空前激化呢？主要原因在于日新月异的技术把人类社会拖入一个加速发展时期，让社会离库兹韦尔所说的"技术奇点"距离越来越近。但是人类本身性能和本能欲望，同它们延伸出的道德心理都无法与快速提升的技术相匹配，因此必须以一种高效的超越传统低效的发展道德的新技术来调节自然性和社会性的激烈冲突，道德增强技术于是应运而生。

新兴道德增强技术与传统的道德教化相互结合，共同演绎成为解决人的自然性和社会性矛盾的双重武器。一方面，传统的道德教化可以继续发挥重要的作用，不应被道德增强技术所取代，道德教化与人类的道德进步共始终。另一方面，我们不能固守道德教化藩篱，不敢越雷池一步，不应拒绝新的道德发展路径和范式。应当在承认人类自然属性和本性的基础之上，充分发挥主观能动性积极探索人类自然属性与社会属性之间长期平衡发展的机制。② 这样包括道德增强在内的技术才能得以应用，人性才可以通过持续不断的改造实践来展现永恒的存在。

3. 道德增强技术与人性的侧重属性

人是自然性与社会性的辩证统一体，但这并不代表其自然性与社会性具有绝对的平等的地位。人性能够随着道德增强技术的发展而变化，道德增强技术也会改变人性中自然性与社会性的侧重。

道德增强技术出现之前，人的自然性需要适应人的社会性。人的社会性是在自然性基础之上形成的，自然性是一切社会性发生和发展的前提条件。生存与繁衍的本能促使劳动生产和社会关系的兴起，促进了道德的产生和社会道德关系的形成。在落后的生产力和传统的道德教育范式之下，除非付出巨大的人力物力代价，否则人类无法随意突破自然环境以及自身条件的限制。因此，在漫长的历史长河中，人类的道德是为了让个体适应自身狭小环境与着眼于眼前的现实而存在的，传统道德关系的内容倾向于限制和引导人的自然性以适应人的社会性发展需要。

---

① 李亚明：《情感的生物医学干预与道德增强》，《自然辩证法研究》2018 年第 8 期，第 18~23 页。

② Béland, Jean-Pierre, Patenaude, Johane, Legault, Georges A., Boissy, Patrick, & Parent, Monelle, "The Social and Ethical Acceptability of NBICs for Purposes of Human Enhancement: Why Does the Debate Remain Mired in Impasse?" *Nanoethics* 3(2011): 295-307.

道德增强技术出现之后，人的社会性需要适应人的自然性。弗洛姆（也译作弗罗姆）曾说过，"当代对物质满足的技术性手段的丰富性与特别利用它们来寻求和平与人们的福利的无能性之间的矛盾是可以消解的"。[①]因为，道德增强技术可以通过生物医药手段增强人的道德素质，使人类不再受到自然与社会关系原本固有的制约。传统意义上，人的自然性与社会性矛盾的解决依赖于由教育与训练培养起来的社会性去抑制和引导自然性。换言之，传统解决方式是由社会性引导自然性的发展的方向。道德增强技术为解决人性矛盾提供了一种新的选择方案与可能。与传统方法不同的是，人的自然性与社会性矛盾的解决依赖于技术从生物学本质上改变人的自然性，用技术放大人的自然性，用自然性因子生成社会性，用自然性覆盖社会性，从而使人的自然性和社会性达到统一，达到弗洛姆所说的用增强的物质技术手段消解用于和平和增进人类福祉的无力性。从这个意义上讲，道德增强技术出现之后，人的社会性需要适应人的自然性。

道德增强技术是合规律性与合目的性的统一，具有存在的必然性和可能性。那么，道德增强技术的本质是什么呢？

三 道德的自然主义与实践唯物主义的对立

在探索道德增强技术本质之前，有必要讨论一下历史上关于道德本质问题的两个概念：道德的自然主义与实践唯物主义。

自古以来，道德就是人们孜孜探求的重要话题。为了探明道德本质问题，人们进行了漫长而艰辛的探索。作为哲学领域的核心议题，从《尼各马可伦理学》开始，西方哲学家们提出了自己的观点或者理论体系。其中，道德自然主义和道德实践唯物主义在本体论、认识论、方法论方面存在着严重的分歧。

1. 道德本体论

道德自然主义是一个极为悠久的理论传统。从亚里士多德主张道德回归生活世界到伊壁鸠鲁的享乐主义，再到密尔的功利主义和亚当·斯密的道德情操论，从休谟的道德情感主义到摩尔的元伦理学，都表征了立足自

---

① 〔美〕埃里希·弗罗姆：《自为的人——伦理学的心理学探究》，万俊人译，国际文化出版公司，1988，第38页。

然主义探索道德本质的努力。此外，当代的生物科学、神经科学的研究也涉及了道德本质问题。"在人产生之前，自然界是不完整的、未完成的、没有被打开的，不具有任何意义。"① 自然主义的内核就是一切现象都能用自然的原因和法则的术语加以阐释说明，换言之，就是在理解、说明、解释这个宇宙发生的一切时，反对任何超自然力量的介入。把这个标准延伸至伦理学中，就产生了道德自然主义。道德自然主义本质上是关于道德本体论性质的一个立场，它主张道德的善与恶、好与坏等都是表征一种自然的属性，而道德判断则是关于该自然属性的断言。如左拉主张"人类世界同自然界的其余部分一样，都服从于同一种决定论"，即道德的发展服从于自然规律，由自然规律所界定。尼采则认为，善就像健康一样，具有复杂的自然属性，只有回归自然才能获得"真正的道德"。道德自然主义立足于人的自然本性，聚焦道德的生理心理机能，力图用科学方法来解释道德现象，但其忽视了道德现象和道德关系是基于自然但超越自然的社会本质属性这一点。

与此不同，道德实践唯物主义认为，道德是由经济基础决定的一种特殊社会意识形态。恩格斯指出："人们自觉地或不自觉地，归根到底总是从他们阶级地位所依据的实际关系中——从他们进行生产和交换的经济关系中，获得自己的伦理观念。"② 马克思深刻指出："宗教、家庭、国家、法、道德、科学、艺术等等，都不过是生产的一些特殊的方式，并且受生产的普遍规律的支配。"③ 社会关系的形成是道德产生的客观条件，劳动创造了人和人类社会是人类道德起源的第一个历史前提。马克思和恩格斯通过对劳动概念的解读实现了伦理观的变革，并进而超越了西方传统伦理。在这一点上，达尔文也认为，道德仅仅产生于人的群体，是在群体内部、群体之间斗争的基础上形成的"复杂合作"关系。波普尔则将之称为"道德历史主义"，即人类社会发展的历史具有不以我们意志和行动为转移的趋势或

---

① 戴茂堂：《论道德世界的超自然性——兼论自然主义伦理学的错误》，《伦理学研究》2003年第 4 期，第 13~15 页。

② 《马克思恩格斯选集》第三卷，中共中央马克思恩格斯列宁斯大林著作编译局编译，人民出版社，1995，第 434 页。

③ 《马克思恩格斯全集》第四十二卷，中共中央马克思恩格斯列宁斯大林著作编译局编译，人民出版社，1979，第 121 页。

确定法则，在历史发展进程的每一阶段，道德原则或规范都是由历史条件所决定的，也是无法改变的。

2. 道德认识论

道德自然主义在认识论上，承认可知论，反对不可知论，相信以科学为依据，并采用科学的经验方法就一定能够逐步深入认识自然界从而认识和把握包括道德在内的万事万物。科学的经验方法是认识自然的唯一可靠的方法，直觉和神秘体验都不是发现真理的手段。近代以来，道德自然主义从基督教的经义转向了以实证性、精确性、可测性为特征的"科学主义"。分析道德现象的"科学性"成为自然主义追求的对象。[①] 道德自然主义认为道德应该有其"科学"的基础，科学能从不同侧面揭示道德产生的生物学根源。

道德实践唯物主义在认识论上，也承认可知论，反对不可知论，相信道德是可以被认识的。道德实践唯物主义"研究视野由神转向人、从人的自然性转向人的社会性，并通过探究社会性进而深入人的社会物质生产活动过程"。[②] 其主张道德是知情意行信的统一，强调道德认识是道德行为的基础。由于人类道德认识和道德行为极其复杂，其把握和运用更为复杂，不只有直接的，还有间接的，不但有现象，而且有本质。因此，真正把握和运用道德必须由此及彼，由表及里，由近及远，去粗取精，去伪存真，而这就需要德知，认为无德知则无德行。道德情感是情感的特殊形态，它脱胎于情感。道德情感对道德行为具有原动力功能、价值判断功能和评价功能。道德情感是道德行为的激发器，是产生道德行为的内部动力，它对道德认识和道德行为起着激励和调节作用。可见，道德实践唯物主义的认识论强调人们在理性的引导下进行道德践履，在道德践履的现实活动中反过来获得新的道德认知，依次反复，螺旋式地推动道德进步。

3. 道德方法论

道德自然主义在方法论上，寻求"科学的自然的基础"，运用"科学"的思维方式推动道德的发展和完善。道德自然主义认为，人类的身体和精神可

---

① 叶岸滔:《道德增强:伦理困境与自然主义思考》,《学术月刊》2017年第3期,第40~47页。
② 教育部社会科学研究与思想政治工作司组《道德观通论》,高等教育出版社,2000,第23页。

以用科学的方法加以测量，道德情感和道德行为问题完全可以采用科学的方法进行矫正。自然主义方法论常常与实证主义方法论纠缠在一起，实证主义为道德水平的提升提供了实验的、可测量的、标准化的方法论基础。

在道德实践唯物主义视域中，道德具有社会历史性与实践性，实践是个体道德建构的基础和载体。人的道德认识和道德行为不仅是物质世界长期发展的产物，而且还是社会发展的产物。人类道德的产生和发展同人类的劳动实践有着不可分割的密切联系。道德实践唯物主义认为：在人类的所有活动中，劳动是最伟大的、最有价值的活动，劳动不但创造了人本身，也创造出社会关系，创造出人的道德。人类的劳动创造了道德主体，也实现了主体对道德的需求。正是因为有了人类社会劳动的出现，人类社会的道德才得以产生。归根到底，正是劳动使人成为道德的主体，满足了人的道德需要，创造了道德产生的必要性和动力。道德实践唯物主义把道德看作社会的和历史的现象，将道德研究和现代科学知识联系起来，强调人的实践对道德发展的重要性，布伦克特（George G. Brenkert）将这种理论称为"依赖性命题"。道德实践唯物主义认为，人类社会的实践发展是道德产生的前提条件，道德作为一种实践理性精神，是在实践中产生，在实践中发展和完善的。

四　从"超越自然"到"再自然化"

上述道德自然主义和道德实践唯物主义的分野彰显了新兴的道德增强技术的本质：道德增强技术是一种新的自然主义道德认识论与方法论。而以基因干预为基础的道德增强过程，是一个从"超越自然"到"再自然化"的飞跃过程，亦是人类史的自然过程和社会过程的统一。

1. 道德增强是"超越自然"的技术

从古至今，在稳定的人类社会中，人类自身道德水平的提高，便是一个"自然化"的过程。在亚里士多德看来，德性分为两种，即理智德性与伦理德性。理智德性主要通过教导而发生和发展，伦理德性则通过习惯养成。传统意义上的道德提升，应该是通过学校、父母、老师以及社会对人类的教育训练以及自我的反思、教育缓慢实现的，其提升过程相当漫长，乃至于伴其一生，因为道德水平的提升是与人自身的品格塑造同步进行的。每个人从出生开始，便与学校、父母、老师以及社会各种人进行交流以及产生各式各样的价值理念的冲突，不断重塑与完善自己的行为准则与价值观。这是一个社会化的过程。正是因为这些博弈与碰撞，个人的道德水平才能不断提高以适应社会。过去，人类的自然性是无法被忽视的，更是无法被超越的，自然性始终是人的道德的基础，但是，生物医学技术，尤其是基因编辑技术通过对人的基因进行剪接、编辑和重塑，从根本上改写道德的自然性基础。例如，生殖细胞基因的改变可以遗传给后代，从而永久性地、不可逆转地改变人类基因池。如果这样的基因编辑技术实现了，那么技术会变成创造美德和消弭恶德的"上帝之手"，从而实现对道德的自然属性的超越。从这个意义上说，以基因编辑为核心的道德增强技术是"超越自然"的技术。这种技术实现了对人的道德自然性的三个方面的超越。

一是本体论意义上的超越。自然性不再是道德的基础，道德的发展完善发生了根本的转移，道德建构从以自然为基础转移到以技术为基础。比如，服用一些药物便能对人的道德行为产生一定的影响：普萘洛尔可以减少隐性的种族歧视；催产素等能对人类的道德选择产生相应的效果。除此之外，神经反馈技术等非药物方式也可以对人类道德进行"增强"。这种通过生物医学技术进行人为的、技术上的增强，似乎使得人类道德水平的提高迈向了"人工化"的进程。传统意义上，人类道德水平的提高理应是自然而然的，而不应受人为干预。人的道德世界是一种基于自然并且被赋予神圣意义的"上帝赐予"，人类对此应该保持敬畏之心。而道德增强技术这种"人工化"的增强是一种逾越，是一种人类扮演"上帝角色"的行为。

二是认识论意义上的超越。尼采认为，每一种道德都是对自然的暴政。科学是从真与假把握世界，艺术是从美与丑把握世界，与此不同，道德是从善与恶的角度来把握世界。基因编辑技术作为科学把握世界的方式是有缺陷的：一方面，其对道德发展的自然规律性的认识不足，试图借助基因的改变，实现道德以"真与假"的方式把握和理解世界；另一方面，基因编辑技术忽视了对道德的实践的社会的复杂因素的综合考量，仅仅从生物医学的角度复制美德，无疑是犯了"技术决定论"的错误。

三是方法论意义上的超越。传统道德教化通过对人的自然性进行约束和限制，牺牲、控制人的欲望，从而实现美德的发展。从理论上讲，基因编辑技术剔除了人的恶的基因，种植了人的善的基因，实现了道德发展的方法论上的革命。历史上，生产力决定生产关系，技术通过对经济基础这一中介作用于道德，这一过程中，技术是间接地发生作用。而在道德增强技术作用下，技术对道德发挥直接的作用。技术的直接作用极大地拉近了技术与道德的距离，两者变间接关联为直接关联，改写了道德进化的历史进程，使道德发展由单纯的社会化过程变成了"自然而然"的过程。

2. 道德增强技术是"再自然化"的技术

事实上，道德增强技术之于人类道德水平的提升，是一种"再自然化"。休谟区分了三种不同的自然概念：一是与"奇迹"相对立，二是与"稀有与不寻常"相对立，三是与"人为"相对立。那么根据休谟的自然概念，道德增强技术是不是"非自然"的技术呢？

首先，"自然"与"奇迹"相对立，超出科学研究范围的东西可以说它是超自然的。道德增强技术通过生物技术手段提高人的道德水平，以解决各种与道德相关的社会问题，它是一种有效的道德增强方式。道德增强技术并不是超自然的，是可以进行科学研究的。基于此，道德增强技术是"自然"的。

其次，"自然"与"稀有与不寻常"相对立。道德增强技术对于当下的多数人来说是不寻常、不熟悉的，人们对此知之甚少。但是随着道德增强技术快速推进，新技术的推广应用会成为普遍的需要，对于下一代或下几代人来说，道德增强技术可能会是寻常的、熟悉的，人们对此知之甚多，因而是"自然"的。

最后，"自然"与"人为"相对立。道德增强通过"人为"技术来实现，但我们并不能因此就说它是"非自然"的。虽然进行道德增强的技术是"人为"的，但道德具有自然生理心理基础，其增强过程是一种对人的自然性的更高意义上的回归，这就是通过"人为"的技术手段生成自然原初的"道德因子"，使新生的道德建立在回归后的更高意义上的自然基础之上，所以从这个意义上讲，道德增强是一种"再自然化"的过程。

五　技术化道德生存的另类意象

道德增强技术本质上是技术化道德，换言之，就是道德的技术化。技术不仅反映着人与自然的关系，而且反映着人与人、人与社会的关系。马克思指出："工艺学揭示出人对自然的能动关系，人的生活的直接生产过程，从而人的社会生活关系和由此产生的精神观念的直接生产过程。"① 技术是人的自我构建和世界构建的方式。技术不但构造人的身体，也正在塑造包括道德在内的人的精神。道德作为人类实践理性精神，被赋予了"技术化生存"的意象。技术化道德生存的意象作为人的感性与理性的集合体，突破了传统道德增强方式在进化维度和进化深度上的局限性，用崭新的方式诠释了新的话语体系，也就是道德增强论。

第一，技术救赎论。著名"后现代主义"者鲍曼认为现代技术问题的救赎之道就是"技术的道德化"。技术道德化表明技术必须采取道德立场。"无论我做什么或是不做什么对他人的幸福都有影响；如果我不做的话，也许永远不会有人去做，即使他人愿做或能做此事，也不能削减我自己做的责任。"② 与鲍曼观点相反的是，近年来以牛津大学研究员道格拉斯、牛津实践伦理中心学者赛沃莱思库以及佩尔森等为代表的西方哲学家提出现代社会道德问题的救赎之道是"道德增强技术"，其理论基点是：当代人类面临"道德大问题"，创造如生化武器、核武器等大规模杀伤性武器，恐怖主义盛行，以及全球环境恶化、人类缺乏同情心等。面对这个"道德大问题"，他们认为现代国家、科技和传统道德增强方式都不能给出切实有效的解决方案。基于历史事实，他们认为这个问题是关乎人类存亡的重大问题，于是开出的药方是"道德增强技术"，即利用先进科技超越人的生理、心理的自然限制，改善人的道德动机，提升人的道德情感，甚至于制造更好的人类。可见，用技术方式拯救道德成为道德增强论的主要价值目标。

第二，情感主义的理论基础。情感主义是人们对群己言行所产生的爱慕、憎恶、信任、同情等内心体验。现代西方道德哲学典型特征就是情感主义。休谟认为：道德判断中起关键作用的是道德感，而不是理性。道德情感主义认为，道德是个人情感的表达，情感在道德判断和道德行为中具有决定性的作用。道德增强论是基于情感主义的理论支持而提出来的。在道德增强论看来，良好的情感会使一个人产生做善事和避免做恶事的动机。因此道德增强技术本质上是通过生物医学技术直接对某些情感进行削弱或

---

① 《马克思恩格斯文集》第五卷，中共中央马克思恩格斯列宁斯大林著作编译局编译，人民出版社，2009，第429页。
② 〔英〕齐格蒙·鲍曼：《生活在碎片之中：论后现代的道德》，郁建兴等译，学林出版社，2002，第311页。

增强调节，以使人们具有更好的行为动机，从而可能做出更道德的行为。道德增强论的代表道格拉斯和赛沃莱思库则将道德增强技术的内涵直接表述为通过生物医学方式"让增强的人的道德动机比过去更好"，[①] 通过技术"提高道德动机和行为"。[②] 他们认为，道德动机包括道德认知和道德情感，道德认知的发展对于道德的进步意义重大，但是提高认知很难直接激发行动，因此在当前道德增强的研究中，"情感干预是道德增强技术最主要的方法"。[③] 当然，道德增强论过分夸大了情感在道德判断和道德行为中的作用，它忽视了理性在道德判断中的决定作用。康德认为，成熟的道德判断是理性的产物。一个真正具有美德的行为是一个有意识地实现更高目的的行为。毫无意识地行动并且对行动毫无认识，就不是美德。[④] 因此，如果人被情感操控，没有理性思考，就根本谈不上道德或者不道德。

第三，解构主义的方法体系。解构主义是批判地对现代主义正统原则和标准加以继承，运用现代主义的话语，去颠倒、重构各种既有话语之间的关系，从逻辑上否定传统的基本设计原则，由此产生新的意义。解构主义用分解的观念，强调打碎、叠加、重组，反对总体统一的概念而创造出支离破碎和不确定感。从这个意义上讲，道德增强恰恰是运用解构主义建构的方法体系框架。技术化道德一方面对传统道德增强方式进行打碎，另一方面又进行叠加和重组。它所运用的方法包括药物、非药物方式和"上帝机器"等。实验证明，药物可以进行道德增强。包括经颅磁刺激、深部脑刺激、经颅直流电刺激以及光遗传技术等在内的非药物方式可以直接改变包括成瘾疾病在内的行为，增强个体的道德情感。而"上帝机器"是道德增强的一种理想形式，是一种最强大、能自我学习和发展的生物量子计算机，通过人机接口进入人体后，它可以监控每个人的信念、欲望和意图，能在纳秒内在不通过人类主体的意识的情况下对其进行修饰。道德增强技

① Douglas, T., "Moral Enhancement,"*Journal of Applied Philosophy* 3(2008): 228.

② Savulescu, J., & Maslen, H., "Moral Enhancement and Artificial Intelligence: Moral AI?" in Romportl, J., Zackova, E., & Kelemen, J., eds., *Beyond Artificial Intelligence* (Springer, Cham, 2015), pp. 79-95.

③ 李亚明：《情感的生物医学干预与道德增强》，《自然辩证法研究》2018 年第 8 期，第 18 页。

④ 〔美〕弗兰克·梯利：《西方哲学史》（英汉对照版），贾辰阳、解本远译，吉林出版集团有限责任公司，2014，第 124 页。

术中生物医学道德增强的方式不具有排他性，现有的方法也未必是最重要和最有效的。

第四，功利主义的后果论。道义论和功利论在道德增强技术的应用这一问题上出现了分歧。总体而言，道义论是反对道德增强的，而功利论是支持道德增强的。道义论强调行为本身的道德性和正当性，强调德性应该要通过努力的方式获得，而不管行为后果的效用，反对德性"不劳而获"。道义论主张，一个品德优秀的人，应该是通过自己的努力，在教育、训练和他人的影响下一步步地成长起来的，通过生物医学方式获得美德是不高尚的。与此相反，功利主义的基本主张是，一个行动的道德正确性是由其结果来确定的，如果行动能为相关者带来较大幸福或者减少痛苦，那么这个行动就具有道德上的合理性；反之，则没有道德合理性。因此，衡量一个行动合理与否，要评估这个行动的效益和风险如何。道德增强论持一种绝对的功利论和结果论，因为与传统道德教化相比，道德增强技术在彻底性和迅捷性两方面都更加有效。在道德增强论看来，"通过道德增强之后，一个不道德的人可能变得有道德，一个道德的人可能变得更加有道德"，效果是好的。通过生物医学方式实现道德上的增强只是更有效率并且节省时间，不会带来过程上的意义减少。道德增强后，个人依然需要在社会中学习，接受教育。道德领域毕竟不是一种竞技活动，道德增强也不是一种欺骗手段，因为"我"成为更加有道德的人并不会阻碍其他人变得更加优秀，通过生物医学技术来实现道德增强仅仅是一种更为有效的方法。①

综上，技术救赎论、情感主义的理论基础、解构主义的方法体系和功利主义的后果论，它们共同构筑了技术化道德生存的另类意象。

六　本章小结

以基因干预为基础的道德增强过程，是一个从"超越自然"到"再自然化"的飞跃过程。道德增强技术借助于生物医药技术弱化人的不良道德情感，强化人的优良道德情感，增强人的行为动机以达到增强道德的目的，实际上带有一定的道德自然主义和还原论色彩。近代以来，道德自然主义遭受了胡塞尔等人的批判，他们认为"自然主义不仅在逻辑上是悖谬的，

---

① 叶岸滔：《道德增强：伦理困境与自然主义思考》，《学术月刊》2017年第3期，第42页。

而且在实践中也意味着某种危险"。① "任何具体技术形态的开发或运行都表现为社会活动，都是在一定时代的社会场景中展开的，总要受到社会系统及其构成要素的影响。"② 道德自然主义试图遮蔽和摆脱人的社会性，把"物理"的价值与"道德"的价值进行还原，导致道德在本体论与方法论之间的断裂，最终的结果就是将道德降为物，让人成为"物化"的人，道德社会成为一个"物化"的社会。道德增强技术的合理性在于：它打开了人类道德提升的新的空间，可以作为道德进步的一种辅助的方法，与传统的教育、习俗等共同发挥作用。我们没有理由保守地拒绝使用它。当然，设定道德增强技术的边界是完全必要的，这个界限必须回到人类本身的安全和整体利益上来，有悖于"以人为本"的技术必须予以禁止。基于历史唯物主义观点，对于将超自然主义方法论应用到人的道德关系中，我们应保持辩证批判的态度，要从道德增强技术的演进本质是自然过程与社会过程的矛盾运动中把握其规律，在实践的可能性与目的性统一上确定其发展方向。

一旦脱离道德制约，技术就会像脱缰的野马。以基因编辑为内核的道德增强技术引发了智能哲学和生命哲学的大裂变。道德增强技术打断了道德的传统进化过程，既有自然主义的色彩，也有实践唯物主义的色彩。我们必须以辩证批判、历史批判和实践批判的实践唯物主义原则把握道德增强的发展方向。

①　〔德〕胡塞尔：《哲学作为严格的科学》，倪梁康译，商务印书馆，1999，第 6 页。
②　刘大椿：《科学技术哲学导论》（第 2 版），中国人民大学出版社，2005，第 358 页。

第三章 道德增强技术之辩
及其伦理意义*

对于道德增强技术应用的态度，学界明显分为增强派与反增强派两种对立的立场。其中增强派对道德增强技术持谨慎乐观的态度，将道德视为独立且实际存在的个体，一定程度上夸大了相关生物医药实证研究的事实和成果，忽视了道德原有的文化与社会属性，期望通过生物医学技术实现道德提升的变革；反增强派则是对道德增强技术持审慎消极的态度，忽略了道德科学的研究成果和道德修养的生物学基础，站在绝对理性和绝对静止的角度理解道德增强技术。[①] 增强派与反增强派以各自片面的视角与对方进行争辩，正反两派对道德增强技术相关问题的探讨与分析是为了解答"人类是否有权使用技术进行道德增强"的难题。

一 道德增强派代表人物及其基本观点

道德是神圣的人类实践理性精神，是人类的自我完善手段。自 21 世纪初，欧美国家的哲学家和伦理学家就开始共同探讨人类是否能够利用道德增强技术进行道德增强这个前沿问题。增强派研究的核心是为道德增强技术寻求伦理上的合理性，即在遵循伦理原则的基础上，探寻道德增强技术的客观需求和伦理价值。在与反增强派的争论中，道德增强派涌现了一批代表人物，如道格拉斯（Thomas Douglas）、赛沃莱思库（Julian Savulescu）、佩尔森（Ingmar Persson）、拉基奇（Vojin Rakć）和卡特（Sarah Carter）。

---

* 本章参考陈万球、周心怡《道德增强与反增强的博弈与反思》，《伦理学研究》2019 年第 5 期，第 113~120 页。

① 叶岸滔：《道德增强：问题的提出与正反论证》，《自然辩证法通讯》2016 年第 5 期，第 114~120 页。

（一）道格拉斯：成为更好的自己

道格拉斯是牛津实践伦理中心与英国牛津大学哲学学院的学者，也是研究道德增强的开启人之一。他的贡献在于，以一个全新的视角定义了道德增强技术，并提出了应用道德增强技术的期望。道格拉斯的主要代表作有《道德增强》《通过直接情绪调节来提高道德——对约翰·哈里斯的回应》《道德生物增强、自由和推理》等。

1. "道德增强"的概念奠基：成为更好的自己

道格拉斯在 2008 年发表的《道德增强》一文中详细探讨了道德增强技术的定义。道德增强技术被道格拉斯称为"生物医学道德增强"，即通过适当的生物干预手段调节道德情感。他认为，一个人在道德动机上获得了比原来更好的动机便可称为"道德增强"。[①] 由此可详细阐述道德增强包含的两层含义。从手段上看，道德增强技术以改善道德动机为切入点。大多数人在道德上有明显的提升空间，人们往往有不好的或不是最好的道德动机，道德增强技术可以直接增强人们自身的道德动机，被增强者在增强后，可获得更好的道德动机。[②] 从结果上看，道德增强技术可以使主体的道德能力和道德情操得到提升。通过道德增强技术个体可以拥有更好的道德动机和道德情感，从而推导出个体实践能获得更多预期或超预期的好结果。

同时，道格拉斯提出，道德增强也可以是一种非道德的"减少"，即通过减少个体的反道德动机从而降低个体反道德行为的发生频率，以此在道德上成为更好的自己。这种"减少即增强"论调的出现是由于学界对道德"善"的定义和程度没有一个具体统一的标准。比如，决定道德动机的是道德推理，是道德情感，还是两者共同影响；如果道德推理和道德情感共同作用于道德动机，那么两者具体的影响占比分配是多少……均无定论。道德"善"对不同的人或不同的角色来说存在不同的要求，就像法官更注重法律推理，而爱人之间则会更注重情感。

---

① Douglas, T. , "Moral Enhancement," *Journal of Applied Philosophy* 3(2008): 228-245.
② Douglas, T. , "Moral Enhancement via Direct Emotion Modulation: A Reply to John Harris," *Bioethics* 3(2013): 160-168.

2. 道德增强的理由：客观需求和主观需求

道格拉斯应用道德增强技术增强道德的理由是，在道德动机上提升自己会得到道德行为产生的尽可能多的好结果，或增强对他人利益的关注。[①]

从客观需求出发，一些社会危机（如贫困、气候变化、战争等）会随着人类伤害能力的增强而加剧，个体在应用道德增强技术提升自身道德水平之后，会表现出较少的偏见、攻击、污蔑等情绪和行为，并能够参与更多与疾病和贫困的斗争，以及成为更好的朋友和合作伙伴。因而，道德增强技术的应用能够有效地减少反道德或错误行为的发生，防止社会重大危机和威胁的出现，人类也会更多并仅仅是出于善良的道德动机进行社会实践。

从主观需求出发，道德增强是一种对自我内在属性的提升和一种自我完善的行为，也可以说应用道德增强技术提升道德水准这一行为本身就是一种"善行"，并且保留无意义的不良道德动机不符合自我改善的意图以及对道德提升的要求。虽然道德增强技术的应用还存在一些争议，如道德增强会提高被增强者的道德地位从而伤害未增强者。但从宏观角度出发，道格拉斯认为，道德增强技术并不一定会增加人类总体所受的伤害。[②] 他认为，只要在能够确保技术相对安全的情况下，没有反对使用技术实现道德增强这一目标的理由。

（二）赛沃莱思库与佩尔森：亟须发展更好的社会道德

赛沃莱思库与佩尔森同为牛津实践伦理中心的学者，其代表作有《道德增强、自由和上帝机器》等。两位学者与道格拉斯一同被称为道德增强研究的开创人，并丰富了道德增强的概念，且一致认为人类迫切需要寻求改善道德的手段以承担正确使用现代技术的责任，其中便包括道德增强技术，他们进一步为应用道德增强技术寻找合理依据。

1. 道德增强概念的丰富：发展更好的社会道德心理

赛沃莱思库与佩尔森认同道格拉斯对道德增强的定义——以生物医学

---

① Douglas, T., "Moral Enhancement," *Journal of Applied Philosophy* 3(2008): 228-245.

② Douglas, T., "Human Enhancement and Supra-personal Moral Status," *Philosophical Studies* 3 (2013): 473-497.

为手段对个体道德进行修饰，使被增强者得到道德动机和道德意志上的提升。不过他们进一步丰富了道德增强的概念，认为道德增强更是社会道德心理的整体增强，其中主要包括以下两方面。

第一，道德增强是为了弥补现代社会中存在的落后的道德心理与先进的科学技术之间巨大差异的技术。人类过去长期生活在一个相对狭小而紧密相连的社会中，以往不发达的科学技术也只能影响较小的接触范围。人们延续至今的道德心理则是从这种有限的环境中发展出的，其道德心理的考虑与思量也是较为短浅的，即仅限于关注周围或眼前的人和事。然而，现如今科学技术通过飞速发展已发生了多次量与质的飞跃，其影响范围也已扩展至全球和遥远的未来，从根本上改变了人类的生活条件，但人类的道德心理在整个技术和社会进化过程中始终保持着基本不变。[①] 这使得人类的道德心理在实践生活中无法完全匹配现有的科学技术，从而其对科学技术的使用将可能严重危害人类社会及其发展。例如，对科学技术不合理的应用会导致环境污染和气候变暖等。

第二，道德增强是一项需要社会全面且强制实施的技术。道德水平较低的个体不会自愿、自主地进行道德增强。赛沃莱思库和佩尔森认为，道德增强对自我而言是增加了一种负担，并且非道德心理很容易对他人隐藏，但非道德心理很可能会对社会造成灾难性的"人祸"。譬如，道德水平较低的个体或少数族群应用大规模毁灭性的核或生物武器争夺日渐减少的自然资源或发动恐怖主义性质的战争。据此可知，道德增强不仅仅是单独个体完善自身的追求，更是整体社会生存的需求。

2. 道德增强应用的迫切性：伤害的相对容易性

同时，赛沃莱思库与佩尔森认为，人类迫切需要道德增强。他们认为由非道德心理所产生的伤害具有相对容易性，即"造成巨大伤害相对容易，比在同等程度上受益要容易得多"。[②] 以杀戮和拯救为例，我们能够在短时间内轻易地剥夺数条生命，却无法在同样条件下轻松地拯救同等数量的濒死个体。即便拯救死亡和剥夺生命一样容易，获益也不会同我们通过伤害

① Savulescu, J., & Persson, I., "Moral Enhancement, Freedom and the God Machine," *The Monist* 3 (2012): 399.

② Persson, I., & Savulescu, J., "Getting Moral Enhancement Right: The Desirability of Moral Bioenhancement," *Bioethics* 3(2013): 124-131.

手段侵犯他人的程度一样大。因为杀害一个人时，我们可能消除了一个人生存条件中的任意一条，但被害者则是损失了所有未来可能的美好；而拯救一个人时，我们不能对被救者未来所拥有的一切美好邀功，毕竟拯救他人的生命只是他人拥有未来美好生活所必需的无数条件之一。

根据他们对道德增强的定义，伤害的相对容易性可以从两方面避免。一是缩小道德心理与科学技术之间的差异。要提升人类的实践能力，必须通过加速增强道德素质来缩小道德心理和科学技术之间的差异，人们要把道德关切扩大至自身的熟人圈之外，包括那些在未来可能有进一步接触的人，否则人类文明将处于危险之中。二是预防和防止非道德个体和少数族群实施毁灭性行动。在伤害的相对容易性的论点之下，我们可以成功假设少数非道德个体会通过使用核或生物武器等先进的技术手段消灭地球上一切有知觉的生命，而我们无法也不能扭转其毁灭的破坏性，以至于造成了终极伤害。于是，确保有价值的生命永远存在这一终极利益无法得到保障。因此，道德增强一定要成为"普遍存在"且"强制实施"的技术，以提升全人类认知和非认知的道德水平，控制先进科学技术的部署和使用，将终极伤害发生的概率尽可能减小。[①]

（三）拉基奇：激励自主的善良

拉基奇是生物伦理学研究中心主任以及世界医学会合作中心生物伦理学国际主席欧洲分部负责人，其代表作有《自愿的道德增强和不惜一切生存代价的偏见》《激励善良》等。他支持道德增强技术的应用，并进一步探讨了道德增强的相关问题，如反对赛沃莱思库与佩尔森所提出的强制增强，而是提倡自愿的道德增强。自愿应用道德增强技术，就包含了自主选择权和激励自愿增强意愿这两个重要部分。

1. 道德增强与自由：实施道德增强不会限制自由

拉基奇所倡导的道德增强，除了确保有效的安全性外，也保障个人自主选择的权利。由于自由受到限制而被迫做出合乎道德行为的人，我们不

---

① Persson, I., & Savulescu, J., "Should Moral Bioenhancement Be Compulsory? Reply to Vojin Rakic," *Journal of Medical Ethics* 4(2014): 251-252.

能将其称为道德的人，① 因为自由意志是道德的基础。这似乎与赛沃莱思库和佩尔森两人强制进行道德增强的观点相左，虽然他们也提出过强制的道德增强不会限制自由，但拉基奇认为人们可以拥有完全的自由意志且不会限制道德增强的有效性。总而言之，人们能够在不丧失自由的情况下，以有效的方式进行道德增强。

另外，即便自由意志受到道德增强的影响，自由也将永远是人类行为道德与否的判断标准。人类拥有自主选择是否应用道德增强技术获得道德增强的权利。他认为，只要人们是自愿的，人们便是自由的，道德增强是否有效是由是否自由来决定的。有效的道德增强技术，只会改变或转变人们的行动动机，但是人们的自由不会因此而受到限制。换言之，自愿通过生物医药的手段提升道德，能够使人们在表现得更加道德化的同时保持自由。

2. 道德增强与激励：发展道德增强需要激励机制

拉基奇指出，成为一名道德行为者最大的困难在于，所做的事情与应该做的事情之间存在差距。道德行为者不应纠缠于如何更好地理解道德知识，而应着手如何加强自身的道德行为。道德增强技术的核心在于行为，而不是认知。尽管认知增强有助于提升道德，可归根结底，道德的关键难题是如何让人们做自己认为应该做的事情。拉基奇解决这一难题的设想是"激励善良"。② 激励善良不仅强调国家政策层面的刺激与鼓励，如提供各式福利等，更主张让人们认识到善良有助于他们获得关于自我利益的更多快乐。

激励善良能够由外至内地促进人们自愿进行道德增强。一方面，激励善良将道德增强的获益方由外部整体转向内部自我。激励善良可以让人们相信道德的行为活动符合自身的利益，而不再是牺牲自我的舒适而降低或消除"终极伤害"发生的概率。另一方面，激励善良让人们相信道德增强能够通过外部技术解决自我内心痛苦。拉基奇认为，人们在理解道德与幸福相依存的关系后，会渴望在道德上成为更好的自我。不过在目标实现的

① Rakić, V., "Voluntary Moral Enhancement and the Survival-at-any-cost Bias," *Journal of Medical Ethics* 4(2014):246-250.

② Rakić, V., "Incentivized Goodness," *Medicine, Health Care and Philosophy* 3(2018):303-309.

过程中，人们也可能会由于意志薄弱或缺乏足够动机，产生因无法达到或完成合乎道德行为的痛苦。此时，人们就有理由自愿运用道德增强技术弥补道德意志和动机的软弱之处，以消除无法完成目标的无力感，从而采取更恰当或更道德的方式行动。

（四）卡特：实现真正的自我

卡特是曼彻斯特大学法学院社会伦理与政策中心的研究者，其主要论文有《道德增强干预措施是否具有医学意义》和《给移情定价：反对激励道德提升》。卡特基于道德增强就是提升同理心水平的观点，进一步增补了支持道德增强的论述，归纳总结了道德增强技术应用的间接与直接好处，并对道德增强的激励措施进行了反驳。

1. 道德增强的正效应：间接好处与直接好处

道德增强技术虽然在医学上还存有疑虑，但卡特认为道德增强技术将会解决同理心缺失的问题，并给予被增强者间接和直接的好处。[1]

卡特认为，道德增强能够使我们间接受益。与认知、记忆、力量等方面的增强不同，道德增强并不能立即给被增强个体带来直接的好处。但如果每个人都作为社会的一部分提升自身道德水平，从而提升社会整体发展水平，那么这种对社会显而易见的好处就可称为道德增强技术带来的间接好处，即通过生物医学的道德增强技术缩小人与人之间的差距，促进人与人之间的平等。只是缺乏同理心的人仍会觉得道德增强是一种负担。由此可知，不管是道德检测，还是道德增强技术的应用，目标人群的接受程度可能都不是很高。

卡特认为，道德增强技术带来的直接好处是，通过提升同理心水平减少不道德行为，从而减少参与可能对自身造成特别不利影响的活动。比如，道德增强技术的应用会让人们减少可能受到罚款、监禁等法律制裁的行为，从而避免人们成为类似群体暴力事件的受害者。但人们应用道德增强技术提升自身的时候，不太能看到自己的获益，因此接受道德增强技术的程度也就不高，特别是认为缺乏同理心使得他们在日常工作中可以生活得更轻

① Carter, S. , "Could Moral Enhancement Interventions Be Medically Indicated?" *Health Care Analysis* 4 (2017): 338-353.

松的那些人接受的可能性更低。例如，对在商业、医药、金融行业甚至从
事犯罪行为的人而言，同理心的缺失似乎更是一种优势，能够让自己的利
益最大化，或是获得更好的职业发展。对他们而言，冒着失去这一优势的
风险而去提高对个人没有明显获益的道德水平的可能性似乎很低。不过我
们也必须承认道德增强技术对个人的直接益处。

2. 道德增强的意愿：实现真正的自我

卡特坚持认为道德增强技术对人们有间接与直接的好处，但是卡特也
承认一直存在技术应用缺乏人们参与的情况。为解决道德增强技术缺乏参
与的问题，卡特提出了一种"实现真正的自我"营销方案来增加人们对应
用道德增强技术的参与度，从而代替了具有重大争议的激励措施。[①]

公众对激励自愿提升道德水平的提议可能漠不关心，甚至会引发道德
愤怒。但当道德增强被描述为一种"实现"或"促成"更好自我的状态时，
人们也许不再会提出可能改变本我特质的疑虑，并减轻对失去身份认同的
担忧。所以，"实现"或"促成"的营销方案将减少冷漠的回应和避开道德
的愤怒，而让更多的人自愿获得一种拥有更高道德水平的愿望。

（五）增强派主要观点小结

道德增强技术增强派认为，人们的道德价值判断是凭借与理性结合的
内在感官的直接感悟而产生的。[②] 因此，增强派基于道德增强技术安全性考
虑，阐述了道德增强技术的概念和发展理由，接着丰富了道德增强技术的
定义，然后展望了道德增强技术的应用前景，并为道德增强技术的有效性、
合理性、实施方式等寻求正当的辩护，其主要观点可以总结为四点。第一，
从概念上进行阐述，道德增强技术是一项通过生物医学科技提高人类道德
水平的技术，并在增强道德认知的作用外，更倾向于加强道德情感。第二，
从有效性进行论述，道德增强技术的发展和应用能够完善个体的不足，并
保障社会稳定且持续的发展。因为行善的动机会直接受到道德情感的影响，
知行合一才能提升道德水平，毕竟知善不一定行善。第三，从合理性角度

---

① Carter, S., "Putting a Price on Empathy: Against Incentivising Moral Enhancement," *Journal of Medical Ethics* 10(2015): 825-829.

② 宋希仁主编《西方伦理思想史》（第2版），中国人民大学出版社，2010，第217~218页。

分析，道德增强技术与自由意志、社会公平等问题不相冲突，甚至能够拓宽自由与公平的上升空间。第四，从实施方式进行考虑，道德增强技术可以通过各种激励手段或实现自我的宣传推广吸引更多的人主动了解并自主接受，使道德增强技术达到预期的使用率。

同时，增强派的思想能够区分为强增强派与弱增强派两类。强增强派的观点较为激进，重点理论为：一是道德增强技术的应用能获得更好的道德动机，并能预防不道德行为可能引发的毁灭性灾难；二是传统道德增强方式应对毁灭性灾难存在效用的局限性。① 而弱增强派关于道德增强的主张较为温和，认为应用道德增强技术只是一种从个人角度出发的自我完善的行为，并且强调道德增强技术能够与传统道德教育手段互补互助。

二　反道德增强派代表人物及其基本观点

反增强派在与增强派的争辩中，主要针对道德增强技术实现的困境和认知增强道德的有效性提出了技术的诸多不合理之处。在这场争论中涌现了一批国内外优秀的学者，其主要代表人物有哈里斯（John Harris）、芬顿（Elizabeth Fenton）、阿加（Nicholas Agar）以及刘玉山等。反增强派的立场便可通过这些代表人物的观点来展现。

（一）哈里斯：否定了善恶对称性与行善可能性

哈里斯是英国曼彻斯特大学科学、伦理与创新研究所主任、教授，他关于道德增强的代表作有《道德增强与自由》《道德盲目性：上帝机器的礼物》《"道德规范是针对坏人的！"将"道德"融入道德增强》。哈里斯认为，道格拉斯、赛沃莱思库与佩尔森所提出的局限于生物医药手段的道德增强技术无法真正实现道德素质的提升，并对他们的观点进行了以下两方面的反驳。

1. 道德增强与善恶：道德增强否定了行善与作恶的对称性

哈里斯认为，人类的行善能力与作恶能力具有对称性。② 相反，增强派

---

① Persson, I., & Savulescu, J., "Moral Transhumanism," *The Journal of Medicine and Philosophy* 6 (2010): 656-669.

② Harris, J., "Moral Progress and Moral Enhancement," *Bioethics* 5(2013): 285-290.

则是推崇其"不对称性"，而这也正是道德增强的核心吸引点，即能够让行善在短时间内变得同作恶一般"容易"。而哈里斯认为，当两者从"对称"转变为"不对称"时，人们对待道德增强的态度也应转变为不提倡。尽管行善与作恶的对称性可能会在一些特殊情况下出现特定方向的倾斜，但这种倾斜与增强派所认为的作恶能力强于行善能力的观念存在实质上的差别。

　　行善与作恶的对称性包含了两层含义。一方面，如果作恶的全部负面结果能够归因于作恶者，那么行善的全部正向结果也可归为行善者。增强派提出一个案例，即一位驾驶车辆于人口密集地区的司机能在短时间内伤害甚至杀害数量众多的路人，而哈里斯认为，一个人也可以通过阻止一个打算实施大规模侵害他人利益的个体而成为英雄。另一方面，如果作恶的全部负面结果不能只归因于作恶者，那么需将作恶结果的影响力分摊部分至外部环境的条件之中。例如，开车撞死大量无辜路人的案例，必须有结实的汽车、提供加油的加油站、平坦的道路以及大量的人群等条件和因素才有可能形成。于是行善的正向结果也可以被部分归功于外部条件之中。

　　2. 道德增强与自主行善：道德增强否定了自主行善的可能性

　　哈里斯以弥尔顿《失乐园》中"满可以站住，虽然要堕落也自由"（Sufficient to have stood, though free to fall）[1]为依据指出，道德增强技术限制了自由意志，从而可能使我们只知行善却不知为何行善。当我们应用道德增强技术或启用"上帝机器"而放弃堕落的自由之时，人们也就丧失了自主选择是否行善的权利，行善将毫无价值。[2]美德不存在于必须做的事中，美德体现在逻辑的选择之中，自由的消失必然导致美德的消散，甚至导致道德的沦丧。其一，道德是综合考虑下最优的选择，而不仅是其行动中包含的良好的动机或亲社会属性。其二，行善不单纯是作恶的对立面，而是基于逻辑推理的选择。通过自然的选择进化至今的人类，并且拥有维持社会运转至今的社会秩序，可以说我们都有所需要的东西。人类既拥有自由，也具有公平与正义观念；既要努力知善，也要尽力行善。故而在知善与行善间的地带是人类可以完全且自由行动的区域。[3]因此我们依旧应通

① 〔英〕弥尔顿：《失乐园》，金发燊译，广西师范大学出版社，2004，第112~113页。
② Harris, J., "Moral Blindness-The Gift of the God Machine,"*Neuroethics* 3(2016): 269-273.
③ Harris, J., "Moral Enhancement and Freedom,"*Bioethics* 2(2011): 102-111.

过传统的道德教育，教导人们善恶对错，避免对他人造成伤害或给他人带去痛苦。[①] 换言之，哈里斯认为通过学习和吸收道德知识，人们获得以尊重他人的方式去体会他人感受的利他主义和移情能力，以此提升道德水平。道德知识也能像其他所有科学知识一样通过教育得到提升，确保了习得道德知识的可行性。在接受可靠的认知增强之前，我们应致力于尽快提高自身的道德知识能力和水平，从而使自身的道德获得增强，以便更好地帮助人们了解善行、了解可能有助于善的东西，并达到个人或整体所期望的自我防卫能力。而且，世界可能面临的巨大威胁也不仅源于不道德，其还可能是自然环境的巨变、愚蠢或粗心大意的疏忽等情况所引起的。

（二）芬顿：认知增强破解道德增强的内在矛盾

芬顿是美国哈佛大学伦理与健康项目的研究学者。芬顿认为，赛沃莱思库与佩尔森所提出的道德增强技术在很大程度上低估了重大科学进步的可能性，由此会引发道德增强的两难境地：增强会灭亡，不增强也会灭亡。芬顿认为非传统认知增强能够替代道德增强技术以摆脱发展困局。其观点主要在《增强失败的危险：对佩尔森和赛沃莱思库的回应》和反驳增强派的论文中体现。

1. 道德增强的困境：增强和不增强的结局都是灭亡

芬顿认为赛沃莱思库与佩尔森所提出的道德增强技术具有内部矛盾性。道德增强技术的应用需要科学技术的发展，但科学技术的发展可能增加出现"终极伤害"的风险。一方面，赛沃莱思库与佩尔森觉得人类社会急需道德增强技术提高整体道德水平，这也就意味着需要科学技术的大力发展，以推动道德增强技术的成熟与应用；另一方面，他们却认为在当前较高的科技发展程度之下，拥有较低的道德水平的人类进一步发展科学技术会增加世界毁灭的危险，为避免这一情况的发生似乎需要减缓或停止科学技术的研究与发展。[②]

---

① Harris, J. , "'Ethics Is for Bad Guys!' Putting the 'Moral' into Moral Enhancement," *Bioethics* 3 (2013): 169-173.

② Fenton, E. , "The Perils of Failing to Enhance: A Response to Persson and Savulescu," *Journal of Medical Ethics* 3(2010): 148-151.

简而言之，科技进步似乎是一把"双刃剑"，既能发展人类，也能毁灭人类，但这并不是芬顿所反对的地方。芬顿批驳的是赛沃莱思库与佩尔森认为的道德增强技术发展和应用的前提，即高估了道德增强技术应用的有效性和道德缺失的风险性。首先，科技进步的益处不能被人类毁灭的风险所抵消。当人类处于由自然或非自然条件造成的恶劣环境之下，唯有科技的发展才能使我们摆脱逆境。其次，人类能够承担科技发展带来的风险。芬顿承认道德的缺失确实能造成重大灾害，但毁灭性灾难的发生概率却极小，并且毁灭性的灾害不总是道德缺失所带来的，也可能是自然原因所引发的。最后，道德增强技术的应用也不能确保毁灭性灾害的消失。

2. 道德增强的可替代性：非传统的认知增强能够替代道德增强

综上所述，芬顿认为应积极促进科学技术的成长，主张使用科技推动非传统的认知增强，而不是促进道德增强技术的发展。非传统的认知增强是指通过一系列生物医学的手段加强人类的认知能力。[①] 因为非传统的认知增强既能够避免人类陷入技术进步的两难困境，也能够推进道德素质的整体提升。

芬顿批判赛沃莱思库与佩尔森严重低估了非传统认知增强的价值，并从两方面进行了阐述。一是非传统的认知增强与科技发展相辅相成。非传统的认知增强能够通过生物医药方式快速增强人类的认知能力，从而加快科技发展的步伐。科技的突破性研究也能推动非传统认知增强技术的成熟，帮助人类摆脱生存困境的威胁。二是认知增强是道德增强的先决条件。非传统认知增强更能提高我们对道德的理解，让我们获得更多的道德动机，以达到"知善行善"的境界。

（三）阿加：失衡的道德情感与无益的道德地位

阿加是新西兰惠灵顿维多利亚大学伦理学教授。他不赞同赛沃莱思库与佩尔森关于道德增强技术能够防止"终极伤害"发生的观点，而主张道德增强技术是危险的，认定倾向于增强道德情感的道德增强技术必然会导致社会道德滑坡。阿加反对道德增强的主要论述在《道德生物增强是危险

---

① Persson, I. , & Savulescu, J. , "The Turn for Ultimate Harm: A Reply to Fenton," *Journal of Medical Ethics* 7(2011):441-444.

的》《为什么有可能提高道德地位和为什么这么做是错误的》《道德生物增强和功利主义灾难》等代表作中有所展现。

1. 道德增强与情感：道德增强导致道德情感失衡

道德增强技术可能会导致道德恶化，因为道德增强技术对道德情感有过于不平衡的影响。人类的道德推理和判断依赖于个体的心智能力，并最终影响人类的道德行为，因而情感反应的变化通常伴随着道德推理的改变。[①] 道德增强技术对道德情感的"过度"干预，虽然让被增强的个体能拥有更强烈的共情能力，但共情能力的增强不一定会带来好的结果。道德增强可分为横向增强和纵向增强两种：横向增强是指被增强者能够与更广泛的群体产生情感共鸣；纵向增强则是意味着加深被增强者对某一事物的同理心。[②] 以催产素为例，催产素的应用确实会增强个体对群体内人员的同理心，但过量使用催产素进行道德增强则会深化纵向增强的程度，加大个体对群体外人员的排斥心理，这很容易导致被增强者超越人类道德的规范，破坏理性和情感的平衡状态，进而造成道德滑坡。

正确的道德判断需要在感性的道德情感和理性的道德推理之间达到一种特殊的平衡。道德增强技术的成功运用不能避开对人类感性的加强，道德增强技术的失败尝试则可能导致道德灾难的结果。当我们权衡与自身毫无关系的陌生人和与我们有着亲缘关系或联系紧密的人群利益时，我们很可能会更倾向于与自己更为亲近的人，而不平衡的道德增强可能会加剧这一倾斜程度，我们甚至可能会牺牲陌生人的利益来换取亲缘关系人群的利益。

2. 道德增强与地位：道德增强使道德地位高于人格地位

阿加极力批判人类在道德上需要特殊援助的观点。他指出道德增强技术会使被增强者的道德地位提升，甚至高于原本最高位的人格地位。[③] 一旦拥有更高道德地位的被增强者产生了需求，则必然会优先于未增强者的需要，这意味着未增强者更有可能在极端紧急情况下被迫做出牺牲。虽然类似于"终极伤害"的极端情况似乎并不常见，未增强者做出牺牲的可能性

---

① Agar, N., "Moral Bioenhancement and the Utilitarian Catastrophe," *Cambridge Quarterly of Healthcare Ethics* 1(2015): 37–47.

② Agar, N., "Moral Bioenhancement Is Dangerous," *Journal of Medical Ethics* 4(2015): 343–345.

③ Agar, N., "Why Is It Possible to Enhance Moral Status and Why Doing so Is Wrong?" *Journal of Medical Ethics* 2(2013): 67–74.

不高，但无法避免的是道德地位较高的被增强者可以利用道德地位较低的未增强者以换取更多的利益。毕竟资源的分配一般是优先满足地位较高之人，再分给地位低下之人。

同时，阿加通过对人的非关系属性和关系属性的分析得出，人人都应该拥有最高的道德地位，并且不能通过牺牲他人来换取利益。[①] 可将其细分为三层含义：其一，被增强者所得到的任何利益，在道德上均不能补偿未增强者所付出的代价；其二，被增强者道德地位的提升也表示将未增强者驱逐出最高道德地位的范畴；其三，未增强者的道德地位降低使他们为被增强者提供重大利益的牺牲看似具有合理性。因为，道德上允许牺牲道德地位为零的事物为有知觉的人提供利益，如牺牲有知觉的非人类为人类创造福利，那么道德上似乎也就允许牺牲未增强者使被增强者获益。如果被增强者是合理的，那么被增强者的价值可以高于未增强者的价值，这将严重违背人人平等的人格地位。

（四）刘玉山：难以实际应用

国内学者对道德增强基本持谨慎态度，代表人物有叶岸滔、芦文龙、刘玉山。其中叶岸滔和芦文龙对道德增强持谨慎但乐观心态，而刘玉山是反对道德增强的典型代表。刘玉山是山东大学外国语学院副教授，主攻研究方向为外语教学和生命伦理学，代表作有《生物医学道德增强及其伦理和社会问题探析》《生物医学道德增强可行吗？》等等。在关于道德增强技术的研究论文中，他主要着眼于该技术所带来的伦理和社会问题。刘玉山通过分析外国学界对道德增强的研究成果得出反对使用道德增强技术的结论，并明确指出传统道德教育的有效性。

1. 道德增强复杂的实施困境

刘玉山等人认为道德增强技术的应用前景看似很美好，但是由于技术的复杂性在预期实施过程中将面临无法解决的困境。[②] 道德增强技术的复杂性主要体现在以下三个方面。一是道德情感难以量化。每个个体都有其生

---

① Agar, N., "Why Is It Possible to Enhance Moral Status and Why Doing so Is Wrong?" *Journal of Medical Ethics* 2(2013): 67–74.

② 刘玉山、宋希林、陈晓阳:《生物医学道德增强可行吗?》,《自然辩证法研究》2014年第3期, 第59~64页。

理上的特殊性，这也造就了个体对同一件事物可能存在包括道德情感在内不同的情感。但是怎样的道德情感算得上适当和恰当，这一点无法具体或绝对划定，现有的道德情感衡量标准多为纵向或横向的相对比较值等抽象量值，难以真正量化实施。二是道德心理发展不平衡。每个个体自身都存在道德心理发展阶段的不平衡性，个体与个体之间也存在道德心理整体发展的不平衡性。三是道德标准多元化。每个国家，甚至同一国家不同地区的道德要求都存在或多或少的差异。

2. 道德增强存在诸多应用难题

刘玉山等人指出道德增强的应用会对人类的自由、人格、安全等方面造成不利影响。① 刘玉山阐述了道德增强限制自由的问题。他认为道德增强技术的使用会让人失去选择不道德的自由，并可能做出与"原初意志"相违背的行为，进而引发混淆个体道德责任的现象——责任不能归结于"我"，因为这个行为不是出于"我"的意愿，而是受迫于道德增强技术的作用。道德增强技术的使用还可能会导致自我认同的人格突变状况。道德增强技术的设想是能够在短时间内改变人类个体特殊性的道德性情。这种突变会导致一个人的人性和身份较快发生改变，人们变成与"原本的自我"完全相反的个体，也会使整体人类逐渐出现同质化的现象。同时，刘玉山还对道德增强的安全性提出了质疑，认为这些尚未解决的问题都不利于道德增强技术的发展和应用。

（五）反增强派主要观点小结

道德增强技术反增强派的主要观点为，反对道德增强技术的应用，提倡以认知增强的手段加强道德素质。反增强派认为，道德增强技术的实施存在多种困难和难题。一方面，道德增强技术存在错误的内部逻辑。反增强派否认了道德增强技术的发展基点，即认为善恶存在不对称性，并指出了增强派存在科技和道德发展的矛盾性。另一方面，道德增强技术的实施标准具有模糊性。道德增强技术增强的质与量没有明确标准，而技术的过度使用也会引发一系列问题，如自由、公平、安全和人格等相关难题。由

---

① 刘玉山、陈晓阳、宋希林：《生物医学道德增强及其伦理和社会问题探析》，《科学技术哲学研究》2015 年第 5 期，第 99~103 页。

此，反增强派提出了道德增强的替代方案——认知增强，认为道德推理和道德判断应该更多地依赖于理性认知，不管是传统认知增强还是非传统认知增强都可有效提升道德素质，避免道德增强技术带来的困境或灾难。

反增强派的观点没有明确分为强反对派和弱反对派。不过反增强派的观点能够较好地辩驳强增强派的思想。反增强派提出一种较强硬的反对意见，指责道德增强技术是一种绝对意义上令人反感的手段，因为它具有与某些意图或目标结合的非自然性，却忽略了人为的治疗和自我教育。[①] 但是反增强派对弱增强派理论的反驳较弱。

三 增强派与反增强派的争论焦点

尽管关于道德增强的讨论中增强派和反增强派各有不同的观点，但两派的争论主要还是围绕着道德增强技术与人的自由、公平、人格和安全等问题展开，并且讨论了美德的地位和价值是否会受该技术的直接影响。总而言之，对道德增强技术各方面问题的探讨是为了解答以下问题：人类是否有权进行道德增强；综合道德增强影响的正负效应后，是否还留存进行道德增强的意义。

（一）道德增强技术与人的自由

自由是道德增强技术能否实际应用的主要争议点之一，其中争论的主要问题是：道德增强技术的实施是否阻碍了人的自由。

反增强派认为道德增强技术的应用会减少人的自由，尤其是"堕落的自由"。因为在知善和行善之间，人们认为通过自主选择采取道德行为是一种美德。但当道德增强技术消除不道德行为之后，行善则成为只能做或必须做的事情。道德行为失去了道德动机和自由选择的空间，其也就无法体现出善恶对立之中的美德了。[②] 例如，在反增强派看来，增强派为了确保不发生道德灾难所设想出的"上帝机器"就是剥夺行动自由和意志自由的实例。为了达到增强道德的目的，道德增强技术的应用必须带有普遍性和强制性。将人脑接入"上帝机器"，"上帝机器"便可以随时监测并及时修正

---

① Douglas, T., "Moral Enhancement,"*Journal of Applied Philosophy* 3(2008): 228-245.

② Harris, J., "Moral Progress and Moral Enhancement,"*Bioethics* 5(2013): 285-290.

人脑中错误的道德意识、道德情感等不应当有的思想和意图，以消除不道德的行为。但是"上帝机器"不会阻止人们产生不道德动机和思想，也就导致行为与本身的意愿不符，形成道德增强技术与自由不相容的局面。反增强派还提出另一议题强调道德增强技术会干预思想自由，即通过外部干扰或内部障碍影响个体运用心智能力的自由，而不是增强派提出的仅包括行为自由和意志自由的狭义自由。①

增强派则指出道德增强技术的应用不会阻碍人的自由，相反，甚至会增加人的自由程度。其一，道德的人不会比不道德的人更不自由。选择做不道德的坏事并不能增加自由。以男女为例，女性比男性更富有同情心、共情能力，具有更少的暴力倾向，但并不能得出女性较男性而言自由程度更低的结论；同样，道德增强技术能够使男性更像女性，但也不能总结为这一转变是减少男性自由的过程。② 其二，道德增强技术的应用能够帮助我们克服诸多难题，以达到我们所期望的道德水平，实现更大程度上的自由。当我们由于缺乏坚强的意志而不能进行或完成道德行为时，选择使用道德增强技术并不与自由相冲突，③ 反而这种做法是在弥补薄弱意志的缺陷，使我们更加自由地实践自我的本愿。其三，否认道德存在完全的自由意志。在没有使用道德增强技术之前，人类社会也并不存在随心所欲完全的自由。从古至今，社会道德，甚至法律，都会限制损害他人生命和财产等利益的不道德行为的自由，而这种由自然生活衍生的社会意识是符合社会发展的，能够给予个人和社会更大的自由发展空间。④

总而言之，增强派认为道德增强技术是不与人的自由相矛盾的。因为自由不代表无序的状态，道德也是秩序的代表。人确实拥有"向下"的自由，但这种自由的范围应以不伤害他人的利益为底线，而不是无限堕落。道德则更是以维护人的利益为基础，以社会发展为理想，以实现价值为目

① Bublitz, Christoph., "Moral Enhancement and Mental Freedom," *Journal of Applied Philosophy* 1 (2016): 88-106.

② Persson, I., & Savulescu, J., "Moral Bioenhancement, Freedom and Reason," *Neuroethics* 3(2016): 263-268.

③ Selgelid, Michael J., "Freedom and Moral Enhancement," *Journal of Medical Ethics* 4(2014): 215-216.

④ Diéguez, Antonio, & Véliz, Carissa, "Would Moral Enhancement Limit Freedom?" *Topoi* 38(2019): 29-36.

的的规范。社会没有强制的权力去使用生物医学技术增强一个人的道德,①
因此除了强增强派支持的强制性增强方式有待商榷外,人们可以自主选择
应用道德增强技术,以获得无法通过传统道德教育方式习得的能力,并完
成以往所无法达成的任务来拓展内在思想和外在实践的行径范围。

(二) 道德增强技术与人的公平

社会中没有绝对的公平,但是整体社会文化在努力促进个体和个体、
群体和群体间的相对公平。道德增强技术也引发了关于公平问题的讨论。
针对这一技术到底是加剧了不公的现象,还是加强了公平的思想,增强派
和反增强派有不同意见。

增强派认为道德增强技术可以促进人与人之间的公平,至少是不会加
剧不公的情况。其一,道德增强技术可以缩小族群内的道德水平差距。由
于缺乏神经递质或童年遭受伤害而患有“道德缺乏症”的人群,可以通过
道德增强技术弥补生理条件和成长环境的缺陷。② 其二,道德增强技术会增
强人的公平公正的意识,甚至让公平意识内化于心、自动生成,促使人们
在各项决策上更具合理性。例如,一位法官就可以通过道德增强技术减少
自身固有的偏见思想,提升自己在政治和法律决策上的合理性。③

反增强派则坚持认为,道德增强会加剧人与人之间的不公平状况。一
方面,道德增强技术可能会将被增强者放置于有利的位置,拉大人与人之
间原有的差距。被增强者能够在短时间内成为道德能力优秀之人,并在各
种与道德相关的竞争上取得大量的优势和机会,从而挤压未增强者的发展
空间。以政治方向为讨论基础,道德增强技术也会赋予被增强者政治特权。
人类的合作行为存在一种“同类相吸”的倾向,即拥有某项能力的人往往
会选择有相同能力的人进行互利互惠的合作,而把其他人排除在外。④ 例
如,哲学家们开展学习讨论会,一般只会邀请同样研究哲学的学者,而不

① Sato, T. , "Two Theses of Moral Enhancement, "*Applied Ethics: Risk, Justice and Liberty* (2013): 13-24.

② Curtis, Benjamin L. , "Moral Enhancement as Rehabilitation?"*AJOB Neuroscience* 4(2012): 23-24.

③ Danaher, John, "Why Internal Moral Enhancement Might Be Politically Better than External Moral Enhancement, "*Neuroethics* 12(2019): 39-54.

④ Ram-Tiktin, Efrat, "The Possible Effects of Moral Bioenhancement on Political Privileges and Fair Equality of Opportunity, "*The American Journal of Bioethics* 4(2014): 43-44.

会邀请其他学科的学者。这种选择在政治上是不合理的，因此，反增强派认为道德增强技术会分裂被增强者和未增强者，加剧社会不公的情况。政治上的平等是人类最基本的平等，不应因为个体的能力和贡献而有所区别。另一方面，道德增强技术可能会将被增强者放置于比增强前更不利的位置。由于道德增强技术会根据个体的身体状况而出现或好或坏的不同的效果，并且道德能力的高低是跟随着认知、社会和心理能力的发展而变化的，因此道德增强技术的应用有许多不可控因素，不能保证被增强者一定会得到想象的效果。

道德增强的初衷是增强道德素质，换言之，道德增强是提倡公平公正的，并不与之违背。可以通过道德水平的提升减少社会不公情况，而不是加剧社会的"马太效应"。被增强者与未增强者之间不应是两极分化的情况，而应是帮助与支持的关系。一方面，被增强者帮助未增强者进行道德水平的提升。道德是一种社会意识形态，不是一种有形有限的资产，被增强者与未增强者之间不存在争抢或霸占道德的境况，而且被增强者由于较高的道德素质会更注重人与人之间的公平公正，促使他们帮助未增强者进行各种形式的道德增强。因此，道德增强不会引起"强者越强，弱者越弱"的状况。另一方面，未增强者会接受被增强者的道德增强协助。已被增强的群体拥有更高的道德水平会促使他们主动帮助未增强者，缩小社会差距，而未增强者基于自我完善的内在愿望以及对道德增强的充分了解，也不会排斥道德增强，并乐意接受被增强者的援助。

（三）道德增强技术与人格同一性

道德增强技术应用的主要前景是改进人的不良情绪，而情绪与人格中的气质与品质紧密相连。人格是区分人与人之间最独一无二的特性，即使是同卵双胞胎也会因人格不一而体现出各自的特殊性。人存在的特征即人格的多样性。[①] 因此，关于道德增强技术能否保留个体人格的同一性、是否会导致群体人格的同质化的问题确实值得关注。

反增强派认为，道德增强技术会让人从生理和心理上发生改变，从而

---

① 〔美〕埃里希·弗罗姆：《自为的人——伦理学的心理学探究》，万俊人译，国际文化出版公司，1988，第44页。

提出对自我身份辨别的疑问——现在的我还是以前的我吗？其中，对生理和心理共同产生的情感进行非连续性转变是对自我认同最大的威胁。反增强派提出道德增强技术的增强手段离不开对道德情感的修正，但对道德情感的增强则会违背情感的真实性、理性和一致性。① 道德增强技术会让人在短时间内产生一种毫无理由的情感，与个体自身的理性认知和历史阅历不一致、不切合。自我的身份认同也是人格同一性的组成要素。社会中有善良的人也有邪恶的人，如果将全部的人都按照统一的道德标准进行增强，那么在人格同质化的社会中，个体将无法对自己进行社会定位，无法确定自我身份归属。② 所以个体在被增强之后，可能会无法从理性上理解并认可自己的情感和社会定位，也就无法保持人格的同一性。

增强派相信道德增强技术的应用能将反社会人格转变成亲社会人格，并保持个体人格的同一性。从社会发展的要求到个人幸福的需求，我们渴望自己成为一个道德的人，但有时会因为自身生理和心理条件的限制，如意志薄弱等，无法使自身的道德修养达到期望值。此时，通过道德增强技术，从外部刺激个体的情感和态度发生转变，并不会导致人格的分裂，即使这种变化较为短暂。一方面，即便不存在道德增强技术，人们也可能因为非技术性的巨大外部刺激而在短时间内发生个性的颠覆性转变。尽管有着颠覆性转变的个体会被评价为"好像成了另外一个人"，但这仅是粗浅的表象。转变的个体是自我心理认同在发生改变，并自愿依照改变后的状态进行实践活动。同时，个体的经历也是连续且完整的，没有修改与删减。另一方面，偏向亲社会的转变是我们在被增强之前一直期望的，能够符合我们的理性认知和价值判断。③ 我们只是通过道德增强技术实现更大的自我价值，成了"更好的自己"。

综上所述，道德增强技术保持人格同一性最重要的条件是，个体在未被增强时的理性与认知能够认同被增强后的亲社会状态，而这一状态与人类一直追求"自我的完善"相符。同时，为了确保人格的同一性，我们也

① 费多益：《情感增强的个人同一性》，《世界哲学》2015年第6期，第41~48页。
② 叶岸滔：《道德增强：问题、局限与医学化挑战》，《华中科技大学学报》（社会科学版）2016年第5期，第28~33页。
③ 李亚明：《情感的生物医学干预与道德增强》，《自然辩证法研究》2018年第8期，第18~23页。

需要在被增强之前，沿用传统的道德增强方法加强对道德的认知与理解，即在应用道德增强技术之前需充分利用传统道德教育方式最大化地丰富个人的道德知识和提高个体的道德情操，并期望自己在道德上获得更多的增强。

（四）道德增强技术与人的安全

道德增强技术作为一项关于改善人类的生物医学科技，在真正投入使用之前以及使用过程中，最基本的底层逻辑就是安全问题。在道德增强技术的安全问题上，学界没有进行过多的阐述和辩论，而是在讨论道德增强技术的相关伦理问题时，已经假设了以技术运行安全性为前提条件，但是反增强派还是对这一假设前提提出了一系列的担忧，主要疑惑体现在以下两个方面。

第一，如果道德增强的标准和影响范围模糊不清，那么技术的安全性也就难以保障。其一，我们尚不确定道德增强技术到底需要将道德修养增强至具体怎样的水平标准上。提及道德增强技术的目的，其中之一就是增加、强化优良的道德品质，或是减少恶劣的不道德思想。但道德增强技术预期需要增加或减少多少心理以及怎样的心理属于道德或不道德的仍然无法确定。不同的地区或群体存在不同的道德要求，并且各区域和族群之间的差异并不一定能够协调相容。譬如，东亚国家更强调集体文化，道德要求更加偏向于集体利益；欧美地区则更注重个人利益不可侵犯，道德要求则更集中指向不损害他人的利益。其二，我们尚不确定道德增强技术实施后影响的范围。大多数道德增强技术是在特定的场景中增强特定的量值以进行有效性的证实，而一旦脱离特定的环境，已经被或多或少放大的同理心能否朝着正确的方向行进却有待明确。[1] 被增强后，我们能够深刻体会被伤害者的痛苦，因此减少了伤害他人的不道德行为。但被增强者也可能深度共情施害者的种种痛苦，导致减轻施害者减少应受到的惩罚，甚至用道德治疗替代，进而可能加大危害个人和社会违法犯罪的风险。

第二，道德增强技术可能引发经济和政治等方面的社会风险。一项高

---

[1] Pols, Auke J. K., & Houkes, Wybo, "What Is Morally Salient about Enhancement Technologies?" *Journal of Medical Ethics* 2(2011): 84~87.

新技术在研发和使用的过程中必然需要大量的支持，但资金的流入可能会导致技术应用出现"资本逐利"现象，从而与道德增强技术的初衷相违背。资本逐利可能会促使政府和相关利益者将道德增强技术的推广和应用当成一门赚钱的生意，而不再是一项提升人类道德、维护地球安全的实践活动。[①] 资本市场中道德增强技术的价格会更为低廉，以吸引更多的人接受道德增强，但这也伴随着更低的成本和更高的安全风险。同时，反增强派认为增强派夸大了道德增强技术的效果，并指出许多困境的原因其实是社会制度问题。道德增强技术的实施并不能确保社会的绝对安全，至多算作对政治制度缺陷的一个弥补。[②]

由此可见，道德增强技术的安全问题不能依照增强派的阐述进行前提假设，而是需要在大力发展生物医学技术的基础之上，深入研究道德增强技术，提升并保障道德增强过程中的医药和手术安全。其一，需在合理的实验中去除道德增强技术实施过程中的模糊性，制定针对道德增强的明确安全实施标准。其二，应由非营利组织或机构进行监管，确保道德增强技术的应用不会被资本所左右，从而违背道德提升的初衷。

（五）道德增强技术与人的美德

开发和应用道德增强技术最直接的意图便是提升个人和群体的美德。但由于道德增强技术颠覆了道德的实践性，直接通过技术复制美德，使德性可以省去社会实践活动的环节，因此从美德的角度进行评价，仍存在增强派与反增强派的争论。

在反增强派指出的道德增强与美德相关的负效应中，主要的一点是降低了美德的地位。在应用道德增强技术之前，美德的习得是一个日积月累漫长的过程，需要个人艰辛地学习符合社会发展的各种道德知识，并在日常生活实践中运用这些知识，以及坚持隐忍克制、大胆无畏等，才能形成自我优良的品行。柏拉图也曾强调，教育能使关于什么是可怕的事情和另

---

① 邱仁宗：《人类能力的增强——第 8 届世界生命伦理学大会学术内容介绍之三》，《医学与哲学》（人文社会医学版）2007 年第 5 期，第 78~80 页。

② DeAraujo, Marcelo, "Moral Enhancement and Political Realism," *Journal of Evolution and Technology* 2(2014): 1–14.

外一些事情的信念在人们脑海中牢牢生根。① 而在应用道德增强技术之后，人们抛弃长期对道德知识的学习和道德行为的练习，进而通过药物或手术增强道德感以在短期内获得美德。道德增强技术的应用大大降低了拥有美德的难度，美德成了绝大部分人的必备品，如同绝大多数人一出生便拥有健康的大脑一般，而能够轻易获得的美德似乎也不再神圣。我国曾对维护社会发展的礼法有过争论——社会环境应是"德主刑辅"还是"刑主德辅"的氛围。② 儒家一直主张"德主刑辅"，深受儒家影响的我国也更倾向于"德主刑辅"的观点。但当美德变成人类普遍拥有的品性之后，它似乎便不再是社会需要主要解决的问题，取而代之的任务则是完善社会的法理制度，故我国可能转向法家所提倡推行的"刑主德辅"政策。

增强派虽然承认道德增强技术的应用可能会使美德的地位降低，但强调其不会降低美德与幸福的正相关性。道德增强的目的除了解救全球社会于危难之中，还有就是让个人追寻更幸福的生活。从个人利益出发，当"德福一致"时，美德既能帮助他人，也能让自己获得幸福，如同亚里士多德曾提出的"幸福就是灵魂合乎德行的现实活动"。③ 道德增强技术能使人们拥有更多善良崇高的道德品质，并可以在日常的实践活动中践行它们，更容易获得幸福的生活，即便美德的地位降低，但实现幸福生活的路径并未受阻，反而推动了目标的快速实现。

四 道德增强技术之辩的伦理意义

在梳理了道德增强技术之辩的主要内容之后，我们进一步反思技术与道德的关系和道德进步的新路径，明确了道德增强技术具有促进道德进步的价值，为道德增强技术取得了合理性辩护。一方面，从技术与道德的关系出发，道德增强技术丰富了生命伦理学的内容，促进了美德伦理学的发展并推动了规范伦理学的改进。另一方面，我们能够通过规范生物医学技术实践，正确指引个体技术行为并积极调整政府技术政策实现道德进步。

---

① 〔古希腊〕柏拉图：《理想国》，郭斌和、张竹明译，商务印书馆，1986，第150~151页。
② 陈万求：《先秦礼法之争及其伦理意义》，《长沙交通学院学报》1997年第4期，第89~94页。
③ 〔古希腊〕亚里士多德：《尼各马可伦理学》，王旭凤、陈晓旭译，中国社会科学出版社，2007，第31页。

（一）反思技术与道德的关系

道德增强技术的意义不仅局限于自由、公正、人格、安全和美德方面的价值，还在于其能够进一步完善生命伦理学、美德伦理学和规范伦理学学说，促进生物医学技术与道德的持续协调发展。

1. 丰富生命伦理学的内容

生命伦理学是运用道德原则对以人类生命为主，同时也涉及动物与植物生命的哲学研究进行的道德评判，其主要研究内容包括医学伦理学、生物医学和行为、与生命相关的社会问题、动物与植物的生命问题。[①] 而关于道德增强技术的争辩丰富了生命伦理学的研究。

首先，扩展了医学伦理学中价值论的内容。不论是希波克拉底传统，还是我国的医学传统，都是以适应一切人的道德价值为前提的，并由理性形成正确且具有普遍性的"绝对命令"。[②] 但这些"绝对命令"只着重强调医生的义务，而忽略了行动的价值。同样地，对于道德增强技术的争辩应侧重于技术对个人和社会价值的贡献，于是在现代医学道德观念中，争辩增加了对道德增强技术价值的评判维度，同时争辩要求我们通过价值评判的结果实时提供并更新关于道德增强技术问题的解决方案。

其次，丰富了生物医学技术干预人类行为的研究，特别是关于情感增强与认知增强的部分。行为主要受人脑中的情感与认知的影响，因此道德增强技术主要争论之一便是道德修养的提升应着重于情感增强还是认知增强。一方面，增强派的主张是更倾向于道德情感的增强，强调道德情感是促使道德行为最终形成的重要因素。然而过度的情感偏向可能会忽略客观理性导致我们陷入情感主义"缺乏任何终极标准"[③] 的困境。当道德是个人情感的一种表达，而单独个体却具有多种情感时，道德情感的标准则不具备通约性。一旦道德增强的标准无法确定，道德增强技术也就难以实施。另一方面，反增强派主张道德增强可被认知增强所替代。"知善"才能"行

---

① 邱仁宗：《生命伦理学》，中国人民大学出版社，2010，第 5 页。
② 王淑芹、武林杰：《美德论与规范论的互济共治》，《哲学动态》2018 年第 7 期，第 101~106 页。
③ 〔美〕阿拉斯戴尔·麦金太尔：《追寻美德：道德理论研究》，宋继杰译，译林出版社，2011，第 41 页。

善"，脱离认知认同的道德行为与个体自主的道德意识相分裂，会导致道德行为转变成自由被技术压迫的无奈结果。认知增强可以提升个体对道德的理解，以便更好地行善，提高道德修养。因此，道德增强技术的应用应平衡道德的"知行"与"知情"关系。

最后，进一步明确了生命伦理学中不伤害的实践底线。不伤害是指保障被增强者的心理和生理健康，[1] 任何实质性灾难或社会不良现象的扩大都有可能打破这一原则。由于科学技术的影响力日益增强，我们需要从广阔的历史角度考量道德增强技术的价值，避免灾难性后果的发生，确保始终贯彻技术的不伤害原则。[2] 道德增强技术带来的短期伤害可能有：脑手术和照影注射等侵入性医疗手段以及服用过量药物会对身心产生的即时负面影响，被增强者由于道德地位提升而对未增强者的压迫，等等。道德增强技术长期带来的风险则有长期服用道德增强药物可能会产生不可逆的副作用；通过基因编辑修饰具有缺陷的道德基因，可能会降低被增强者基因的稳定性，导致后代基因变异致使身体残疾或心理异常等现象的出现。因此，我们应预防道德增强技术实施过程中的即时身心伤害，也应注重防范道德增强技术实施后未来的身心损伤隐患。

2. 促进美德伦理学的发展

美德伦理学是指通过道德教育培养和塑造优良的道德修养，偏重道德行为的最终实现。亚里士多德也认为，美德由教化产生的理智德性以及源自习惯的道德德性组成。[3] 由此，道德增强作为一项助力美德践行的新技术，能从美德具备的特性以及美德习得的途径两方面为美德伦理学提供新的实践思路。

道德增强技术能发展美德的相容性以及完整性两种特性。第一，道德增强技术能够提高美德的相容性。一方面，道德增强技术能够增加各美德间的相容性。从美德出发，美德的相容性可以论证个体能通过在道德修养

---

① 高崇明、张爱琴：《生物伦理学十五讲》，北京大学出版社，2004，第232页。
② 〔联邦国〕F. 拉普：《技术哲学导论》，刘武、康荣平、吴明泰译，辽宁科学技术出版社，1986，第148~151页。
③ 〔古希腊〕亚里士多德：《尼各马可伦理学》，王旭凤、陈晓旭译，中国社会科学出版社，2007，第47~49页。

方面的努力拥有所有的美德。① 事实上，个体即便努力在道德上修行也很难拥有所有美德，或所具有的美德往往被其个性局限。道德增强技术能够帮助个体突破原本的限制，使个体更容易孕育和发展出更多的美德，实现各美德间真正的相容。另一方面，道德增强技术能够减少价值与美德间的分裂。从价值出发，美德的相容性则可以论证美德与各价值取向间不存在冲突。但在现实中，美德是由特定生活形式直接影响或生成的，而不同的生活形式之间可能存在着相互矛盾的价值取向，那么美德自身也可能存在着不可调和之处。而道德增强技术能够帮助个体跳脱出特定生活形式价值取向的限制，抛弃选择一种美德就等于必须放弃另一种美德的模式，从而创造出滋长更多美德的可能性。第二，道德增强技术能够实现真实完整的自我。美德伦理学中"真实的自我"强调自我前后一致的同一性，反对个体的同质性。其一，道德增强技术能促进个体幸福生活目标的达成。美德伦理学的主张之一，即美德能促成美好幸福的社会生活，并且社会整体的幸福以个体的幸福生活为组成单位。每个人都以幸福生活为奋斗目标，虽然各自对幸福生活的规划有所不同，但道德增强技术能发挥个人内在的道德潜能，帮助每个人实现各自的幸福规划。其二，道德增强技术可以提升个体对美德在具体场景中独特的理解。在千差万别的情境中，我们不能要求人们以绝对理性的思维去思考如何行动，而是应该更加提倡加入自我特有的理解，进而造就不同的个体表现。② 道德增强技术能够协助个体理解不同的场景，将个体利己与利他的心态调整至场景所需的最佳状态，也就能够保留并凸显个体的同一性。

道德增强技术同样能够形成美德所需的教育与习惯。一方面，道德增强技术能够提升美德教育的成效。美德教育的方式有两种类型，即灌输式与启发式。其一，道德增强技术能够突破灌输式美德教育的最高效益。灌输式的美德教育能够高效集中地学习国家或社会的主流价值和主要意志。③

① 黎良华：《美德的相容性：辩护、责难及启示》，《江汉论坛》2018 年第 4 期，第 49~54 页。
② 周琳：《美德伦理学对现代道德哲学的重构与实践》，《浙江社会科学》2016 年第 5 期，第 112~116 页、第 159 页。
③ 姚菁菁、王立仁：《西方道德教育视域中的灌输》，《外国教育研究》2017 年第 12 期，第 79~89 页。

道德增强技术能促使被增强者从道德情感和道德认知两方面对灌输式美德教育进行提升，因此美德教授者与学习者都能在情感和理论领域增加对道德知识的认同与接受程度。其二，道德增强技术能够提升美德教育的启发性。启发式教育能够补齐灌输式教育缺乏自主性与批判性的短板。启发式美德教育更多侧重于培养个体的自主性，即道德方面的自律性与自觉性。美德的习得不仅需要依靠他律性的社会规范与舆论监督，还需要自身时刻约束与谨慎权衡。一些个体不具备长期自律、自觉的能力，道德增强技术可以帮助被增强者获得更强的道德自律性，达到"独善其身"的美德境界。另一方面，道德增强技术促使个体养成良好的道德习惯。习惯能使我们对正确行为的道德情感感知更为敏锐。[①] 我们需进一步将美德生活化，促使人们在实际生活中更多地感受并注重道德，进而在习惯的力量上更加认同与道德原则相符之事，更加厌恶与道德原则对立的邪恶之事。道德增强技术带来的一系列情感、认知和自律性等的增强，都能够让人们在日常生活一点一滴的道德实践中培养出更多、更好的道德习惯，增加道德习惯对行为的影响力。

3. 推动规范伦理学的改进

不同于美德伦理学一般注重道德教育与道德修养，规范伦理学着重研究道德行为的标准、意旨规定和评价道德的好坏，因此综览道德全貌需整合两种道德学说。[②] 其中规范伦理学的问题时常会因为利益冲突、道德难题和伦理学的差异性而引发，道德增强技术所存在的问题也是由此产生。从道德增强技术的争辩之中我们能发现该技术的不足之处，并对道德增强技术提出规范的建议。

以规范伦理学为基础，我们可以从三个方面总结道德增强技术的主要问题。一是从规范伦理学的利益冲突视角出发，道德增强技术与自由意志似乎具有地位高低的争议。在利益冲突的情况下，我们必定会排列利益的主次顺序，由此道德增强技术到底是应该优先排列道德的次序，还是应该重点解决自由的问题，尚无定论。二是从规范伦理学的道德难题角度出发，

---

① 〔英〕亚当·斯密：《道德情操论》，蒋自强、钦北愚、朱钟棣、沈凯璋译，商务印书馆，2015，第 255 页。
② 吕耀怀：《美德的共通性与美德伦理学的独特性及其对道德教育的启示》，《湖湘论坛》2017 年第 4 期，第 155~159 页。

道德增强技术与公平公正似乎存在对立关系。在处理道德难题时，完成一方的道德义务意味着另一方的道德义务必定受到损害。① 虽然两种道德行动都是合乎道德的，但究竟是应该选择道德增强技术，进而牺牲一部分社会公平，还是应限制道德增强技术的应用，确保社会公平的现有水平，需要明确。三是从规范伦理学的差异性出发，道德增强技术的标准规则不具有统一性。各群体间会由于意识形态、历史文化等形成不同的道德规范，而不同的道德规范之间也就可能会对某一行动存在完全相反、相互排斥的理念，因此不同群体所形成的标准规范不具备相容性。从规范伦理学进行理解，两种不相容的伦理学的道德判断都可能得到正确的结果。② 那么，当道德增强技术的增强对象为全人类时，我们又应该如何统一技术应用的标准，仍未明确。

然则不管哪种类型的规范伦理学问题，我们都可运用"利益同一性"原则解决。"利益同一性"是指个人利益与他人利益具有同等性，即追求个人利益的过程中不能够损害他人利益。③ 由此可解答上述三个问题。一是道德增强技术的应用应确保个体保有足够的自由意志。我们可以通过道德增强技术去除超出保证自身生存所必需的非道德情感、动机和行为部分，而不是滥用"自由"的名义以满足一己私利而损害他人的利益。需要注意的是，道德增强技术不应是一种类似于"上帝机器"的技术——忽略个体与之设定有所偏差的思考，"上帝机器"是违背个人自由意志选择的结果，该技术应保证个体在自由思考的同时贴近更高水平的道德修养。二是道德增强技术也需要在保证社会原有公平状态下实施。道德的要求中就包含了公平，道德水平得到提升，那么公平意识也会随之提升。可是当道德增强技术被巨大的资本或极端的个人权力所操控，一部分被权力和财富所引诱的人便会忽视他人利益，违反公平原则导致道德增强技术与社会公平相对立，进一步扩大"马太效应"。因而道德增强技术需要政府和民众的强有力监管，并对其大力推广，从而大大降低技术获得的门槛。三是道德增强技术可以推动不同群体形成伦理学的统一道德基础。不同伦理学的准则都应在

---

① 邱仁宗：《生命伦理学》，中国人民大学出版社，2010，第 9 页。
② 〔美〕理查德·T. 德·乔治：《经济伦理学》，李布译，北京大学出版社，2002，第 50 页。
③ 甘绍平：《伦理学的当代建构》，中国发展出版社，2015，第 417 页。

坚守自由和公平的基础上进一步增加仁爱要求。道德规范不应仅局限于维持人类正常的社会生活，还需要包括更多面向所有人的仁爱之情。这样即便不同的伦理学之间存在差别，但其底线是大致相同的，即不伤害他人、自由、公平和仁爱，不同社会或群体间的伦理学也就不会产生本质上的对立，而获得普遍化的全球道德增强伦理。

（二）反思道德进步的新路径

针对道德增强技术存在的诸多伦理问题，我们不应过多地偏向技术中性论和乐观主义的技术决定论而忽略了对技术负面效应的伦理制约。[①] 因而，在如今道德增强技术研发的初期阶段就应该对道德增强技术的实施者与受施者进行规范和引导，并通过政府政策的调控和监督保障技术的正常运行。

1. 规范医学技术实践

道德增强技术属于生命伦理的范畴，由此道德增强技术的实施者也需遵循生命伦理的四大原则——有利原则、自主原则、不伤害原则和公正原则。[②] 每项原则都有各自不同的侧重点。其一，有利原则和不伤害原则着重于技术的"安全与效用"。道德增强技术实施者需以受施者的心理和生理安全为基础，并落实道德增强技术对受施者有切实的道德增益，那么道德增强技术实施者必须具备完备的技术知识及操作，但是再成熟的技术也无法保证实施过程百分之百的安全。为了尽可能规避技术事故的发生，道德增强技术实施者需将技术的效用最大化、风险最小化，尤其是药物增强方式的实施更应注意安全。一方面，为了避免道德增强药物滥用而引发的副作用，道德增强技术的实施者必须明确告知其药物的禁忌和副作用，并严格管控依赖性与副作用较大的药物；另一方面，当药物对个体道德提升的正效应较小或弊大于利时，可以积极配合脑手术进行增强或直接放弃道德增强的技术性手段。其二，自主原则是确保"选择的自由"。道德增强技术实施者需尊重受施者选择"增强"或是"不增强"的意愿，以及选择具体道

---

① 刘大椿：《科学技术哲学概论》，中国人民大学出版社，2011，第86~87页。

② Beauchamp, Tom L., & Childress, James F., *Principles of Biomedical Ethics* (Oxford University Press, 2001), p. 13.

德增强方式的自由。不过道德增强技术实施者尊重受施者的自主选择不代表完全听任其所有想法，而是需要提前告知受施者道德增强技术的利弊，并根据不同受施者的个体情况建议受施者选择适合自己的增强方案。其三，公正原则偏重技术实施"全过程的公正"。道德增强技术实施者应在道德增强技术实施的全过程中不过多地偏向于经济利益，同等负责地对待每一位技术受施者，甚至优先增强亟须提升道德水平的道德缺乏症群体。目前道德增强技术还处于实验研发阶段，在其必不可少的人体实验中，道德增强技术实施者也应保证道德增强技术在实验过程中的"安全有效、公正自由"。如果道德增强技术的动物实验没有达标，或认定其研究实验会使志愿者死亡或残废，那么一定不能继续进行人体实验。

同时，道德增强技术实施者应坚持发展引导道德思想自我转化的道德增强技术。道德思想的自我转化是指通过完善个体的生理条件以突破原有机体"道德虚弱"或"道德无能"的状态，从而为受施者提供更多自我孕育道德思想的有利条件，而不是依靠技术塑造人的全部道德。[①] 例如，直接屏蔽或删除已产生的非道德思想的"上帝机器"。这种非本人操作而是由第三方直接消除非道德的思想和行为的方式并不能被称为真正的道德增强，原因是受施者的道德心理未发生任何变化，既未减少非道德感，又未增强道德感。

2. 指引个体技术行为

除了规范实施过程，技术应用对象的行为也对技术的后续发展情况有重大影响。由此可知，个体在道德增强的实践中需要有正确的方向指引。

首先，需充分利用个体的知情同意权，使受施者主动了解道德增强技术。在医疗实践中，知情同意权是个体最基本的权利之一。但在中国医疗实践中，知情同意权具有独特的"权威主义"和"家庭主义"特色。[②] 权威主义是指，由于医疗信息不透明，或是医护人员对患者的不尊重，普通民众对医护人员的权威性具有依赖性。在道德增强技术的应用过程中，为了避免医护人员违背个体意愿、欺骗钱财，甚至故意伤害受施者身体等权

[①] 徐嘉：《技术决定论"塑造"道德人之迷误》，《道德与文明》2004年第5期，第46~48页。

[②] 陈化：《知情同意在中国医疗实践中的介入：问题与出路》，《中州学刊》2015年第6期，第94~99页。

威主义问题的出现，道德增强技术受施者除了需要从直接实施技术的医护人员处了解技术的相关信息，还应从互联网、权威报刊和利益无关的专业人士等多方面了解道德增强技术。家庭主义则是指，在知情告知环节医护人员与患者之间往往存在着作为整体的患者家庭的介入。但道德增强技术不涉及关乎生命和死亡的重大疾病，因此除了未成年人之外，医护人员应与道德增强技术受施者直接沟通，而对未成年人的增强，除了尊重本人的意愿之外，也必须征求其监护人的同意。

其次，需明确道德增强技术的应用是对个体"真实自我"的实现，即个体不应将道德增强技术作为一种超越他人或自身能力的工具，而是应视其为"自我意愿"达成的补充方式。据此，从结果主义出发，这一建议可分为两层含义进行分析。第一，道德能力精准评估的高难度促使"个体超越"无意义。道德能力和水平的高低很多时候表现为个体的道德思想和道德行为。然而，个体能够隐藏真实的意图思想、进行违心的实践活动，在巨大的利益诱惑下，即使是低道德水平的个体没有道德增强技术的加持也能够伪装和表现出与高道德水平的个体相同的想法和行动。因此，个体使用道德增强技术的目标如果以"超越他人，多享资源"为核心，则这一技术毫无意义。第二，"真实自我"的实现能够更好地促进个体道德增强的意愿。如果人们一直期盼着美德造就的幸福生活，那么道德增强则是个体通过技术对美德"想得而不可得"状态的摆脱。道德增强技术应用的目的与个体对生活的期望一致，并不会造成个体自我人格分裂的担忧。据此可得，道德增强不是纯粹利他的义务，而是对自我的增益。

最后，需明晰道德增强技术是个体在传统道德增强基础之上的补充。传统道德增强则是通过道德教育、社会舆论等方式直接作用于人的道德心理，进而提升道德水平，但人类心理水平的发展会受限于自然的生理条件，而且技术的应用已从物质层面发展至精神层面，因此道德的增强也可从传统的人文方式延伸至新兴的技术手段。从影响的过程看，道德增强技术是通过改善个体的生理条件，进而提升道德心理。[①] 个体为了发展出更高水平的道德心理，可以先用道德增强技术突破自己原有的自然限度，再进行传统道德增强。但是为何不直接放弃传统道德增强方式而通过技术手段进行

---

① 肖峰：《技术、人文与幸福感》，《中国人民大学学报》2007 年第 1 期，第 133~140 页。

全面的突破和改变，这是由于技术对人类进行全面的改变之后，除了效果存疑之外，人们还需要承担额外且不必要的技术实施风险。

3. 调整政府关于技术的政策

道德增强技术的应用除了需要实施者和受施者自觉地按照规范进行，还需要更强有力的政府政策确保其实行无误。政府政策要包括设立相关规范、制定技术制度、建立监查机制、强化责任意识。

第一，设立相关规范。政府需召集多方人士设立道德增强技术的相关规范。由于道德增强技术涉及生物医学、伦理学、社会学、心理学、行政管理等多个学科，其相关规范的调整和修改必须有各个涉及领域的专业人士参与，并且普通民众也需参与制度规范的修正建设，使技术政策体现专业性并顺从民意。

第二，制定技术制度。政府需制定道德增强相关的限制性与发展性制度。例如，设立道德增强技术应用相关的许可制度，规定道德增强技术的使用限度与适用对象，并避免道德增强技术的商业化，制定一系列限制性政策以确保道德增强后不会引发社会的安定、自由、公平等问题。虽然技术一直被认为是一把"双刃剑"，但是除了抑制技术的副作用并对其进行严格的管制外，政府的技术政策还应兼具发挥技术正作用的发展性。[①] 政策规范应引导道德增强技术健康发展，使其最终的社会影响为"利大于弊"，并在促进社会安全稳定的同时，高效增加社会又快又好发展的财富和资源。

第三，建立监查机制。政府需建立全方位的监管审查机制，规范的制度需要监管审查其落实的行动。政府应设立专项的监管部门，审查从增强前的研究实验到增强后的个体恢复各个环节，及时发现并解决技术运行前期、中期与后期的问题，保障道德增强技术应用规范制度的有效性。

第四，强化责任意识。政府应强化道德增强技术相关从业人员的责任意识。强化各环节人员的责任意识是道德增强技术正确运用的补充性政策，由于人们在实践中无法保证行动的完善性，责任和监察的并行能降低行动的出错率或能及时发现并解决问题。政府需通过职业道德教育和宣传提高相关从业人员的责任心，使他们秉持小心谨慎的态度尽职尽责完成各岗位的工作。

---

① 吕乃基：《科学技术之"双刃剑"辨析》，《哲学研究》2011年第7期，第103~108页。

五　本章小结

在可预期的未来，科技的持续发展与社会环境的稳定健康都需要更高水准的道德素养进行支撑，并且道德文明也是人类一直追求的终极目标，因此提升人类道德素养的技术相应也会得到推广、应用和发展。但道德增强技术的出现引发了激烈的辩论，增强派和反增强派两派围绕着自由、安全、人格、公平和美德等问题的交锋却都无法完全说服对方。这一困境出现的主要原因，是两派的争论都忽略了传统道德增强与道德增强技术可以相辅相成、共同促进道德进步的路径。

反增强派反对道德增强技术的关键是担心技术应用中的安全和道德风险，以及人类过度技术化会失去个体识别和人本属性。但这些问题都不存在于传统道德增强之中，慢速和低效是传统道德增强需首要解决的难题。因此，将道德增强技术作为传统道德增强的一个补充方式能将两者优势互补，既能以传统方式限制人类技术化的程度，从而降低道德增强技术的风险，又能用技术手段增加传统道德增强方式的效能，最终获得应用道德增强技术的最大化效益。

不过道德增强技术仍处于探索和研发阶段，我们需进一步拓展理论研究，加强对其实践的指导。所以应紧扣道德增强技术之辩，依照"技术到伦理"的路线，从技术与道德、技术与实践两方面思考道德增强技术的伦理意义。从学界的争辩中不难发现，拓展生命伦理学、美德伦理学和规范伦理学的内容可以为道德增强技术的发展提供更多的理论依据，而在道德增强技术实践中也发现，需修改传统规范或新增审查制度帮助技术的实施者和受施者获得正确的技术应用指导、协助政府实现有效的全过程监管。

第四章　道德增强技术的科学理性批判[*]

增强自身是人类进化之旅上动人的主旋律。自古以来，技术的魔杖助力人类不断建构和重塑人本身。从旧石器到新石器，从蒸汽磨到计算机，从纳米生物技术到基因编辑技术，人类凭借技术之伟力一路高歌猛进，谱写了人类增强前行的凯歌。技术增强人类的过程是由外而内的，发展到当下业已可以干预和改变人类独特的精神世界——道德认知和道德情感，进而干预和改善人的道德行为模式。道德增强的独特性在于：其作用的对象主要是人的精神世界而非人的物质身体，主要目的是建构和重塑人的道德世界。进一步，通过基因编辑技术等，人类可以植入或剔除自身的某些基因，复制某种美德，甚至制造"道德完美婴儿"等。德性能否被复制？自从道德增强技术被提出，质疑之声就不绝于耳。尽管道德增强技术的初衷是美好的，但其自身的合法性还需要进一步的反思和研究：道德增强技术能够经受住科学、道德和文化等的理性质疑吗？

一　科学批判

对"道德增强技术"的科学质疑来自三个方面：科学基础上的还原论谬误、科学方法上的道德医学化悖论、科学后果上的安全风险的逻辑困境。

1. 还原论谬误

还原论又称还原主义（Reductionism）。在还原论的解析下，世界图景展现为前所未有的简单性。还原论者认为：一旦把一切自然现象都化成简单的力，那么科学的任务就算完成了。只要时间足够，世界上未知的领域最终都能够被还原为可知的部分，没有什么是还原论不能够解决的。还原

---

* 本章参考陈万球《德性能否复制：道德增强技术的三种质疑》，《中州学刊》2019 年第12 期，第 105~111 页。

论在自然科学领域研究中最为明显的表现是把高级的复杂运动还原为低级运动，把生物学规律还原为分子水平的运动规律；在社会科学领域研究中最为明显的表现是把人类社会运动还原为低等动物的运动，把社会规律还原为物理或化学过程。

20 世纪中叶以来，随着自然科学特别是生物学、遗传学、神经科学的重大发展，加上西方社会日益突出的道德问题，一些哲学家、伦理学家在伦理学问题上转向还原论和自然主义。他们倾向于把人的行为看作动物行为的继续，认为动物的伦理和人的道德基本上是相同的，甚至提出采用遗传工程的基因移植方法，以改变社会道德和人的行为。也有学者认为，人的道德行为可以由"操行行为"和强化体系获得。2008 年以来，欧美国家刮起了一阵"道德增强"的理论旋风。一些伦理学家认为面对西方的恐怖主义、道德沦丧，完全可以用生物医学的方法进行改良，调节人的道德行为，甚至可以依靠基因编辑技术，制造"道德完美婴儿"。可以说，道德增强理论从本质上讲就是还原论在 21 世纪新兴技术革命条件下的翻版。

还原论第一个独特的方法论特征是：它采取"自下而上"的解释方式，即一个相对高层面的现象（或事实、状态、过程、事件）总是可以被一个相对低层面的所解释，而且，真正有解释力的陈述总是基于相对低层面的现象的。质言之，还原论用简单的事物解释复杂的事物，把复杂的社会问题还原成自然现象和自然性质。当前神经伦理学的研究出现了一种还原论的倾向，即主张人的思想、意志和道德判断可以还原为大脑的结构、神经组织和功能。"道德就像我们从事的其他事情一样，都以神经生物学为牢固的基础。"[1] 道德增强支持者宣称：道德存在的问题可以归结为个体生理、基因层面的原因，解决问题的路径方法也应为自然科学的方法。保罗·扎克（Paul Zak）认为，道德具有神经生物学基础，他甚至将后叶催产素和血清素化学物质统一归为"道德分子"。[2] 还原论"认为道德性质的存在与自然性质有密切关系，道德性质只有诉诸自然性质才能解释经验现象"。[3] 在

① DeWaal, F., *Good Natured: The Origins of Right and Wrong in Humans and Other Animals* (Cambridge: Harvard University Press, 1996).

② Zak, P. J., *The Moral Molecule: The Source of Love and Prosperity* (Penguin: Dutton, 2012), p. 235.

③ 杨松：《伦理自然主义的还原论与非还原论之辩》，《科学技术哲学研究》2010 年第 2 期，第 30 页。

英国，心理学家、精神病理学家亨利·莫斯利（Henry Maudsley）认为，很多个体是带着注定的厄运来到世界上的，他们既无意志也无能力与这种厄运抗衡；他们是自然（nature）与哀怨的继子，他们处于最坏的那种专制之下，即一种（身体）组织的专制。① 尽管教育的力量非常强大，但由于它要受到存在于自然的力量的限制，所以严格说来（教育）也是极其有限的力量，这种力量只能在或大或小的必然性的范围中起效，世界上任何（后天）训练都不能让荆棘长出葡萄，或让蓟科植物长出无花果。② 19 世纪最负盛名的艺术与文学批评家——法国人丹纳（Hippolyte Adolphe Taine）认为：诸如野心、勇气和诚实等道德品质，与消化、肌肉运动等生理现象类似，都被一些更为根本的因素决定，"善与恶就像硫酸和糖一样，都是某些原因的产物；每一个复杂的现象，产生于它所依存的另一些比较简单的现象"，这种相似性使人们"能够像探究物质的简单（基本）成分一样，探究道德品质的基本成分"。③

还原论第二个独特的方法论特征是：它极力主张用自然科学方法解决社会问题。自从人类社会产生以后，出现了自然与社会的二元分离：自然现象和社会现象都具有客观实在性，社会现象和自然现象之间存在本质的差别，自然现象适用自然规律，社会现象适用社会规律。寻找社会现象的自然根源、生物学基础，用自然规律来解释社会规律，虽然为社会科学的研究打开了一扇窗，但自然科学揭示的规律并不完全适用于人类社会。一位科学家问爱因斯坦：为什么我们已经解决了这么多物理学问题，却解决不了人际关系的问题？爱因斯坦回答说：物理学很单纯，人际关系很复杂。④ 的确，研究社会比研究自然更难。社会现象呈现很强的随机性、模糊性、不确定性和不稳定性，因而难以像自然科学那样，通过严格的实验、精密的测量和数学的计算，揭示因果联系，获得规律性的理论认识，并能做出科学的预测。所以，马克思曾批判马尔萨斯用自然法则来解释社会问题，把社会问题自然化。1862 年，马克思重新读《物种起源》并进行了评

① Maudsley, Henry, *Body and Mind* (London: Macmillan, 1870), p. 43.

② Maudsley, Henry, *Responsibility in Mental Disease* (London: King, 1874), p. 20.

③ Taine, H. A., *History of English Literature* (New York: Worthington. Co., 1889), p. 11.

④ 孙小礼：《自然科学方法与社会科学方法的相互借鉴和结合》，《清华大学学报》（哲学社会科学版）2005 年第 1 期，第 76 页。

价："我重新阅读了达尔文的著作，使我感到好笑的是，达尔文说他把'马尔萨斯的'理论也应用于植物和动物，其实在马尔萨斯先生那里，全部奥妙恰好在于这种理论不是应用于植物和动物，而是只应用于人类，说它是按几何级数增加，而跟植物和动物对立起来。"① 在这里，马克思指出了达尔文的失误在于：他错误地运用了马尔萨斯理论，没有认识到自然世界与人类社会的本质区别。马克思在《资本论》第一卷第一版序言中就这样强调说："分析经济形式，既不能用显微镜，也不能用化学试剂。二者都必须用抽象力来代替。"② 马克思的《资本论》就是运用抽象力研究社会问题的典范。"道德本身即是一种基于生物学的哲学智慧，而这一论断也为自然主义道德观何以可能提供了新的生物学诠释与注解。"③ 佩尔森等之所以主张通过生物医学技术去增强道德，是因为人类的道德品质具有生物性基础。道德增强的支持者宣称，道德增强是建立在道德发生学、生理学、现代神经科学的基础之上的，具有科学基础，也符合科学规律。人有先天的道德禀赋是道德增强的前提和"原点"。"如果伦理学是一门理论学科，运用理性方法进行探究，具有内在的辩护和批判标准，那么从外围进行生物学的理解就没什么价值。"④ 伦理学所使用的理性方法可能有生物学基础，但是并不能运用该方法来批判和修正自身的结论。因此，"寻找对伦理学的生物进化论的解释，如同为物理学发展寻找这样的解释一样愚蠢"。⑤

2. 道德医学化悖论

道德作为一种社会意识形态，具有自身产生发展的一般规律：作为一种复杂的社会意识形态，其是由一定社会经济基础决定的；社会关系的形成是道德产生的客观条件；人类自我意识的形成是道德形成发展的主观条件；劳动是道德产生的一般前提；在阶级社会中，道德具有阶级性，没有超越阶级的道德存在。在道德增强技术使用过程中，道德医学化方法是对

① 《马克思恩格斯全集》第三十卷，中共中央马克思恩格斯列宁斯大林著作编译局编译，人民出版社，1975，第251~252页。
② 《马克思恩格斯选集》第二卷，中共中央马克思恩格斯列宁斯大林著作编译局编译，人民出版社，1995，第99~100页。
③ 米丹：《生物学对道德的挑战：关于自然主义道德观的争论——基于生物学哲学文献的研究》，《自然辩证法通讯》2018年第8期，第2页。
④ Nagel, Thomas, *Mortal Questions* (Cambridge: Cambridge University Press, 1979), p. 142.
⑤ Nagel, Thomas, *Mortal Questions* (Cambridge: Cambridge University Press, 1979), p. 145.

道德产生发展的一般规律的挑战。

医学化（medicalization）概念早在 20 世纪 60 年代就已提出，康纳德（Peter Conrad）把医学化解释为"把某种行为认定为医学问题并授权医疗行业对之进行治疗"的过程。20 世纪 80 年代后，康纳德再次描述医学化为：用医学语言描述问题，用医学术语定义问题，用医学框架解释问题，以及用医疗干预处理问题的过程。一般意义上，医学化是指非医学问题被理解成医学疾病问题或障碍问题，并加以治疗的过程。这个定义得到普遍认可，并得以沿用。显然，医学化导致的后果就是医学边界过宽，将正常生命过程纳入医学问题，甚至将社会问题当作医学问题等。医学从来没有像今天这样无比的强大，药物成瘾、同性恋、网瘾、儿童多动症、产后抑郁症、阳痿、男性更年期综合征乃至人的衰老等都被逐渐纳入"疾病"的范畴。道德增强技术实际上也是医学化在道德领域的一种扩展和延伸。道德作为一种社会意识形态，是社会诸多因素综合产生的结果，而道德增强的倡导者将道德问题和道德行为置于医学的凝视与干预之下，形成了"道德医学化"。"道德医学化"就是把道德缺陷认定为医学问题并通过生物医学技术对之进行治疗和增强的过程。道德增强技术其实过于强调道德的客观性而否定了其主观性，纯粹地把道德当成一种可以治疗的疾病状态，将道德当成一种可以维修的物品而不是一种特殊的社会意识形态。"道德医学化"存在三重逻辑悖论。

"道德医学化"蕴含的第一重逻辑悖论是道德缺陷器质性悖论。道德缺陷器质性问题目前尚无科学依据。现今的科学还没有证明：一个自私与说谎的人会有器质性的缺陷，一个利他与诚实的人会有器质性的优势，两者在生理上会有不同的表现。在特殊情形下，人类的一些极端行为，如在街上砍杀无辜儿童这种报复社会的行为、这种不可饶恕的恶，很可能跟大脑和神经系统的损害或失调有关，但并不能就此确定道德缺陷能从病理上找原因。可见，在不确定是否有病理依据的情形下，贸然使用高风险的生物医学技术干预和增强人的道德缺乏足够的合理性。

"道德医学化"蕴含的第二重逻辑悖论为道德问题归因悖论。站在社会学理论的角度，任何社会问题的产生和发展，背后必然存在着结构性因素的影响。道德问题一旦被纳入医学范畴，其社会干预逻辑将被降格为个体层面的医疗问题，而社会层面存在的结构性诱因将被系统性忽略。个体化归因作为一种背离社会事实的社会简化论，在短时间内可以造成"问题将得到有效缓解"的假象，却会在实践中产生道德问题"患者"越治越多的后果。也就是说，道德问题在实践逻辑中被转换成为一个临床医学问题，这再一次落入了"治标不治本"的陷阱。我们有理由相信，道德问题是一个值得关注和需要重视的社会问题，但是社会问题的解决之道在于社会层面的多管齐下，而不能仅仅针对社会问题生产链条的最末端。道德的医学化，以及其他的生命过程医学化案例，都是将社会问题放置在个人层面上，也力图在个人层面上制订解决方案。医学话语显示，道德缺陷是个体原因，而不是其他原因所致，只有医学治疗才能把道德缺陷者解脱出来，恢复他们惯常的社会生活。在这个意义上，医学化已经具备了社会控制的潜质，如医学社会学家左拉（Irving Zola）指出，通过将问题的来源和解决放置在个体层面，其他层面的干预被有效地关闭了。医学化进程的实质是将某些社会成员的身心状态用医学逻辑进行"凝视"，在消解复杂社会问题的结构性成因之余最终将其降格为个体层面的身心机能障碍。道德增强技术的应用容易使社会对道德的进步聚焦于个体意义而不是社会层面上的意义和责任。一旦道德出现问题，人们只会将其归结于个体道德的问题，简单地寻找个体意义上的生物原因而不是探寻其社会原因。

"道德医学化"蕴含的第三重逻辑悖论是医学边界的扩张悖论。通过生物医学手段来增强人的道德，容易导致医学权威在道德领域的扩大。道德医学化对社会有着复杂的影响。一方面，会使存在道德缺陷的人有了解释依据，并可以通过医学进行治疗；另一方面，疾病从来不是中性的标签，它降低了道德缺陷者的自主权和社会地位，同时增强了医生的文化权威。道德医学化的主要"贡献"就在于把道德缺陷者视为患病的群体，由此，道德歧视从一种宗教审判，转变为以生物医学理论为基础的"科学"论断。

3. 安全风险的逻辑困境

从技术后果论上看，道德增强技术存在安全问题。质言之，道德增强技术违背了以人为本的科学原则，形成了对人体的或然性损害，它往往以不确定方式、未知的形式出现，涉及药物或技术诱发的副作用、道德增强效果的不确定性等逻辑困境。

一是药物或技术诱发的副作用。从技术路线看，道德增强主要沿着三条路径展开：药物运用、手术干预和基因修饰。三条不同类型的技术路径所导致的副作用和严重程度也有所不同。

药物运用在增强道德的同时可能会损害身体其他部分的功能，盲目使用药物增强道德是非常危险的。例如，后叶催产素对人的信任、合作程度的提高并不像广告所说的那样神奇。实验表明①，一方面，后叶催产素确实增强了与团队成员的合作；另一方面，为了保护自己的团队，接受了后叶催产素干预的受试者也会减少和非团队成员的合作。这表明，后叶催产素的合作效果仅仅限于团队内，超出团队则表现为非合作与不合作，这会带来危险，因为这种对团队内部的偏爱容易带来种族歧视的倾向，极端情况下甚至会诱发种族灭绝和恐怖主义等。比如，"电车难题"的实验显示，接受后叶催产素干预的受试者更愿意选择牺牲一个不同种族的人来挽救一群人，而接受安慰剂的受试者对于牺牲一个人做出的选择并不取决于种族的不同。② 手术干预也被证明具有后遗症。人体大脑的各组成部分是相互联系、相互影响的整体，部分的丧失可能会伤及其余，额叶切除有利于道德增强，但对人的伤害非常大。电影《飞越疯人院》中被实施额叶切除手术的人变成了眼神呆滞的"行尸走肉"。基因修饰通过改变特定基因的方式来达到道德增强的目的，这种方式难以确保对后代不造成任何伤害，而一旦造成伤害，受损的基因就会一直遗传并且不可逆转和恢复。人体的各种基因之间、基因与环境之间存在极其复杂的制约关系，人类目前对这种关系还没有了解透彻，冒失地干预这一系统可能伴随着各种连锁反应，带来未知的风险。当然人们不仅对道德增强技术的短期副作用的认知尚浅，对技术使用的长期副作用的实证数据也存在诸多空白，可能存在的副作用因特殊的原因未被公开，也未得到充分的解释，甚至在一些医学机构或制药公司的广告中被错误地呈现，使用者在不确定其安全性的前提下使用道德增强技术存在一定风险。道德增强技术的提倡者佩尔森本人也承认道德增强有风险：道德增强技术的发展和应用是有风险的——毕竟，研发它的人正是需要使用它的人。正如有的学者所说："从目前的科学研究现状看，完全

---

① 叶岸滔：《道德增强：问题、局限与医学化挑战》，《华中科技大学学报》（社会科学版）2016 年第 5 期，第 29~30 页。

② 叶岸滔：《道德增强：问题、局限与医学化挑战》，《华中科技大学学报》（社会科学版）2016 年第 5 期，第 30 页。

通过生物医学方式实现道德增强的条件可能并不成熟。"① 随着技术的发展，道德增强技术所带来的安全性问题很有可能会被逐渐减弱，甚至可能被消除，但我们仍需警惕技术的两面性，从而慎重使用。

二是道德增强效果的不确定性。道德增强技术试图通过改变人的动机来达到复制美德的效果。但果真能如此吗？一种道德品质经过药物、神经刺激或基因编辑能否持久地发挥作用，我们应该对这些问题做具体分析。药物增强效果的持续性是有限的，基因编辑给人们种上"善因"，期望结出"善果"。实际上，道德是历史的、社会的产物。更何况从动机上讲，道德上善的动机不一定产生善的结果，恶的动机也不一定就会带来恶的结果。再者，不同的人对道德的追求是不一样的，道德生活的图景在不同的文化和社会中也会有不同的范本，道德增强技术所达到的效果并不一定是人们所希望达到的程度。美德会给人一种正面的积极的影响，让人感到愉悦和满足，但是人的罪恶的经历则让人成长，在战胜恶的过程中，我们可能会收获一种新的能力，可能会让自己变得更加强大。另外，正是因为有恶的存在，善和美德才显得弥足珍贵。

佩尔森和赛沃莱思库也早已认识到了道德增强技术的风险性："存在重大风险……如果增强道德的生物医学技术得以发展，它们可能会被误用。"② 他们还认为，"道德增强技术会引发所有强大的技术革新都会产生的道德问题，即如何正确智慧且合适地应用它们。所有技术都存在双重使用问题"。③

二　道德批判

德性作为人格主体自身的价值，是一个人的真正的徽标。人类社会具有悠久的德性论传统，但是道德增强技术却是对传统德性论的反动。"在对人类进行道德增强之前，应考虑其潜在的伦理和社会问题。生物医学道德增强不仅不能解决世界所面临的危险困境，还可能给人类带来更大的灾难，

---

① 叶岸滔：《道德增强：问题、局限与医学化挑战》，《华中科技大学学报》（社会科学版）2016年第5期，第30页。

② Persson, I., & Savulescu, J., *Unfit for the Future: The Need for Moral Enhancement* (Oxford: Oxford University Press, 2012), p. 3.

③ Persson, I., & Savulescu, J., *Unfit for the Future: The Need for Moral Enhancement* (Oxford: Oxford University Press, 2012), pp. 123–124.

因而使用生物医学技术对人类进行道德增强从道德上讲是不允许的。"① 道德增强技术在技术上看也许是可行的，但在道德上看是被质疑的。

1. 道德增强技术否定了德性的独特性

德性是人与动物的本质区别之一，是人的特有的优越性。德性是被公认为好的、优良的或值得赞扬的品质。苏格拉底和柏拉图认为人可以被划分为灵魂和肉体两个基本方面，德性是人的属于灵魂的优秀品质。亚里士多德虽然认可灵魂和肉体的划分，但更侧重于从人的本性考虑德性的实质。在亚里士多德看来，德性是人的根本功能或者说是人的本性得以圆满实现。"德性是一种使人成为善良，并使其出色运用其功能的品质。"② 人最本质的东西是道德性，正是德性使人从自然的存在走向精神的存在，提升了一个人精神生命的厚度和深度。正如有的学者所说，古希腊和古罗马德性思想的一个重要特点是将德性看作人的本性或功能的体现和实现，人们具有德性表明人性或人的功能得到了实现，是人完善的标志。③ 人不能停留在"是什么"的层面，必须上升为"人应当是什么"的高度才能超越一般动物。人超越动物是因为理性使人具有德性、使人讲道德。总之，德性是人区别于动物的本质的特征，是实现人的本性灵魂的优良品性。现实的人只有具有了德性，才能从动物状态转化为人类状态。唯有具备了优良人性所具有的德性，合乎人性的存在状态才使人真正具有人性。总之，德性是对人的一种确证，德性是一种人格化的内在道德。但是这种传统世俗观念正在被打破，因为新兴的道德增强技术成为道德发展的一种新方式。道德增强技术是对传统德性论的反动。道德增强技术否定了德性的独特性，德性不再是人最优秀的品质。因为作为一种优秀的品质，其不应该被轻易获得。

2. 道德增强技术改写了德性的教化性

神经伦理学认为，人具有先验的道德禀赋。④ "新性善论"的价值预

① 刘玉山、陈晓阳、宋希林：《生物医学道德增强及其伦理和社会问题探析》，《科学技术哲学研究》2015年第5期，第103页。
② 苗力田主编《亚里士多德全集》第八卷，中国人民大学出版社，1994，第32页。
③ 江畅：《西方德性思想的历史演进和基本特征》，《华中科技大学学报》（社会科学版）2012年第5期，第1~7页。
④ 檀传宝：《德性只能由内而外地生成——试论"新性善论"及其依据，兼答孙喜亭教授》，《清华大学教育研究》2001年第3期，第19~23页。

设就是"儿童具有先天性道德禀赋"。① 他们认为,石头是孵化不出小鸡的,屋里也长不出任何东西。与此不同,传统德性论认为,德性既不是与生俱来的,也不是自发形成的,而是通过教化形成的。马克思也持这种观点:"良心是由人的知识和全部生活方式来决定的。"② 这就是说,良心这样的德性是后天形成的,而非先天的;人的理性及其生活方式对人们形成德性起着决定性的作用。可见,马克思肯定了包括教育在内的理性和生活方式对人们德性的形成起着至关重要的作用。虽然西方德性思想家对德性本性的看法不尽相同,但他们大多承认德性是个人或社会内在的善的品质、性质或特性。这种善的东西不是个人或社会先天具有的,而是后天获得的。苏格拉底和柏拉图将德性看作智慧,而智慧是理性的善。这种善虽然是理性本身所固有的,但需通过"回忆"或"精神接生术"等途径才能使之成为现实的德性。德性可以通过教化得来,通过理性的指导得来。亚里士多德认为,勇敢的品质是运用理性抵抗恶的、痛苦的、危险的结果。一个勇敢的人,怕他应该怕的,并且坚持他所应坚持的。"勇敢是为了高尚或美好而坚持,而勇敢地行动。"③ 教化在强化人的本质力量、创新人的思维方式的同时,也成就了人的精神家园和精神品质。教化成为千百年来人们道德赖以进步的根基。而基于生物医学技术的道德增强一反传统德性论,认为德性无须经过艰苦的教化和训练就可获得,传统道德灌输的效率是低下无效的,而且德性可以因技术而生成,因技术进步而发展繁荣,这就从根本上改写了德性的教化性。

3. 道德增强技术否定了德性的实践性

传统德性论认为,德性是在实践中形成和发展的,美德是在实践中表现出来的道德品质。苏格拉底提出"美德即知识",肯定了理性在形成美德中的作用,忽视了意志情感和实践的作用。柏拉图不仅从人的内在寻求道德的本质,而且在日常生活的周遭世界中寻求德性的实体性基础,指出了

---

① 王敬艳:《道德教育的可教性到底源自何处——对"新性善论"引发的学术论争的神经伦理学思考》,《西北师大学报》(社会科学版) 2014年第1期,第105~110页。
② 《马克思恩格斯全集》第六卷,中共中央马克思恩格斯列宁斯大林著作编译局编译,人民出版社,1961,第152页。
③ 〔古希腊〕亚里士多德:《尼各马科伦理学》,苗力田译,中国社会科学出版社,1990,第55页。

人的德性的实践本质：个人的德性必须以实体性的国家为基础，因为他的生活、行为、思想、自由意志都表现在国家里。在亚里士多德那里，尽管德性的基础和来源在于理性，但只有理智德性才是纯粹理性（思辨理性）的德性，这种德性只需要通过教育就可以获得；道德德性则是理性对情感和欲望的控制，它作为一种善的品质是经过人们在生活实践中的选择逐渐形成的。阿奎那在《神学大全》中指出，"人类的德性乃是习惯"。[①] 伏尔泰则主张德性就是那些使人高兴的习惯。近代以来的西方思想家所推崇的自由、平等、民主、法治等社会德性，并不是社会本来具有的，而是人理性反思和自觉构建的结果，不遵循自然法，不通过缔结社会契约，具有这些德性的社会是不可能建立的。德性不仅需要人为的作用形成，而且也并不是一旦形成就永远具有的，更不是一旦形成就是完美无缺的。德性既有一个形成的过程，也有一个完善的过程，这个完善的过程是无止境的。只有不断追求德性完善，人才能实现自我完善，才能达到至善和完全的幸福。总之，德性是在实践中形成和发展的，其实际上代表了人类历史上两千多年的美德形成传统观念。但是道德增强技术违背了德性成长的规律，淡化了德性的实践性，把德性打入了冰冷的实验室中成长。在医院的临床上成长起来的德性，将人类引以为傲的东西降低为一种冰冷的东西。脱离了生活，道德就成了空中楼阁——外部植入是不能形成德性品质的。道德增强技术是对旧有的道德秩序和道德图景的反叛。增强技术把植入道德当成道德增强的必要条件，人通过生活教化和自我教化形成的德性却被忽视，这导致技术造成的人为的德性非常周全，却与人在具体生活中凝聚的传统德性毫不相干。道德最根本的意义是内在的品格，德性能够使一个人在追求自己的生活目的的过程中拥有善，使他在困惑和迷乱中清醒地知道自己将要做什么、行为的目的，并帮助他信守道德准则。

4. 道德增强技术亵渎了德性的神圣性

道德是至高无上的人的精神世界。在西方，康德给予了道德最高赞美："有两种东西，我们愈时常、愈反复加以思维，它们就给人心灌注了时时在翻新、有加无已的赞叹和敬畏：头上的星空和内心的道德法则。"[②] 康德毕

---

① 周辅成编《西方伦理学名著选辑》上卷，商务印书馆，1964，第370页。
② 〔德〕康德：《实践理性批判》，关文运译，商务印书馆，1960，第164页。

生景仰这种道德法则，把道德法则的崇高性建立在道德形而上学之中。道德敬畏超越了一般的道德生活，是人们对道德理想与目标的崇敬与畏惧，人们内心对道德终极价值、道德法则、善之物的强烈的崇敬和畏惧之情建构了一种"人心秩序"。道德敬畏的崇高性，指的是道德主体把道德作为其社会生活的崇高价值与目标进行追求，这种崇高性使得人们不断地在对道德敬畏的过程中实现自我的超越与完善，使得人们不断增强自我的道德情感，不断地坚定自我的道德意志，使得其在社会实践中达到自由、自觉，使得自身的追求趋于至善。道德具有神圣性、崇高性、至上性、绝对性，而道德主体所敬畏的对象便是道德的原则、道德的价值以及道德理想等，这些对象在道德主体的敬畏之心中逐渐变得具有一定意义的神圣性。这也就是既崇敬、敬仰又畏惧的"敬畏"的本质所在。因此，道德敬畏的神圣性特征，在一定程度上制约着社会生活中的人们不敢轻易亵渎敬畏对象的神圣性。孔子曰，"君子有三畏"，其首畏就是"畏天命"，也就是对那些不可抗拒的必然性的敬畏。孟子以"仰不愧于天，俯不怍于人"来彰显对天的敬畏。在西方道德文化中，奥古斯丁认为人的信仰应有三个阶段：一是信仰的先定性，二是信仰的赞同性，三是信仰的依赖性。这三个阶段又可以从"自由意志"的思想中考察。人类一旦没有了信仰与敬畏之心，出现道德敬畏的缺失，便会逐渐失去主动性以及精神的自由性，出现精神危机。这也正像是尼采所说的"上帝死了"与海德格尔所说的"茫然无家可归"的精神状态。道德的价值来源于人，道德的尊严来源于人的尊严，所以，对道德的践踏就是对人的尊严的践踏。康德认为，"在任何时候都同样看作是目的，永远不能只看作是手段"，[1]但在技术进步的背景下，人被当成了手段而不是目的。在技术的暴政下，人的尊严被肆虐对待，人的价值被否定，技术成为异化存在。现代技术仅仅把人当作一种生物机体的材料与力量，人仅仅是具有工具职能的生物体，人的身体和人的精神、生命本质价值被凝滞和物化。海德格尔考察新时代的技术后认为，现代技术的表现意志使人物质化、齐一化、功能化、平均化。技术成为人的存在的"座架"。人的生命精神的独特性消失了。"在现代文明的发展中，人之物、生命之机器、人想控制而竭力用力学解释的自然，都变成了随心所欲地操纵人的主

---

[1] 〔德〕康德：《道德形而上学原理》，苗力田译，上海人民出版社，2012，第37页。

人；'物'日益聪明、强劲、美好、伟大，创造出物的人日益渺小、无关紧要，日益成为人自身机器中的一个齿轮。"① 在人的精神本质物化的过程中，道德的形而上学价值基础被抽空了。道德迷茫和德性匮乏普遍存在。因此道德增强技术首要的问题是：道德是人的社会性反映，道德是神圣不可侵犯的，如果技术复制美德，就等于充当上帝，把道德降格了，把人降格了，这是不允许的。道德的神圣性在哪里呢？一般说来，道德会成为人类文明发展的历史记忆，如中国传统文化信奉父慈、子孝、兄友、弟恭、夫义、妇听。人类习惯了这种道德在历史记忆中的作用。

三　文化批判

道德承载着文化属性。不同文化背景的人所重视的道德元素及其优先性、所持的道德标准常常有所差异，因而人们对于同一事实现象可以有不同的道德解读；即便是同样一种道德，在不同文化背景中，其外在表现形式、风俗习惯往往也相去甚远。从社会文化的语境来审视，道德增强技术存在文化同一性、文化接受度以及技术恐惧等三个问题。

1. 文化同一性问题

赵汀阳在迈克尔·桑德尔的《反对完美：科技与人性的正义之战》一书的导论中认为："基因神药让人不仅变得更聪明、更健康、更漂亮，而且让每个人变得同样聪明、同样健康、同样漂亮，千人一面，一切差异都将消失。一切都完美了，也就应该没什么可抱怨的，可是为什么这个故事结局会令人不安？也许应该思考的是：人类会因此损失什么呢？我无法罗列人类的可能损失，但有一点大概可以预见：人类将失去文化。一旦人类统一于一个完美概念，文化就自动消失了……可以说，万物齐一就不再有文化，物我为一就不再有文化。"② 这种观点代表了人们对深度科技化改变人的精神世界导致文化趋同现象的审慎的担忧。从文化角度看，道德增强技术可能会导致伦理文化的同一性，其结局是"道德文化的终结"。

我们生活在特定的社会文化中，由于家庭环境、受教育程度、遗传因

---

① 〔德〕马克斯·舍勒：《价值的颠覆》，罗悌伦等译，生活·读书·新知三联书店，1997，第 161 页。

② 〔美〕迈克尔·桑德尔：《反对完美：科技与人性的正义之战》，黄慧慧译，中信出版社，2013，导论。

素的差异，人与人会形成各不相同的道德人格和道德品行。也正是这种道德文化的差异性，造就了形形色色的道德个体和丰富多彩的世界。在道德增强技术广泛应用的前提下，如果人人都追求道德增强技术倡导者主张的利他、大方、信任、诚实、友善等，那么就可能出现同质性。这不应是人类期望的追求的道德王国。此外，道德人格的同一性应该还包括对个体身份的自我认同，如果自我认同发生了断裂，那么这种人格的同一性就不复存在。身份是一个人的重要识别因素，关系着对一个人真实的理解和尊重，个体身份形成的主要目的是识别一个清晰概念的自我。一些人认为，在道德增强中其实无法避免身份改变的问题。从深层次看，道德增强技术会使人之为人的本性发生改变，让一个人变成完全不一样的另一个人，而从浅层次看，道德增强技术会改变一个人最基本的特征。因此，担心身份的丢失已经成为一个反对道德增强的普遍理由。

2. 文化接受度问题

人是一种文化符号动物。文化符号对人的意义在于：它是文明与野蛮、进步与退步的显著区别。一种文化是先进还是落后取决于什么？取决于它是否能在根本意义上推动经济社会的发展。质言之，文化进步的标准是能在一定程度上推动经济社会的发展。一个靠技术增强道德的人，会不会被人们所认可是具有道德品质的人呢？答案应该是否定的。

道德是一种内化规范，特别强调自律性，一个具有高尚道德的人，群众往往会被他的行为所折服并自觉服膺于他的道德规范。雷锋精神之所以传之后世，为人所敬仰，是因为雷锋具有高尚的道德行为和道德情操。假设雷锋的品性和美德是技术复制的产物，他并不是自觉地履行义务，就像康德所说，不是为义务而尽义务，甚至是违背他本人的意愿而做出这种行为，他本人并不接受，那么这种行为的价值就会大打折扣，群众也可能不会接受。复制的德性就像整容美女一样，他（她）的德性之美是被制造出来的，是"整容"产品。一个外形丑陋的人经过整容后貌比潘安，人们会认可他的美吗？！假设我们每年遴选的全国道德模范中的一些人是技术干预后做出的道德模范行为，请问这种模范行为人民群众会买账吗？！

人的认知可以被增强，情感也可以被增强，这些增强也许更容易被人所接受。为什么道德增强不能被人接受，而且反对的声音一浪高过一浪，是值得人们深思的问题。人作为一种文化动物，在与自然抗争的过程中，增强能力，形成抵抗自然的暴力会被冠以"与天斗"的美名，增强人的体力从来不会遭受质疑，相反，被质疑表明了道德在文化中的特殊性。有德行天下，无德路难行。若一个人的品德是克隆来的，是复制的，人们在道德心理上是难以接受的。被增强道德的人本身也会存在心理上的矛盾性。他认同和接受增强后的自己吗？他会不会在心里想，那些未被增强道德的人会认为，无德也没有什么不好，也没有什么不可以接受的，甚至美德根本就不存在！

通过增强获得的情感虽然可以有效地推动一个人做出道德行为，但这些行为并不具有真正的道德价值，因而也不能带来真正的道德进步。

3. 技术恐惧问题

格兰蒂宁在其著作《技术的伤害——进步之人的后果》中指出：技术对人造成了身心两方面的伤害，这种伤害会把人们拖入一种技术恐惧之中。围绕"道德增强"的虚实论争，我们能清楚地看到人们对道德增强技术的发展有着恐惧感。这种恐惧感弥散在我们这个已经变得高度敏感的技术世界里。

如今，道德增强技术强大的能力正在渐渐朝生命个体的精神世界深层次拓展。人们担心，如果随心所欲地改造人的精神世界和道德情感，将会给这个世界带来不测的风险。有关"道德增强"的现代技术隐喻，已经使在技术化生存状态下、以追求新奇感觉为时尚的现代人有了更多的谈资，同时也体现了对技术的更深层次理解与多维诠释，技术隐喻还伴随着人们喜忧交加的复杂情感，其中浓烈的滋味已经足够品尝很长时间了。这个技术隐喻至少还暗示了以下较为深刻的道理：因人而生、因人而长的技术力量是一种强大的"矢量"，有大小更有方向。

其实，人们对技术发展的恐惧，更多的是源于技术发展和应用方向上存在的不确定性。道德增强技术可能会损害道德理性，诱导人们依靠情感做出判断，从而做出不道德甚至害人的行为，扰乱人与人之间和谐的道德生活。

四　安全批判

安全问题是科技伦理学关注的永恒的话题。科技以人为本，技术应用必须维护人类安全。回眸科技发展史，其不仅是为人类造福的历史，也是给人类不断带来新的威胁的历史。科技越是迅猛发展，给人类安全带来的威胁就越大。无限制地发展技术，把安全放在次要地位，是危险的选择，也是失败的选择。① 进入 21 世纪，新的技术革命爆发，技术的安全问题更加突出。当前，我们对于道德增强技术的很多细节尚不清楚。为了人类更好地生存和发展，人们可以适当地使用道德增强技术，但是必须为这种技术设定研发的红线，即以不直接地危害人类整体安全为界限。要强化技术支撑，才能守牢安全底线，给科学技术装上"安全护栏"。

1. 人体健康与安全风险

安全性问题是首先要考虑的问题。这已经成为道德增强药物临床使用必过的一道门槛，不能因为个人利益罔顾安全。作为一种生物医学手段，道德增强技术直接作用于人体大脑区域，难以避免地对人体产生一定的副作用，这种副作用也许不是立竿见影的，而是具有长期性和潜伏性。道德功能正常者为了增加道德品质而选择服用道德增强药物，谁都无法保证其拥有的道德品质不会下降。如果想完全掌握道德增强技术所有可能的、潜在的、长期的副作用，仍然需要大量的实验数据。根据目前阶段的使用情况，对道德增强者数据的收集、整理与后续跟踪显然存在一定难度。因此，在认识和使用道德增强技术时一定要高度关注副作用的问题。比如药物对身体产生的副作用、神经刺激中的触电风险、电子机械增强中的设备失控、基因改造中的基因突变等，这些问题在技术使用过程中都是极有可能出现的。

俗话说，"是药三分毒"。每种药物都有其特定的副作用和潜在风险。虽然有些药物副作用并不明显，人们为了实现治疗或增强的目的甚至可以坦然接受，但是大多数新兴药物，尤其是神经类药物的副作用和风险是无法预测的。很多时候，我们并不完全了解药物功能是如何起作用的。神经类药物的作用通常不会因为停止用药而立即终止。根据药物的不同，药效可能在几天后才会消失。与目前在医学上使用的大多数神经类药物一样，道德增强药物需要逐步减少剂量后停药，否则会有潜在的危险。一些药物服用过量可致人死亡，且药物常被滥用，易成瘾，会造成身体和心理的严

---

① 张比：《哲学视野下的科学技术安全问题》，《自然辩证法研究》2003 年第 11 期，第 57~60 页。

重依赖。20 世纪 60 年代，丹麦自行车运动员詹森在第十七届夏季奥运会中猝死，后来经尸检证明，是服用了神经兴奋剂安非他命的结果。伊拉克战争期间，美国士兵服用安非他命和其他强效神经类药物来减轻疲劳。然而，这种药物具有极高的危害性，使用者服药后会产生兴奋感，进入一种虚无的幻觉状态。21 世纪初，美军两名战斗机飞行员服用安非他命后在阿富汗境内失手误炸加拿大步兵部队，造成 4 人死亡。[①] 在道德增强的各类技术中，药物道德增强因准入门槛相对较低，是目前使用最广泛、最频繁的增强手段。目前来讲，我们对莫达非尼、利他林等药物增强效果缺乏纵向的、长期的、深入的有效性与安全性研究，鉴于我们对药物增强的认知尚不全面，对潜在危险的判断力存在明显不足，因而应避免药物增强手段的盲目滥用。很多神经类药物的副作用潜伏期很长，有些甚至需要十多年的时间才能被发现，而且对人体的影响难以消除、不可逆转。盲目服用药物进行神经增强，不仅会直接损伤身体，还会导致认知功能障碍、精神变态。使用者停止服药后，还可能出现停药综合征，造成神经紧张、注意力不集中、自杀意念等心理障碍。正如戈尔德贝尔格（Goldberg）所强调的，技术的使用始终是与风险相伴的，没有任何技术可以声称是绝对安全的。因此，当某种干预造成的后果是不可逆的，且难以对其长期的副作用做出准确评估时，谨慎就显得愈发重要。

2. 种族安全问题

道德增强中的化学增强技术将在人种的层面改变和重塑人，从而在更高的革命意义上改写道德进化史。例如，通过生物化学方法增强运动员的体能，获得新能力的运动员从而被称为"生化运动员"。2005 年，美国上映科幻片《冲出宁静号》，其中联盟组织打着"和谐"的旗号，招揽自己的战士，开辟自己的疆土。他们为了"大善"（greater good）训练勇士，控制思想，甚至想通过化学手段彻底根除"斗心"。《生化危机》揭示了人种如果改变，那么道德也将发生改变。这种可能性不是不存在的。此外，"化学阉割"的实施，会不会造成男性激素分泌水平普遍降低；长期来看，会不会改变现有人种……这些问题均无定论。

---

① 冯烨、王国豫：《人类利用药物增强的伦理考量》，《自然辩证法研究》2011 年第 3 期，第 84 页。

3. 道德增强技术安全的伦理意义

随着科学技术的迅猛发展，误用、谬用科学技术的风险逐步加大，全球技术安全风险呈现上升趋势。安全性是损害和危险性的反义词，常被解释为无风险性和无损伤性。道德增强技术安全，是指道德增强技术对使用者健康、安全的保证程度，是指社会能够有效应对道德增强技术的威胁，保障人民生命安全没有危险。道德增强技术安全实现了从数量安全到质量安全的跃迁。如今我们对道德增强技术安全内涵的综合理解包括了以下两个方面：一是保证道德增强技术安全健康，这是基于质量的角度；二是保证道德增强技术以维护生态平衡为前提，实现资源的可持续开发，这是基于发展的角度。

《科学技术进步法》第 3 条规定："科学技术进步工作应当面向世界科技前沿、面向经济主战场、面向国家重大需求、面向人民生命健康，为促进经济社会发展、维护国家安全和推动人类可持续发展服务。"同时，其第 107 条明确规定："禁止危害国家安全、损害社会公共利益、危害人体健康、违背科研诚信和科技伦理的科学技术研究开发和应用活动。"《生物技术研究开发安全管理办法》规定，生物技术研究开发安全管理实行分级管理，并按照生物技术研究开发活动潜在风险程度，分为高风险等级、较高风险等级和一般风险等级。高风险等级，指能够导致人或者动物出现非常严重或严重疾病，或对重要农林作物、中药材以及环境造成严重危害的生物技术研究开发活动所具有的潜在风险程度。较高风险等级，指能够导致人或者动物疾病，但一般情况下对人、动物、重要农林作物、中药材或环境不构成严重危害的生物技术研究开发活动所具有的潜在风险程度。一般风险等级，指通常情况下对人、动物、重要农林作物、中药材或环境不构成危害的生物技术研究开发活动所具有的潜在风险程度。

道德增强技术安全的伦理定义。从以往的学术研究成果来看，我国学术界对于道德增强技术安全问题的研究和讨论主要是从政治学、经济学、社会学、法学等角度展开，较少从伦理道德角度对道德增强技术安全问题进行研究。道德增强技术安全问题中较多涉及道德缺失这一情况，折射出新兴技术伦理道德的失范。因此，从伦理学的角度定义道德增强技术安全，可以使道德增强技术的内在道德价值彰显在技术链的各个环节。

道德增强技术安全伦理，属于应用伦理学或实践伦理学的范畴。它旨在从伦理学的特有视角，运用价值理念和道德思维的方式，对道德增强技术生产、流通、销售、监管和消费等各个环节进行伦理审视与道德判断，为维护道德增强技术的安全提供价值立场、道德观念、行为选择与评价的标准和伦理对策。简言之，道德增强技术安全伦理是技术从产生到使用的一系列过程中，各个领域中的行为主体都要遵守的一种道德规范。通过将道德增强技术安全伦理体系中的价值标准改成符合社会价值取向的规范，我们就可以以道德为主要手段和途径，对道德增强技术安全问题进行治理，以达到道德增强技术安全领域的合伦理性的善的秩序。

五　公平批判

科学技术与资本是塑造我们这个时代面貌的两种最基本的力量，它使得公正成为科学技术时代伦理学的主题。① 正确处理好道德增强技术引发的公平问题，是我们这个时代所必须面对的一个重要问题。

1. 人类增强技术的公平问题疏证

"公平与公正"始终是人们关心的问题，但追求公平与公正既面临着道德理论上的困难，也面临着实践应用上的困难。即使社会承认人类增强的最终目标是好的，但是在具体的实践应用中仍然会带来很多问题。

一方面，社会资源相对于人类发展的需要而言是有限的和匮乏的，不是每个人都有机会能够通过增强技术来改善或提高自身的能力。这时，对于未增强者来说，他们与增强者之间便有了人为的差距。不论是在体育竞技，还是其他任何领域中，他们相对于已获得增强的人来说，总是在不平等的竞争环境中处于劣势地位。这实质上是破坏了社会公平竞争的制度，减少了未增强者参与公平竞争的机会，给未增强者带来了巨大的压力。

另一方面，富人将会是增强技术的优先尝试者，因为他们能够负担起巨额的使用费，这样就会造成进一步的贫富悬殊，形成所谓的"马太效应"。在大多数的经济理论中，公平并不意味着要刻意去弥补各经济阶层的差距。不平等本身并没有什么原则性问题，国家也不希望为了追求所谓的平等，让积极进取的人与不求上进的人享有同等的利益成果。人们有充分的理由认为经济的发展需要差距的存在，社会的发展也需要这种差距带来

---

① 朱葆伟：《高技术的发展与社会公正》，《天津社会科学》2007年第1期，第35~39页。

的促进与激励。特别是在资源分配有限或稀缺的情况下，阶梯式的发展更能够激起人们的上进心和竞争性。但是这种由于个人自身的能力或者运气等因素造成的差距与通过人类增强技术造成的差距有着本质的不同，由人类增强技术所引起的增强者与未增强者之间的差距并不是因为个体主观不努力所造成的，而是未增强者被动地在竞争的起点上就处于劣势。如果人类增强技术的开发像前文所预测的那样，那么就会使得原本可以公平竞争的机会变得不再公平。这就人为地拉开了增强者与未增强者之间的差距。这些人为的因素会最终导致优势群体变得更有优势，而弱势群体变得更加弱势，最后导致无法弥补的鸿沟。在将来，未增强者不管是生理上还是精神上都会与增强者拉开距离，导致严重的两极分化现象。如果是基于功利主义的观点，利用人类增强技术是为了增加人类幸福总和，那国家和政府要怎样应对在竞技场上和考场中参与竞争的增强者与未增强者之间的公平与公正问题，还需要认真思考。

在当代，技术的资本化、商品化和市场化使得功利主义超越了一切，人们把追求利益最大化视为最高价值标准，却忽略了技术风险和代价承担者的利益，消弭了技术在治愈疾病、解决环境污染、饥饿和贫穷等问题上的义务与责任。富人通过人类增强技术如基因编辑技术对胎儿的遗传基因进行修正与增强，使其功能超越正常的恢复或维持健康的水平，让他们的后代一出生就能成为免疫各种疾病的"完美人类"，其体质和智力还可以大大提升，甚至能成长为具有特殊能力的"超人"。而穷人因费用的缺乏，无力利用这一技术对他们胎儿的遗传基因进行改进与完善。这种资本与技术的紧密结合将成为贫富差距扩大和社会不平等的"加速器"，富人的后代与穷人的后代除了在财富、地位、家庭出身等方面会有不平等外，还将存在巨大的遗传势差，将诱发严重的基因歧视与难以预估的社会鸿沟，并最终演变成未来人类社会所有危机的渊薮。

道德增强技术也引发了关于公平问题的讨论，这一技术到底是加剧了不公，还是促进了现实公平，值得人们探讨。

道德增强技术可能会损害人类公平原则。生物医学技术的发展为增强人类功能提供了日益增多的可能性。这些增强手段在道德上的合理性也引发了极大的争议。作为一种生物医学技术，它们是不是应该优先致力于治疗疾病而不是增强本来就正常的功能；通过这种方式增强功能，是否使得自我发展过分依赖于外在的技术手段，而个人的奋斗与努力则变得不再重要；进而，这些增强技术的运用是不是也会加剧社会不公……这些问题值得我们关注。①

优先得到增强的"道德超人"会与未增强者产生技术鸿沟，不利于建立一个公平和公正的社会秩序。技术应用初期阶段因成本高昂而具有有限性，不能使所有人都获得增强的机会，那么总有一部分人有权力得到增强，有一部分人得不到增强。增强可以使人拥有更多的资本从而更有效地致富，这样的鸿沟将导致更大的贫富差距。而且，"先行者"们优先得到增强、率先成为"道德超人"后，这些人一旦想垄断这种地位时，人际平等和代际公平如何保证？如果道德增强再和基因增强结合起来，会是什么后果？此外，如果说基因增强的副产品是"优生运动"，那么增强的副产品相应就会是"优心运动"。这会人为地淘汰心智有缺陷的人从而引发另一种人类悲剧吗？因此，如何避免道德增强成为技术化放大人的天然差别的手段，成为一个重要的伦理问题。②

道德能力是人们争取机会平等的基础，是人们参与社会各种竞争的基本条件。当增强技术的分配主要依靠市场机制来实现时，这种不公正现象会更加突出。虽然科学技术的发展和社会公正的实现不能完全脱离市场机制，但是市场机制并不能解决一切公共产品的配置问题。在增强技术市场化的社会中，富人更容易获得增强技术，拥有更多的竞争优势。这种优势显然是公正的对立面。增强技术的非治疗目的的普遍使用，可能会进一步扩大未增强者与增强者之间能力的差距，导致进一步的机会不平等。增强技术必然引发代内公正和代际公正问题。③

人类增强技术不仅不能解决全球伦理问题，而且可能给我们带来更大的灾难。人类增强技术会造成高等教育的不公平。比如，学生服用认知增强药物会破坏考试的公平与公正。高等教育培养大学生一种耐心、勤奋、拼搏、坚强、乐观的精神品质，为以后创业打下良好的基础。认知增强药物会造成学生的"品质侵蚀"，弱化人类主体的精神，降低人类的尊严，违

---

① 蔡蓁：《对基因增强技术的伦理探究》，《天府新论》2012年第5期，第22~26页。
② 肖峰：《"数字增强"的价值及伦理问题》，《社会科学辑刊》2005年第1期，第10~15页。
③ 李伦、高佳：《认知增强技术与社会公正问题》，《云梦学刊》2010年第1期，第66~69页。

背教育中努力、坚强的价值取向，是一种"不劳无获"。认知增强药物让学生通过"捷径"轻而易举就实现了学习的目标，诱导我们回避个人努力和奋斗，贬低了个体通过大量实践活动而形成个人品格的努力。①

2. 代内公正与代际公正问题

"道德增强歧视"是对道德增强个体或者其家人进行不公平对待或者对其身份进行歧视的行为。对于道德增强的个体和人群的不歧视原则，应有以下几点考量。第一，公平理念。不歧视是基于人类理性的要求，歧视会带来危害，不歧视是对人的权利的尊重。第二，程序正义。道德增强必须经过法定程序严格进行。程序正义"有助于人们的道德可靠性"。第三，实践操作。在犯罪评估、信用贷款、雇佣评估等关切人身利益的场合，一旦产生"道德增强歧视"，必然危害个人权益，可以视为对人的平等权利的挑战或侵害。利用生物医学、人工智能和基因编辑技术进行道德增强是人类完善自我道德的方式之一，贯彻不歧视原则，就是在诸如信贷、投保、教育、竞赛等社会生活中一视同仁，不认为进行了道德增强的人就低人一等。同时，政府可以制定"反道德增强歧视"相关专门法规，并且对保险行业、教育、就业等关系到公民切身利益的领域做出特别的规定。

道德增强技术应用中的不平等问题十分突出，最明显的就是代内公正与代际公正问题。一些学者指出："技术本来就包含不平等的可能性。拿技术成果的使用来说，尤其是一些高技术成果只能为少数人享用，无疑是因为技术的成本太高，技术不能成为大众的技术、'民主'的技术，而只能是少数人享用的技术，形成技术上的人与人不平等。"② 道德增强技术在应用中很可能导致代内不公正问题的发生。

从历史上看，新兴技术的出现，首先为特定阶级的人所享有。"新技术刚引入时，它的花费是很大的，仅为特定人群负担得起。"③ "在人类的全部历史中，人类一直生活在不平等的条件下，这种不平等首先是由属于某个

---

① 刘玉山、陈晓阳：《高等教育中认知增强药物使用的伦理审视》，《自然辩证法通讯》2015年第2期，第114~121页。

② 肖峰：《高技术时代的人文忧患》，江苏人民出版社，2002，第132页。

③ 邱仁宗：《人类能力的增强——第8届世界生命伦理学大会学术内容介绍之三》，《医学与哲学》（人文社会医学版）2007年第5期，第78~80页。

人的权力和财产所决定的社会不平等。"① 道德增强技术就像其他所有的高新技术一样，一开始并不能给所有的人带来福音。随着道德增强技术的研发应用，人们可能因贫富悬殊、权力和知识的差异最终分裂为两种人：一种是"增强者"，另一种是"未增强者"。"增强者"与"未增强者"可能将在经济上、文化教育上、两性关系上形成种种不平等。

在经济上，可能会出现"增强新贵"和"未增强穷人"。在现实生活中，人们由于经济地位、政治地位的不同形成了不同的社会分层。经济上、政治上处于金字塔顶端的人们由于其特殊的身份可以首先进行道德增强，甚至使之成为独享的专利，这些人的后代因此而获得巨大的生理和心理优势，造成先天性的道德"基因鸿沟"，固化两极分化，加剧了社会不公平的现象。在市场化条件下道德增强技术会成为少数人拥有能力的技术。② 道德增强技术被富人所利用，拉大贫富鸿沟，造成"能力分隔"和"马太效应"。"增强新贵"因为道德素质更高获得更多的收入和福利，而"未增强穷人"可能被排斥在好的工作和好的职位之外。

在文化教育上，道德增强技术使教育平等成为乌托邦。采用基因编辑增强技术的人智商更高、记忆力更强，如果应用到教育领域则会成为名副其实的"教育新宠"。他们在比赛中可以获得更好的成绩，名校会更倾向于接纳他们入学就读，他们可以接受更好的教育。而未被增强的人唯有更刻苦、更勤奋才有可能与之匹敌。

在两性关系上，"增强者"之间门当户对，而在"增强者"与"未增强者"之间可能存在通婚鸿沟，婚姻上的平等权将被打破。

道德增强技术的使用还可能造成代际公正问题。其一，上一辈使用道德增强技术，后代没有使用道德增强技术，这种不平等可能导致上下两代人之间的不公正问题。其二，长辈对下一代自由权利的侵犯，即长辈使用类似于基因编辑技术创造"完美婴儿"，导致对后代自由权利的侵犯。

可见，生物医学、基因编辑等道德增强技术对公平公正等问题难以达成逻辑自洽。从替代方案看，传统的道德增强方式不可替代，社会舆论、

---

① 〔俄〕B. Л. 伊诺泽姆采夫：《从〈历史的终结〉到〈后人类的未来〉——评 F. 福山新著〈我们的后人类的未来〉》，文华摘译，《国外社会科学》2003 年第 6 期，第 83~86 页。

② 邱仁宗：《人类增强的哲学和伦理学问题》，《哲学动态》2008 年第 2 期，第 33~39 页。

传统习惯、学校教育和自我修炼被历史反复证明，其在将来也必将是人类道德进步的主要方式，不可替代。因此，生物医学、基因编辑等道德增强技术难以获得道德上的辩护，科学家必须在基因编辑"道德完美婴儿"之前停下脚步。

公平问题在道德增强技术的应用中具有紧迫性，对此要予以足够重视。如果我们对公平风险没有清醒的认识，那么道德增强有可能威胁社会的公平正义，也不利于技术本身的发展。明确范围、避免滥用，是减少因为技术的应用而导致社会不公平的有效办法。道德增强技术应该明确具体的适用范围，即哪些类型的道德增强可以被使用，哪些应该被禁止，哪些领域可以使用，哪些领域又应该禁止，需要有清晰、合理的界限。

六 本章小结

突破传统道德增强模式的道德增强技术是这个时代人类进化突变的重要标志，是人类对纯粹理性的反叛，也是人类本质力量的再现，是人类对自身占有能力的又一次显现。生物医学技术下的"道德增强"是人类道德增强的"非历史逻辑"，但它恰恰是技术自身发展的"历史逻辑"。"非历史逻辑"+"历史逻辑"共同构成了这个时代人类反思的逻辑。对道德增强技术实践及其理论的质疑是人类"自觉"系统的规定，它开辟了人类实践理性从否定"不可约解"向追寻"终有一解"的新征程。人类生活史就是自我发展史。千百年来，人类通过传统的劳动、体育锻炼、休闲、饮食、医疗、教育、反思、宗教信仰和参与共同体活动等提升肌体、认知、情感和道德，甚至炼丹试图永生的方式都被看作一个自然历史过程，并未引起人类的"疑惑"。然而，生物医学技术对于人类进化的"人为加快"和"速成"引起学者和公众的巨大不安，其中对道德增强和道德复制的质疑最为强烈。科学基础上的还原论谬误、科学方法上的医学化悖论、科学后果上的安全风险的逻辑困境，德性独特性的否定、教化性的改写、实践性的否定、神圣性的亵渎，文化同一性、文化接受度以及技术恐惧等问题构成了科学、道德自身和文化三个方面的质疑。面对三种质疑，人类应以全新的世界观和历史观反思和应对人类进化史的"突变"。

第五章　道德增强技术的德性问题

德性伦理学自发端以来，便有其自身的一套规范体系，而道德增强技术作为一种借由生物医学来改变人的道德品质及水平的新兴技术手段，展现了与传统德性伦理发展模式的显著差异。道德增强技术虽为德性发展开辟了一条前所未有的崭新路径，但引发的德性问题同样引人深思。德性的本质、源泉、培养路径该何从？德性的评价方式及其作用价值又何在？诸如此类，无疑都是制约德性伦理发展的阿喀琉斯之踵。

一　德性伦理与道德增强的共生关系

德性与人自身的人格、目的直接关联，并且与人类生存环境以及人类自觉进行的德性培育活动密不可分。而德性伦理学便是一种以德性为中心概念来研究和阐释各种现象的理论。道德增强借助生物医学技术来调节人的情感，从而增强其行为动机和道德品质，进而促进全社会的和谐。因此，道德增强技术与德性伦理学有着不可分割的内在联系。

1. 德性伦理为道德增强技术提供理论辩护

德性伦理学的突出特点在于将德性视为伦理学的研究对象，认为伦理学就是关于德性的学问。[①] 对于德性伦理，赫斯特豪斯（Rosalind Hursthouse）有一个简明扼要的阐释："德性伦理并不关注我们应该做什么。'以行为者为中心'（agent-centered）而不'以行为中心'（act-centered）的德性伦理学关注的是是（being）而不是做（doing），关注的是好（或坏）的品质而不是正当的（或不正当的）行为，关注的是'我应当是什么样的人'的问

---

① 江畅：《西方德性思想史概论》，人民出版社，2017，第6页。

题而不是'我应该做什么'的问题。"① 简言之，德性伦理学关注的焦点不在于正当行为的标准，而在于德性的本质和内容——好人应当具有的品质及特性。② 这在儒家伦理中也有所体现。孔子将"仁"作为其德性思想的总纲，一部《论语》中"仁"字出现了一百多次，足见其在孔子思想中的重要地位。孔子的弟子每次问"仁"，孔子都有不同的解释。在孔子看来，"仁"是美德的总和，并通过各种德目具体展现。朱熹将"孝、悌、忠、信、礼、义、廉、耻"总结为道德的核心，认为这是仁人志士行事的典范。在西方德性伦理中同样如此。苏格拉底借由三段论的论述提出"美德即知识"并一直强调自己是无知的："我只知道一件事，那就是我什么也不知道。"他穷其一生追寻美德，并以善为基，构建了自己的德性体系。亚里士多德尤为推崇理性，"德性存在于中道，为理性所规定"，③ 认为"人离开了德性，将是最肮脏、最残暴的，最坏的纵欲者和贪婪者"。④ 亚里士多德不仅论述了德性的本质和类型，还系统分析了德性的形成、培育等诸多问题，建立了西方伦理史上第一个较为系统、完整的德性伦理体系。德性在德性伦理学中具有决定性地位，德性伦理学的目的也是解决德性问题。而德性问题归根结底就是人们拥有德性、拥有好的道德品质的过程中所产生的各种问题。如果这些问题得不到解决，人就不可能成为有德性的人，也就不能更好地生存；社会成员普遍不能成为有德性的人，社会就会成为不适合人类生存的邪恶的社会。⑤ 总的来说，德性伦理学关注德性问题的解决就是为了人类能够更好地生存。道德增强技术就是以人的道德品质为切入点，力图通过生物医学技术普遍提升全社会的道德水平，从而从根本上解决德性问题，让每个人都行善事、不作恶，进而构建一个美好无纷争的社会。因此，德性伦理学为道德增强技术的发展提供了相当有力的理论辩护。

2. 道德增强技术为德性发展提供新的选择

随着经济社会的快速发展，德性伦理学逐渐没落。"个人主义""物质

① Hursthouse, Rosalind, "Normative Virtue Ethics," in Oliver A. Johnson, ed., *Ethics: Selections from Classical and Contemporary Writers*(Holt, Rinehart and Winston, 1974), p. 45.
② 江畅：《德性论》，人民出版社，2011，第14页。
③ 苗力田主编《古希腊哲学》，中国人民大学出版社，1989，第574页。
④ 苗力田主编《古希腊哲学》，中国人民大学出版社，1989，第586页。
⑤ 江畅：《西方德性思想史概论》，人民出版社，2017，第10页。

主义""享乐主义"充斥着人们的生活。人们不再过多地关注德性的作用，而是纷纷追求利益和自己的享乐。麦金太尔（Alasdair MacIntyre）作为当代知名德性伦理学家，呼吁回归亚里士多德的德性传统，重新确立德性的重要地位以拯救西方社会文明状况的恶化，但他的呼吁和实践仍旧困难重重。事实上，今天已不存在让亚里士多德的德性传统得以践行的社会结构和社会背景。虽然我们群居生活的特性尚未有太大变化，但个体的自主化、个性化境况却与西方启蒙运动之前大相径庭。① 只要人们对利益、名利的欲望仍大于对精神的追求，那么回归亚里士多德的德性传统就只能是一句空话。所谓由俭入奢易，由奢入俭难。德性伦理学提倡的是在实现对有限物质的满足后对道德品质的追求，这对习惯了在物质满足后仍追求更好的物质生活的大部分现代人来说着实不易。试问有多少人能做到像孔子一般每日"三省吾身"，又有多少人能够像苏格拉底那般为追寻知识塑造美德而穷其一生？道德品质的提高不是一蹴而就的，需要长时间的德性教育、德性理念的灌输，才可能完成。此外，现代科学技术也对人类德性的发展提出了挑战。由于现代科学技术的迅速发展，我们比以往任何时候都更容易拥有伤害他人的力量。因此，这对于我们的道德能力也提出了更高的要求，"同情""利他"等亲社会情绪是我们亟须拥有的道德品质。然而，单单依靠传统教育等方式来提升道德品质似乎已经显得有些力不从心。传统教育方式耗时太长，以至于很难防范可能发生的灾难，并且，传统的德性教育对现代社会贪图享乐的倾向很难产生较大作用。因此，道德增强技术的出现为德性的发展提供了一条不同以往的崭新道路。德性的发展不再需要长久的教导、每天深刻的自我反省，而以一种快速并有效的方式出现在了人们的眼前。这对于个人德性的发展以及德性伦理学的发展，必然产生极其重要的影响。

二 道德增强技术引发的德性之争

开发和应用道德增强技术最直接的意图便是提升个人和群体的道德水平，使人们拥有德性。但由于道德增强技术颠覆了道德的实践性，直接通

---

① 成海鹰：《回归亚里士多德的德性传统何以可能——对麦金太尔德性论的研究》，《长沙电力学院学报》（社会科学版）2003 年第 3 期，第 11~15 页。

过技术复制美德，使德性省去了社会实践活动的环节，因此从美德的角度对其进行评价，道德增强技术仍存有一定争论。

1. 道德无根化

马克思主义伦理学认为：道德是由经济基础决定的一种社会意识形态。道德深深扎根于社会的经济基础以及由经济基础决定的文化之中。在"经济决定论"视域下，道德的进步与退步、先进与保守，都可以从经济上寻找根源。技术化道德会导致道德无根化，这是指技术不断"抢滩登陆"，介入人的道德情感和道德行为后，道德对经济的依赖性减弱，对技术的依赖性增加，最终可能导致"经济的决定作用"让位于"技术的决定作用"。道德无根化的另外一种情形是，传统道德紧紧扎根于社会现实，从深厚的文化、多元的习俗、独特的教育、榜样的示范等社会生活中汲取养分，不断生长壮大，而在技术化道德语境下，药物、神经脑部刺激甚至基因编辑等技术操控道德动机和道德情感的生长，决定道德行为的取舍。在新的道德进化过程中，通过这些技术获得的美德和德性将会出现技术的"纯粹性"现象，而这表明，技术成为道德成长单一的土壤。生长在这种单一的土壤之上的技术化道德之花，失去了传统文化滋养，无根化更为明显。"当代高技术的发展使人与技术的关系发生了重要转折：技术的对象转向了生命和人本身，而人类对自然的干预也进一步深入了它的基础层次。"①

2. 德性定制化

定制化是现代技术的一个特定用语。德性定制化是指人们根据需要设定具体的德性，如无私利性、公平正义、利他性等，并通过生物医学技术手段获得此德性的过程。德性可以定制吗？传统德性伦理学的回答是极力反对。中国传统德性伦理学认为，道德的形成和发展应该是一个顺应自然发展和选择的过程，德性是在社会教育、传统习俗的浸染下，在长期社会实践磨炼中逐步生长出来的，技术在个体德性的形成过程中不应介入。当代西方宗教哲学界持一种更为保守的德性论。他们主张：人和人的道德世界应该基于自然并有一种神圣不可侵犯的含义，是一种"上帝赐予"。人类对待这种"上帝赐予"应该要有足够的尊重和敬畏。以此观之，道德增强

---

① 陈万球、丁予聆：《人类增强技术：后人类主义批判与实践伦理学》，《伦理学研究》2018年第2期，第81页。

技术本质上是一种人类对自然道德进步的干涉，是用一种不自然或不合适的方式去实现道德上的改进，是违反道德自然生长规律的。换言之，技术对道德的改造，实质是使自然的道德变成人为的道德或者技术的道德，颠覆了人们对德性的传统认知，因而中西方传统德性伦理学是极力反对技术定制德性的。"道德增强是以生物医学为技术中介的一种全新的道德建构，用以实现道德主体对道德客体的自由驾驭。"① 道德增强论认为：美德可以复制，"随着新一代精神药物的发展，也许以后我们可以随意设计和定制自己的情绪、感情、欲望乃至道德品质等等"。② 随着基因编辑技术的发展，甚至"道德完美婴儿"也完全可以创制出来。美国科幻电影《千钧一发》中，一个个经过技术筛选的"最优秀婴儿"出生，他们有淡褐色的眼睛、深色头发、白皮肤，更重要的是排除了暴力倾向、嗜酒、肥胖等不良德性因子。

3. 知行链断裂

在传统伦理学看来，知情意信行是传统道德进化的规律，也是个体道德发展的路径链。只有道德认知才能激发道德情感，锻炼道德意志，并促使人们践履道德行为。在其他条件不变的情况下，个体道德动机提高了，道德认知加深了，会有助于道德行为频率的提高。同样地，一个人道德动机保持不变，那么道德认知越多，这个人就越有可能做道德的事情。可见，人的道德认知—道德体验—道德实践的过程是"知情意信行"的连贯过程。苏格拉底提出"美德即知识"，他看到了知识在美德形成中极为重要的作用。亚里士多德强调，合乎德性的行为并不是空谈而得出的，而是应该运用到具体实践中去。康德也认为：道德是理论理性与实践理性的结合，特别强调知行统一。麦金太尔主张实践与美德存在密切关系，认为正是因为实践才能确定美德的意义与功能，美德是一种获得性的品质，对美德的践行可以使我们获得内在于实践的利益，而缺乏这种践行就会严重阻碍我们

---

① 陈万球：《非传统道德增强的双重变导：生物医学中介与智能体引擎》，《武汉大学学报》（哲学社会科学版）2019 年第 4 期，第 32 页。

② 叶岸滔：《道德增强：问题、局限与医学化挑战》，《华中科技大学学报》（社会科学版）2016 年第 5 期，第 28 页。

获得此类利益。① 但是，道德增强技术用技术的利刃斩断了"知情意信行"这根链条，技术使道德成为实验室的产物。个体的道德体验被剥离，不需要道德认知也可以产生美德。如果从上述传统德性伦理学关于知行合一的视角出发，通过生物医学的方式实现道德上的增强，就绕开了德性的形成必须通过实践努力这一环节，就不是一种"真正的德性"。

4. 道德异质性

道德无根化、德性定制化、知行链断裂最终会形成道德异质性结果。同质性体现为一种同化的力量，异质性则体现为一种相对反同化的力量。人类在利用技术构建自我本质的同时，必然会遮蔽一些人类原有本真的东西。道德异质性是指技术在征服、利用和控制道德过程中，出现了反传统道德的力量，它迫使道德进入非传统、非自然、非本真的状态。道德在自然和本真状态下，是用善恶的眼睛看世界，用社会舆论、传统习惯和内心信念来维系社会行为规范。现在，道德的这种同质性特质发生了逆转，出现了一种不同于传统道德的异质性道德。在道德增强的语境下，道德增强技术是传统道德提升的新进路，它打开了一个全新道德的空间，它是全新的道德进化模式、全新的道德教育模式、全新的道德增长极、全新的道德思维模式。这样的道德就有别于传统的道德范式。这种异质性一方面给传统道德教育注入了新的血液，给人们的生活方式、生产方式、文化方式带来全新的选择；另一方面导致道德失去了其原有的独立性和自然的天性。道德增强技术下的道德进化实际上是一种异化和退化。技术干预道德，技术之斧把道德进化的自然顺序斩断，在技术化道德的工具主义语境下，道德丧失了先天的魅力，成为技术驱使下的"技术人工物"。而无限夸大技术调节作用，会让主体的道德责任地位变得岌岌可危。② "道德上的生物强化，在有限的情况下，是自我颠覆，因此是不允许的。"③

技术社会转型加剧了道德的困境，也使传统道德价值标准从独尊地位走向边缘。虽然我们并不是反对技术进步的"卢德分子"，但是面对传统道

---

① 〔美〕阿拉斯戴尔·麦金太尔：《追寻美德：道德理论研究》，宋继杰译，译林出版社，2011，第 238~239 页。

② 易显飞：《技术自身的道德意蕴：一把解开智能时代的伦理钥匙——兼评彼得·保罗·维贝克的〈将技术道德化：理解与设计物的道德〉》，《云梦学刊》2019 年第 1 期，第 39 页。

③ Sorensen, Kelly, "Moral Enhancement and Self-Subversion Objections," *Neuroethics* 7(2014): 275.

德进化链的断裂与现代道德进步的巨大困境，我们不能坐视不理，必须采取一种"上溯式"（upstream）的反馈模式，把反思变成道德增强技术研发阶段的一部分，让构建人类的道德增强技术谱系成为逻辑之必然。

三　德性本质的颠覆

德性以品质的形式存在，并且这种品质是"善"的。在这个意义上，德性本质的颠覆，实质上就是一种道德本质的颠覆，也就是道德品质的颠覆。在马克思主义伦理学中，道德起源于劳动活动，发生于社会关系，是人类把握世界的特殊方式，是人类发展自身的特殊活动，是一种实践精神。[①] 德性作为内在的道德品质，是道德一般性规定的体现，而道德增强技术的出现，无疑打破了这种传统模式，是一种对道德、德性本质及源泉的彻底颠覆。

1. 脱离劳动活动

马克思主义认为，"历史不过是追求着自己目的的人的活动而已"。[②] 而人类所有活动中最伟大、最具价值，并且能够让人与动物相区分开来的便是劳动。劳动不仅创造了人自身，创造了社会，创造了社会关系，也创造了人类道德。"首先是劳动，然后是语言和劳动一起，成了两个最主要的推动力，在它们的影响下，猿脑就逐渐过渡到人脑"，"由于随着完全形成的人的出现又增添了新的因素——社会，这种发展一方面便获得了强有力的推动力，另一方面又获得了更加确定的方向"。[③] 由于劳动又通常是需要相互协作的，这就使得个人与个人之间不再相互孤立，反而越来越紧密相连，此后随着劳动活动的进一步发展，也就产生了对道德的需求。虽说劳动起初只是一种简单的体力活动，但是由于劳动活动的复杂化，往往需要人类通过分工以及协作来完成。随着固定的分工与协作越来越多，人们形成了一定的秩序和习惯，也就形成了之后产生的道德。

此外，劳动活动的出现也为道德的形成与发展提供了源源不断的动力。

---

① 罗国杰主编《伦理学》（修订本），人民出版社，2014，第45~54页。
② 《马克思恩格斯文集》第一卷，中共中央马克思恩格斯列宁斯大林著作编译局编译，人民出版社，2009，第295页。
③ 《马克思恩格斯选集》第三卷，中共中央马克思恩格斯列宁斯大林著作编译局编译，人民出版社，2012，第992~993页。

原始劳动的"完满性"决定了人与人、个人与整体在根本上的一致：个人没有自我观念，没有对利益的追求，一切都从属于整体、从属于劳动过程。① 这在当时是很普遍，很自然的，但是随着劳动力的发展以及劳动水平的提高，人类逐渐产生了对利益的追求。这就把人与人、人与整体的统一性打破了，由此，劳动分工与协作中所产生的习惯与秩序被更强烈地应用于劳动活动中，并且慢慢衍生出具有约束功能的其他东西。劳动活动的发展，不但勾起了人类追逐利益的欲望，也使得人与人之间的差距逐渐扩大，矛盾不断激发，人类从而开始更加注重自我全面发展，催生了道德。因此，对于道德的产生与发展，劳动活动起着至关重要的作用。

道德增强技术却是一种独立于劳动活动之外增强人的道德的技术。众所周知，个体诞生伊始只能进行一些简单的活动，随后才能主导具有完整目的性的行为活动。随着个体智力与体力的不断完善与发展，这些活动最终才能发展为改造自然与改造社会的能动的实践活动。而个体作为道德主体的道德意识、道德心理与道德行为的成熟度与这一系列活动（特别是劳动）是紧密相关的。② 但在接受道德增强技术之后，个体便无须参与劳动活动即可获得向善的道德品质，并且这种品质也可以约束他之后的行为与动机。这就与劳动在人类道德属系产生时所起到的重要前提作用大相径庭。任何规范调节方式的产生，归根到底都源于社会劳动活动的某种客观需要和社会历史条件，脱离了劳动活动的道德品质，即使获得，也不符合当前自身社会劳动活动的客观需要。也就是说，被增强者即使拥有好的道德品质，也是"强行添加的"，他本人缺乏与这种道德品质产生和发展的相符性。作为道德主体的人，只有历经劳动活动，才能获得德性，而缺乏劳动活动，道德品质便会如同无本之源、无根之木。

2. 离散社会关系

人的本质是一切社会关系的总和。离开了社会关系，人就不会形成，人的道德也就无从谈起。道德只有在社会中，在产生个人与整体、个人利益与整体利益联系的时候和地方，只有当人脱离了动物界并将其合群的本

---

① 罗国杰主编《伦理学》（修订本），人民出版社，2014，第30页。
② 罗国杰主编《伦理学》（修订本），人民出版社，2014，第31页。

能上升为交往关系时，才有可能发生。[①] 道德的萌芽，以及道德品质的形成，与社会关系息息相关，这从道德的行为主体——人类自出生到成长的过程中便可看出。婴幼儿刚诞生时没有道德的观念，纯粹是凭借着本能进行一切行为。当其有一定的自觉意识之后，大多是对父母的行为盲目地跟从，而不是道德观念的作用，依然是受本能支配，是一种本能性的"自我中心主义者"。只有当他与父母、同伴、社会上更多的人发生接触后，他的自我中心感才渐渐向"他人感"转变：他不再只关注自身需要，而是或多或少地开始理解他人的需要。这样，在自我与外界社会的交互影响中，他才萌生了道德，诞生了道德品质。所以，道德与道德品质的形成，必定与他人、与社会紧密相连，脱离了社会关系之网，道德也就不会在个体身上发生。社会关系促成了道德及道德品质的萌芽与诞生，也鞭策着其在社会生活中不断发展、进步。

由于道德增强技术的出现，个体所处的这张社会关系之网势必会发生相当强烈的变动。传统形式下，个体道德观念是通过父母、老师等教育与社会环境等各方面影响而形成的，并在成长过程中不断完善。人的道德观念一旦形成，便具有相对稳定的状态，即使发生重大变故，也只会对其中的一小部分产生一定改变。由于每个人的遗传因素、接受的教育与生长环境都不尽相同，这就造成了每个人性格的多样，即使是孪生双胞胎，其性格也会差异明显。但若采用了道德增强技术，善良、利他、慷慨、富有同情等性情就会成为每个人的标签。所有人的性情趋于同质化，世上也就不再有坏人、恶人，甚至每个人除了外貌等体貌特征不同，其性格也会类似，这就对我们相对稳定的社会关系产生了巨大影响。社会关系首先表现为劳动关系、交往关系，进而表现为经济关系、政治关系等等。以劳动关系与交往关系为例，通常来说，我们结识朋友、招募员工、缔造婚姻等的各种社会行为都会跟对方的性格有关，其性格符合我们的心理预期，我们才会与其产生各种社会交际。倘若其前一天还是憨厚内向、不善言辞，第二天就变得热情开朗、大方，这就可能导致其不再符合自己的心理预期，从而瓦解相对稳定的社会关系。换一个角度来说，即使通过服用药物来拥有向善的性格，也不尽是恰当的。例如，如若一个亿万富翁在被灌输"同情"

---

① 罗国杰主编《伦理学》（修订本），人民出版社，2014，第 32 页。

"无私"的观念之后，把自己几乎所有的财产都捐献给慈善机构，尽管这是一件善事，但其父母、妻子、儿女必定会有所反感，从而引起家庭关系的破裂。而经济关系、政治关系亦是如此。在对方性情大变之后，即使之前他们之间拥有相对稳固的经济合作关系、政治合作关系，双方也会因为自己的不熟悉感、不确定感，或是对方不再符合自己的心理预期而让关系产生裂痕。因此，道德增强技术在一定程度上可能会对个体的社会关系造成相当巨大的负面影响，甚至会离散人与人之间相对稳定的社会关系。①

3. 背离实践精神

实践在马克思主义哲学中，是一个十分重要的概念。在《1857—1858年经济学手稿》中，马克思把人类把握世界的方式分为四种：科学理论的、艺术的、宗教的和实践精神的。② 道德作为一种社会意识，也是一种精神，与其他社会意识根本不同之处就在于它是一种实践精神。在马克思主义伦理学中，道德作为一种特殊的实践精神，不仅具有能动性，而且也以一种特殊的方式把握世界，促使构建一个美好向善的社会。培育道德最主要的方式便是道德实践。道德实践并不是一种独立的实践类型，它通常穿插在人类的各种实践行为中，并且包括四种活动：一是人们培养和锻炼道德的能力即道德智慧的活动，二是人们养成和完善德性的活动，三是具有道德智慧的人出于德性行为的德性化活动，四是在智慧的指导下按照道德要求（即规范）进行的规范化活动。③ 德性同样是实践的产物，人只有在实践活动中才能获得德性。德性实践作为道德实践的一个基本层面，同样具有四个特点：一是德性实践即德性修养，二是德性实践的目的是使品质德性化和行为德性化，三是德性实践是品质与行为及其结果互动的过程，四是德性实践活动是终身性的。④ 由此可见，在德性伦理学中，德性只能通过德性实践获得，它不可能会自然而然得来，即使自然得来，也并不会是真正的德性。好的道德品质，必须通过德性实践的方式取得。德性实践对于德性的获得与培育，不仅是必要条件，也是充分条件。正如谢尔曼所言："好的

① 刘玉山、陈晓阳、宋希林：《生物医学道德增强及其伦理和社会问题探析》，《科学技术哲学研究》2015年第5期，第101页。
② 罗国杰主编《伦理学》（修订本），人民出版社，2014，第54页。
③ 江畅：《德性论》，人民出版社，2011，第492页。
④ 江畅：《德性论》，人民出版社，2011，第501页。

品质是通过判断、情感和近于德性之人的行为的道德行为产生的。"①

　　道德增强技术背离了道德作为一种实践精神的根本所在——实践性。实施道德增强技术的人类，不再需要德性实践乃至道德实践，只需通过服用几片药物，或进行一次手术，即可获得良好的道德品质，拥有优秀的道德动机和行为。这与道德、德性的养成是大相径庭的。通常情况下，人这一德性主体自发地实行某种行为时，必须有其独立的自主性，它应当是德性主体意志的完整反映，是主体的自愿和自决。② 如若德性主体的行为不是由其自发的意愿所驱动，而是迫于其他外在因素干扰的话，那么，这种行为同样也就无法体现自主性，不是真正意义上的德性行为。诚然，由于整体道德水平的下降，德性被逐渐边缘化，各种社会问题接踵而至。但若是通过简单的"打针吃药"而达到道德提升的目的，那么由这种非实践方式获得的是不是真正意义上的德性就值得进一步商榷。"一个人不通过实践来获得德性，只需要用药物等手段来实现德性，这是对德性的一种误读和空谈。"③ 通过道德增强技术，道德品质或许可以得到提高，我们或许也可以变得正义、诚信、慷慨、利他，但这些道德品质真的是我们"自有"的吗？我们又真能深刻感受到这些品质背后所需付出的努力和沉甸甸的分量吗？就以"正义"为例，"正义"是对社会不公的愤慨以及对公平、公正的期许，即便借助道德增强技术我们获得了"正义"的品质，其真正意义我们却仍然不知。道德增强保守派的哈里斯也指出："道德的提高不仅要使做好事的可能性更大，做坏事的可能性更小，还必须包括对什么是正确和什么是错误的行为的理解。"④ 然而要形成对此的正确理解，就必须在一次又一次的教导、自我反思等道德实践中领悟。总而言之，无论是道德品质的德性化，还是道德行为的德性化，都不会是一蹴而就的，只有在穷其一生的德性实践中才能不断维护和完善自己的道德品质，从而真正意义上获得德性。没有持续不断的德性实践活动，即便获得了德性，也会在今后丧失，

①　Sherman, Nancy, *The Fabric of Character: Aristotle's Theory of Virtue* (New York: Oxford University Press, 1989), p. 190.

②　刘芳：《论德性养成》，东北师范大学博士学位论文，2013，第73~74页。

③　叶岸滔：《道德增强：伦理困境与自然主义思考》，《学术月刊》2017年第3期，第42页。

④　Harris, J., "'Ethics Is for Bad Guys!' Putting the 'Moral' into Moral Enhancement," *Bioethics* 3 (2013): 169-173.

更不会在自身的体悟中达到理想的最高境界。

四 德性育养的偏离

德性的培育与养成，一直是德性伦理学所关注的重点。在传统德性论的诉求下，德性的育养皆由德性主体的德性实践来完成，具体包括德性教育以及道德主体的自我修养等方面。道德增强技术则将德性主体客体化，诉诸药物、手术、基因编辑、人工智能等生物技术手段，以获得德性、培育德性、发展德性。自此，二者对德性的培育与养成形成了巨大偏差，道德增强技术对德性的育养与传统德性育养路径产生了严重偏离。

1. 德性获得"去主体化"

道德是人的道德，"道德的产生是有助于个人好的生活，但不是说人是为了体现道德而存在"。① 相反，道德应是为人所存在。伴随着计算机、人工智能等新兴技术的迅猛发展，不少学者认为人工智能机器人或是一些人工道德主体可成为继人类之后新的道德主体。赛沃莱思库和佩尔森提出可以开发一种道德 AI（Moral AI）来克服人类的自然心理局限以做出正确的道德行为。② 为应对这些观点与质疑，我们需要对道德主体这一概念做出进一步的界定。在马克思主义看来，人是一切道德活动的行为主体，任何道德行为、道德实践都得以人这一道德主体的自觉道德意识为内在依据。这里需要强调的是，并不是所有人都是道德主体。精神病人、婴幼儿虽然也同样具有自我意识，但是他们并不能为自己做出的行为完全负责。进而，结合现代社会道德与法律语境，我们可以得出：道德主体指的是能够进行道德自主判断并可承担相应道德、法律责任的人。诚然，道德原则、道德规范或是道德增强技术所提倡的利他情感和亲社会情绪都是被历史、经验证明正确的，个人应当遵循和恪守。但这些原则、规范所遵循的理论视角和情境都不尽相同，有的基于义务论，有的以功利为准绳；有的考虑特殊情境，有的立足于一般情况。这些原则、规范在付诸具体实践后，其中的矛

---

① 〔美〕威廉·K. 弗兰克纳：《善的求索——道德哲学导论》，黄伟合、包连宗、马莉译，辽宁人民出版社，1987。

② Savulescu, J., & Maslen, H., "Moral Enhancement and Artificial Intelligence: Moral AI?" in Romportl, J., Zackova, E., & Kelemen, J., eds., *Beyond Artificial Intelligence* (Springer, Cham, 2015), pp. 79-95.

盾往往会显现出来。人作为道德之主体、德性之主体，在具体道德情境中，便可充分发挥自己的能动性与创造性，做出相对更好的行为选择。这是人之主体性的体现，亦是自由意志之体现。

　　使用道德增强技术后，人类所做的任何行为将完全不用加以考虑，自动进行。正如道格拉斯所说，"一旦强化开始，就不再需要判断"。① 这样，人沦为只会服膺道德准则的客体，人的道德主体性荡然无存。事实上，道德虽具有约束性，但其对于人不仅仅是约束，更多的还是激励，它不是一部分人控制另一部分人的工具和手段，而是道德主体自我发展、自我确证、自我肯定的需要。② 道德是人的道德，强制地灌输道德，而忽视人的主体地位，只会让人产生对道德真实性的质疑，忽视自身对道德的内在追求，人即便无意识地做出了善行，也并不意味着自己便是身具德性之人。就如哈里斯所说，"任何接受道德增强之后的道德行为，无论其结果是良性还是恶性，都不能看作是道德行为人行为的一部分，并依此把它当作对道德行为人的提高"。③ 德性的真正获得，必然离不开人这一道德主体。道德增强技术将人降格为机械、盲目接受道德准则的客体，无疑是对人的道德主体性的抹除与消灭。

　　2. 德性培育"去教导化"

　　长期以来，教化在德性育养过程中的核心地位不可动摇。它常显现为一种外在主动力量，通过传授知识、教导等方式使人们能够自发、自觉地形成与育养德性。④ 一般而言，德性的自发形成与发展具有两个重要前提：环境和他人的教育。以环境来说，我们每个个体都身处一个特定且不尽相同的德性环境之中，身处环境如何往往会影响其会不会自发形成德性以及自发形成何种德性。而教化的影响更甚。个体一经诞生，便接受着社会各种人的各式教育。这些教育不仅包括知识上的，也包含品行方面的。例如：在家庭中，父母一开始便会教导自己的孩子要诚实守信、遵纪守法；在学

① Douglas, T. , "Moral Enhancement, "*Journal of Applied Philosophy* 3(2008).
② 冯建军：《人的道德主体性与主体道德教育》，《南京师大学报》（社会科学版）2002 年第 2 期，第 84~89 页。
③ Harris, J. , "' Ethics Is for Bad Guys!' Putting the ' Moral' into Moral Enhancement, "*Bioethics* 3 (2013)：169-173.
④ 江畅：《论德性修养及其与德性教育的关系》，《道德与文明》2012 年第 5 期，第 104~110 页。

校中，老师也会教导自己的学生要尊敬师长、关爱同学、勤劳勇敢；在社会中，社会成员同样也接受了各种日常的德性教育。德性就在这样的循环往复、一代又一代的叮嘱教育中传承。如若没有日常生活中的各类德性教育，具体的德性将会很难形成，也就更不可能有德性的完善。[1]

　　无须接受教化即可获得德性的道德增强技术无疑对传统德性伦理学产生了巨大冲击。在道德增强技术的相关论述中，教育并不是必需的。道德增强支持者中的强增强派甚至认为传统的教育方式对于当前人类面临的危险与挑战作用甚微，只有以道德增强技术的应用代替教育才能应对未来难题。然而，传统教育仍然是提升道德最有效最安全的方法之一，道德增强技术并不能取而代之。以单胺氧化酶 A 基因（MAO-A）为例，其作为一种神经递质代谢酶，被发现与童年虐待和反社会暴力行为具有紧密联系：低MAO-A 表达基因型（LMAG）的个体经历童年虐待后，更可能产生反社会行为，没有经历过童年虐待的低 MAO-A 表达基因型（LMAG）个体产生反社会行为的风险较小；而高 MAO-A 表达基因型（HMAG）的个体则完全相反。[2] 换句话说，MAO-A 似乎减轻了童年虐待导致反社会行为的风险，但当个体没有受过童年虐待时，HMAG 的个体比 LMAG 的个体更容易产生反社会行为。因此，若进行强制性的道德增强，就会造成一个难题：操纵MAO-A 水平以降低未遭受童年虐待个体的反社会行为风险时，会使得遭受过童年虐待的个体面临更大的风险。简言之，通过生物医学手段提升道德的方式具有很大的安全隐患，并且困难重重。而传统教育则不同，教育更具有针对性，更能做到对症下药。教育之于德性提升无可取代，道德增强技术的支持者过分低估了教育的作用，也歪曲了他们对道德增强技术和传统道德增强的对比评估结果。[3] 历史表明，只有教育才是被证实的唯一可靠、安全的道德提升方式，只有历经教育，人才能从自发地形成德性到养成德性，进而完善德性。

① 江畅：《论德性教育的意义和任务》，《湖北大学学报》（哲学社会科学版）2011 年第 5 期，第 155~160 页。

② Caspi, A. , McClay, J. , & Moffitt, T. E. , et al. , "Role of Genotype in the Cycle of Violence in Maltreated Children," *Science* 297(2002): 851-854.

③ Zarpentine, C. , "'The Thorny and Arduous Path of Moral Progress': Moral Psychology and Moral Enhancement," *Neuroethics* 6(2013): 141-153.

3. 德性养成"去修养化"

修养是人提高综合素质和生存境界的主要途径，更是德性养成和完善的唯一途径。[①] 孔子将修身作为立身之本，矢志修养德性。《中庸》有书："好学近乎知，力行近乎仁，知耻近乎勇。知斯三者，则知所以修身。"《大学》也言："自天子以至于庶人，壹是皆以修身为本。"足以可见中国自古就十分强调修养的重要性。德性修养则是为了养成德性而进行的修养活动。同其他修养活动类似，德性修养同样是一种将学习和实践融为一体的知行合一的活动，德性主体在一次又一次的学习活动和实践活动中养成德性。德性修养与德性教育关系密切又有所不同，德性教育是一种德性形成的外在主动作用力量，而德性修养则是一种德性形成的内在主动作用力量，它在德性教育的影响下自主养成和完善德性。[②] 自我反省与反思，是德性修养主要且最重要的方式之一。在德性主体的实践活动中，只有通过自我反省与反思，才能将德性内化于自身，形成一种真正的自发自愿的德性。每个人都会犯错误，都会有弱点和缺点，而只有那些真正想要养成德性，完善德性的人，才会积极地进行自我反思、自我反省。所谓自我反省与反思，即个体在与他人接触或自己行事中检讨自己的行为是否符合德性，若不符，则又该如何更正。这也是孔子所说的"见贤思齐焉，见不贤而内自省也"。坚持自我反省，是一个艰苦、长期的过程。事实上，偶尔一次自我反省很容易做到，但要坚持下来，却不是一件易事。它需要强大意志力的辅佐以及自身对德性的渴求。德性教育，每个人都能接受到，但问题在于个体接受德性教育后是否进行过认真思考以及深刻的自我反省。对自我行为的反思与反省，是我们进行德性修养的重中之重，也是德性养成的重要途径。

道德增强技术忽视德性修养的重要性。调节情感的道德增强技术一经启动，便无须认知，直接对情感进行修正，从而达到改变道德动机，提升道德品质的目的。这就意味着人类自身不再需要形成对善恶的个人理解，而是本能地就会去行善。这违背了德性的初心，假若德性的养成无须个体自身的努力，那么同样的，他也不会享受到习得德性的快乐，只会把其当成一项工作和任务。德性的育养应是人们内在的需要和外在的教化相结合

---

① 江畅：《论德性修养及其与德性教育的关系》，《道德与文明》2012 年第 5 期，第 104 页。
② 江畅：《论德性修养及其与德性教育的关系》，《道德与文明》2012 年第 5 期，第 109 页。

的过程。① 内在的需要如何形成？这就需要德性修养。通过修养德性，个体积极对自己、他人的实践活动进行反思反省，才能获得对善恶的理解，才会知晓何事该做、何事不该做，才会自发地践行德性从而享受身具德性之人的快乐。苏格拉底就曾指出，他一生的工作中，最重要的就是考虑一个人在做某事时是对的还是错的，是在扮演好人的角色还是坏人的角色，并且他总结道："未经审视的人生是不值得过的。"知善与行善并不等同，接受道德增强技术后极有可能导致人人行善却并不知善的局面。总而言之，道德增强技术对德性的育养与传统德性育养路径产生了严重的偏离，是对传统德性育养路径的巨大反叛。行善之外并且知善才是道德提升的真正出路，而知善的达成必须借助德性教育与自身的德性修养。

五　德性评价的错位

德性评价是一种以"善""恶"为核心对自我或他人的思想、行为进行价值区分以表明褒贬态度的道德活动。其主要观点可分为动机论、功利论及辩证论三种。在道德增强技术的应用背景下，人们混淆动机与效益，拒斥辩证与统一，进而使得德性评价体系走向荒谬、混乱。

1. 混淆动机与效益

动机论者以"动机断善恶"，将行为的动机作为德性评价的客体，认为只要道德行为者的动机合乎善，那么这个行为就是道德的。不管这个行为会导致何种后果，都不会影响善恶评定。康德是动机论的坚决拥护者，他积极提倡"为了义务而义务"的道德准则。在他看来，行为是否符合道德，完全在于动机是否出于善良意志。只要行为者的动机出于善良意志，那么其行为就必定是善的。反之，若不出于善良意志，即使行为结果是好的，那也不能说其合乎道德。初看道德增强技术的作用原理与动机论的诉求十分相似：道德增强技术力图干预道德情感，改变行为动机，从而达到提升的道德目的。但仍需注意的是，真正的道德动机应当是道德主体的自觉意向，即为了达成某种目的的理性意志。② 而那种失去自我意识，不是出于对道德的敬仰仅仅因为畏惧而进行的行为，那种受制于技术而不是出于自愿

① 刘芳：《论德性养成》，东北师范大学博士学位论文，2013，第7页。
② 葛晨虹：《我们怎样进行道德评价》，《齐鲁学刊》2001年第3期，第27~33页。

的行为，并不真正合乎道德。此外，动机论也有其严重缺陷——忽视了具体实践的复杂性。事实上，即便是遵从道德规则，出于好的动机，也难免会导致不好的结果。道德增强技术更是将这个缺陷持续放大，只重动机而忽视效益。以催产素为例，催产素可以说是争议最小、讨论最广泛的物质之一，它被认为会增强信任以及同理心，并因此被认为可以充当"道德增强剂"使用。与其他假定的道德生物促进剂相比，它似乎是显而易见地对人类有益（增强同情心，减少攻击性）且副作用较小。可即便如此，依旧会导致很多无法预料的局面出现。比如，暴力行为是规范原则中被禁止的不道德行为，但若是有恶人闯入家中妄想伤害自己的小孩、父母，那么自己的反抗应该是被允许的。但若进行过道德增强，消除了个人的暴力倾向，那么很可能就不会奋起反抗。就行为动机而言，消除暴力的动机是符合"善"之本意的，但从行为结果看，却另当别论。长此以往，动机论将只会成为"好心办坏事"此类不合理辩护的依据，使得道德主体不再关注行为后果，逃避道德责任。毛泽东就认为："一个人做事只凭动机，不问效果，等于一个医生只顾开药方，病人吃死了多少他是不管的。"[①] 因此，将动机论作为德性评价的核心所在，无疑是危险、不合理的。一味地提升道德动机使之符合道德原则并不总意味着"善"，真正的合乎道德还应注重与效益的平衡。

功利论"以成败论英雄"，将行为所致的后果作为德性评价的依据。如果一种行为导致了好的结果，则是"善"；如果导致了坏的结果，则是"恶"。功利论的代表人物是边沁和密尔。他们认为动机深藏于心，很难把握，所以道德评价应从行为后果是否满足大多数人的利益，以及是否能产生更大的效用出发，只有通过评估行为产生的效用才能进行正确的善恶评价。事实上，将功利论作为德性评价的标准同样片面与不公。它使得那些动机卑鄙而歪打正着者享有与至善之人同等的荣耀，进而使得整个社会的道德评价体系走向混乱、荒谬。从道德增强技术的出发点来看，虽然旨在提升人类的整体道德水平从而建构幸福无纷扰的世界，但它忽视了人必须拥有对道德的独立思考这一事实。道德增强技术试图对人的行为动机进行改变，也完全是出于对现实的考量，对效益的考量。人类若并不是真正想

[①] 《毛泽东选集》第三卷，人民出版社，1991，第873页。

要提升自我德性，若只是出于某种效益的考虑进行道德增强，难免会走向唯功利论的深渊。人是目的，不是手段和工具，真正的善不应以效益为唯一要义，而更应当做到德行与人性、德性的统一。总而言之，道德增强技术使得行为的动机与效益模糊不清，无法判定行为人的真正动机和基于行为后果的考虑，致使德性评价体系走向混乱。

2. 拒斥辩证与统一

一个完整的行为链应当包含行为动机、行为手段、行为目的与行为效益。行为动机和行为效益作为行为链的起点与终点，若相一致，则可轻易对该行为做出合理评价。但落于实际则很容易发现行为的动机和效益往往处于不相吻合的状态，难以对这二者在行为中的分量做出具体估量从而做出正确的评价，是德性评价困难的症结所在。动机论与功利论概是过分强调一者而忽视另一者，因而往往不能被大多数人所接受。基于此，黑格尔和马克思都主张把动机和效益结合起来，提倡动机与效益的统一，辩证地对行为做出合理评价。事实上，行为的动机与效益本就是相互联系、不可分割的。行为动机包含对行为效益的预期，是行为效益的行动指导；行为效益又依赖于行为动机，是行为动机的实际体现。马克思弘扬"真正人的道德"，[①] 既不否认利益占有，又不止于利益占有；既重视行为效益，又不忽视行为动机。他还明确指出"人们是自己观念、思想等等的生产者"，[②] 道德主体为自己立法，道德本身就体现了人的主体性、能动性。而道德增强技术从生成机制来看就是反乎辩证论的。它只关注被增强者的行为动机是否符合道德规范，只考虑提升人类道德水平便可建构美好社会的总体效益，而忽视个体的实践行为所能产生的具体、特定效益。其在实践应用中表现为，由于普萘洛尔可以减少隐性或潜意识的种族主义，因此，为了防止种族偏见和种族歧视，普萘洛尔会被用于道德增强中；为了强化同理心，增强爱与信任，催产素可能被用于道德增强；为了提高人类的合作意识与公平意识，血清素类药物也会被用于道德增强；等等。我们姑且认为这类药物会产生相应的效果，但是究其根本而言，这都是为了达到某一种行为

---

① 《马克思恩格斯选集》第三卷，中共中央马克思恩格斯列宁斯大林著作编译局编译，人民出版社，1972，第134页。
② 《马克思恩格斯选集》第一卷，中共中央马克思恩格斯列宁斯大林著作编译局编译，人民出版社，2012，第152页。

目的而去实施的，并不真正合乎德性。简言之，道德增强技术对于道德的提升只是浮于改变动机的表象，而不以道德主体真正服膺于道德为根本要旨，因而从根本上就无法达成效益与动机的真正和谐统一。合理的德性评价不仅应当合乎德性，还应出于德性；不仅应当出于外显于行的德性，还应出于内化于心、自觉、自愿的德性。因而，道德增强技术定会使得行为效益与动机进一步分裂，德性评价也会愈加混淆、错位。

六　德性价值的勾兑

在道德品质日渐被边缘化的当代社会，德性的价值被越来越多的人所重视。不同于法律规范，德性作为一种强有力的精神力量，无论是对个人行为的引领支撑，还是对社会的价值导向，都具有深刻的意义。然而道德增强技术"离经叛道式"的增强模式使得德性的个体价值、社会价值都遭受了不同程度的稀释和勾兑。

1. 德性个体价值的勾兑

个人道德品质的形成与发展，自始至终都是德性伦理学关注的焦点问题，而德性之于个人的价值所在，也是德性价值的内在基础和根本旨归。德性的个体价值首先体现为德性指导个人实践，促成德行的产生。德性自实践中产生，又指导个体之后的实践行为。德性作为一种内蕴的品质特性，我们只有将在实践中获得的德性贯彻到实践中去，才能实现知和行的统一，①也只有在德性外显为实际行动后才能展现出其现实意义。德性自产生之后，便会对个人的行为、实践提供方向性的指导。具有德性的人，在遇到与德性相应的具体情境时，会根据事件的性质以及可能产生的结果形成自己的道德判断，并且按照德性的要求、原则去行事。因而，无论在任何场景，身具德性之人，必定会拥有良好的道德动机，在日常实践活动中也都会行德性之事。这里需要注意的是，德性对实践的指导与法律有所不同，虽然二者都是对行为的规范，但是德性是一种自发的自觉的自愿的行为，而法律却是一种外在的强制约束力，如若一味通过法律促成德行，就很可能导致明面上看似符合德性要求，内心深处却不以德性规范为然的行为出

---

① 李兰芬、王国银：《德性伦理：人类的自我关怀》，《哲学动态》2005 年第 12 期，第 40～45 页。

现。所以，只有内心真正拥有德性，我们才能在今后的实践行为中形成德性的心理定式，促成德行。道德增强技术形成的道德品质是脱离实践的，因此在指导实践时，其无法提供精准的导向作用。因为在这种模式下形成的道德是偏颇的，增强者或许被灌输了"慷慨、大方、无私、公正"等道德品质，但是他不能在对应的道德情境进行相关思考。他只会"麻木地服从"，而不会在今后的具体实践中思考是否应该应用这些品质。例如，德性行为有时不被认为是德行，因为在价值体系与思想文化观念差异巨大的当代社会，一些出于非社会主导价值取向修养的德性行为就有可能不被社会主导价值体系认可，这就需要德性具有者做出合适的选择。① 此外，也难免会有德性行为招致恶果的情况，在这种情况下，同样需要德性具有者做出智慧的调控。因此，接受道德增强技术后的增强者，很难在今后的具体实践行为中做出正确且合乎德性的德行。

德性个体价值也表现在对人格的完善与理想人格的塑造上。从古至今，诸多仁人志士都将人格完善作为自己的人生理想，甚至将其作为自己人生的终极追求。德性使人异于禽兽，成为真正意义上的人。只有拥有了德性，人才能从本能的主体转变为道德的主体，使人成为人。德性对于人格的完善具有重要意义，人的德性如何直接决定着人格是否完善，道德品质有缺陷的人的人格不可能是完善的，具有恶性的人更无人格完善可言。德性是人格的决定性因素，德性完善是人格完善的首要条件和核心内容，体现为具有德性可以防止各种人格障碍的产生，甚至人们可以通过德性修养克服人格障碍。② 人格障碍具有很多表现形式，但从根本来说，都是人的品质出现了问题。患有人格障碍的人或多或少会因为某种品质的缺失而出现各种行为问题，从而做出违背社会规范的事。而身具德性之人，是不会做出不符合社会规范的行为的，质言之，德性之人不会有人格障碍。人格障碍的出现，是道德品质形成路径的偏离所致，因而，不断加强德性修养，即可克服人格障碍，达到人格上的完善。在完善人格的道路上，中国传统文化同样十分注重理想人格的塑造。《论语》中孔子以仁为终极价值目的，强调以德立身，"志于道，据于德，依于仁，游于艺"。"一箪食，一瓢饮，在陋

---

① 江畅：《德性论》，人民出版社，2011，第511页。
② 江畅：《德性论》，人民出版社，2011，第230页。

巷，人不堪其忧，回也不改其乐"，颜回以身作则，展现出了儒家在理想人格方面的不懈追求。要完善人格，塑造理想人格，主要是通过"修身"而来。"修身，齐家，治国，平天下"足以可见德性修养的重要性，只有人格完善了，才可齐家治国平天下。对于"修身"的具体途径，孔子也多番论及。"三省吾身""见贤思齐"皆是其体现。由此可见，德性主要是通过自我反省和与他人交往学习得到提升，进而塑造自身的理想人格。然而，德性对于人格完善和理想人格塑造的价值在道德增强技术的应用中却被大大稀释了。道德增强技术获取的德性具有很强的片面性，单方面对道德动机的提升，很难对人格的完善产生积极作用。就比如一个自私、小气的人在进行道德增强之后，遇事变得慷慨、大方，更多为他人考虑。道德增强技术确实改变了他的行为动机，但是他可能在其他方面仍具有不符合德性的道德意识与道德心理，如暴力、种族偏见等。诚然，一个道德的人肯定拥有善的动机，做出符合道德规范的行为，但善的动机不一定带来一个道德的人，特别是单方面的动机。[1] 据此而言，道德增强技术产生的德性由于缺乏了德性主体自身的反省与在社会交往中的学习，其对于人格的完善与理想人格的塑造的价值相较于通过传统方式获得的德性要大打折扣。

2. 德性社会价值的勾兑

社会的德性与个人的德性紧密相连。社会德性由个体德性组成，个体德性又是社会德性规范的内化。离开了社会德性，就不存在个人德性，离开了个人德性，社会德性也就无从谈起。[2] 德性的价值虽主要呈现于个体的维度，但其对于构建和谐社会的正向价值同样不容忽视。德性的社会价值大致可表现为两个方面。一是榜样教化。[3] 道德榜样的树立可以使得社会上更多的人接受德性，从而促进和谐社会的建成。儒家最是推崇榜样教化的作用，《论语·子路》中的"上好礼，则民莫敢不敬；上好义，则民莫敢不服；上好信，则民莫敢不用情"，《孟子·离娄章句》中的"君仁莫不仁，君义莫不义，君正莫不正"都是其具体写照。除此之外，榜样的教化同样

① 叶岸滔：《道德增强：问题、局限与医学化挑战》，《华中科技大学学报》（社会科学版）2016年第5期，第28~33页。
② 江畅：《西方德性思想史概论》，人民出版社，2017，第274页。
③ 周执平：《试论德性价值实现的三个途径》，《南京工业大学学报》（社会科学版）2008年第1期，第66~69页。

涉猎生活的方方面面。从古时的《忠义传》《孝子传》到如今的"感动中国年度人物""全国劳动模范"的设立等都是旨在依托道德榜样以传递德性价值，使得社会上越来越多的人得到教化，获得德性。二是价值观念导向。价值观念是基于对事物的价值认识（评价）形成的观念。由于社会生活是不断变化的，人的日常价值看法或观点也会不断变化或者说是常新的，但人的德性却是相对稳定的，德性会对人们日常的价值看法或观点进行过滤，让那些与德性一致的看法或观点变成观念，而对那些与德性不一致的看法或观点起阻碍作用。① 正是因为德性对价值观念的重要导向作用，其对构建社会主义和谐社会同样具有重要意义。党的十八大以来，习近平总书记十分注重传统美德的弘扬，强调"努力用中华民族创造的一切精神财富来以文化人、以文育人"，② 并且积极提倡践行社会主义核心价值观。习近平总书记指出，"国无德不兴，人无德不立。必须加强全社会的思想道德建设，激发人们形成善良的道德意愿、道德情感，培育正确的道德判断和道德责任"。③ 只有拥有正确的价值观念，社会成员才能达成精神的凝练，为社会主义现代化建设共同奋斗。德性在榜样教化和价值观念导向上价值非凡。但接受道德增强技术后拥有的德性是否具有此类价值？事实上，道德增强技术对于"什么样的道德品质是应该增强的"都尚未定论。加强核心道德情感和弱化反道德情感的主要基点都在于个体，它注重的是个人道德动机的改变和道德品质的提升，认为当所有人都得到增强之后，社会自然而然变得无纷扰、更美好。这与传统的德性价值可谓差之千里。导向与引领是德性社会价值的重要体现，道德榜样的设立，可以使得各社会成员引以为鉴，向其学习；社会主义核心价值观的树立，可以使得德性之风浸润社会每个角落。只有将德性的社会价值实现最大化，才能使得德性观念根深蒂固地扎根于人们的内心深处。因此，通过道德增强技术获得的德性，与传统德性的价值相悖，道德增强技术对德性社会价值的忽视，也势必会成为其发展的软肋。

---

① 江畅：《德性论》，人民出版社，2011，第 170 页。
② 习近平：《论党的宣传思想工作》，中央文献出版社，2020，第 56 页。
③ 《认真贯彻党的十八届三中全会精神 汇聚起全面深化改革的强大正能量》，中工网，2013年 11 月 29 日，https://www.workercn.cn/251/201311/29/131129143453663.shtml。

七　本章小结

新兴技术的迅猛发展，将我们带入一个"增强型"的社会。我们的身体机能、认知能力，甚至道德都能以一种外来的方式得到显著提升。初看似乎大有裨益，但仍需警惕。任何科学、任何技术都有其两面性，只要对这类技术进行深入探讨，就必定会发现其所带来的种种难题。道德增强技术致力于道德品质的提升这一目标，这毫无疑问是正确的，也是可取的，但是其带来的对德性本质的颠覆、对德性育养的偏离、对德性评价的错位以及对德性价值的勾兑等后果也是急需我们去思考和解决的。道德增强技术只有得到伦理上的辩护、法律上的许可才能展现其最大效用。

第六章　道德增强技术的自由问题*

道德自由作为人的"类特征",是主体通过善与恶来把握世界的独特方式。恩格斯说:"如果不谈所谓自由意志、人的责任能力、必然和自由的关系等问题,就不能很好地议论道德和法的问题。"① 某种意义上,道德主体等于他一连串的行为。意志自由、道德选择能力、道德责任等构成了道德自由的诸多内在要素。意志自由是进行道德选择和承担道德责任的前提,道德选择能力是主体担负道德责任的基石。在漫长的历史进程中,随着技术对道德的渐进式侵入,人类也因此踏上了道德自由的荆棘之路。

一　道德自由的滥觞与传统

人类从哪里开始,包括道德自由在内的自由也就从哪里开始。长期以来,人类在改造自然与改造社会血与火的洗礼中,日渐凸显主体性,道德自由也因此在广度和深度上获得了提升。

习俗是人类最初用理性规范自己行为的主要方式之一,与宗教一起共同成为人类道德自由增强的原初形态。

人的自由是充满现实性的自由。在理性认识基础上,在人类生产与生活尤其是劳动过程中,人类的祖先借助习俗来调节个体与个体、个体与氏族社会之间的复杂关系。共有观念、平等团结、共同劳动等成为原始社会的人类道德生活实景。但是,氏族复仇、血缘群婚、食人之风等恶习也曾经在历史上的氏族部落中长期存在,散发着野蛮和蒙昧的浓郁气息。习俗一直在维系社会稳定与发展中发挥着不可替代的作用。时至今日,习俗仍

＊　本章参考陈万球《技术侵入:道德自由的传统与超越》,《伦理学研究》2020 年第 3 期,第27~32 页。

① 《马克思恩格斯文集》第九卷,中共中央马克思恩格斯列宁斯大林著作编译局编译,人民出版社,2009,第 119 页。

然在社会中发挥十分重要的作用。在习俗的规范下，原始先民的自由和道德自由匍匐在狭小范围内。

在习俗发挥作用的同时，教育成为人类道德发展的另外一种传统形式，并且日益成为人类社会道德进步的主要依靠力量。当代道德增强理论代表哈里斯认为："对错误的信仰和偏见最明显的对策是理性和教育的结合。"[1]

教育是人类理性对自身的反思结果。孔子说："是故君子少思长，则学；老思死，则教；有思穷，则施也。"传统教育在道德发展中发挥三种作用：第一，形成良好的社会道德风尚；第二，引导个体道德自律；第三，推动整个社会道德进步。在形成良好的社会道德风尚方面，传统教育通过家庭、学校和社会三种力量对下一代灌输道德知识，帮助其形成道德理念、激发道德情感、养成道德行为，并借助典型道德人物的塑造、道德故事的传播，倡导主流道德观念，形成有利于统治阶级的道德风尚。在引导个体道德自律方面，传统教育通过自我教育、自我反省发挥作用，促使人们道德自律，从心所欲不逾矩。在推动整个社会道德进步方面，传统教育执行文化知识传承功能，帮助人们认识自然规律和社会规律，在代际的知识传递中，推动社会道德进步。"科学、创新和知识生产，特别是教育是我们找到解决可能造成大规模毁灭性的最具威胁的根源的主要希望，而且是迄今为止我们唯一得到证实的道德提高形式（并且非常有效）。"[2]

在西方，传统道德教育在古希腊智者派中徐徐展开。"人是万物的尺度"展现了道德主体的自我觉醒和自我确证。智慧、勇敢、节制、公正四个德目成为人类存在方式和古希腊民众道德践履的尺度。[3] 苏格拉底提出"美德即知识"，用理性匡扶德性，用知识教育唤醒公民，认为人们拥有善的知识就等于拥有道德自由，人没有理由故意作恶。柏拉图开门办学，用"理想国"教育学生，锤炼学生灵魂，用回忆说解读"善的理念"。亚里士多德的《尼各马可伦理学》认为，理性包括纯粹理性与实践理性，美德包含在特定的情感倾向中，人们可以通过早期的习惯习得，也可以通过智力技能的锻炼获得美德。中世纪，人们的道德自由成为神学控制下的

---

① Harris, John, "Moral Enhancement and Freedom,"*Bioethics* 2(2011): 105.

② Harris, John, "Moral Enhancement and Freedom,"*Bioethics* 2(2011): 110.

③ 邓安庆、蒋益：《西方伦理学史诸概念和命题之释义》，《云梦学刊》2020 年第 2 期，第 3 页。

祭品，基督教倡导信仰、希望、爱、节制、审慎、公正、坚毅等七主德，号召节欲禁欲以升入天堂。近代以来，文艺复兴的旗手们借助教育唤醒民众，用人本思想反对神本思想，用人性反对神性，用人权反对神权，赢得了反对旧道德传统的巨大胜利。笛卡尔提出"我思故我在"的命题，促进了人们道德主体思想自由的提升。即使是义务论者康德，他对人类的道德能力有着坚定的理性概念，也承认（有限的）机械、非认知的道德改善作用。

在传统社会中，在习俗与教育发挥道德增强作用的同时，人所创造的技术也反过来建构人本身。从前提看，技术是人产生意志自由的根源；从过程看，技术是人的活动自由，是人认识和改造世界的自由的中介和基础；从目的看，技术是人格自由、个性自由和发展自由的人生自由。① 技术与自由是内在自洽的，而非对立的。因此传统社会中，技术在很大程度上也增进了人们的道德自由。不过，在道德增强技术出现之前，人的道德自由的根本特点是主体性得到充分尊重，也就是道德主体自己决定自己。但在道德增强技术的干预下，道德主体开始新的探索，道德自由也因此发生了转型。

二　道德自由的探索与转型

21 世纪初，随着道德增强技术的出现，技术侵入由外在客观世界深入人的内在精神世界，技术对道德的渗透进一步加深。美国技术哲学家卡尔·米切姆（Carl Mitcham）把技术分为：作为客体的技术（Object）、作为知识的技术（Knowledge）、作为过程的技术（Action）和作为意志的技术（Volition）。② 以下从三种意义上分析道德增强技术对道德自由的影响。

1. 作为知识的道德增强技术

技术即知识。作为一种知识，道德增强技术是关于运用生物的、医学的方法改善人的道德，提升人的道德水平的技术规则和技术理论。

"道德增强技术"（Moral Enhancement Technology，MET）最早于 2008 年由牛津大学研究员道格拉斯、牛津实践伦理中心学者赛沃莱思库以及佩

① 巨乃岐：《试论技术对人的自由价值》，《科学技术哲学研究》2010 年第 1 期，第 62 页。
② 吴国盛编《技术哲学经典读本》，上海交通大学出版社，2008，第 22 页。

尔森提出。道德增强技术又称非传统道德增强。与传统习俗和传统道德教育方式不同，MET 运用生物医学技术来调节人的道德情感，增强其行为动机（morally better motives）和道德品质，从而提高道德行为水平。

随着生物技术、神经科学以及药物学的发展，MET 采用更为先进的药物或技术提高道德水平：一是通过药物等弱化人的"不良"情感，形成良好动机，达到道德增强的目的；二是通过加强某些核心道德情感（the core of moral dispositions），如利他、公平和正义等，达到道德增强的目的。例如，注射催产素后，一个人"无私利他"的捐献精神会明显增强。经颅磁刺激、深部脑刺激、光遗传学技术等也可以直接影响人类的道德选择。

研究表明：最有可能应用道德增强技术的群体是儿童。[①] 在儿童早期的发育过程中，通过药物或其他生物技术操纵，可以提高儿童学习道德行为的能力，就像认知增强可能使儿童有一天能更有效地获得知识一样。这种道德增强技术辅之以传统的道德教育——道德增强与教育两者的结合可能比单独的道德教育更有效。

2. 作为过程的道德增强技术

技术即过程。道德增强技术作为一种过程，是指进行道德增强的生物干预技术、医学改善技术及其整个使用活动过程。

马克思从社会实践角度考察技术，指出"工艺学揭示出人对自然的活动方式，人的物质生活的生产过程，从而揭示出社会关系以及由此产生的思想或精神观念的起源"。[②] 技术是人的本质力量的对象化，是合目的性与合规律性的统一，是物的尺度和人的尺度的统一。道德增强技术是一种行为控制的新科学。从理论和实践看，药物和脑叶切除术可以帮助人类控制行为。但是今天，复杂而强大的认知科学正在为人类的选择提供新的、更有效的手段。一些常用的抗抑郁药和抗高血压药物会影响道德行为。许多药物的作用与道德行为有关，如抗酗酒药物可以有效治疗酗酒，抗性欲药物可以减少性侵犯。神经心理学也开始提供更有力的证据来证明道德相关性状的生物学关联，如普萘洛尔可以减少隐形的种族偏见，从而做出带有

---

① Savulescu, Julian, & Persson, Ingmar, "Moral Enhancement, Freedom and the God Machine," *The Monist* 3(2012): 12.

② 《马克思恩格斯全集》第四十三卷，中共中央马克思恩格斯列宁斯大林著作编译局编译，人民出版社，2016，第 388 页。

更少功利性的判断。其他可能影响道德选择的技术包括经颅磁刺激、深部脑刺激等，提供了利用基因操纵和光学刺激来增强道德的前景。这些技术可以直接改变行为，甚至可能纠正成瘾行为。

道德增强技术在发展过程中，不断使人的道德意志发生变化。哈里斯从后果主义和功利主义的角度反对道德增强技术：一是道德增强技术限制了人们做错事的自由，破坏了自主权；二是道德增强技术会损害行动的自由，破坏个人的自治。根据功利主义，正确的行动是使效用最大化的行动。要想成为一个道德增强的功利主义者，就需要认知增强（准确地估计行动的后果和影响人们做出选择的喜好）、冲动控制（使人能够根据正确的判断采取行动）、利他主义（愿意牺牲自己的喜好来满足他人）。三者中利他主义最为重要，它不是出于谨慎或自利，而是要求为了他人而牺牲自己的利益。这种功利主义者需要一定程度的自我牺牲。道德行为的先决条件是为了他人的利益，应该牺牲或约束自己的个人利益，这是一种道德增强。需要注意的是，像利他主义和正义感这样的道德倾向不会削弱人们选择的自由——它不会让人们比那些今天最道德的人更不自由。即使我们的选择自由是由自身选择所决定的，而不是由完全的因果决定，它也不能消解道德提升的价值，但选择自由对道德提升是有限制的，这也意味着，无论以何种方式，无论是传统教育方式还是道德增强技术，道德提升的效率都是有限的。

3. 作为意志的道德增强技术

技术即意志。道德增强技术是人的自由意志、控制意志和效率意志的体现。

道德增强技术是一种自由意志。它是人在更高水平上发挥自由意志的产物，是人的主体意志的高峰，人可以点石成金、化恶为善、化腐朽为神奇，这一切均表明人的自由意志以更高水平得到了发挥。被增强者总是以道德正确的方式行事。赛沃莱思库和佩尔森认为，道德增强技术不会把人们变成不动脑筋的机器人。道德增强技术将使做不道德的事成为不可能。未增强者并不一定比进行道德增强的人更自由。

道德增强技术是一种控制意志的表现。在西方历史上，哲学家把道德自由归结为"意志自由""行动自由"。意志自由是行动自由的前提，行动自由是意志自由的结果。主体要拥有道德选择的能力，就必须拥有意志自由。也就是说，拥有意志自由才能进行道德选择。正是在这个意义上，道德增强技术限制和遮蔽了人的意志。一个人只有是自主的，即自己能够实现自治，才能决定自己在善恶行为之间的选择。一个人如果失去了意志自由，受到了来自外界的强制或操纵，不管是技术的操控还是人为的操控，只要是在这种不自主的情况下，即使是做出了善的行为，也不属于道德自由的范围。道德增强技术用化学药物或者神经技术刺激并控制人的意识，改变人的精神和身体，进而掌控人的道德意志，实现对道德自由的控制。在道德增强技术的控制下，人的道德意志成为技术的玩物，道德品质不再具有神圣的光环。

道德增强技术是人的效率意志。道德增强技术是人的新的存在方式，在这种方式中，道德的改变以一种新的急速的方式呈现出来。过去人类的道德进步是漫长的历程，个体道德品质的形成不是一蹴而就的，而是经过多次反复磨炼生成。道德增强技术克服了传统道德进步的制约性因素，不再拘泥于教育、习俗的循规蹈矩和按部就班的缓慢推进方式，而是以一种快速革命的方式实现道德品质的建构，在更高的效率水平上把道德在"流水线"上生产出来，实现了道德进步的革命性变革。

三　道德自由的溢出与遮蔽

赛沃莱思库把"道德人工智能"看作"第三种道德增强"。在赛沃莱思库看来，第一种道德增强是传统的干预，如教育和宗教。第二种道德增强是生物医学干预，如基因选择、药物和脑刺激。人工智能道德增强是一种新的探索途径，其潜在机制是通过开发量身定做的道德人工智能体，来帮助人们反思和克服自身的自然心理局限，监测影响道德决策的物理和环境因素，识别并使人们意识到自身的偏见，并根据自我道德价值观念，为用户提供正确的行动路线，从而增强使用者的自主性。

人的本质是追求自由的存在。卢梭说："人是生而自由的，但却无往不在枷锁之中。"[①] 人工智能就可以打破枷锁的禁锢，溢出道德自由。

---

① 〔法〕卢梭：《社会契约论》，何兆武译，商务印书馆，1980，第 8 页。

1. "上帝机器"溢出的自由增量

"人被技术物取代的过程，就是自我超越、自我解放、不断进步的过程。"① 赛沃莱思库和佩尔森引入了"上帝机器"的概念，为强制道德增强计划增添了力量。这种装置被想象成一种大脑植入物，可以"删除"那些"非常不道德"的想法。"上帝机器"可以与人工智能技术结合，使人类获得前所未有的物质自由和精神自由。

从物质自由看，人工智能可以创造极大的物质财富，这些物质财富使人类获得自由。工程师齐墨尔从新黑格尔主义角度对技术进行了解读，把技术视为"物质上的自由"，强调通过机器和技术产品获得实际自由。人不断改造和提升人的自身适应自然的过程，也是人的自由不断实现的过程。马克思认为，"自由王国只是在必要性和外在目的规定要做的劳动终止的地方才开始；因而按照事物的本性来说，它存在于真正物质生产领域的彼岸"。②

从精神自由看，人工智能带给人们极大的精神上的自由，尤其是道德自由。道德增强技术使人的道德意志更为完善。人的自由是人在为了满足生存需要的物质实践活动和追求更高层次的精神实践活动中产生的。正是因为人们在历史活动过程中对物质自由和精神自由有无止境的追求，技术才有了产生和存在的根据、才被赋予特别重要的意义。技术不仅生产物的世界，也生成人的自由世界，物的生产其实反过来也是人自身的生产，物的规律也制约着人自身生产。技术把人的自由从可能变为现实，自由可以凭借技术而表达、表现出来，因为技术展开了人的主体性空间，有什么样的技术，就创造了什么样的可能性，因而就产生了什么样的自由。

"上帝机器"溢出了人的"意志自由"。道德自由作为人的自由，首先就是要保证意志自由的完整性。自愿性道德增强技术保持了意志自由的完整性。可以认为，只要我们自己决定是否接受道德增强技术，我们的自由就会保持完整。从这个意义上说，哈里斯对道德增强技术的批评只影响强制性道德增强，而不影响自愿性道德增强。当然，强制性道德增强技术确

① 林德宏：《"技术化生存"与人的"非人化"》，《江苏社会科学》2000 年第 4 期，第 52 页。
② 《马克思恩格斯全集》第四十六卷，中共中央马克思恩格斯列宁斯大林著作编译局编译，人民出版社，2003，第 928 页。

实剥夺了人类自由。由于道德是人类的一种基本性格，剥夺我们的道德，甚至削弱道德，将意味着剥夺人性的一个核心特征。事实上，虽然强制性道德增强的目的是避免终极伤害，但它已经通过剥夺基本的人类品质而造成了一定程度的伤害。即使这样做是因为它渴望不惜一切代价保卫人类的生存。

"上帝机器"溢出了人的"消极自由"。在康德那里，消极自由是"有意选择的行为不受感官冲动或刺激的决定"，也就是行动不受干扰而是主体自主选择的行为，积极自由是"纯粹理性实现自己的能力"，实际上就是自律。也可以说，消极自由是"免于做什么的自由"，积极自由是"去做什么的自由"，如做法律所许可的事，不做法律所禁止的事。也就是人们可以自己决定自己，有权利选择自己的生活方式和行为方式。道德增强技术增强了自己决定自己的自由。道德增强技术会改造"野蛮自我"，"会增加人的自由和行动的动机，而不是说这削弱了他的自由和行动的自由"。①

2. "上帝机器"遮蔽的自由幻象

"上帝机器"在使道德自由溢出之时也在限制道德自由，就像拉普所说，技术像一张网一样缠绕着我们，"创造了刻板的和非人性的生活方式"。② 技术实现了一种可能，同时也会遮蔽更多的可能。"上帝机器"会对我们的自由造成"不可接受的代价"。③

一是"上帝机器"限制人的意志自由。对意志的禁锢比对行为的处罚更加可怕。意志自由是人的道德自由的前提。"上帝机器"会监视每个人的思想、信仰、欲望和意图。"上帝机器"的使用会制约和削弱人的自由意志。"与我们可能决定服用或停止服用（排除成瘾）的道德生物增强药物不同，一旦连接起来，'上帝机器'就会绑架我们的自由意志。这个装置负责控制我们的思想，使我们远离不道德的行为。与犹太教、基督教和伊斯兰教传统中保持自由意志完整的上帝不同，'上帝机器'更像是一个'警察机

---

① Douglas, Thomas, "Moral Enhancement,"*Journal of Applied Philosophy* 3(2008): 228-245.
② 〔联邦德国〕F. 拉普：《技术哲学导论》，刘武、康荣平、吴明泰译，辽宁科学技术出版社，1986，第122页。
③ Douglas, Thomas, "Moral Enhancement via Direct Eotion Modulation: A Reply to John Harris," *Bioethics* 3(2013): 160.

器'，而不是一个传统的神。"① "上帝机器"的错误在于强制性。虽然人们能思考道德问题，但任何"非常不道德"的想法都会被"上帝机器"删除。被外部审查削弱的自由意志使我们根本没有意志自由。此外，如果我们可以自由地思考道德问题，但无法按照我们的意愿行事，那我们的道德思考就会变得多余。斯宾诺莎认为："凡是仅仅由自身本性的必然性而存在，其行为仅仅由它自身决定的东西叫作自由。反之，凡一物的存在及其行为均按一定的方式为他物所决定，便叫作必然或受制。"② 如果一个物或人的存在和行动是被他物或他人决定的，那么他的存在和行动就是不自由的，也可称为强制的必然性。

二是"上帝机器"干预道德行为选择。"上帝机器"是为了消灭人的不道德行为而存在的，它对人类的不道德行为进行干预：如果人们选择道德的行为，"上帝机器"就不会介入；如果选择恶的行为，如杀人、强奸，"上帝机器"就会对人类的行为进行干预，以防止巨大的伤害、不公正或其他不道德的行为发生。一旦一个人形成了谋杀的意图，并且不可避免地会去杀人，"上帝机器"就会介入。"上帝机器"不会干预那些微不足道的不道德行为，如不严重的说谎或欺骗。只有当对某些有知觉的人的利益会受到侵犯时，"上帝机器"才会使用其"万能"的力量。

三是"上帝机器"使道德责任承担陷于困境。康德认为，自由是摆脱任何他物影响的独立性，这种独立性，既不受制于客观世界的客观规律，又不受制于人的主观世界的感情、欲望。只有具备了这种独立性，才称得上自由。根据康德的理论，道德责任是道德主体在自由意志下做出选择后必须承担的。但如果是在没有道德自由的情况下做出的道德行为，就不用承担其后果。所以，从这个意义上说，个体在"上帝机器"控制下做出的道德选择是不需要承担责任的。意志自由是承担道德责任的前提，一个无自由意志、未进行自由行为选择的人，不应该承担道德后果和道德责任。与之相对应的，当一个无自由意志的人做了好事，各种荣誉加身，他是否值得这些荣誉也值得我们思考。

① Rakić, Vojin, "Genome Editing for Involuntary Moral Enhancement," *Cambridge Quarterly of Healthcare Ethics* 1(2019): 46–54.
② 〔荷兰〕斯宾诺莎：《伦理学》，贺麟译，商务印书馆，1983，第4页。

四是"上帝机器"限制和降低了道德自由的价值。"上帝机器"这种干预方式减少了情感偏见，减少了违背规范性判断的冲动，它通过消除人们对暴力行为的想法，从某种程度上说是提高了人们的道德自由。[①] 但是，自由是无价的，即使是做坏事的自由也被认为是有价值的，这种价值是巨大的工具价值。比如，通过"上帝机器"的道德干预，张三增强了把钱捐给慈善机构的愿望，这也意味着他失去了原本不想捐款的自由。托马斯·道格拉斯把这种干预称为"引入一种野蛮的欲望"，认为它限制了真正的自我的自由。尽管不良动机本身可能没有什么价值，但人们可能会认为持有和采取行动的自由是有价值的。事实上，这种自由似乎是人类理性的核心要素。

"最后，必须记住的是，人工智能即使有一天比人类的平均智商要高，也不会永远是正确的。在做出重要的道德决定的过程中，人类的反思和判断几乎不可能被消除。"[②]

四 道德自由的重组与编码

我们从认识道德基因、改造道德基因和完善道德基因三个层次来认识基因编辑技术。

认识道德基因。人类基因组计划的完成，标志着人类历史由认识客体、改造客体的时代进入认识主体、改造主体的时代。生命遗传与变异本质、基因与道德基因等新知识，构成了道德本质的认识论基础。学界对个体道德行为与基因因果关系的确定，在某种程度上复活了基因决定论，其具有将完整的人还原成单一化学分子的还原论倾向。基因以线性方式决定个体道德行为这一假设，隐含着一个技术实现的可能性前提：基因决定生物性状。正确评价基因在道德中的作用，把握遗传与环境、先天与后天的关系成为认识生命层次上基因编辑伦理学研究的重要内容。

改造道德基因。基于对生命活动规律的认识，基因编辑技术发挥了作

---

① Douglas, Thomas, "Moral Enhancement via Direct Eotion Modulation: A Reply to John Harris," *Bioethics* 3(2013): 160.

② Savulescu, Julian, & Maslen, Hannah, "Moral Enhancement and Artificial Intelligence: Moral AI?" in Romportl, J., Zackova, E., & Kelemen, J., eds., *Beyond Artificial Intelligence* (Springer, Cham, 2015), pp. 79-95.

为工具和手段的作用，开始了以治愈道德疾病为起点的主动干预道德的过程。基因药物的问世、基因治疗的完善以及基因转移技术的发展，意味着人类能够通过基因外科技术直接干预人自身的道德遗传基础，但这也带来了新的风险。基因编辑技术通过修饰基因结构，改变基因表达，影响基因产物的功能。如何看待基因编辑的社会功能，评价它的两重性，成为改造生命层次上基因编辑伦理学研究的重要内容。

完善道德基因。基因编辑技术的加速发展，带来了质的飞跃。它不仅可以用正常的基因替换现世代个体的异常基因，还可以直接在生殖细胞上修正正常基因，甚至导入人体原本不存在的基因，对体内基因进行正负调节。"胚胎植入前遗传学诊断""子宫内胎儿基因治疗""人类胚胎干细胞研究""治疗性克隆"等前沿性基因技术，会把克服道德缺陷的要求从现世代延伸到未来世代，引发代际、现实世界与未来世界的双重危机。认识科学自由的限制因素，在自由创新中维护道德尊严和人的尊严，使科技始终以人为本，成为完善生命层次上基因编辑伦理学研究的重要内容。

设计婴儿的主要目的有三种：剔除疾病基因，使患遗传病的夫妇能够生育健康的孩子；为治疗有病兄弟姐妹而筛选婴儿；展开非治疗性的医学活动，如对胎儿性别、外貌乃至性格特征进行选择。[①] 基因编辑道德增强技术就属于第三种情形，一些学者把它称为"非自愿的道德增强"。[②]

通过基因编辑以增强未出生胎儿的道德，这既不是自愿的，也不是强制性的，而是非自愿的，故被称为"非自愿的道德增强"。非自愿道德生物强化（Involuntanry Moral Biological Enhancernent，IMBE）可能会使人们变得比原本更有道德。拉基奇认为，基因编辑技术至少在三个方面具有增强人类道德能力的潜力，即"增强同理心；减少暴力侵略；提高认知能力，包括道德反思"。[③] 2009 年，剑桥大学的科学家们在同类基因研究中首次发现了 27 个与阿斯伯格综合征和孤独症特征以及同情心相关的基因。2018 年，瓦伦·沃利尔（Varun Warrier）等人提供了强有力的证据，证明了检测和理

---

① 张春美：《基因技术之伦理研究》，人民出版社，2013，第 99~100 页。

② Rakić, Vojin, "Genome Editing for Involuntary Moral Enhancement," *Cambridge Quarterly of Healthcare Ethics* 1(2019):46-54.

③ Rakić, Vojin, "Genome Editing for Involuntary Moral Enhancement," *Cambridge Quarterly of Healthcare Ethics* 1(2019):46.

解他人情绪的能力受基因影响。① 沃利尔等人的"眼睛读心术测试"证实了女性比男性更有同情心。② 基于此，人类完全能够利用具有同情心潜力的基因进行道德增强。对未出生婴儿进行基因干预，包括基因编辑，可能会培养出更具有同情心的个体。神经传递代谢酶——单胺氧化酶 A，简称 MAO-A。针对该基因对未出生婴儿进行基因编辑有可能降低其暴力攻击的概率。同时，增强派认为道德反思的质量取决于智力。"道德反思归根结底是我们智力的增强。从这个意义上说，道德增强包括认知提升。"③ 我们是否能够提高未出生者的智力？爱丁堡大学进行了一项由两万人参与的"苏格兰世代"的研究。通过研究，科学家们主张：基因编辑可能会让人更健康，同时也更聪明。由于聪明的人比不聪明的人有更高的道德反思水平，通过基因编辑对未出生婴儿进行认知增强有可能提高人类的道德水平。④ 基因编辑技术对道德自由的伤害可能存在以下几种情形。

一是损害后代道德知情权。父母可以决定是否通过提高他们自己的道德水平来改造后代，其中一种可能性是对未出生婴儿进行基因编辑。这可以包括不干预生殖系的基因编辑，也可以包括干预生殖系的基因编辑。生殖系基因编辑引起了一系列道德问题。值得注意的是，为提高未出生婴儿的道德水平而进行的基因编辑不仅会影响胚胎，还会影响生殖系。

二是损害后代道德选择权。基因编辑实际上是父辈侵害了子辈的道德权利，侵犯了其选择权。非自愿的道德增强会减少后代个人的自由。未来经过基因编辑的个人将很难保留他们的自由。尽管基因编辑提高了后代的智力水平，包括道德认知水平，但是，知善与行善之间的空间应是一个完全由自由居住的区域，德知与德行之间应是一种或然性而非必然性的关系。

三是后代道德责任问题。选择对子女进行非自愿的道德增强的父母，其子女的道德水平可能会提高，但也可以推理，一个经过基因编辑增强道

① Rakić, Vojin, "Genome Editing for Involuntary Moral Enhancement," *Cambridge Quarterly of Healthcare Ethics* 1(2019): 46.

② Rakić, Vojin, "Genome Editing for Involuntary Moral Enhancement," *Cambridge Quarterly of Healthcare Ethics* 1(2019): 47.

③ Rakić, Vojin, "Genome Editing for Involuntary Moral Enhancement," *Cambridge Quarterly of Healthcare Ethics* 1(2019): 48.

④ Rakić, Vojin, "Genome Editing for Involuntary Moral Enhancement," *Cambridge Quarterly of Healthcare Ethics* 1(2019): 48.

德的人可以不承担道德责任吗？答案是否定的。

总之，从以手工工具为代表的前现代社会到以机械化的机器为标志的工业社会再到信息化制造的后现代信息社会，这几个历史阶段体现了技术与人类结合方式的转变，同时也表征着技术与自由关系的改变。与此同时，社会也依次呈现技术与人性融合、技术与人性背离的阶段性历史特征，展望未来，社会还将呈现技术回归人性的特征。正如卡尔·雅斯贝斯所言："技术化是一条我们不得不沿着它前进的道路。任何倒退的企图都只会使生活变得愈来愈困难乃至不可能继续。抨击技术并无益处，我们需要的是超越它。"①

五　本章小结

道德自由是道德主体的意志觉解和境界，是在道德意志的统摄下，按照道德必然采取行动的能力。技术作为人类把握客观世界的独特方式，一方面确证和试图实现道德自由，另一方面实际限制和压抑道德自由。自从人猿揖别后，人便始终处于技术化进程中。随着习俗教育、生物医学、人工智能、基因编辑技术的侵入，道德自由展开了一幅跌宕起伏的历史图景。

---

① 〔德〕卡尔·雅斯贝斯：《时代的精神状况》，王德峰译，上海译文出版社，1997，第173 页。

第七章 道德增强技术的人格同一性问题

道德增强技术的人格同一性研究主要有两方面的理论意义。一方面，开辟了生物医学伦理学研究的新领域。道德增强技术的人格同一性问题研究涉及伦理学、社会学、生物学、心理学、医学和神经学等各个领域，既是新技术引发的对旧问题的重新思考，又是生物医学领域从未经历过的新问题，运用人格理论和心理分析法对道德增强技术引发的伦理问题进行理论诠释和逻辑梳理，其交织性和复杂性给生物医学伦理学研究提供了全新视角，扩大了研究领域。另一方面，推动了高新技术应用伦理学研究范式的整合。道德增强技术的人格同一性问题研究从个体与整体的伦理关系出发进行阐释，将个体论和整体论范式整合，指出一条与社会价值目标一致的个人认同的道德增强路径。由此观之，道德增强技术的人格同一性研究能在理论上发挥预判功能，从而为该技术在实践中的运用提供理论指导。

道德增强技术是新生事物，只有加强伦理学分析和阐释，才能推动其积极介入社会生活的实践领域。对道德增强技术的人格同一性研究可以归纳出三点实践意义。第一，对规范道德增强技术参与主体具有参考价值。明确各参与主体的责任能让实施该技术的人以道德上负责任的方式对待受试者，并且让受试者既能实现道德水平的提升，又能保有自主选择的权利。第二，对临床医学使用道德增强技术具有指导意义。从伦理原则、技术选择和实践限度三方面提出道德增强技术落地的应对之策，为道德增强技术运用于临床提供价值引导和应对方案。第三，对政府相关政策的制定具有启示作用。根据道德增强干预人格同一性的可能路径、影响及其原因分析，该研究可以为政府规避道德增强技术引发的伦理问题提出法律措施和监管方案，以促使道德增强技术成为有效的道德提升途径。

一 人格同一性概述

人格同一性问题自古以来就是哲学家们讨论的焦点问题。该问题涉及人的本质、人的属性、人的价值、道德责任等主题，这些主题不仅存在于哲学思辨层面，而且与人类社会生活息息相关。随着人类增强技术的发展，人的本质受到质疑，人的地位受到挑战，人们越发关注在技术操纵下人格的同一性问题。

1. 人格同一性的概念

在对人格同一性的概念进行界定之前，首先要了解"人格"和"同一性"的概念。"人格"（personality）的拉丁文为 persona，原意指演员的面具，是指演员表现于众人面前的角色形象，即个体公众场合中的自我，后引申为人的社会地位和个性特征。在中世纪，persona 演变为 personality，指个体的存在状态和个性特征。近代以来，随着心理学与理性主义的兴起，洛克（John Locke）把人格定义为具有特定属性的有意识的存在，具有理性、自我意识和目的性等特征。① 现代研究者杜安·舒尔茨（Duane P. Schultz）和西德尼·艾伦·舒尔茨（Sydney Ellen Schultz）扩大了人格的内涵，把人格描述为在不同情境中影响一个人的行为，独特的、相对持久的一系列内在和外部特征，且这些特征随着情境的不同会做出相应变化。② 可见人格是一系列生理和心理特征的集合，受情境因素的影响，人格随着时间的流逝会表现出前后不一致或差异，因而人格的形成是一个动态的发展过程。

"同一性"（identity）强调的是在比较中的等同，以及在差别中保持自身的同一。从前者来理解同一性，即两个或两个以上的人或物的属性或特征完全相同；从后者来定义同一性，指个体在时间跨度上自身等同。人格同一性中的"同一性"属于后者，即个体在时间跨度上自我本质的一致性，是在发展过程中社会和自己对自我唯一性的认识。因为世界任何事物都处在瞬息万变的发展中，所以没有绝对的同一性，只有相对的同一性，即相

---

① Locke, J., *An Essay Concerning Human Understanding* (New York: Oxford University Press, 1999), pp. 318–319.

② Schultz, Duane P., & Schultz, Sydney Ellen, *Theories of Personality* (Peking: Peking University Press, 2007), pp. 10–11.

似性。因此，同一性来自某一事物经过时空变化后还保持自身的定性，这种动态和静态的结合注定人格同一性的概念界定将面临争议。

"人格同一性"又称"自我同一性"或"个人同一性"，该概念的提出是为了解决人格同一性的归因证明所遇到的困难。近代以来，最早提出人格同一性概念的是洛克。他认为，人格同一性是指伴随着自主意识的提升，每个人成为所谓的自我，能通过现在的自我意识到过去的思想和行为是自己做出来的，从而使自己区别于所有其他的事物，又称理性存在的同一性。②德格拉齐亚（David DeGrazia）提出了数字身份和叙事身份的概念，前者是指即使一个事物经历了质的变化，只要它在一个时间与另一个时间在数字上是相同的，而且它是同一个对象，那么该对象就存在数字身份的同一性；后者反映了构成一个人自我概念和自我同一性中最核心和最突出的特征，包括经历、价值观、欲望、性格等。①叙事身份或叙事同一性会随着时间推移而改变，这种改变如果以一种连贯的方式融入一个人的生活故事，则与一个人的叙述自我或自我意识一致而不会破坏同一性。②综上所述，人格同一性是指一个人能够在身心历时性变化中依然维持其是同一个人的连续性特征及其与之相关的身心事件。

总而言之，人格同一性不仅涉及个体的生理和心理方面，还涉及共同体的社会和文化层面，因而可以从两个角度来论述其内涵。一方面，从自我认可的同一性角度来讲，人格同一性（第一人称视角的人格同一性）是指以身体存在为前提的个体随着时间变化和环境的改变把过去的意识和行为归属于当下的自我，并以一种连贯的方式理解这种动态变化。另一方面，从社会认可的同一性角度来讲，人格同一性（第三人称视角的人格同一性）是指社会对个人角色的定位呈现为对其人格在跨时空维度上生理和心理特征的连续性认可，换言之，是一个社会群体对个人身份前后一致性的普遍共识。因此，人格同一性具有社会认同的性质，不能被任意决定，即便缺乏自我认可的同一性，也存在他人对某个人是否同一的认定。③总之，人格

①　DeGrazia, D. , "Enhancement Technologies and Human Identity, "*Journal of Medicine and Philosophy* 3(2005): 261-283.

②　Focquaert, F. , & Schermer, M. , "Moral Enhancement: Do Means Matter Morally?" *Neuroethics* 2 (2015): 139-151.

③　刘星：《脑成像技术的伦理问题研究》，湖南大学出版社，2017，第74~75页。

同一性正是在自我认同和社会认可的社会实践中构建而成的。

2. 人格同一性的学理分析

近代以来，自然科学、社会科学和思维科学的发展，如换脑人、冷冻人、克隆人的出现给人格同一性问题的研究带来了新的突破和挑战。学界对人格同一性的研究开始关注并立足经验科学的成果及其思维方式，产生了几种界定人格同一性的理论，分为内在判断标准（心理连续性理论和生理连续性理论）和外在判断标准（客观实用论、伦理价值决定论、认同理论和延展心灵理论）。

（1）内在判断标准

心理连续性理论。人格同一性的心理连续性理论又称为心理标准，该理论认为，随着时间推移，人格同一性仅仅涉及记忆、性格和其他心理特征和能力的心理连续性。洛克最早提出人格同一性的心理标准，该标准又被称为诉诸经验记忆链重叠概念的记忆标准，即个体通过意识将其自身从当前存在扩展到过去，出于与现在相同的根据和理由（如连续的记忆、意图和持久的欲望和信仰）把过去的行为归属于自身。[①] 如果采纳洛克的观点，那么，对几个月的婴儿、植物人、精神错乱者等缺乏意识的个体来说，即便他们还保持着有机体的存活，从人格同一性来看，他们要么就不是人，要么就是从来没有出生过或是已经死了。这也是洛克心理连续性理论被人抨击的问题所在。后来的心理学家如佩里、帕菲特、昂格尔、贝克等不断发展和完善人格同一性的心理标准，提出了相关类型的连续性理论，即一个或多个基本心理能力的延续，即使人失去了记忆和其他经验内容，也可能保持该能力。这些能力包括基本的推理能力，或者更低限度的意识体验能力，这两种能力都可以在完全失忆后继续存在。[②] 其中，最具影响力的当代学者代表当属德里克·帕菲特（Derek Parfit）。他提出的人格同一性心理标准涉及跨越时空的记忆的连续性（通过经验记忆重叠链实现）、性格的连续性（存在性格突变的正常原因）和直接心理联系（如信念、欲望、意图

---

① Shoemaker, D. , *Personal Identity and Ethics: A Brief Introduction* (Ontario: Broadview Press, 2009), p. 331.

② DeGrazia, D. , "Enhancement Technologies and Human Identity," *Journal of Medicine and Philosophy* 3(2005): 261-283.

等心理特征的持续性关联)。① 换言之,人格同一性可以通过两种关联得以阐释——人们之间具有因果链条的连续性经验与个体大脑之间的特定关联机制。③然而,帕菲特关于经验记忆链条的重叠程度和正常原因的界定只是笼统地进行了表述,并没有明确。由此观之,帕菲特既坚持人格同一性由心理因素的连续性或同一性决定,又要求保持最低限度的脑组织的延续,其所谓的标准实际上是心理标准的一个版本。

生理连续性理论。人格同一性界定的生物学方法把人的本质看作一个生物有机体,并认为自我的身份条件一定有某些生物学本质的来源,这意味着让人跨越时间保持自我同一性的东西涉及大脑、躯体及一系列物理事件的连续存在。埃里克·T. 奥尔森(Eric T. Olson) 提出,用生物学方法来解决人格同一性在换脑人和植物人等案例中面临的困境,即一个人跨越时间保持个体生物层面的连续性,包括保持一个人纯粹的动物功能如新陈代谢、呼吸能力和血液循环能力等,也是人格同一性的体现。② 也就是说,只要一个人在生物学上是活着的,那他就继续存在着,这就解决了胎儿、婴儿、植物人、精神错乱者等缺乏心理功能的人的身份问题。而且,奥尔森认为,身体标准是生物学方法的一个特例。他表示,大脑(相对于小脑)被移植到没有大脑的身体上,就像移植肾脏一样不会影响人格同一性,而全脑移植案例则与之不同,个体的生命功能会因全脑移植而停止,被移植的头部会成为一个"活体",或被削减为一个赤裸的大脑。①如果用生物学方法来判定道德责任,那一个人在已经丧失心理连续性或进行了全脑移植手术的情况下,即使他仍可能有责任意识,他也不需要对拥有他全脑和心理的人的行为负责。由此生理学方法同样面临困境,如接受全脑移植手术的人即便保留了心理上的连续性,也不需为原主体之前的行为负责,而全脑被移植的人,哪怕只剩躯体,也要为移植手术之前的行为负责,这显然是不合理的。

学者普遍认为,生物学方法包括物理标准和身体标准。费多益的物理标准可以说属于生物学方法,他把大脑和身体的物理连续性放在同等重要

---

① Parfit, D. , *Reasons and Persons*(Oxford: Clarendon Press, 1984), pp. 202-237.

② Olson, E. T. , *The Human Animal: Personal Identity without Psychology*(New York: Oxford University Press, 1997), pp. 16-21.

的位置，但对于器官置换到何种程度就不再是同一个人还没有提出界定标准。[1] 同样，哈罗德·W. 诺南（Harold W. Noonan）提出了人格同一性的身体标准，以解决器官等物质置换的问题。他认为，物或人的同一性不在于相同物质的保留，而在于其保留的形式与逐渐变化的物质的相关性，因为生物必然参与到物质与周围环境的不断交换中。[2] 例如，一个人每天都在经历细胞的新老更替，但仍然被认为是同一个人，容貌和身材的变化仍然会被自我和他人理解和识别，且没有其他"分支"。然而，这同样没有对器官置换到何种程度就不再是同一个人提出明确的标准。

综上所述，生理学方法和心理学方法都保证了数字身份的同一性，但二者作为内在的判断标准都面临困境，仍然不能解决特殊案例同一性标准的问题，为了协调二者的矛盾，寻找折中的标准，研究者提出了人格同一性的外在判断标准。

（2）外在判断标准

客观实用论和伦理价值决定论。哈佛大学哲学系教授罗伯特·诺齐克（Robert Nozick）认为，人格同一性问题只能是社会客观判断的问题，因为人格同一性由社会客观条件、社会伦理价值需要决定，所以应从与制定公共政策相关的各种实用主义角度出发。[3] 国内学者沈亚生把心理标准和生理标准与马克思主义原则结合起来推动人格同一性理论的发展。他认为，人格同一性的实现既离不开人格的生理和社会伦理特质，也离不开生理基础上的个人心理本质部分，同时要与社会价值、效用相联系，内外部界定标准不能只执其一。[1]

认同理论。心理学家埃里克森（Erik H. Erikson）把人格同一性的形成过程看成家庭或社会给个人提供的角色定位，个体只有在学习、接触、活动和竞争的身份定位过程中认同家庭或社会提供的角色和价值观，才能形成人格的同一。为了找到讨论身份的普遍遗传学的基点，他认为最好是通过个体的生活史或重要的生活片段来追溯其发展，且人格同一性的形成是一个终身的发展过程。可以说，埃里克森的人格同一性是从第三方客观判

---

① 费多益：《个人同一性研究的过程性视角》，《哲学动态》2012 年第 8 期，第 96~101 页。

② Noonan, H. W., *Personal Identity*(London and New York: Routledge, 2003), pp. 2-3.

③ 沈亚生：《马克思主义哲学视野中的人格自我与个体性》，吉林大学博士学位论文，2004，第 28~38 页。

断的角度来进行定义的，符合社会价值观并认可社会对个人角色定位的人格才是同一的，但这并不妨碍自我成为一个独特的个体。所以，埃里克森的人格同一性理论又称为认同理论。按埃里克森的理论，心理治疗的任务其实就是用更理想的认同取代病态和过度的认同。[①]

延展心灵理论。延展心灵理论又称环境的连续性标准，代表人物是马克·罗兰兹（Mark Rowlandes）。罗兰兹根据 4E 进路理论将体化心灵与延展心灵整合成"融合心灵"理论（延展心灵理论的一个版本），即认知过程不仅发生在大脑之中，还跨越了内部神经过程和更广泛的身体、环境过程的混合体，单独的外部过程无法构成认知。[②] 然而，支撑"融合心灵"理论进一步发展的认知标志存在循环论证、表征模糊、认知膨胀以及意向性缺乏等问题，该理论在界定人格同一性时会面临把判断的标准范围无限扩大从而增添界定难度的困境，以及招致环境不具备意向性就不能构成心灵一部分的诘难。所以，延展心灵理论的界定标准也是模糊的。

由此可见，生理的连续性和心理的连续性对于人格同一性的判断都是必不可少的。在考量道德增强技术可能引发的伦理问题和社会问题时，不仅要从人格同一性的内在判断标准来预测和评价，还要根据不同的场景审慎地运用人格同一性的外在判断标准进行衡量和补充。

3. 人格同一性的影响因素

基因因素。基因因素在遗传学上称为先天因素，是内在基础。从受精卵开始，个体在融合父母基因的基础上形成自己独特的基因，它们决定了人的生理基础，如先天倾向、生理反应、气质和功能等，并与生活经验、记忆、社会环境等一起形成自己的人格特质。基因除了在代际传递还在特定的群体中遗传，诸如体力、长相、肤色等生理方面的差异主要由基因决定。随着自然科学的发展，一些伦理学家持还原论立场，把各种道德问题还原为生物学或遗传学中的各部分器官或基因，出现了通过基因操纵干预生育过程的优生学，且划分出"潜在的人"和"实际的人"。从存在状态看，"潜在的人"处在一种未完全显现或实现的状态，"实际的人"是已经

① Erikson, E. H., "The Problem of Ego Identity," *Journal of The American Psychoanalytic Association* 1 (1956): 56–121.

② 刘好、李建会：《融合心灵——认知科学新范式下的 4E 整合》，《山东科技大学学报》（社会科学版）2014 年第 2 期，第 7~14 页。

在一定的现实环境中存在并展现出特定行为、特征和能力的人。从时间维度看，"潜在的人"侧重于未来的可能性和发展方向，"实际的人"是当下现实存在的个体。从认知和实现程度看，"潜在的人"往往存在于人们的想象和期望之中，"实际的人"是已经被认知和实现的人。在这些学者看来，关于二者是否可持续的问题成为解决道德问题的关键，简言之，在基因干预下人格同一性的判断标准将关系到道德问题的解决。相较而言，基因随着年龄的增长趋于稳定，并在三十岁左右固定下来，对人格同一性的后续影响不大。

环境因素。环境因素包括家庭环境和社会环境因素，这是由人的社会属性决定的。心理学家埃里克森认为，"同一性"一词指一个人会有意识或无意识地与他所属群体的历史脉络培育出的独特价值观存在联系，个体既会维护群体的理想和内在团结，又通过生活史或重要的生活片段叙事塑造人格同一性。① 一个人的成长经历和成长环境会对其自我认同、自我叙述产生重要影响，所谓的环境因素其实就是政治、经济、文化、社会等方面的群体共识，其对个人角色塑造和定位的影响表现为个体不断调整包括信仰、理想、品格、规范等在内的自我人格以适应群体共识对自身角色的定位，以实现跨时空的生理和心理特征的连续性认可。

教育因素。教育因素包含学习因素和发展因素，塑造人格的环境因素以学习和发展因素为中介而发挥作用，甚至人格的遗传因素也会因为教育因素而被修改、中断、阻止或发扬光大。② 斯金纳的正负强化、班杜拉的观察学习、罗特的控制点、塞利格曼的习得性乐观主义等都表明了学习因素在人格塑造过程中的重要作用，人类在习得的过程中获得更好的控制力和控制感，以调和个体的人格同一性。虽然人格同一性在青春期结束时基本固定下来，但由于人格还会随着学习、环境等的变化而继续发展，所以说，人格同一性是一个贯穿一生的动态过程。个体受文化的影响通过个人挑战（目标、计划、感受和意图等）的方式发展人格以不断适应环境和社会，从而获得相对稳定的倾向性特征和人格同一性。

---

① Erikson, E. H., "The Problem of Ego Identity," *Journal of The American Psychoanalytic Association* 1 (1956): 56-65.

② 〔美〕杜安·舒尔茨、西德尼·艾伦·舒尔茨：《人格心理学：全面、科学的人性思考》，张登浩、李森译，机械工业出版社，2016，第250~256页。

其他因素。其他因素中主要包括意识因素和潜意识因素。从古至今，人们不停地追问自己是谁或想要成为什么样的人等意识判断问题，然而不同的群体或个体在不同的时期对这类问题的回答都不尽相同，主要原因在于意识层面认知功能的发展和认知取向的变化。感觉、知觉、思维、记忆、想象等自我意识的形成基于个体在与经验世界互动中建构的对自我和他人的理性判断、评估和预测等认知，人类所拥有的如符号语言和反思思维等认知能力是形成同一性的先决条件，拥有了这些能力，人类才可以主观地用复杂而独特的方式来解释自己。[①] 潜意识指人类心理活动中被抑制或隐藏的、未被认知或不能被认知的那部分意识，虽然通常无法被察觉，但能影响意识的体验方式，如影响对自己和对他人的看法，进而对人格同一性产生影响。

二 道德增强技术是否干预人格同一性的论争

对于道德增强技术应用的问题，学术界展开了激烈的讨论，明显分成了两派，即对道德增强持乐观态度的道德增强派和对此持保守态度的反道德增强派。两派关于人格同一性问题的争论一直没有停止过。反道德增强派借此攻击道德增强派，认为道德增强技术对人格同一性的干预是禁止道德增强技术的理由之一。道德增强派则极力辩护，认为道德增强技术对人格同一性不存在干预或干预的影响较小，且可以通过技术解决。

1. 道德增强派观点

道德增强派对道德增强技术是否干预人格同一性有两种不同的观点：一种观点认为，道德增强技术不会干预人格同一性或者说干预的效果可以忽略不计；另一种观点肯定道德增强技术会干预人格同一性，但认为这种干预不能构成禁止道德增强的理由，以期为道德增强技术提供理论辩护。

具体来说，一种观点是道德增强技术不会干预人格同一性或干预效果可忽略不计。道格拉斯认为道德增强技术不会改变人格同一性，也不会对人的自由产生影响。[②] 一些学者提出，道德增强技术运用得当不仅不会破坏

① Gregg, A. P., Sedikides, C., & Gebauer, J. E., "Dynamics of Identity: Between Self-Enhancement and Self-Assessment," represented in Schwartz, S., Luyckx, K., & Vignoles, V., eds., *Handbook of Identity Theory and Research* (New York: Springer, 2011), pp. 305-327.
② Douglas, T., "Moral Enhancement," *Journal of Applied Philosophy* 3 (2008): 228-245.

人格同一性，反而能实现真实完整的自我。道德增强技术能发挥个体内部潜能，提升个体在不同场景中对美德的理解，并协调利己与利他的心态至场景所需最佳状态，以凸显人格同一性。① 另一种观点是道德增强技术会干预人格同一性。尼尔·里普斯曼（Nir Lipsman）等认为，任何手术都可能从根本上改变病人的看法，从而影响人的人格同一性。特别是在神经外科领域，对大脑进行神经外科手术很可能会导致人格或身份的改变。虽然病人对正常特征的增强持反对态度，但随着手术技术的改进、对大脑认识的加深、文化态度的改变，人们在确保增强技术安全性和有效性的前提下，将更容易接受通过外科手术修复或纠正人格上的道德不适应性特征的增强方式。② 德格拉齐亚声称，成功的道德增强项目很可能影响一个人的自我概念，从而影响他的叙事身份，特别是一个身体健康、外形较好，或是在某些价值活动中表现突出的人对自己的看法的变化会比其他人更大。但如果被增强者是在自由意志支配下同意这一方式的增强，那么更改其叙事身份或自我概念也没有什么问题。③ 杨鹿鸣和张洪江探讨了情绪增强技术对人格同一性影响所产生的伦理问题，主要表现为该技术可能会侵犯人的自主性和尊严，危及人的身心健康和安全，甚至造成人格异化或人格同质化问题，但只要采取相应措施就能规避这些伦理问题，使情感增强技术真正服务于人。④

2. 反道德增强派观点

反道德增强派普遍认为，道德增强技术会干预人格同一性，并且对这种干预持消极态度。毫无疑问，反道德增强派的观点能为道德增强技术在伦理规范、技术选择、临床应用和法规制定等方面提供建设性意见和预防性方案。

卡尔·埃利奥特（Carl Elliott）表示，增强技术不仅会干预人格同一

① 陈万球、周心怡：《道德增强与反增强的博弈与反思》，《伦理学研究》2019 年第 5 期，第 113~120 页。

② Lipsman, N., Zener, R., & Bernstein, M., "Personal Identity, Enhancement and Neurosurgery: A Qualitative Study in Applied Neuroethics,"*Bioethics* 6(2009): 375-383.

③ DeGrazia, D., "Enhancement Technologies and Human Identity,"*Journal of Medicine and Philosophy* 3(2005): 261-283.

④ 杨鹿鸣、张洪江：《情绪增强的伦理考量》，《医学与哲学》（A）2018 年第 6 期，第 30~33 页。

性，还会对人格同一性产生消极影响。例如，该技术的应用会改变对人格同一性至关重要的个性、本质、认知能力等特征，从而让个体对自己的身份产生一种不真实感。① 菲利普·布雷（Philip Brey）肯定了人类增强技术对人格同一性的影响，其中关于增强诸如智力、情绪、个性等人类特征的技术涉及的领域，他认为对情绪和性格的增强会导致自我态度及自我与他人关系的变化，可能会破坏自由意志以影响人格同一性。同时，未增强者与被增强者之间的差异会导致道德认同问题和社会不公问题，从而改变现有道德价值和社会秩序。② 沃尔特·格兰诺（W. Glannon）认为，道德增强技术对大脑的直接干预会影响人格同一性。基因增强既没有医学上的理由，也没有道德上的合理性。家长作风很可能在基因增强情境中大行其道，从而导致"实际"身份与"潜在"身份存在较大差异，即创造出一个与自然赋予的身份完全不同的个体。③ 同样，为纠正或治疗认知或情感障碍而设计的体细胞基因疗法更有可能改变个体的身份认同。国内学者叶岸滔声称，道德增强技术会对人格同一性造成困扰，如人格同一性的模糊化、自我认同的断裂，④ 进而给道德责任和法律责任的判断等现实问题带来困扰。⑤

3. 两派观点小结

关于道德增强技术是否干预人格同一性问题，无论是道德增强派的辩护，还是反道德增强派的批判，都倾向于肯定的观点，并且双方从积极和消极影响两个维度讨论了道德增强技术对人格同一性的影响，主要表现在：第一，道德增强技术是否会限制人的自由（意志）和自主性；第二，道德增强技术是否会颠覆人的本质（属性）和改变身份认同；第三，人格同一性是不是一个动态的发展过程；第四，道德增强技术是否会引发社会不公、

---

① Elliott, C., *A Philosophical Disease: Bioethics, Culture and Identity* (New York: Routledge, 1999), pp. 28-29.

② Brey, P., "Human Enhancement and Personal Identity," in Olsen, J. K. B., Selinger, E., & Riis, S., eds., *New Waves in Philosophy of Technology* (London: Palgrave Macmillan, 2009), pp. 169-185.

③ Glannon, W., *Genes and Future People: Philosophical Issues in Human Genetics* (Colorado: Westview Press, 2001), pp. 78-82.

④ 叶岸滔：《道德增强：问题、局限与医学化挑战》，《华中科技大学学报》（社会科学版）2016年第5期，第28~33页。

⑤ 叶岸滔：《道德增强：伦理困境与自然主义思考》，《学术月刊》2017年第3期，第43~44页。

美德认同、人格同质化、道德责任等问题。从论争的维度来看，道德增强技术对人格同一性的影响主要表现在心理的连续性方面，实际上，脱离了人的生理连续性，人格同一性便无从谈起，道德增强技术也会失去实施对象。因此，对道德增强技术的人格同一性研究，既要从构成人格同一性的心理状态进行分析，又要对引发心理状态的生理基础进行把握，还要对其所处文化环境进行考量。道德增强技术保持人格同一性最重要的条件是，个体未被增强时的理性与认知能够认同被增强后的亲社会状态，而这一状态与人类一直追求的"自我的完善"相符。同时，为了确保人格的同一性，人们也需要在被增强之前，沿用传统的道德增强方法加强对道德的认知与理解，即在应用道德增强技术之前也需充分利用传统道德教育方式最大化地丰富个人的道德知识和提高个体的道德情操，并期望自己在道德上获得更多的增强。

综上所述，任何新兴技术的出现都免不了支持者和批评者的争论，正是因为存在分歧才会促进技术的更新换代，对道德增强技术存在质疑才能促使研究者发现问题、查找原因、寻找对策，不断改进该技术以弥补缺陷，从而适应人类发展需要。笔者认为，新技术提升人类道德的方式与传统的提升人类道德的方法并行不悖，二者协同推进，有望推动人类道德不断攀升。

三 道德增强技术干预人格同一性的可能途径

科学创新，理论先行。道德增强技术的研发和运用必须有科学的理论做支撑，同时，该技术是否可行也是科学理论争辩的结果。关于道德增强技术引发人格同一性问题的研究可以归纳为以下几个方面的内容：道德增强技术干预人格同一性的可能途径，人格同一性改变可能引发的伦理问题及其原因分析。

道德增强技术是通过直接干预大脑和心智而实现的，而人格同一性的认定所依据的正是自我意识中存在的某些稳定人格特征，所以道德增强技术无疑会对人格同一性产生影响。由此可得，道德增强技术干预人格同一性的可能途径主要有：自我认同中的道德标准、自我叙事和真实性、增强对象的自我客体化、选择的可能性和自主性。

1. 自我认同中的道德标准

道德增强技术要达到提升被增强者的道德水平或促使其做出道德行为的目的，必然存在以外在的道德标准对被增强者施加影响的情况，且这种影响必然被增强者所认同，否则就违背了自愿原则。那么，在这一干预过程中，道德增强技术是否改变了个体的人格同一性呢？回答这一问题，先要对道德标准进行解析。

道德标准是衡量某行为道德与否的尺度，也是个体对行为做出善恶价值判断并践行道德行为的指南。无论是传统的道德增强还是道德增强技术，都会使个体更有可能认为做正确的事情符合道德判断并更有可能根据该判断采取行动，换言之，道德标准将体现为一个人对所认可的正确行为的描述。① 自我观念是在人们与世界和他人交往的过程中作为实践对象和效应出现在人们意识当中的，是个人经验和大脑互动的产物，也是人格同一性存在的先决条件。② 因此，在社会经验中形成的自我认同的道德标准成为构建人格同一性的关键要素，这不仅关系到个体是否愿意应用道德增强技术，也关系到增强后的效果。道德标准在不同的文化背景下，由于所重视的道德元素及其优先性不同而存在差异，③ 差异性个体也有不同的道德标准，因而存在私人道德和公共道德之分。对于公共道德而言，并没有统一、明确的跨时代、跨地域、跨文化的道德标准，但这并不意味着没有普遍性的、最基本的道德标准存在。"人类在理性与情感层面上的那种基础性的共同性，决定了人们必然会拥有一种普遍的价值和规范的视域，决定了必然会有一种合乎人性的共同的道德尺度。"④ 然而，这样的道德尺度所涵盖的道德元素会因公共利益和时空环境的变化不断缩减或扩充，道德标准也会不断变化，道德标准在公共道德领域的这种动态调整的关键在于平衡不同个体的最低限度能力（私人道德行为能力），以形成暂时性的社会道德标准界域。

---

① Schaefer, G. O., "Direct vs. Indirect Moral Enhancement," *Kennedy Institute of Ethics Journal* 3 (2015): 261-289.

② 刘星：《脑成像技术的伦理问题研究》，湖南大学出版社，2017，第 74~75 页。

③ 陈万球：《德性能否复制：道德增强技术的三种质疑》，《中州学刊》2019 年第 12 期，第 105~111 页。

④ 甘绍平：《伦理学的当代建构》，中国发展出版社，2015，第 30~40 页。

在某一时期的一定共同体内存在暂时性的社会道德标准界域，这为调和多元价值下差异性人格的道德分歧提供了可能。消极的道德个体会由于自身特性所带来的恶而不顾社会的规范、要求和共识并与之对抗，或者用公共道德价值代替自我人格中的道德价值，从而陷入与世界或自我相冲突的困境中难以消解。① 积极的道德个体为了生存和理想必须适应所处社会道德标准界域的约束，并主动将这种约束从他律转化为自律，内化为道德主体自我认同中的道德标准或私人道德，从而实现与公共道德或自我的和解。至此，道德标准促成人格在个体认同和社会认可层面上的同一。正是因为社会上存在不少消极的道德个体，才有了道德增强技术施展的空间。道德增强技术试图通过干预手段促使被增强者直面道德抉择问题，外在施加的道德标准与被增强者在理性和经验中形成的道德标准是否相容、是否被受试者认可和接纳，即社会和自我的冲突是否能被调和直接关系到人格是否具有同一性。只有个体自我判断、自主选择和自我认同的道德标准才能调节自我与社会的冲突，以这样的道德标准行事才能称为道德行为，才能真正实现人格的同一。反之，人格同一性会受到威胁。

2. 自我叙事和真实性

"真实自我"这一词意味着寻找埋藏在一个人内心深处的标识真实身份的核心人格特质或本质的东西，并通过个体的行为呈现出来，是从第一人称视角构建人格同一性的重要因素。真实性是对自我内心感觉及其观念的认同感，即每个人都有一种独特的生活方式，每个人都被要求以自己的方式生活，而不是以别人的方式，这是普通人自我叙事的核心理念。② 真实性的重要性在于使人不断审视自己的内心，开辟自己独特的道路从而过上充满意义的生活。现代生物医学技术显示，病理学可以隐藏真实的自我，而药物可以揭示真实的自我，但是，真实自我永远不会被轻易发现，因其是内外因共同作用的结果。③ 关于道德增强技术的伦理问题，生物伦理学家们在很大程度上忽视了这些技术中最引人注目的一个方面，那就是人们用身

---

① 王国学、尚人:《论赫勒关于个性视角下道德标准的界域问题》,《学术交流》2019 年第 10 期, 第 30~36 页。

② Levy, N. , "Enhancing Authenticity,"*Journal of Applied Philosophy* 3(2011):308-318.

③ Elliott, C. , "Enhancement Technologies and the Modern Self,"*Journal of Medicine and Philosophy* 4 (2011):364-374.

份和真实性的语言来描述它们的程度。只要道德增强技术引发的人格同一性变化是在自由意志支配下，并且个体的行为出于他的本性，其认同这种变化，那么这种变化就可以被视为是自我创造的真实行为。① 这些真实行为可以被纳入自我叙事同一性的一部分，个体也可以通过描述这些真实行为所形成的经验记忆与大脑的关系来重构人格同一性。

　　道德增强技术的支持者和批评者都有追求真实性的道德理想，但是他们对真实性的理解有所不同。抗抑郁药物、兴奋剂、纳米神经假肢、深部脑刺激等增强方式被道德增强的支持者描述为与真实自我接触的方式。例如，彼得·克莱默（Peter Kramer）、大卫·德格拉齐亚等支持者把百忧解（Prozac）视为寻找或创造真实自我的方式。② 批评者却声称，道德增强技术威胁着我们实现真实性，担心我们会与真实的自我和世界分离，从而失去、混淆或放弃人格同一性。④ 尼尔·利维（Neil Levy）认为，百忧解等技术增强剂可能会让我们变得更自信、更外向、更果断，在第三人称视角下可以看作个人的改善，但从第一人称视角下，即从真实性的有限角度看，增强功能改变了个体的本质特征，因此它更改了我们的身份。③ 支持者和批评者的分歧源于对真实性概念的不同理解。支持者援引存在主义概念，把真实性解释为一种自我创造的形式，不受固定本质的限制，通过识别那些个人反思性认可的元素来形成真实元素。批评者借鉴本质主义概念，把真实性看作发现自我的方式，主张从普遍的真实要素中寻找标识"真实自我"的本质特征。④ 无论持以上哪种真实性概念，都难以解决道德增强技术运用情境中遭遇的真实性问题。例如，如果一个人深陷曾经失德行为的自责记忆中，不愿面对现在的自己，自己放大了失德记忆的影响，且失德行为出于各种原因并不是真实自我的表达。在此情境中，道德增强技术如记忆的神经抑制剂的运用可以尽快弱化这段记忆对个体的影响，让个体走出阴霾追求自我的人生价值和目标。从这个意义上来讲，道德增强技术使个体成为

①　Glannon, W., "Neuroethics," *Bioethics* 1(2006): 37-52.

②　Parens, E., "Authenticity and Ambivalence: Toward Understanding the Enhancement Debate," *Hastings Center Report* 3(2005): 34-41.

③　Levy, N., "Enhancing Authenticity," *Journal of Applied Philosophy* 3(2011): 308-318.

④　Pugh, J., Maslen, H., & Savulescu, J., "Deep Brain Stimulation, Authenticity and Value," *Cambridge Quarterly of Healthcare Ethics* 4(2017): 640-657.

想要成为的人，从第一人称视角完成了对自我身份的叙事。因此，虽然道德增强技术可能会改变人们或者让人们感觉到不同，但在维持自我控制（欲望、行为等）能力的前提下，人们总能找到一种方式来解释这种改变是一个自我实现的过程，如让人们与自己接触，或者向人们展示一部分以前不为他们所知的自己，完成这种改变之后，人们才觉得自己的人格是同一的。

3. 增强对象的自我客体化

道德增强技术的研究人员基于还原论立场，把人的心理特征、状态还原为人体的某些生理特征、状态或器官。例如，同情的心理状态可能与某些神经元激活的生理状态是一致的，这种一致性使人们倾向于像研究物质一样研究人类的道德基础。但这种倾向性使得道德增强技术的研究人员普遍担心人自身将沦为受技术支配的物体或机器，这就是金格·A. 霍夫曼（Ginger A. Hoffman）所谓的"自我客体化"，即非纯粹的客体（具有心理特征的人）以仅适合纯粹客体（没有任何心理特征的事物）的对待方式对待自己的行为。[①] 人以一种客体化的方式对待自身，就是贬低或不尊重自我，因为自我作为人格主体和道德主体，有能力对周围环境、周围人的情感和认知等做出反应，并且可以把自我的反应看作对情况的评估，因此人的自主性使非纯粹的客体具有更高的道德地位和价值。道德增强技术之所以会引发这样的担忧，是因为某些生物医学干预技术会直接绕过人的推理能力而实现道德增强，这从一定程度上威胁了我们传统上所理解的自我的存在。[②] 这种方式的干预无视人的心理特征或理性能力，用直接的方式改变人类的大脑、情感和认知过程，可能给人类带来潜在的风险：增强个体的自我客体化，进而瓦解自我的人格同一性。

那么，被增强者怎样通过道德增强技术内化一个客体化的自我形象呢？金格·A. 霍夫曼认为，在某些情况下使用抗抑郁药是一种自我客体化的方式。[③] 也就是说，在有其他更优选择的情况下，个体自主选择服用抗抑郁药

① Hoffman, G. A., "Treating Yourself as an Object: Self-Objectification and the Ethical Dimensions of Antidepressant Use," *Neuroethics* 6(2013): 165-178.

② Levy, N., *Neuroethics: Challenges for the 21st Century* (Cambridge: Cambridge University Press, 2007), pp. 78-79.

③ Hoffman, G. A., "Treating Yourself as an Object: Self-Objectification and the Ethical Dimensions of Antidepressant Use," *Neuroethics* 6(2013): 165-178.

是一种自我客体化的行为。理由在于，在这个过程中一个人把自己当作一件可以操纵的东西，而不是可以推理的生物，无视人具有区别于物体的心理特征，即使符合自身利益，也是对自我的不尊重。学界普遍认为干预技术引发的自我客体化担忧一般存在于直接的道德增强技术（被动干预）的应用过程中，这显然与我们作为自由和负责任的个体的存在是不相容的。与此同时，利维提出了不会引起自我客体化的两种情感干预情形：情感反映的内容与受到的刺激过于不成比例，以及源于随意性的内源性精神状态。① 例如，具有强烈迫害妄想症的人时刻担心自己会被杀害，对接近他的人做出过度的防御行为，在评估其社会危害性的程度以及无其他更可行的提升途径的情况下，直接操纵可能是合理的，这就为直接道德增强技术的应用提供了一个合理性的解释。

朱塞佩·里瓦（Giuseppe Riva）等人从另一个角度把自我客体化描述为一个特定的认知过程：一个人内化一个自我客体化的自我形象。② 当个体使用观察者视角来审视事件时，他根据自己的道德心理和行为来评价自己，在此过程中内在地将一个客观的自我形象化，继而产生新的应对行为的决策方式——是否接受道德增强技术干预自己的评估过程。如果按照里瓦对自我客体化的界定，那么，在道德增强情境中，个体对应用道德增强技术的选择也是其对自我客体化的道德形象与实际道德形象的差距进行评估而做出的，也就是说，即便是间接的道德增强技术（主动干预）也可能经历自我客体化过程。尽管被增强者在决策过程中发挥了自主性和理性的作用，人的内在活动仍然会被自我当作实现外在目标（整体道德的提升）的工具。总而言之，无论是直接干预还是间接干预，个体都让渡了一部分自主权和自由，可能损害自主构建道德的能力，从而使道德失去了多样性，进而使人失去了个性，这无疑会对人格同一性产生影响。同时，人类为了追求自我完善，运用技术改造身体、功能的某些部分不等于让自己沦为工具，因为身体既是自我的一部分也是客体的一部分，但这种技术干预的限度仍需

---

① Levy, N., *Neuroethics: Challenges for the 21st Century* (Cambridge: Cambridge University Press, 2007), pp. 116-117.

② Riva, G., Gaudio, S., & Dakanalis, A., "The Neuropsychology of Self-Objectification," *European Psychologist* 1(2015): 34-43.

考量，即在什么程度、什么意义上个体仍然是他自己。①

4. 选择的可能性和自主性

选择与德性有着最紧密的联系，因为选择不仅包含着理智，也包含着预先考虑的意愿，是主体对善与恶的东西进行考量并做出抉择的行为，因此选择比行为更能判断一个人的品质。② 人的本质决定了人有自主选择的可能、权利和自由，这既是道德赋予的尊严和法律赋予的权利，也是人格同一性的影响因素。道德增强技术只有在尊重被增强者个人自主权利的框架下才有应用的可能。

道德增强选择的可能性。道德增强技术是旨在改善道德决策和行为的干预措施，因此要弄清楚人在自然状态下的道德决策和行为如何发挥作用才能为道德增强提供可行性方案。道德能力（认识非道德和道德的理由并根据这些理由行动的能力）无疑是调整道德决策和行为的关键，主要包括道德推理和道德责任能力。根据神经影像学研究，道德推理利用了各种神经网络，以神经为中介，实现心理与行为的互动。③ 随着人的成熟，这些神经网络之间出现更多的交流（结构和功能的整合），并在道德判断的背景下发展出对思想的认识与对结果和情感的信息整合能力。道德行为的调节涉及复杂的大脑系统（主要是前额叶和颞叶），这种大脑系统支持情感加工和目标导向的推理，其中默认模式网络作为一个大规模的连接枢纽，有助于整合道德情境中的情感（人类道德发生的直接心理基础）和认知（道德选择的基本心理依据）过程。④ 然而，道德推理如果没有道德动机的推动不可能会实施行为。道德责任能力意味着一个人具有理性回应行为的能力，包括"对理性的接受"和"对理性的反应"。前者指个体能认识到在理性条件下所捕获的那些道德理由，后者涉及将理由转化为选择和后续行为的能力。道德责任能力意味着一个人应该具备对道德理由的认知能力及由此而形成的动机。① 例如，精神病患者由于对道德理由缺乏反应能力而减免责任。一

---

① 陈万球、丁予聆：《人类增强技术：后人类主义批判与实践伦理学》，《伦理学研究》2018年第2期，第81~85页。

② 〔古希腊〕亚里士多德：《尼各马可伦理学》，廖申白译注，商务印书馆，2017，第68~71页。

③ Focquaert, F., & Schermer, M., "Moral Enhancement: Do Means Matter Morally?" *Neuroethics* 2 (2015): 139-151.

④ 罗国杰主编《伦理学》（修订本），人民出版社，2014，第347~348页。

个人所具有的道德推理、判断和选择能力为道德增强的选择在生理基础和心理功能方面提供了可能性。

道德增强选择的自主性。选择的自主性意味着一个人在获得自由后可以根据自己认可的价值观和目标做出从事某一行为或不从事某一行为的决定。在道德增强过程中，自主选择作为个体的一部分，体现为有自由和能力退出个体不再理性认可的干预或治疗，即在获得知情同意后，仍然有可能在任何时间退出干预或治疗。目前，已经存在专门改变道德行为选择的药物，如抗酗酒药物二硫龙、减肥药奥利司他和抗性欲药物。① 然而在实际应用过程中，个人选择的自主性可能受到增强方式的威胁和损害，尤其是直接道德增强技术，这种干预方式并不依赖主体主动参与来实现增强，如可以直接改变行为的经颅磁刺激、深部脑刺激和光遗传学等技术。在此过程中，这些干预方式可能改变被增强者的人格同一性，更具有"强制性正常化"或强制性改变的风险甚至威胁，因此特别要注意父母替孩子做决定的被迫增强和道德增强技术作为罪犯的替代制裁的案例。② 学界普遍认为个人拥有精神自决权以及他人对其"心理健全"的尊重权，尊重个人意味着尊重个人的第一人称视角，意味着禁止未经同意的干预。因此，在某些限度内，如果技术实施者获得被增强者的知情同意，那么，直接干预也可能是合理的。

四 人格同一性改变可能引发的伦理问题及原因分析

学术界普遍认为道德增强技术的应用会导致人格同一性的改变，从而引发伦理问题，主要体现在陷入人格同化困境、干预人的自由意志、引发自我认同冲突和道德责任归责失序等方面。对道德增强技术在人格同一性方面所引发的伦理问题进行研究，主要是为了给技术的可行性及应用限度寻找依据，从而为克服道德增强技术落地面临的伦理障碍寻求对策。

1. 陷入人格同化困境

（1）人格差异的客观性和必要性

龙生九子，各有不同。人的独特性和差异性正是人区别于其他物种的

① Persson, I., & Savulescu, J., "Moral Enhancement, Freedom and the God Machine," *The Monist* 3 (2012): 399–421.
② Focquaert, F., & Schermer, M., "Moral Enhancement: Do Means Matter Morally?" *Neuroethics* 2 (2015): 139–151.

本质属性之一，每个个体由于成长环境、文化背景、社会制度、教育水平等方面的差异，形成了性格各异、独立思考的人格。正是因为存在人格差异，才造就了今天丰富多彩、生机勃勃、气象万千的生活图景，所有这些都是具有不同人格的人在各自擅长的领域所取得的成果，这些成果为我们精神世界中的思想和情感提供了丰富的养料，促进了个体个性的发展，成就了个体充实而有价值的人生。因此，每个人对于其他人来说都是唯一的、独一无二的，都有其不同的物质需求及追求动机、不同的性格特征及精神追求、不同的文化背景及认知水平、不同的价值观念及判断标准。密尔甚至认为个性是人类福祉的因素之一，就是因为一个人与另一个人不同才会相互吸引，才会使他们关注对方的优点从而反思自己的不完善，才可能产生结合双方优点的更好的人格。他甚至认为，中国近代史的悲剧来源于长期的思想禁锢导致的人格趋同化，而欧洲之所以免遭厄运，是因为他们显著的人格差异所带来的科技革命。①

（2）道德增强造成人格同质化的可能性

信念、动机和行为是人格的重要组成部分，也是体现个性独特价值之所在，每个人身上客观的人格差异会使个体在相同的情境下产生不同的道德动机、道德情感和道德认知，从而做出不同的道德行为，进而产生具有差异性的道德人格。道德增强正是通过改变人的道德动机、道德情感或道德认知而指导人按照特定的道德标准行事。例如，在情感增强的情境下，人们通常会倾向于选择增强积极正面的情感，长此以往，"喜怒哀乐"的丰富情感世界将演变成单一的"极乐世界"，从而导致情感的同质化。② 也许在刚实施道德增强的时候，这种人格同化现象还不明显，但随着道德增强技术的推广，一个个类似或相同的道德复制品将不断生产出来。也就是说，随着人类认可和接受新型道德增强技术，与之相适应的道德心理认同标准也会演变，很可能把通过生物医学技术而实现的道德提升内容包括于个体和群体的同一性要素当中，当通过人工干预所获得道德增强的内容逐渐增多时，其将逐步代替个人通过自然进化而获得的道德内容，趋同人格可能

---

① 〔英〕约翰·密尔：《论自由》，许宝骙译，商务印书馆，1959，第84~86页。
② 易显飞：《当代新兴人类增强技术的伦理风险及其治理》，《中国科技论坛》2019年第1期，第7~9页。

会成为个体实现人格同一的方式，从而获得社会所认可的人格。

由此观之，道德增强技术的应用是存在人格同质化风险的。杨鹿鸣和张洪江也表达了这样的担忧，他们认为情绪增强后，不同人产生的都是相同的情绪，如果长久行之，人将失去个性，存在人格同质化风险。[①] 人格差异或个性正是体现人的独特价值之所在，即使在共产主义社会，也并不意味着所有人的道德处于绝对同一水平，因此，道德增强更应保持这种差异性才能符合初衷——道德水平的整体性增强。[②] 总而言之，道德增强技术在实施过程中，既要保留人格差异，又要保有适当的同一性以实现整体道德的提升。

2. 干预人的自由意志

（1）自由意志与人格的关系

自文艺复兴和宗教改革运动以来，自由意志就成为现代意识核心的一部分，成为人类自己主宰自己的关键。在黑格尔看来，自为存在的意志便是人，人格始于个体对其自身的认识，并伴随自我意识的形成和发展而不断完善，从这个意义上可以说，自由意志使人格发展具有更大的可能。[③] 人类在自由意志的基础上创造了一个主观见之于客观的制度世界，从而使人格在法律、国家、习俗、伦理等制度的影响下趋于完善，自由意志逐渐发展为人格的内在规定性。从每个人都有能力和义务构建自己的个人身份的角度来讲，自由意志毫无疑问是健全人格身份的一个必要条件。自由意志意味着个体可以根据自己的意愿选择善恶来决定自己成为一个什么样的人，而不是被动地被外部世界塑造成同质化的个体。

（2）自由意志与道德的关联

人的自由意志又称人的自由选择，是人类面临事件并做出善恶选择时所具备的一种主观能力，这种选择的自由建立在自己有权拥有或处理的东西之上。[④] 自由意志是道德的基础，所以只有出于自由选择而做出道德行为

---

① 杨鹿鸣、张洪江：《情绪增强的伦理考量》，《医学与哲学》（A）2018年第6期，第30~33页。

② 陈万球：《非传统道德增强的双重变导：生物医学中介与智能体引擎》，《武汉大学学报》（哲学社会科学版）2019年第4期，第32~38页。

③ 宋希仁主编《西方伦理思想史》（第2版），中国人民大学出版社，2010，第352~355页。

④ 杨鹿鸣、张洪江：《情绪增强的伦理考量》，《医学与哲学》（A）2018年第6期，第30~33页。

的人才是有道德的人，否则不能成为道德的人。① 只有当我们的行为受到价值观的支配，我们才能在欲望的驱使下自主地行动。价值观包含人的道德要求、道德标准和道德信仰等道德知识，且这类道德知识不是一成不变的，没有绝对确定性，只是由于在一定时期能给当时的人类生活带来有效性和便利性而被认为是正确的。随着时空的变化，人类会在自由意志的驱动下在道德领域发表不同于以往的言论，对已经僵化的、陈旧的道德糟粕发出挑战。所以，道德总是在自由意志驱动下不断纠正、更新，同时，道德又通过规范的形式不断维护人类的自由意志。

（3）道德增强干预自由意志削弱人的自主性

自由意志意味着个体能自主地构建自己想过的生活，以及自主地成为自己想要成为的人。自由意志在道德生活中体现为个人对自己的家庭或社会角色以及行为具有批评性选择、独立反思和自我控制的能力。道德增强技术如果干预了被增强者的自由意志，使其价值观和选择所依赖的是个体不能控制的因素，那么即使个体得到了道德上的增强，也不能使其成为有道德的人。如果用技术压制了人在道德方面的自由意志，也就切断了道德知识更新、纠正的途径，那么僵化的道德知识会随着时间的推移成为阻碍社会发展和福祉增进的枷锁。杨鹿鸣和张洪江甚至指出，情绪增强技术可能异化出缺乏自主情绪的非我人格，这必将给人类自身的生存与发展带来严峻的挑战。②

然而，道德增强技术可能不得不面对强制干预的情况，因为那些最应当接受道德增强的人恰恰是最不可能自愿接受增强的人。如果因捍卫自由意志而禁止强制性道德增强，那会使该技术的实用价值大打折扣。③ 况且，拥有和按照坏的动机行事的自由没有任何价值，强制也并不意味着就是没有自由，就像法律的有效实施才是确保自由的前提一样，强制性道德增强有其合理性。道格拉斯指出，虽然通过生物医学手段进行道德增强并不一

---

① Rakić, V., "Voluntary Moral Enhancement and the Survival-at-any-cost Bias," *Journal of Medical Ethics* 4(2014): 246-250.

② 杨鹿鸣、张洪江：《情绪增强的伦理考量》，《医学与哲学》（A）2018 年第 6 期，第 30~33 页。

③ 王珀：《道德增强与人的自由——与刘玉山、叶岸滔等学者商榷》，《科学技术哲学研究》2019 年第 4 期，第 28~34 页。

定会使被增强者失去自由，但这并不包括没有获得被增强者知情同意就应用道德增强技术的情况。[①] 由此观之，道德增强技术有可能在被增强者不知情的情况下实施，这必然会对被增强者的人格同一性产生影响。所以，强制性道德增强技术要得到运用，首先必须解决自由意志在哪些情境和多大限度上应得到保障的问题，以同一人格身份。

3. 引发自我认同冲突

人格的同一性应该还包括对个体身份的自我认同。身份是一个人的重要标识，关系着对一个人真实的理解和尊重，个体身份形成的主要目的是识别一个清晰概念的自我。[②] 自我认同是我们对于自己是谁的认识，包括自我概念、自尊和社会身份认同，其中包括对个人历史的理解，即关于个体如何成为自我的叙述，个体身份认同可以视为一个人自我概念中叙述个体发展历史的一部分。[③] 自我概念是一个相对稳定的结构，其中包含了对自己的信念，特别是对自己持久的属性的信念。自我概念既能调节和整合潜在的意识动机来保护我们免受威胁，又能通过对意识和潜意识中的想法和感觉进行内省来审视自我（我们对自己的评价叫自尊），也就是对自身属性进行比较评价，这种自我评价在决定一个人随后的行为、态度和意图方面起着重要作用。自我认同在道德方面的重要性在于它决定了人们对自己的感觉，并且是人们的意图、态度和行为的强有力的决定因素。[④] 道德增强技术就是通过干预人的意识活动，如动机、情感、认知等，调节人的想法并重新定义自我以达到提升道德水平进而践行道德行为的目的的，这无疑会对自我认同产生影响。

道德增强技术对自我认同的影响首先表现为虚假的自我认同。根据自主性程度，道德增强技术主要分为直接道德增强和间接道德增强。前者直接改变大脑结构和功能以转变个体思维模式和行为，即便征求了被增强者的意愿，这种干预带来的自我获得感也是在牺牲自主性的情况下得到的。

---

① Persson, I., & Savulescu, J., "The Duty to Be Morally Enhanced," *Topoi* 1(2017): 7-14.

② 叶岸滔：《道德增强：问题、局限与医学化挑战》，《华中科技大学学报》（社会科学版）2016年第5期，第28~33页。

③ 〔美〕玛丽安·米瑟兰迪诺：《人格心理学》，黄子岚、何昊译，上海社会科学院出版社，2015，第3~4页。

④ Brey, P., "Human Enhancement and Personal Identity," in Olsen, J. K. B., Selinger, E., & Riis, S., eds., *New Waves in Philosophy of Technology*(London: Palgrave Macmillan, 2009), pp. 169-185.

很多研究人员认为这样的获得感是虚假的，获得的只是暂时的增强效果，而如果是永久性的干预，那被增强者只不过是受制于增强技术的机器。其次表现为多重人格或人格混乱。如果被增强者自身产生的动机、情感、认知等心理倾向与外来的这类心理倾向不相容，那就相当于把很多种情感、动机等强加到一个人身上，就会导致其自我认识混乱，特别是在青春期后期，这种人格混乱或多重人格的状态容易导致自我认同感缺失，甚至出现人格障碍，产生如无视道德规范、践踏法律权威等行为。最后表现为属性化的第三人身份。第三人身份在很大程度上决定了一个人如何被他人对待，而不被大众接受的第三人身份可能使一个人成为歧视和不良待遇的对象。运用道德增强技术提升道德水平的个体可能由于本身的自然属性被人工属性所替代而不被他人接受，甚至受到他人的歧视，进而影响对自我的认同。

由此观之，道德增强技术会引发自我认同冲突，其实质是道德增强前的善恶观与道德增强后的善恶观谁占据支配地位的问题。自我偏向前者还是后者，占支配地位的道德价值观是否与自我认同的价值观相一致，自我已有的价值观是否会容纳接受由道德增强技术支配的价值观，如果不能接受，那就会陷入人格不同一的困境。如果自我愿意接受并认可，那怎样判断自我是否具有同一性呢？判断依据是什么？这些都将是研究道德增强技术需要思考的问题。

4. 道德责任归责失序

洛克提出人格同一性问题就是为了赏罚寻找根据，他在《人类理解论》一书中提出，"刑和赏之所以合理、所以公正，就是在于这个人格的同一性"。大卫·舒梅克（David Shoemaker）也表示，一个人在道义上只能对自己的行为负责意味着个人同一性是承担道德责任的必要条件[①]。也就是说，一个人承担道德责任的前提条件是，行为的责任主体在实施行为的前后必须是同一个人或人格，即行为前后均具有达到或接近平均水平的才能和认知能力，以及拥有将道德理由转化为选择和后续行为的能力[②]。道德增强技

---

① Shoemaker, D. , *Personal Identity and Ethics: A Brief Introduction* (Ontario: Broadview Press, 2009), pp. 20-26.

② Focquaert, F. , & Schermer, M. , "Moral Enhancement: Do Means Matter Morally?" *Neuroethics* 2 (2015): 139-151.

术的运用会对人的道德能力产生影响，约翰·R. 舒克（John R. Shook）甚至认为，道德增强剂的简单使用也会减少严肃的道德思考机会、能力及其责任。[①] 这就给道德增强技术下的道德责任归责问题带来了挑战。人们不禁追问：增强后的这个人与增强前的那个人还是同一个人吗，增强后的他需要为增强前的行为承担责任吗？

一方面，要探讨人格同一性的判定问题。根据生理标准，道德责任的判定原则应该是当且仅当某人现在和采取行为时拥有同样的身体及其生理功能，需为当时的行为负责。但是，关于器官转换或身体由假肢替换的人的责任判定会在此标准下陷入困境。此外，我们倾向于认为，判断一个人是否应该对自己的行为负责的底线是：一个人是否可以不这样做。[②] 这意味着承担道德责任必须是个体在知情条件下做出的自主选择，即故意做了不容于道德的行为，这就涉及人格同一性的心理标准。心理标准侧重一个或多个基本心理能力（如记忆、意识体验、推理等能力）的延续，而关于失去记忆的人和具有多重人格的人的道德责任界定也会陷入两难境地。而且，被增强者对技术的了解程度和自主性的掌控程度很难把握，这增加了道德责任认定的难度。心理标准既不能体现人格同一性的动态性发展，也没有考虑自我价值观及社会对该价值观的影响等因素，缺乏第三人称视角下关于人格同一性的判断标准及对道德责任的界定。那么，认同理论能否弥补这一缺陷呢？认同理论注重社会价值观对叙事身份形成的影响和对人格同一性的判断，其对道德责任的判断主要是从第三人称的视角进行的，显然缺乏自我内在的评判标准，而现实中可能存在被增强者违背自己意愿被迫按道德冲动行事却仍然要对自己所做之事负责的情况。总之，单个的人格同一性判断标准对道德责任的界定都存在不能涵盖的案例。

另一方面，要弄清楚道德增强相关主体的责任问题。我们对一件事所负的责任与我们对它的因果贡献率成正比，如果认为自己不是引发事情的原因就感觉自己对该事件没有责任，而当与其他因素一起导致该事情发生

---

① Shook, J. R., "Neuroethics and the Possible Types of Moral Enhancemen," *AJOB Neuroscience* 4 (2012): 3-14.

② Degrazia, D., *Human Identity and Bioethics* (Cambridge: Cambridge University Press, 2005), pp. 95-96.

时，责任作为因果基础的概念就被稀释了。① 道德增强技术也面临道德责任被稀释而让侥幸者逃脱责任追究的风险，因为其涉及的主体有设计者、实施者、被增强者，还涉及法律制定、政府监督和社会保险等部。从被增强者的角度来看，被增强者对道德增强技术的偶然使用负有责任，因为他们对这种使用有一定程度的控制，并且实施者或设计者可能通过向被增强者传达如何与技术互动以实现一些实际目的从而转移责任和控制权。②

综上所述，道德增强技术干预人格同一性会面临道德责任挑战，不仅体现为因道德增强技术对人格同一性理论的质疑而引发的道德责任难以界定的问题，还体现为道德责任很可能被道德增强相关责任主体稀释的情况。关于人格同一性的判断标准对道德责任的界定存在不能涵盖的案例这一点，可以根据案例的实际情况在各种人格同一性判断理论中进行权衡并寻求理论突破。同时，明确技术研发运用各方主体责任，才能在道德责任的判断和划分上进行客观、公正、科学的界定。

5. 原因分析

根据道德增强技术干预人格同一性的可能途径及其引发伦理问题的研究，学者们探究了该技术引发人格同一性伦理问题的原因。其主要体现在以下三个方面：技术缺陷、个体差异和社会偏见。

（1）技术缺陷

道德增强技术作为一种满足人类自我发展需要的手段，将给人类带来提升自身道德的福音和实现美好生活的未来，但也可能带来各种未知和不可控的风险。目前，道德增强技术的种类较多，但其安全性和有效性受到各方质疑，因存在技术缺陷而引发人格同一性伦理问题是其中的一方面。道德增强的安全性缺陷表现在以下两个方面。一方面，增强手段难以在短期内发现风险或潜在的风险难以预测。例如，通过基因编辑技术给未出生婴儿植入道德基因的研究备受争议，由于道德增强技术的发展水平限制，遗传表达存在较大未知性和滞后性，甚至出现代际遗传风险，很可能陷入人格同质化的困境。另一方面，道德增强技术可能产生副作用。研究显示，

---

① Persson, I. , & Savulescu, J. , "The Duty to Be Morally Enhanced, "*Topoi* 1(2017): 7-14.

② Pols, A. J. K. , & Houkes, W. , "What Is Morally Salient About Enhancement Technologies?" *Journal of Medical Ethics* 2(2010): 84-87.

深部脑刺激涉及颅内手术，它可能导致一些不可逆的短期效应（如出血）和长期效应（如突触重塑），且很有可能对非认知能力（性格、态度、积极性等）造成损伤，从而颠覆个体的自我概念。[①] 道德增强的技术缺陷还表现在其有效性方面，有些增强技术的增强效果只能持续一段时间，一旦干预停止，会使被增强者表现出前后不一致的人格形象。例如，对于从小受虐待的成人，提高其单胺氧化酶 A 的水平可以降低其反社会情绪，而一旦干预停止，其就有可能变成性情相差较大的人格形象。同样，莫达非尼、安非他命等增强药物在改善注意力和记忆力等认知能力的同时会使被增强者产生对药物的依赖，一旦停止服用药物，其自主性可能会受到削弱，减少道德判断和自我控制，从而降低自主构建道德品质的能力。

（2）个体差异

人格同一性通常被认为是唯一的和单一的，但群体中的成员关系会带来共同的特征。因此，从这个意义上说，群体成员交往会导致同质性，个体差异将与其他成员不共享的个人特征相对应。[②] 人的个体差异既是维持人的尊严和价值的关键，也是个体享有自由、平等、自主等权利，以及承担相应义务和责任的依据。同时，个体差异还意味着不同个体的人格同一性所涵盖的本质特征不同，可能涉及身体素质、智力水平、思维活跃度和道德品质等多方面的差异。人类面对生存和发展的需要，一方面，希冀通过道德增强手段实现整体道德水平的提高和践行普遍认可的道德行为；另一方面，又希望在道德增强技术中维持自我的差异性特征，以保有或维持自我人格的同一性。然而，同一种道德增强技术对不同的差异性个体的增强效果不尽相同，甚至会产生完全相反的效果。这为道德增强技术的发展带来了有关技术和人格问题的双重挑战。道德增强技术既要满足个体差异对增强手段较高的技术要求，又要避免由于增强手段对人格特征"修正"所导致的人格不同一或人格同质化危机。如何应对这一挑战？关键在于衡量人格差异和人格同一的范围和权重。然而，由于技术实施条件的限制，

① Dubljević, V., & Racine, E., "Moral Enhancement Meets Normative and Empirical Reality: Assessing the Practical Feasibility of Moral Enhancement Neurotechnologie," *Bioethics* 5 (2017): 338-348.

② Worchel, S., Morales, J. F., & Paez, D., et al., *Social Identity: International Perspectives* (London: SAGE Publications, 1998), pp. 14-15.

道德增强技术缺乏针对性试验和实证数据，很难规范其范围和衡量其权重。

（3）社会偏见

人们倾向于从先天与后天或者二者的结合角度来解释人类的特质。在基于先天的解释中，许多本质特性从受精卵所携带的基因中预先确定，并成为人的本性中的一部分，这些因"自然"力量而先天携带的人格特质包括身高、肤色、智力等。在基于后天的解释中，人类特质被解释为是后天外部环境（如习俗、制度、教育、宗教等）对自我施加的影响。在某种程度上，自我提升通常是指为了改善自我所进行的选择和努力，这也是几千年来推动人类道德文明不断向前发展的方式。因此，努力、自我提升和成就的传统关系链成为构建人格同一性的核心链条。① 然而，道德增强技术正在挑战这种自我提升的范式，试图将"自然"赋予或通过个人努力而获得的道德人格特质替换或修正为人工设计的产品。对于这种道德增强范式的改变，一部分人表示支持，另一部分人表示反对。支持者表示，那些因保持个性而与他人具有不同人格特征的个体可能会被贴上"异类"的标签，如果在保有自主性基础上增强的是有利于社会的积极特征，这些个体不仅能够撕掉该标签，还能够实现社会整体道德水平的提升。与此同时，另一部分人表示不能接受，主要原因在于技术化的道德不能被整合到自我叙事当中，因为技术化的道德不是真实自我的表达，会破坏自我作为一个自由意志的个体形象，损害自尊，引发人格同一性危机。

五 道德增强人格同一性问题的伦理反思

1. 增强技术的选择问题

技术选择实质上是对技术的可行性分析，不仅涉及社会层面的法律、道德，技术层面的安全、效益，也涉及个人层面的自由、公正。为了避免道德增强技术干预人格同一性而导致的伦理问题，各参与主体在进行技术选择时，应优先遵循以下原则：社会适用原则、安全有效原则和自主选择原则。

---

① Brey, P., "Human Enhancement and Personal Identity", in Olsen, J. K. B., Selinger, E., & Riis, S., eds., *New Waves in Philosophy of Technology* (London: Palgrave Macmillan, 2009), pp. 169-182.

尽管生物技术可以影响道德行为，但是，目前没有一种药物或生物医学操纵技术可以在任何场景中改善所有人的道德行为。因为不同的文化、意识形态、宗教信仰导致不同的种族有不同的道德元素、倾向性和道德共识，差异性个体也有不同的道德标准，对同一事实现象或行为有不同的解读，因此，设计适用全社会范围的道德增强技术是不可行的，也是不可取的。也就是说，一个统一的、强制性的国家资助的道德增强技术与倡导自由的、平等的、多元的民主社会是格格不入的，应该设计一种适应特定人或特定情境的道德要求的"软"道德增强形式，即一种与道德相关的、最低限度的、没有争议的且与医疗实践相差不大的补救性"治疗"措施。例如，药物成瘾（相对没有争议的治疗环境）可能是道德增强技术干预的合适目标。① 综上所述，不同的道德增强技术类型有不同的特点和适用范围，且不同地域或不同个体会因法律或价值观念的差异而产生不同的道德增强需求，所以，要因时、因地、因人、因事进行技术选择。

科技发展的日新月异使得技术干预带来的影响更具风险性、不确定性和深远性，科技伦理正是在这样的背景下渐次交叉展开。② 无害原则对生物医学技术和科技活动的安全性提出了伦理要求，成为衡量道德增强技术是否具有合理性的首要原则。生命和健康若无法得到保障，人格同一性就无从谈起。所以，选用技术进行道德增强时，首先要遵循的是安全原则，即一个决策或技术选择不应给人类、社会或生态环境带来不必要的伤害。其中，最重要的是要保障人的正常生理功能和人之所以为人的心理认知能力。技术选择所遵循的有效原则是指对某项技术在实施前进行有效性分析并依据其可能给人类带来的效益与预期成果进行技术选择，其中的有效性分析包括技术的针对性、精准性、时效性、可操作性等。道德增强技术是否值得研发和运用，关键在于该技术的有效性，主要体现在以下几个方面：增强技术的目标是否在于将社会不认可的人格转化为积极的道德人格；增强技术是否能精准定位与人格特征相关的生理部位；增强技术是否能保障被增强者自由、平等和受尊重等权利或给社会带来福利、幸福等正

① Wiseman, H., "Moral Enhancement—'Hard' and 'Soft' Forms," *The American Journal of Bioethics* 4 (2014): 48-49.
② 甘绍平、余涌主编《应用伦理学教程》，中国社会科学出版社，2008，第187~188页。

效应；等等。总之，道德增强技术选择的安全有效原则是要以安全为前提对增强技术的针对性、精准性、效能、风险性、时效性和可操作性等方面进行权衡。

被增强者对道德增强技术的选择应该遵循自主选择原则，即被增强者应根据自己的主观感受、客观身体状况的医学诊断和社会的伦理规范等做出技术选择。这种技术选择暗含了某种价值判断，体现了被增强者的意愿。道德增强技术在进行合法性论证时，被增强者的意愿将具有规范上的优先权，这种合法性诉诸被增强者的知情同意或自主权。一方面，被增强者应该被预期性地告知潜在的叙事身份变化的可能性和性质。另一方面，如果说社会有义务给个人提供关于道德增强技术的必要信息，那么个人必须接受这种自主选择可能带来的不可逆的后果。① 这并不是说个体的自由选择（或实施某种干预）是没有任何限制的，事实上，医疗实践在某种程度上被允许拒绝参与某些行为。例如，在某种干预对人的本质、生活方式或主体能力会造成较大改变或严重威胁的情况下，个体就不能以自由选择的名义要求实施这样的干预。② 在医疗实践中，知情同意书的签订既体现了对被增强者健康的保护，又体现了对被增强者自主权的尊重，是目前医疗行业中广泛采用的遵从技术选择原则的伦理审查程序。

2. 限定干预人格特征的范围

无论是自我认同的人格同一性，还是社会认可的人格同一性，都要通过生理和心理特征的连续而得到阐释。人格同一性能够接受多大程度上的技术干预而不会被破坏，或者自我的人生叙事能够接受多大程度上的技术干预而不会影响自我认同的性格或价值观，② 或许调和本质主义和存在主义关于真实性的理论能够对上述问题提供解答。赛沃莱思库等人从这一视角提出了历时真实性的双重基础观，即历时性的价值观和可理解的变化。③ 因此，道德增强技术既要通过自我发现寻找或适当保留自我的本质特征（深层于内心的、基于生物学的、信息丰富的、连贯一致的特征），又要通过自我发展

---

① 〔德〕马库斯·杜威尔：《生命伦理学：方法、理论和领域》，李建军、袁明敏译，社会科学文献出版社，2017，第 254~255 页。
② 费多益：《情感增强的个人同一性》，《世界哲学》2015 年第 6 期，第 41~48 页。
③ Pugh, J., Maslen, H., & Savulescu, J., "Deep Brain Stimulation, Authenticity and Value," *Cambridge Quarterly of Healthcare Ethics* 4(2017): 640-657.

识别个人反思性认可的元素来形成自我的真实特征。换言之，在进行技术选择时，要通过以下方式限定干预人格特质的范围，即需要发现并保留个体自我的本质特征，并凸显自我认同的积极特征或淡化不被认可的消极特征。

第一，发现并保留个体自我的本质特征。本质特征被认为是人与生俱来的机能、情感、个性和价值观等能标识真实自我的连贯一致的特征，可以解释一个人的许多行为。因为个体的本质特征有其相对应的生理基础，且遗传决定了不可逃避的生理规律，如青春期人格同一性形成的相对动荡和老年人体力智力的逐渐丧失等。所以，这些标识自我的本质特征既是保持人格同一性的基础，也是研发和应用道德增强技术的前提。乔纳森·格洛弗（Jonathan Glover）把自我发展中塑造的自我与可以雕刻的木材进行比较，发现二者都应"尊重自然形状和纹理的约束"，从而捕捉到增强人格特征的局限性，即尊重来自生活经历中的价值观和来自生物学的本质特征。[1]因为人们渴望表达和维护自己的自我身份，所以人们最不愿意去增强这种基本的、根深蒂固的自我特征。例如，与增强注意力之类的认知特征相比，人们更不愿意增强自身或他人的与生俱来的道德特征（如公正、同理心和善良）。[2]然而，自我的本质特征有时并不容易被发现，人们有时甚至需要经历根本性的改变，才能按照我们的本质生活。

第二，凸显自我认同的积极特征或淡化不被认可的消极特征。身份到底是什么？这是关于一个人的自我意识、一个人认为自己是谁最重要的东西，是自我表达的内心故事，即某些人格特征是否可以确定某人的身份，取决于个体是否认同它们。[3]个体愿意增强人格的某些特征，似乎是受到在不改变基本身份的情况下提升自我的愿望驱动的。真正的自我是一组连贯的自我特征系统，这个系统的起源可以追溯到一个可理解的理性变化的历时过程。人格特征中的性格既含善良的一面也有邪恶的一面，真正的自我

① Glover, J., *The Philosophy and Psychology of Personal Identity* (London: Penguin Books, 1988), p. 131.
② Focquaert, F., & Schermer, M., "Moral Enhancement: Do Means Matter Morally?" *Neuroethics* 2 (2015): 139-151.
③ DeGrazia, D., "Prozac, Enhancement, and Self-Creation," *The Hastings Center Report* 2(2000): 34-40.

是善恶混合体,我们选择保留角色中的某些元素作为自己的核心特征,这就相当于决定展现我们性格的某些方面。① 道德增强技术是在特定的社会文化背景下研发和试验的,其可行性受到政治、法律、道德、社会等方面的限制。所以,道德增强技术所凸显的特征既需要得到自我的理性认同,又需要得到社会的普遍认可。自我认同的关切还体现在对增强技术需求背后的心理学原因分析上,这些心理学原因会影响人们对道德增强技术的选择。通常,人们倾向于强调自我性格系统中的积极特征,如自我牺牲、同情心、合作等,同时淡化诸如冲动、暴力、侵略、种族偏见等消极的人格特征。一些神经成像研究表明,杏仁核(大脑中与情绪有关的部分)的激活与种族偏见相关,对杏仁核的研究具有能够减少种族偏见的生物干预的前景。②

据此,在道德增强技术选择中,要分析人们接受和拒绝应用道德增强技术背后的心理。无论是未增强者还是被增强者,都要对其做好人格特征分析测量工作,考察自我特质的知觉相关性、自我认同和个体增强意愿之间的关系,从而确认构成真实自我的本质特征和个体自身的增强偏好,为道德增强技术的运用提供精准的人格特质定位。同时,要对被增强者增强后的人格状态进行检查和跟踪,评估道德增强技术的增强效果,及时改善技术和修正干预。在道德增强技术的选择中,以下几点值得注意。其一,人格特征的获得可能会产生更多的道德行为,但也要预料到这些增强的特征可能被用于不道德的目的。其二,增强一个或多个特征可能不会产生道德提升,因为被增强者所拥有的人格特征已经达到一个最佳程度。其三,在某些情况下,增强一个特征可能不如增强多个特征所带来的道德增强效果更为明显。

六 本章小结

人格同一性是中西方经典哲学问题,近年来成为人工智能哲学、道德增强技术哲学的热门话题。在道德增强技术哲学中,关于人格同一性问题

---

① Pugh, J., Maslen, H., & Savulescu, J., "Deep Brain Stimulation, Authenticity and Value," *Cambridge Quarterly of Healthcare Ethics* 4(2017):640-657.

② Savulescu, J., Douglas, T., & Persson, I., *Autonomy and the Ethics of Biological Behaviour Modification*(Oxford: Oxford University Press, 2014), pp. 91-112.

讨论占有优先地位。道德增强技术可能改变个体的人格特征，引发"我是谁"的人格同一性危机。我是谁？昨天的我与今天的我是同一个我吗？增强前的"我"和增强后的"我"是同一个我吗？增强后的"我"具有道德自由，需要承担道德责任吗？显然，关于道德增强技术对人格同一性影响的持续追问引发了许多具有学术意义的问题。对这些问题的探讨，拓展和深化了人格同一性哲学的论域。

第八章 道德增强技术的自然主义困境*

现代哲学对于道德自然主义有特殊兴趣。道德自然主义获得的伦理学认同在很大程度上与自然科学的兴盛密切相关，所以伦理学必须接受自然科学的审查与评判。道德增强技术是对道德现象做出的自然主义的还原和解释，本质上是道德自然主义的修正与翻版。道德增强技术打开了一个不确定的道德空间，提出了一些与传统伦理学相左的命题，对伦理学的挑战才刚刚启幕。道德增强技术在道德与自然科学之间建立了一种并不充分的逻辑联系。在一定社会的复杂文化教育背景下生成的伦理道德，不能粗暴简单地被还原成生物的、物理的、化学的系列活动。关于道德增强技术的立场，无论是在科学上还是在哲学上都难以成立。

自然主义的源头在古代，但影响一直持续到现代。道德增强技术借鉴自然主义思想资源提出一些与传统伦理学相抗衡的命题，这也意味着它要面对传统伦理学未曾面对的严峻挑战，必须凛然直面并大胆回应这些新挑战，其才能在现代学术体系中站稳脚跟，否则关于道德增强技术的立场，无论是在科学上还是哲学上，都是经不起推敲的。

一 道德增强技术是道德自然主义的翻版

"自然主义"（naturalism）有方法论自然主义与本体论自然主义之分。方法论自然主义主张认识事物最可靠最有效的方法是科学方法。本体论自然主义主张只有自然科学断言存在的事物才是真实存在的，超自然的事物是不存在的。概言之，自然主义是以科学方法和科学对象为最可靠、最真实的方法和对象的哲学理论。从这个意义上讲，自然主义是唯科学主义。

---

* 本章参考陈万球《道德增强的自然主义困境及其可解性》，《中州学刊》2020 年第 12 期，第 94~98 页。

把自然主义的理论运用到伦理学领域就形成了"道德自然主义"。

　　道德自然主义基于自然科学原理和方法，从自然规律和人的自然本性中探寻人的行为动机和规律，从而建立起自身的道德哲学。"道德自然主义的核心观念仍然将道德现象视为自然世界的一部分，并用自然科学的方法加以解释。"① 道德自然主义根源于古代的自然主义哲学。从本体论上看，道德自然主义认为，道德的基础和本质是自然的，尊崇从自然事物的本质和规律中引申出人类社会的道德原则和道德规范。从认识论上看，道德自然主义大多承认自然的可知性，相信采用科学的经验方法，一定能够认识自然界本质规律。从方法论上看，道德自然主义大多主张还原论，认为道德属性可以直接还原为自然属性。

　　道德自然主义有其鲜明的理论优点。一方面，道德自然主义把道德研究建立在自然科学基础之上，尝试在道德与科学之间构建一种必然的联系，开启了道德科学化的历程，从某种程度上讲是恢复了古代"知识即美德"的传统。因为道德现象是自然现象，人们对道德的驾驭更加轻松自如。另一方面，对道德问题的解决更加仰仗和依赖科学进步和科学方法，道德自然主义相信通过科学方法可以解决更多道德问题。②

　　随着自然科学的进步，道德自然主义在实践中演化成多种形式。道德物理主义是道德自然主义的一个典型的子类，是"现时代占统治地位的世界观"。③ 道德物理主义是从物理上寻找道德的起源和本质，把道德现象和道德行为归结为"物理的"属性。随附性是所有物理主义的共同承诺，是物理主义最简单、最核心的思想，即"世界上的一切要么是物理的，要么随附于（依赖于、决定于）物理的东西"。④ 换言之，除了物理的存在之外，什么也没有。物理主义是真实的，世界（包括人）完全是由物理学所认可的实在所构成的。人的身体是一个物理—化学系统，其所有变化都可用物理—化学术语来解释，人身上的所有属性也都可用物理—化学术语来解释，如心理现象、社会现象、道德现象也是物理的。正是在这个意义上，当代伦理学的科学论证从一开始就蕴含着浓郁的物理主义特征，使得道德发展

① 刘隽：《道德自然主义面临的挑战与回应》，《世界哲学》2019年第5期，第148页。
② 刘隽：《道德自然主义面临的挑战与回应》，《世界哲学》2019年第5期，第148页。
③ Gillett, Cart, & Loewer, Barry, *Physicalism and Its Discontent*(Cambridge University Press, 2001).
④ 高新民、胡嵩：《物理主义两大疑难探原》，《哲学动态》2020年第1期，第108~116页。

打上了实证性科学的烙印。随着化学科学的大发展，一些学者用尝试化学来解释道德现象，因而就形成了"道德化学主义"。以此类推，有"道德达尔文主义""道德生物医学主义"等。"道德生物医学主义"就是道德增强技术，也可以称为"非传统道德增强主义"。

道德增强技术由牛津实践伦理中心学者朱利安·赛沃莱思库和瑞典哥德堡大学教授英格玛·佩尔森等学者提出。他们认为，一方面，当代自然科学的发展使人们获得了毁灭性的技术力量；另一方面，道德的自然进化缓慢，跟不上技术迅猛发展的步伐。因此，必须寻找道德进步的新途径和新思路，用生物医学手段加速道德的进步，以克服目前人类面临的灾难性难题。增强派大多认同道德增强技术的目标是解决当前社会生活中的重大现实问题，如减少极端的不道德行为及带来的种族歧视、环境破坏甚至恐怖主义等道德灾难。道德增强技术的重要贡献是引发了学术界对道德自然主义的思考。①

可见，道德增强技术与传统自然主义一脉相承，从本质上看就是道德自然主义，但道德增强技术不是道德自然主义的简单翻版，而是对其进行了严格的修正。

二 道德增强技术对道德自然主义的修正

近代以来，道德自然主义学术殿堂非常热闹和繁盛，究其原因在于以下方面。其一，自然科学的飞速发展及其强大的解释力，坚定了人们用自然科学的成果和方法解释一切的信心，导致了科学主义的出现和盛行。人们看到自然科学无比巨大的解释力和实践价值，从而认为科学是至高无上的，是最权威的终极解释理论，高于对生活的一切其他类型的诠释；认为科学不仅能解决自然界的问题，而且能够解决一切社会问题，因此各种形式的自然主义从科学主义中衍生。其二，坚持"物理完全性"信念或原则。该信念或原则认为，从理论上说，物理的东西或根源于物理的东西就是世界的全部，世界完完全全是物理的。其三，与上所述密不可分的是，道德自然主义相信因果封闭性。所谓因果封闭性是指，世界上的确存在着因果作用，但因果作用完全封闭于物理事物之内，即只有物理的东西才有因果作用。

① 叶岸滔：《道德增强：伦理困境与自然主义思考》，《学术月刊》2017 年第 3 期，第 40 页。

　　道德自然主义的解释有其合理性和科学性。① 尽管如此，道德自然主义依然遮蔽不了理论和实践上的不足。对此，一些学者指出：道德自然主义是虚妄的，它存在诸多的软肋与麻烦。② 一是忽视道德社会性本质，从道德现象视为自然现象。道德自然主义一般否认道德的社会性，反对以自然科学以外的视角分析自然现象和社会现象。但道德现象不应等同于自然现象，道德理论也不应等同于自然科学理论，两者无论是在内容上还是在方法上都不尽相同，我们无须为了承认道德现象与自然物理现象的联系，就一定要将道德事件还原为或等同于自然物理事件。二是混淆了事实和价值之间的关系，导致产生休谟所批判的"自然主义谬误"，即在道德现象与自然现象之间建立起一种并不充分的因果联系。事实上，"oughts"不能等同于"is"，或者说，实然不能推出应然。三是还原论的错误，把复杂的现象还原成简单的事物，有损道德的独立性和开放性。正如希拉里·普特南（Hilary Putnam）指出的那样："我们的心理状态……不可能等同于任何物理或化学状态。"③ 叶岸滔也指出："宗教、历史和文化等因素与道德实践密切相关，这种做法最终会把道德的基本要素排除在外，容易导致道德问题简单化和个体化，认为只要通过自然科学的方式就能解决各种道德问题，期待用科技的进步来掩盖社会层面的问题和弊端，实际上造成的是一种价值观上的错位。"④ 摩尔认为，所有用非道德术语描述道德属性的尝试都会失败，因为任何道德问题，都是开放式问题，但自然科学问题却是封闭式的，所以开放式的问题不能用自然方法来讨论。四是思想上的偏狭性。道德自然主义认为，物理学才是科学理论的唯一范例，合理性只能是科学的合理性，客观性只能是科学的客观性，其他不具有这种合理性的学科或观点便都成了主观的，具有浓郁的科学主义情结。希拉里·普特南认为，这样的理解是偏狭的。鉴于道德自然主义存在诸多问题，道德增强技术在理论和实践中对其进行了修正。

① 高新民、胡嵩：《物理主义两大疑难探原》，《哲学动态》2020年第1期，第108页。
② 高新民、胡嵩：《物理主义两大疑难探原》，《哲学动态》2020年第1期，第112页。
③ Putnam, Hilary, *Mind, Language and Reality: Philosophical Papers Vol. 2* (Cambridge: Cambridge University Press, 1975), p. 293.
④ 叶岸滔：《道德增强：伦理困境与自然主义思考》，《学术月刊》2017年第3期，第47页。

1. 承认道德自然属性的基础上，并不排斥道德的社会属性

道德自然主义存在两种形式：一种是从自然界寻求道德的本原，不承认自然之外存在道德的本质；另一种是从人本身的自然生理、心理属性寻找道德的基础和本原，认为人的思想、情感都是由大脑神经元实现的，改变一个人的大脑神经元结构，也就改变了他的思想、情感。所以，真正有价值、值得珍惜、有尊严的，应该是大脑神经元结构。不管哪种形式的道德自然主义均忽视了道德的社会性本质，把道德现象视为自然现象。"在对道德社会属性的认识上，道德的自然主义还容易忽略道德问题的复杂性，简单地将道德的产生和发展归为科学现象，将个人和社会存在的道德问题归因为个体生物学原因，从而把宗教、文化和历史等因素剔除在道德之外。"[1] 与此不同，道德增强技术承认道德兼具社会性和自然性双重特点。道德增强技术的支持者认为：道德是可以社会化的，文化背景和教育可以成就一个具有伟大德性的人。

2. 折中主义

道德自然主义主张：科学是至高无上的，自然科学知识才是真知识，是最权威的终极解释理论，自然科学方法才是真方法，高于对生活的一切其他类型的诠释。换言之，道德自然主义在理论基础，尤其是方法论上是封闭的、排他的。然而道德增强技术认为：自然科学存在局限，其解释力是相对的，道德增强方法也是开放的，不仅承认自然科学方法，而且承认传统的教育方法也是道德增强。用开放性方法取代封闭性。佩尔森和赛沃莱思库认可社会的、文化的和制度性的方式，以及理性的重要性。他们认为，道德增强技术不是由生物医学方式单独完成的，传统的道德教育也发挥着作用，而且作用较大。"生物医学道德增强不是唯一的'灵丹妙药'，而是在包括文化、社会方式等增强的综合路径中可以发挥作用的一种。"[2]

3. "非完全性"的信念和原则

道德增强技术用"非完全性"原则克服道德自然主义的"物理完全性"。道德自然主义坚持：全部自然科学具有完全性，即可以完全无遗地

---

① 叶岸滔：《道德增强：伦理困境与自然主义思考》，《学术月刊》2017 年第 3 期，第 47 页。
② Persson, I., & Savulescu, J., "Moral Hard-wiring and Moral Enhancement," *Bioethics* 4(2017): 286-295.

认识和把握全部世界或世界上的一切。实际上，这是一种作茧自缚、画地为牢的主张。道德增强技术并非主张"技术包打天下"，也不认为科学技术是解决现实问题的唯一良方。运用技术增强，并非对"所有"道德情感进行调节，而是只针对"某些"情感，也并非毫无目的地"随意"调节，而是要使人们具有"更好的"道德动机从而做出"更道德"的行为。根据道格拉斯的理论，调节的"某些"情感主要是：①对特定种族的强烈反感和暴力侵犯冲动情感（the impulse towards violent aggression），这是需要通过技术"弱化"的；②某些核心道德情感（the core of moral dispositions），如利他和公平正义情感，这是需要通过技术"增强"的。佩尔森和赛沃莱思库明确指出，责任心、意志力、勇气、节制等美德不是道德增强技术调节的内容。

道德自然主义本身还存在许多理论和实践上的难题和缺陷，其自身合法性仍然需要进一步反思和研究。

三　道德增强技术与传统伦理学的冲突

非传统道德增强正在开创一个用技术控制道德的时代。道德增强技术对道德的改造，实质上是使自然的道德变成人为的道德或者技术的道德，颠覆了人们对道德的传统认识，对传统伦理学发起了空前的挑战。

1. 撼动传统道德基础

道德根源的问题是伦理学派建立各自理论体系的逻辑起点，也是各派伦理学存在合法性的基础。道德神本论把道德的根源归结为神的启示，由此建立庞大系统的神学伦理学体系。经院哲学家托马斯提出，世界上有两种律法：神法与自然法。自然法即社会规则，它起源于神法，是"神的荣光在我们身上留下的痕迹"。① 道德人本论从人性中寻找道德根源，即从人的理性、感性或情感中寻找道德的本质和基础，由此衍生理性主义、感性主义和情感主义伦理学体系。与神本论和人本论不同，道德增强技术强调社会道德情感根源于人的生理、心理活动，是脑神经的外化活动。表面上看，道德增强技术是传统的情感主义伦理学，其实不然。道德增强技术只是借用了"情感"一词，它把道德情感归结为生理心理和人脑的机能。也

---

① 《阿奎那政治著作选》，马清槐译，商务印书馆，1963，第107页。

就是说，道德增强技术把道德归结于生理心理现象，并且主张通过药物等技术改变生理心理以及刺激大脑结构和功能，从而达到改变人的道德行为的目标。道德增强技术也撼动了理性主义伦理学基础。传统理性主义把道德看作人的理性的结果，是人自己为自己立法。在理性主义看来，人类的道德判断可能具有一定的生物学基础，道德的形成和发展与基因遗传、生理、心理之间存在一些联系，但不能据此只强调道德的自然性而否定了道德的社会性。在这个意义上，道德增强技术忽视了道德的社会背景，[①] 将道德当成一种可以维修的物品而不是一种特殊的理性意识。理性主义认为，抽离道德的文化背景和社会意义，只会使道德问题陷入个体化和简单化的困境之中。

2. 道德神圣性的失落

道德的至上性是传统伦理学一贯的主张。斯多葛学派骨子里充满着对人性的尊严和道德神圣性的肯定。斯多葛学派的道德自足之说在康德那里引起了共鸣，"有两种东西，我对它们的思考越是深沉和持久，它们在我心灵中唤起的惊奇和敬畏就会日新月异，不断增长，这就是我头上的星空和心中的道德定律"。[②] 这是人类思想史上最气势磅礴的名言之一，康德对道德理性给予了极高的赞誉。康德还认为，尊严比普通所理解的事物的价值更高，一切有价值的东西都能被其他东西代替，而尊严是无价的。也就是说，超越一切价值的，没有等价物可以代替的，才是尊严。同样，道德也没有任何等价物，不可用等价物代替，不可用钱买到。同时，道德的形成和发展应该是一个顺应自然发展和选择的过程，人不应该过分地干涉。人和人的道德世界应该是一种基于自然并有一种神圣不可侵犯的含义，是一种"上帝赐予"。人类对待这种"上帝赐予"应该要有足够的尊重和敬畏。假如我们靠吃粒药就能任意改变情绪、情感和欲望甚至道德等，那么人的尊严又如何体现？人的行动应该有一定的限度，不可逾越。但是，道德增强技术对道德进行改造，把道德变成工具理性的对象随意进行修正，这就降低了道德的神圣性，成了一种扮演上帝的行为。

---

① Ehni, Hans-Joerg., & Aurenque, D., "On Moral Enhancement from a Habermasian Perspective," *Cambridge Quarterly of Healthc Ethics* 2(2012): 223-234.

② 〔德〕康德：《实践理性批判》，关文运译，商务印书馆，1960，第89页。

3. 对人的意志自由的僭越

自由的本质，自由与道德责任的承担，是传统伦理学关于自由问题的基本论域。对此问题的不同回答形成了自由意志论和决定论的分野。自由意志论认为，人们的意志或行为是没有原因的，无法解释的，换言之，是完全自由的。因此，人们必须对自己的行为负全部责任。亚里士多德说："我们能说'不'的地方，也能说'是'。"① 可见，他认为人们的意志和行为是充分自由的。康德在突出人的理性的同时突出了人的自由本质，甚至把人的本质定义为自由，认为人格"就是摆脱了全部自然机械作用的自由和独立"。② 他又把自由与道德联系起来，说"自由是道德法则存在的理由"，③ 只有人是自由的，才能要求他负道德责任。康德说，"这个意志也仍然像宝石一样，自身就发射着耀眼的光芒，自身之内就具有价值"。近代以来，自由意志论与存在主义相联系，形成了强大的思想潮流。决定论则认为，人们的一切选择和行为，无不是由外部的原因所造成的、所决定的，人并不具有自由意志，因此不能要求他们对自己的行为负全部责任。道德增强技术就是一种典型的决定论，其认为人的生物本能和规律控制着人们的行为和动机，所以人们并不具有自由意志，也就无须承担道德责任。对此，反增强派进行了有力的反驳：道德增强技术剥夺了人的"作恶的自由"，侵犯了行动自由、意志自由和思想自由。④

4. 对传统道义论的挑战

根据道义论的传统，道德原则必须本身具有善的价值或性质。这种原则的道德价值不依赖于它所产生的功利或效果。道义论的理论渊源可以追溯到中世纪基督教伦理思想，因为这个时期的思想家都把道德原则说成是具有绝对的善的价值，是超功利的。作为一种完整的理论，道义论由康德提出。康德认为，世界上有两种命令：一种是为了某种目的如幸福和爱而提出的命令，这是有条件的假言命令；另一种是不依赖于任何经验事实，不是为了追求其他目的而提出的命令，这是无条件的绝对命令。绝对命令

---

①　周辅成编《西方伦理学名著选辑》上卷，商务印书馆，1964，第 306 页。

②　〔德〕康德：《实践理性批判》，关文运译，商务印书馆，1960，第 89 页。

③　〔德〕康德：《实践理性批判》，关文运译，商务印书馆，1960，第 2 页。

④　Bublitz, Christoph, "Moral Enhancement and Mental Freedom," *Journal of Applied Philosophy* 1 (2015): 88-106.

是否会对个人和社会产生利益，这是根本不用也不可加以考虑的。因为只有当行为伴随对道德原则更深入的思考，行为才具有道德价值。这一观念体现了人们思考道德问题的一种由来已久的传统。这一传统为了保证道德的普遍性和确定性，把对道德的追求转变为对一种道德知识的追求。柏拉图提出，道德进步本质上是一个由理性辩论来推动的智识过程。从斯宾诺莎和康德到罗尔斯等许多有影响力的哲学家拥护这一观点。比如康德认为，一个真正具有美德的行为是一个有意识地实现更高目的的行为。毫无意识地行动并且对行动毫无认识，就不是美德。行为的道德性来自对法则的敬重，而不是对行为效果所具有的喜爱和偏好。斯宾诺莎也认为，完全由情感所激发的行动越过了理性思考，就不能体现个体对至高的和普遍的道德原则的把握。道德增强技术认为，通过增强获得的情感可以有效地推动一个人做出道德行为，情感增强所激发的行为具有道德价值，因而也能带来真正的道德进步。然而在道义论看来，依靠技术干预产生的道德行为毫无价值可言，道德增强技术难以获得道义论的辩护。

5. 对美德伦理学的否定

"德性"是美德伦理学根本性的概念。在古希腊，"德性"最初用法是指武士的高贵行为，后来泛指包括人在内的一切事物拥有的优点。德性靠教育和社会实践形成是美德伦理学的基本论点。智者派认为德性不是人天生具备的，不是自发而来的，是通过人们苦心的学习，通过别人的传授而来的。普罗塔戈拉用神话方式说明道德、政治都是人们社会生活的产物，他从中证明人性本善，人人都有德性。德谟克利特把教育看作创造人的第二本性的巨大力量："本性和教育有某些方面相似：教育很可以改变一个人，但这样做了它就创造了一种第二本性。"亚里士多德认为：人的德性分为理智德性和伦理德性，理智的德性高于伦理的德性。理智德性主要由教导生成，而伦理德性则由风俗习惯沿袭而来。只有建造房屋才能成为建筑师，只有弹奏竖琴才能成为操琴手。同样，要具有公正的德性，就必须做公正的事；要具有节制的德性，就必须做出节制的行为。斯多葛学派也主张：德性是人世间唯一值得追求的东西，它本质上是自足的。"如果道德上的提高就像服用一颗药丸或给新生儿接种疫苗一样简单，那就太好了。但人类道德心理的个体和神经心理复杂性表明，道德提升没有捷径可走。"而道德增强技术改写了美德伦理学传统，绕开了德性的实现必须通过教育、社会实践的努力等环节，认为德性是可以通过技术增强来拥有的，德性不需要用理性来控制感性的欲望，更不需要像犬儒学派那样"忍耐、忍耐、再忍耐，克制、克制、再克制"，德性和德行可以"不劳而获"。但是用亚里士多德的说法来看，技术化的德性，就不是一种"真正的德性"。

四　应对道德增强技术的可解性策略

道德增强技术的诉求及其引发的挑战，使伦理学面临一系列新的问题。伦理学如果要在现代学术谱系中真正站得住脚，就不能回避，必须有力回应其挑战。

第一，开放主义策略。道德增强技术自提出之后，支持派和反对派聚讼是非，不绝于耳。道德增强支持者认为，道德增强技术是对传统意义上的道德概念的突破与创新，能为我们带来一条人类道德进步的新进路。反对派则明确反对道德增强，认为道德增强技术会给人类复杂的道德心理带来严重的干扰，主张继续使用传统的道德增强方式。[①] 我们主张非传统道德增强与传统道德增强可以兼容，并行不悖，其主要的理由在于：科学化的趋势是不可阻挡的。现有科学研究已经证明，道德与自然科学之间存在密切关系。自然科学的发展能从不同侧面揭示人类的行为和道德，发现道德和个人道德行为产生的生物学根源。[②] 如果伦理学忽略和排斥了科学知识，就会使道德研究与现代科学知识脱离，容易让道德处于虚无主义的状态，无法令人信服地回答人类的道德是如何产生的、道德判断背后起支配作用的是什么等问题。我们应坚持开放主义策略克服非自然主义保守的一面，坚持继承与创新的统一。一方面，依然要固守传统伦理学的优势；另一方面，也要创新发展，对现代自然科学的强大解释力和有效性给予承认，以谨慎的乐观和包容心态迎接道德增强技术时代的到来。道德增强技术与传统道德增强方式各有利弊，应该互相兼容、共同推动伦理学的兴盛和繁荣。

第二，归谬主义策略。我们应揭示道德增强技术在逻辑和内容上的漏洞，诉诸或援引既有的道德哲学资源，捍卫道德现象与道德活动的独特性

① Zarpentine, C., "The Thorny and Arduous Path of Moral Progress: Moral Psychology and Moral Enhancement,"*Neuroethics* 1(2012): 141-153.

② 叶峰：《为什么相信自然主义及物理主义》，《哲学评论》2012年第1期，第1~66页。

及其不可还原性,进而为道德作为人类伦理生活所特有的一种精神现象确认存在论空间与理论合法性。在这个过程中,我们当然无须彻底否定道德增强技术的实在性与经验性,而只需证明这种实在性与经验性的限度即可。毕竟,经历现代自然科学洗礼并做出相关回应之后的伦理学,不再是也不必只是一种奠基于古代道德知识的伦理理论。相反,它可以在现代自然哲学内部发现同盟军。在这个意义上,坚持现代方向但又规避其中的偏激之处,才是伦理学在现代社会的存在与发展之道。但是,"如果把自然科学原则在道德研究中推到极致,不仅不能从根本上解决社会问题和道德问题,道德还可能工具理性化,陷入还原论的误区中,道德世界沦为物化的实体,人类社会的价值追求就无法立足"。①

第三,理性主义策略。把辩证理性作为建构道德体系的工具和手段,将伦理学建立在知识学的基础上,从人的辩证理性中演绎出伦理原则,这些是自苏格拉底以来西方伦理学的优良传统。辩证理性主义的传统对于现代伦理学的构建仍然是极其宝贵的资源,亦是我们回应道德增强挑战的主要策略之一。对道德客观性的认识可以采用一种与自然科学全然不同的方式,即罗尔斯所提出的"反思的均衡"。经"反思的均衡"建构起来的关于人们道德行为的基本准则中,辩证理性主义将超越自然主义和物理主义的局限,并根除道德增强技术对道德的简单化的操作,为道德进步提供更多更新的解释论框架。现代西方伦理学中的各种道德增强派别,实际上无法真正解决西方社会面临的严重道德危机。社会道德问题的最终解答还是要诉诸人类的辩证理性来发扬,即在承认人自然属性的基础上把握人的社会属性的发展规律,在自然科学的成就与道德人文主义之间找到均衡。道德均衡主义不同于道德折中主义,道德折中主义主张道德自然属性本质,道德均衡主义则坚持马克思历史唯物主义立场,主张道德社会属性本质。同时,道德均衡主义强调相互关系的动态性、渗透性和主动性,而不是折中主义的孤立性和被动性。

第四,追寻主义策略。麦金太尔的《追寻美德:道德理论研究》蕴含一种重要方法,即"辩证叙事探究":主张道德研究不仅是理论探究,而且是实践研究;不仅是哲学探究,而且是生活探究。这种方法确认了理论研

___
① 叶岸滔:《道德增强:伦理困境与自然主义思考》,《学术月刊》2017年第3期,第47页。

究和生活研究具有同等重要的作用。道德增强技术应采取辩证叙事探究的
追寻方法：一方面，期待着理论研究上的拓新发展，继续加强对道德增强
问题的理论研究，厘清道德与技术、自由与责任、决定论与非决定论等概
念的辩证关系，拓展问题研究的深度与广度；另一方面，还需要加强道德
增强技术的临床试验和实证研究，回答什么道德增强技术应该被探索和应
用，技术应用的前景、政策建议等问题，以期获得最佳途径和效果。目前，
道德增强技术的科学研究依然处于起步阶段，对很多问题的研究仍然处于
一种初级认识阶段，更多的问题等待科学家与伦理学家携手合作予以科学
解答。

第九章　道德增强技术的治理对策

伦理学是关于"应该"的科学。道德增强伦理学以道德增强技术和技术活动中的伦理原则和道德规范为研究对象。然而，道德增强技术在很大程度上还是一个正在发展中的可能性技术。从预防原则以及前瞻性责任原则出发，道德增强伦理学应该与生物科学技术的发展同步，但是，面对道德增强技术后果的不确定性，道德增强伦理学应如何评价它的善恶，什么样的行为在伦理上是可行的，这些问题是研究的重点。尽管人类使用生物医学技术可能会改变某些道德情感，但要从根本上提高一个人的道德动机，使其做出更好的道德行为，获得明显的道德品质提升，道德增强技术还将面临巨大的挑战，甚至是一些无法逾越的困难：诸如，道德情感难以量化的特点使道德增强变得异常困难，道德心理表现出的个体发育的复杂性以及神经心理的复杂性给道德增强准确的"目标干预"带来严峻的挑战，道德多元化使我们对道德增强的可能性产生怀疑。此外，道德增强技术和其他生物技术一样，引起大量的伦理和社会问题，如改变人性、身份，限制自由，手段不自然，诱导投机取巧行为，安全问题，等等。所有这些都构成对道德增强伦理学的重大挑战。国内外目光聚焦道德增强技术，提出种种应对之策，择其要者有四。一是政府加强应对。二是学界加强研究。三是民众广泛支持。四是健全评价、监督和检测机制。

作为一种颠覆性技术，道德增强所带来的风险和挑战值得我们深思和探讨。为解决应用层面的问题，应对道德增强技术带来的挑战，应从原则层面、机制层面、实践层面和治理层面等维度提出应对策略：确定道德增强技术应遵循的科学合理的伦理原则，构建"五位一体"治理体系，以及研究临床应用的限度、实施有效的技术分级制度。以期确保道德增强技术造福人类。

一　治理基石：确立科学合理的伦理原则

一个完整的行为过程由行为动机、行为本身、行为后果三者构成。传统伦理学主要集中在对行为本身及其行为的明显后果的辨析。随着生物医学、大数据与人工智能的爆发性发展，这些技术行为的后果变得不可预测或难以预测，传统伦理学已无所适从，因此需要一种全新的针对可能产生重大技术恶果的伦理原则及其方案。从现代伦理学的发展趋势来看，专业化和精准化更具有生命力，具有广泛普适性的伦理全能公式已逐步式微。比如，谷歌公司 CEO 桑达尔·皮查伊发表署名文章《谷歌 AI 的原则》，详述了人工智能运用的七大原则，即造福社会、避免偏见、确保安全、对人负责、保护隐私、遵守严格的科学标准、避免有潜在危害或可能被滥用的技术与应用。但这样的伦理规范在实际运用中仅仅是现代形而上学。

从道德进化过程来看，道德增强技术是生物医学的突破性进展和人工智能综合技术飞跃的结果。从道德进化本质来看，道德增强技术突破了传统道德进化后的抑制感，实现了道德演化从以"纯粹感性"为重点到以"纯粹理性"为重点，再到以"实践理性"为重点的框架重大转换。从技术介入的公共性来看，道德增强技术形成了身体与道德、道德与技术、人与世界的新型关系，决定了道德进化的新特点与新走向。因此，如何构建道德增强技术的双重变导的伦理学是比道德增强技术本身更为重要的课题。针对道德增强技术，在一切生物医学研究都应遵守的"不伤害""有利""尊重""公正"的生命伦理学基本原则上，我们提出了一项核心原则和几项重要原则以指导道德增强技术的未来走向。

气象化学家保罗·克鲁岑（Paul Crutzen）把人们所生活的这个地质时期命名为人类纪（Anthropocene）。人类纪意指人类及其技术活动已经成为主导地球环境的地质因素，其特征是技术已经从众多维度介入了这个世界，而这为更恰当地理解技术、人类和社会系统之间相互依赖的复杂关系提供了可能性。人类纪急切呼唤对技术的研发和应用进行全方位有效的公共性制衡。类安全原则、禁止性原则、差异原则、不歧视原则等可以作为现阶段技术化道德的伦理制衡原则。

1. 核心原则：类安全原则

无论是生物医学治疗技术还是道德增强技术，无害和安全都是生命伦理学关注的首要问题。无害原则是任何科技活动都必须遵守的伦理底线，其真正意义在于增强者（研究者和实施者）要对被增强者的健康和生命负责。一旦科技活动严重违反无害原则，它就有可能闯入伦理禁区。[①] 道德增强技术作为生命伦理学所关注的一个焦点问题，"不伤害"是其所必须遵循的基本原则。《希波克拉底誓词》要求医生对病人应尽力而为，不伤害，像对待父母一般对待病人。不仅是道德增强技术，任何新兴科学技术的出现与应用，安全问题都是首先需要考虑的问题。不管这种技术价值几何，只有能够遵循保护人类价值、安全的前提，才可以被接受与应用。因此，安全原则应是道德增强技术伦理原则的核心所在。安全原则主要体现在三个方面。

一是增强个体安全。当前道德增强技术还处于实验论证阶段，虽然道格拉斯、赛沃莱思库等论证了生物医学道德增强的可能性，但是药物的副作用以及增强的风险都尚未完全明确。众所周知，任何药物都会有一定的毒副作用，更何况直接作用于大脑的药物。稍有不当，其很可能给增强的个体带来巨大的风险。就目前已有的研究而言，利他林等药物虽然可以帮助孩子治疗注意力缺陷、躁动症等，但是更可能造成严重的成瘾和依赖性以及心理问题。这类药物一旦停止服用，服用者便会开始怀疑自己的能力，甚至自身的注意力大不如前。[②] 此外，研究证明，可用于提高人类的公平意识和合作意识的血清素类药物更是被指具有极其严重的毒副作用，在持续高浓度的情况下，血清素具有致命的毒性。在服用血清素类药物后，会出现如下症状：增加心率、颤抖、出汗、精神错乱、腹泻、抽搐、高血压、高热等，并且一旦浓度到达某个临界值，这类药物便会成为致命的毒药。[③] 但这在支持道德增强技术的文献中未曾被提及，对于大多数人来说，血清素类药物在剂量与效果上有一个明显的上限。使用血清素作为道德增强剂，不能指望"增加剂量"直到产生效果；相反，在很大程度上它必须定量使用。并且，更多的文献表明，血清素类药物通常会引起或加重一系列异常

---

① 甘绍平、余涌主编《应用伦理学教程》，中国社会科学出版社，2008，第 183~184 页。
② Aikins, R. D., "Academic Performance Enhancement Drugs in Higher Education," *Education, Medicine* 5(2012).
③ Wiseman, Harris, "SSRIs as Moral Enhancement Interventions: A Practical Dead End," *AJOB Neuroscience* 3(2014): 21–30.

的精神和行为状况。这些药物的不良反应包括一些临床常见现象，从轻度躁动到躁狂性精神病、躁动性抑郁症、异样或非个体特征的强迫性专注，以及静坐不能。这些反应中的任意一种都会恶化个体的精神状况，并可能导致自杀、暴力和其他形式的极端异常行为。这些证据在临床报告、对照临床试验和儿童和成人的流行病学研究中都可以找到。此外，除了已经提到的所有与毒副作用相关的风险，血清素类药物还会造成大脑中的生物—化学失衡，从而产生依赖性。由此可见，道德增强技术对于个体而言仍存在相当大的风险，并且这种风险极可能造成不可挽回的后果。因此，道德增强技术想要进一步发展以及应用，就必须坚守"不伤害"这一伦理底线，在增强之前对个体进行完整的安全和风险评估，在确定药物、手术对个体无副作用或是极小副作用时才可进行。要尽可能以最小的风险获取最大的效用，找到规避风险的最优解。

二是人类的整体安全。我们要避免因药物或基因变异导致物种大面积异化的失控，从而引发人性的根本性裂变；谨防人类整体意义上的道德滑坡与道德沦丧。维护好人类的整体安全，是我们需要谨慎对待的首要问题和重中之重。值得强调的是，任何技术、任何举措，都不得以牺牲人类整体安全为代价。增强派的理念是通过道德增强技术提高人类道德水平，从而将人类带入安全无风险的社会。佩尔森、赛沃莱思库从大量文献中得出了一个令人惊讶的结论："所有形式的科学进步对人类整体来说都是有害的，因为它们增加了最终毁灭的可能性。"[1] 并且，他们认为当前的道德水平不足以跟上科技迅速发展的脚步，二者之间存在严重的不匹配，所以才亟须进行道德增强以防止科技进步带来恶果。增强派的说辞似乎使其自身陷入了一个棘手的困境：既然科技的迅速发展是有害的，增加了毁灭的可能性，那么应延缓科技的进步，而道德增强技术的研发、发展却需要科技进步以获得相应技术水平的支持。这样，二者之间就是相悖的。事实上，就马克思主义辩证法的观点来看，任何进步都以退步为代价。[2] 恩格斯在《自然辩证法》中就指出："有机物发展中的每一进步同时又是退步，因为

① Fenton, Elizabeth, "The Perils of Failing to Enhance: A Response to Persson and Savulescu," *Journal of Medical Ethics* 3(2010):148-151.

② 陈万球：《非传统道德增强的双重变导：生物医学中介与智能体引擎》，《武汉大学学报》（哲学社会科学版）2019年第4期，第32~38页。

它巩固一个方面的发展，排除其他许多方向上的发展的可能性。"① 纵观科学发展史，任何一种新兴科技的发展、应用，如互联网、核能等，都在一定程度上让渡了人类的一部分利益、权利与安全，就连造福所有人类的电力的发明也带来了可能致使电力泄漏等电力方面的危险安全事故，但这并不意味着我们就必须放弃高新技术。我们需要的是牢牢抓住个体安全、人类整体安全原则这一绳索，在道德增强技术应用之前就积极对其进行风险预防和防控，进行最优化考量从而采取最佳的行事策略，规避重大的危害事故。此外，人类整体安全必须放在第一优先考虑的位置，道德增强技术的应用与发展不可对人类这一独特物种进行打击与伤害，也必须立足不剥夺子孙后代的利益以及未来社会的可持续发展的立场上。只有经历过周全的考量，才能使得道德增强技术朝着促进人类社会健康发展的方向大步前进。②

三是安全无害原则是第一原则。首先，安全原则应作为第一原则优先于其他原则。任何道德增强技术的运用应尽可能避免对他人或群体的健康和生命造成严重和不可逆的伤害。无害原则所规范的主体主要是增强者，无论是道德增强技术的决策者还是实施者，都要预防该技术对人的器质性损害，更要防止该技术对被增强者精神世界造成创伤，以及避免增强行为对人类遗传或社会秩序造成不可逆伤害。其次，安全原则也是一种完全责任原则。根据安全原则可以对结果进行预测或评估，如果增强者在明知该技术会损害被增强者身心健康的情况下，还继续对人体实施干预，那么这是一种明显的不道德行为，甚至存在故意伤害的情况，应承担全部责任。最后，无害原则应秉持以人为本的发展理念。一切的发展是为了人，对生命、健康的关切甚于其他。如果通过技术干预造就完美人格是以牺牲人的健康或生命为代价，那么道德增强技术就失去了存在的根基。

2. 重要原则：自主、尊重、公正和差异原则

除去安全原则这一核心原则外，如下几项重要原则也是道德增强技术发展与应用的必要遵循。

---

① 《马克思恩格斯选集》第四卷，中共中央马克思恩格斯列宁斯大林著作编译局编译，人民出版社，1995，第 371 页。
② 江璇：《人体增强技术的伦理研究》，东南大学博士学位论文，2015，第 102 页。

　　一是自主原则。自主原则既适用于增强者，也适用于被增强者，其所依据的理论基础对指导和规范生物医学实践具有重要的伦理价值。"尊重"是生命伦理学的基本原则之一，首要体现在尊重人的自主性问题上。自由和自主是获得一切有价值的事物的必要条件，也是人类所追求的最高的善。我们每一个人都是自主的个体，只要行为没有伤害或者阻碍他人的自主与自由，并且在合理的范围内，就应该受到尊重。[①] 古希腊哲学家普罗泰戈拉提出了"人是万物的尺度"的论断，标志着人的主体意识开始生成。[②] 道德增强技术的好坏、优劣在不同的人心中都有自己的尺度和标准，选择增强与否要尊重个体的自由选择。马克思、恩格斯在对人的本质的科学认识基础上提出了人的自由全面发展观，即人是具有独立性和自主性的个体，能够从内在需要出发自主地、系统地完善自己的本质、能力、社会特性及个人特性。[③] 道德增强的提出正是出于不断完善和发展自我的需要，包括个性特征、道德品质和素质能力等，自由原则成为道德增强技术合理性的逻辑起点。自由问题同样也是道德增强派与反增强派争论的焦点，增强派与反增强派对于道德增强技术是否会损害人的自由各执己见。不可否认的是，道德增强技术确实对人的自主性有一定削弱，虽然任何自由都不是绝对的，而是相对的，通常意义上所说的自由也不是绝对意义上的完全自由，而是有所限制的自由，而且，使用道德增强技术同样也是个人通过自己的判断理性选择的结果，但是道德增强后，由于技术的干预，行善成了只能做并且必须做的事情。这无疑减少了人类的道德选择空间，造成了道德上的强迫与垄断，更何况道德增强技术若是强制应用，人的自主性更会被大打折扣。自主性的运用是人的主体性地位的重要体现，哈里斯认为，人不仅有向上的自由，同样也有向下的自由。因此，道德增强技术应当恪守尊重自主原则。首先，个体应当有权对提升自己道德的方式进行自主选择——继续通过传统道德教育还是借由道德增强技术。就目前为止，传统道德教育仍然是被证明最有效且最安全的道德提升方式。况且，传统道德教育的效用被道德增强派大大低估了，随着科技水平的提高，如今教育同样愈加现

---

① 江璇：《人体增强技术的伦理研究》，东南大学博士学位论文，2015，第86页。
② 赵敦华：《西方哲学简史》（修订版），北京大学出版社，2012，第36~37页。
③ 武翠英：《〈共产党宣言〉中的自由发展观及其现实意义》，《中央民族大学学报》（哲学社会科学版）2007年第6期，第5~8页。

代化，愈加便携地作用于更广大群众，所以个体理应自主选择自己的道德提升方式，不可被强迫使用道德增强技术。其次，进行道德增强的个体还应当享有知情同意权。增强技术的风险、可能的副作用、增强的结果、成功率、费用等相关细节应由医务工作者进行详细解答，并且在实施道德增强技术后医务工作者还应与被增强者保持紧密联系。被增强者若感到不满意，也可自主选择停止继续增强。最后，对于增强的内容，个体也应当可以根据自身情况自由选择。既可以选择增强同情、友爱、利他情绪，也可选择增强勇气、正义感或其他情感。

二是尊重原则。道德增强技术要获得尊重原则的伦理辩护，就要在明确人格至上性、遵循"人是目的"、尊重知情同意的要求前提下尊重和实现人格同一性。第一，明确人格的至上性。黑格尔从自由意志直接发展出抽象法给予人格直接规定（抽象法的规定仅仅是一种许可或能力），并把自由意志视为建立在所有权基础上的抽象"人格"或自我，即人可以使意志变成物，使物变成人的意志，从而推演出人格的高贵和人格的平等。[①] 人格差异是人的本质特征，道德增强技术的研发与运用要在尊重人格差异的前提下实现道德提升。第二，遵循"人是目的"。康德认为，一个人被视为一个人是高于任何价值的，因为作为理性存在物的人，不仅仅是作为达到他人目的或甚至达到他自己目的的手段而受到关注，而更应该是作为其本身的目的而受到重视。[②] 也就是说，人拥有一种尊严（一种绝对的内在价值），通过这种尊严，人从世界上所有其他有理性的人那里获得对自己的尊重。[②] 康德把人是目的和人是手段统一起来，给道德增强提供了解决人格同一性问题的思路。通过自我客体化实现道德增强不应被否定，只要给道德增强技术设定干预所遵循的法则和范围，以防被增强者自身仅仅被当成工具而不是目的，道德增强技术就可以实施。第三，尊重知情同意权。"知情同意是指：有行为能力的个人在信息充分提供的条件下对所参与事情的自愿决定。"[③] 坚持知情同意既是为了尊重被增强者或病人的自主性，使其可以做出合乎理性的决策，又是为了避免欺骗和强迫，以及鼓励医务人员自律。[④]

---

① 〔德〕黑格尔：《法哲学原理》，范扬、张企泰译，商务印书馆，1961，第11~12页。
② 宋希仁主编《西方伦理思想史》（第2版），中国人民大学出版社，2010，第331~336页。
③ 甘绍平、余涌主编《应用伦理学教程》，中国社会科学出版社，2008，第272~273页。
④ 邱仁宗：《生命伦理学》，中国人民大学出版社，2010，第235~236页。

被增强者拥有知情同意权，意味着其不仅把自己当作手段，而且当作目的，这表明即便增强干预过程风险也是可以获得伦理许可的。

道德增强技术研究丰富了伦理原则的理论基础和内涵。伦理原则出自不同的理论渊源，看似泾渭分明，但在实践过程中难免发生冲突。例如，道德增强技术很有可能需要被增强者让渡一部分自主权以实现增强目的，但让渡自主权的这个"度"难以掌握，很可能会伤害被增强者的自尊。这样的冲突在医疗实践过程中屡见不鲜，决策者和研究者对这些伦理冲突的调节直接关系到伦理效应。所以，在具体的增强情境中，决策者和研究者要视社会环境和被增强者的情况进行权衡，以调整伦理原则的先后轻重次序，使伦理原则更好地指导和规范道德增强技术的研究和运用。

三是公正原则。公平和正义是一个社会稳定的基础，社会若是连基本的公正都不复存在，那么动荡、暴乱必定会接踵而至。机会平等是社会公正的基础，而道德增强技术就如同其他前沿科技一般，人们在技术研发初期要想进行增强必定需要花费巨额的资金来使用这项技术以及进行术后维护，这就会导致富人能够优先进行道德增强而穷人因此落于下风，也就会导致穷人和富人机会不再平等，影响社会公正。此外，一些父母想让自己的孩子赢在起跑线上，在孩子出生之初或是尚在母亲肚子里的时候就对其进行道德增强，这不仅剥夺了孩子的自主权，也造成了后代一经出生道德就与其他未增强者有显著差异，从而导致人生道路的不公正问题。因此道德增强技术要想健康稳定发展，就必须保证基本的公正。在初期使用增强技术花费较高时，严禁富人先行进行增强；在后期科技水平进一步提高使得技术花费降低到公民都能承受的范围以后，也必须保证所有人都能有机会进行道德增强，并且，所有父母不得剥夺孩子的自主选择权，擅自替自己的下一代做决定，应在孩子具有基本的抉择能力之后让其自行选择增强与否。

四是差异原则。首先，差异原则体现为道德增强技术在研发与应用时，应严格进行差异分级：完全背离人类的技术必须禁止研发和应用，如使用基因编辑技术设计"道德完美婴儿"等；对于兼具正负价值维度的技术必须谨慎研发和应用，如催产素等；对于完全有利于人类的技术应当在遵循安全无害原则下自由研发和应用，如利他林等。其次，不同国家、不同种族风俗习惯各不相同，道德取向也不尽相同，因此，在进行道德增强时应当遵守差异原则，在不违背世界公认的基本道德准则的基础上，依据不同道德观念不同对待。最后，道德增强也并不意味着所有人的道德水平都必须处在绝对同一基准线上，就连共产主义社会也不会如此。在道德水平总体相当的情况下，道德的差异性是必要的，也是有益的。[①] 只有存在具体的道德差异，才会指引道德水平较低的人向"道德楷模"学习、看齐，道德的存在也才更有意义。

差异原则包含对增强主体的权利差别选择，其突出的是主体的权利的选择性。比如在道德增强过程中，个体有选择进行道德增强还是不进行道德增强的权利；个体有选择使用何种道德增强方式的权利，既可以选择生物医学方式，也可以选择道德 AI 这种人工道德主体方式或其他方式；个体有选择增强不同道德品质的权利，如可以选择增强公平、正义，也可以选择增强同情心、爱国心等；个体有时间上的选择权，过去不愿意进行道德增强，并不意味着未来不允许增强，增强后也可选择恢复到增强前的水平，例如，个体弱化了暴力冲动情感，之后也可以恢复增强前的水平。此外，我们还要考虑什么样的人具有道德增强的选择权。对于严重的暴力犯罪分子，应该剥夺其道德增强的选择权。不仅如此，对于其严重的不道德行为，可以考虑强制注射"道德矫正剂"，或者进行"道德阉割"（弱化暴力情感），来替代对他们的惩罚。

3. 禁止性原则

禁止性原则应适用于道德增强技术中的某些技术类型，具体来说，就是基因编辑道德增强禁止原则。基因伦理学主张，对人的治疗性基因编辑应被允许，而对人的增强性基因编辑应被禁止。在道德增强语境中，我们把此主张称为"基因编辑道德增强禁止原则"。所谓"基因编辑道德增强"就是通过基因编辑获得"道德完美婴儿"或可预见的美德，其目的不是治疗，而是让人"锦上添花"。此项原则的应用基于以下三点。一是它是否可靠。二是它是否合理。三是有没有替代方案。如果三者能够得到肯定性回答，基因编辑道德增强技术就能得到有力的辩护。从可靠性看，利用生物医学技术进行道德增强并非十分可靠，基因编辑技术本身带有严重缺陷和

---

① 陈万球：《非传统道德增强的双重变导：生物医学中介与智能体引擎》，《武汉大学学报》（哲学社会科学版）2019 年第 4 期，第 32~38 页。

不足，如"脱靶效应""镶嵌现象"可能使得人类基因池被污染。但尽可能地保持人类基因池的纯洁性，这是事关人类生存和发展的头等大事。可见，与基因编辑道德增强技术带来的正面的价值相比，社会得到的负面影响要大得多。从合理性看，在现实生活中，人们由于经济地位、政治地位不同形成了不同的社会分层。经济上、政治上处于金字塔顶端的人们由于其特殊的身份可以首先进行基因编辑道德增强，甚至可以使之成为独享的专利，富人们的后代因此会获得巨大的生理和心理优势，造成先天性的道德"基因鸿沟"，固化两极分化，会加剧社会不公平、不正义现象。可见，基因编辑道德增强技术弊大于利，因而不能达成逻辑自洽。从替代方案看，传统的道德进化方式不可替代，社会舆论、传统习惯、学校教育和自我修炼被历史反复证明其仍然是人类道德进步的主要方式。因此，基因编辑道德增强技术不能获得道德上的辩护，科学家必须在基因编辑"道德完美婴儿"之前停下脚步。否则会导致社会分裂和冲突加剧。

二　治理机制：构建"五位一体"治理体系

伦理学并不是医治所有问题的"万能良药"，任何科学技术的发展与进步，除去伦理原则的制约，同样需要整个社会的协助与帮衬。就道德增强技术而言，我们不仅需要理论上的指导，还需要社会上的其他力量（包括道德、法律、市场、政府、公民自身等）共同构建以解决道德增强技术带来的伦理问题为目的的"五位一体"治理体系。如此这般，才能全方位为道德增强技术的应用与发展保驾护航，使其服务于人类，造福于人类。

1. 道德与法律互补

道德与法律作为社会规范最主要的两种存在方式，既相互协同又相互补充，是制约行为的两大准绳。道德增强技术的应用与管理既需要道德上的约束，也需要法律规范的制约。两者齐头并进，为道德增强技术的发展创造一个良好的大环境。

在任何一种行为过程中，道德主要表现为一种自在约束力，即个体会在行动之前对这一行为进行道德上的评判，会判断该行为是否符合自己的道德观念而决定实行与否。因此，道德规范与原则很多时候起着前置作用，也就成了行为的自发约束力。这一约束对道德增强技术的应用至关重要。道德增强技术的发展只有与社会上的伦理道德相容，才能得到肯定，形成技术与道德相一致的和谐的社会氛围。在道德约束上，对于技术工作者、医务工作者而言，职业特性使其更应该注重职业道德和责任意识。在技术研发和技术应用时，他们应秉承负责任的态度，细致认真、竭尽所能地规避道德增强技术可能产生的风险，使得技术效用达到最大化。能力越大，责任越大。既然时代赋予了技术工作者、医务工作者研发、应用道德增强技术的能力，他们就更应该明白自己肩上的责任，明白造福还是毁灭都取决于自己是否恪守了审慎原则，是否守住了道德"良心"。而对于公众而言，由于他们不仅是技术的使用者，还是重要的推动力，所以他们同样应该守住自己的道德底线。公众应该积极提高自己的科学素养与参与意识，积极了解道德增强技术的作用形式、效果、风险等，消除"知识鸿沟"。此外，由于舆论对社会风气具有导向作用，公众与媒体应该遵循实事求是的原则，如实对道德增强技术进行舆论引导与宣传，不可因为一些其他因素而故意诋毁或者夸大道德增强技术效果，给人以混淆视听的虚假信息。再者，由于道德增强技术的作用目标是提高人类的道德水平，在道德增强技术的安全风险、公正、自由等问题都已解决时，公民应将其内化为自己的信仰和信念，进而转化为行动意志，从"要我做"变为"我要做"，实现伦理规范作为一种自在约束力的价值。

与道德伦理不同，法律更多的是以一种外在约束力的形式来规范行为。在道德伦理不能够产生实际的规范作用或是实际行为超出道德规范的管辖范围时，法律便以一种强有力的强制力约束人类的方方面面。海德格尔就言："真正高深莫测的不是世界变成彻头彻尾的技术世界，更为可怕的是人们对这场世界变化毫无准备。"① 面对道德增强技术所带来的种种风险以及产生的各种伦理问题，除去道德的自我约束，还需制定相应的法律进行规范。各个国家应就道德增强技术产生的问题开诚布公地加强合作与交流，加快制定相应的法律法规，构建一个完善的系统的、维护全球各个国家所有人民利益的、符合相应的伦理规范的法律体系。关于道德增强技术的立法应符合三个价值取向：一是技术发展与以人为本相结合，二是正义与效

---

① 孙周兴选编《海德格尔选集》（下），上海三联书店，1996，第 1238 页。

益相结合，三是价值理性与工具理性相结合。① 在这三个价值取向的法律基础上，政府还应加大法律监管和审查力度，对于触碰法律界限的行为给予严重警告，对于违背法律的行为给予制裁。此外，随着技术的不断革新与发展，相关法律法规也不应落后，应当追随技术的脚步做出相应调整以适应时代与技术的要求。这样，通过道德自律与法律他律的紧密结合与互补，道德增强技术的研究与应用能以一种"内外结合"的形式得到具体的约束和引导，从而促进技术与社会的和谐、健康发展。

2. 市场与政府协同

任何一项技术要得以应用，就必须经过市场的流通与传播。但市场调节具有自发性、盲目性与滞后性，如果失控，道德增强技术被滥用，就极可能导致不可估量的严重后果。因此，除去市场的自我调节之外，道德增强技术的研究与应用还需国家、政府进行监管，使其步入正轨。

布洛克（D. Brock）曾指出，"在理论上，政府对于人们通过采用适当的增强技术提升个人的生活质量和幸福的行为应该采取中立的态度，只要这些增强方式没有影响到或伤害到其他人"。② 因此，对于个人对道德增强技术所指向的道德、善念以及幸福的合理需求，政府完全可以保持中立的态度，不横加干涉，而是由市场的需求进行自由调节。③ 市场的自我调节可以更好地进行资源的合理分配以及推动技术更快发展。但是，对于市场调节的弊端，政府同样不可忽视。特别是在物欲横流的现代社会，有太多人为了一些蝇头小利而漠视其他人的安全与健康。小到餐馆的"地沟油""僵尸肉"，药店的"造假药"，大到不顾严重风险而大肆宣扬的基因编辑技术，无疑都是有力佐证。由于道德增强技术的特殊性，即技术作用的目标不是一件件商品，而是人类本身，政府必须加以监管并着力规避市场调节带来的风险，防止道德增强技术过度商业化以维护自己国家公民的健康与安全。政府对市场的监管可以具体到以下几项措施。

---

① 陈万求、杨华昭：《挑战与选择：会聚技术立法的伦理反思》，《哲学动态》2014 年第 8 期，第 92~97 页。

② Brock, D., "Enhancement of Human Function: Some Distinctions for Policymakers," in Parens, E., *Enhancing Human Traits: Ethical and Social Implications*(Washington: Georgetown University Press, 1998), pp. 48-69.

③ 江璇：《人类增强技术的发展与伦理挑战》，《自然辩证法研究》2014 年第 5 期，第 43~48 页。

一是成立专门的有关道德增强技术的伦理审查委员会，对个人、企业的行为，市场的走向进行伦理评估。道德增强技术毕竟是一项极具前沿性的高新技术，即使民众已经对其有一定了解，也不会涉及本质。因此，抽调一部分技术研发者，伦理规则、法律制定者成立专门的道德增强技术伦理委员会，可以更为精确地对某一具体技术进行风险评估、可行性评估，其可以与公众、企业进行更多交流，并予以指导。

二是政府应利用经济杠杆，对具体的某项道德增强技术进行合理调控。对于完全有裨益的道德增强技术，政府应当加大经济支持力度；对于脱离人民群众需求的道德增强技术，政府应当给予经济制裁。此外，由于贫富差距的存在，政府必须谨防道德增强技术成为富人的"附属品"，应在技术研发与普及层面给予更多财政支持，使得道德增强技术能够尽快惠及全民。

三是政府应督促企业形成责任意识，关注企业良心的塑造。企业是市场经济的主体，在面对直接指向人类的道德增强技术时政府更应该对实施技术的企业严加监管。加大对企业责任意识、安全意识的普及力度，提防部分企业铤而走险，防止其研发与应用危害人类的技术。对于责任意识、安全意识不强，不够自律的企业，政府应当强制将其关闭，杜绝"一颗老鼠屎，坏了一锅粥"这一现象。

道德增强技术的应用离不开市场调节，也离不开政府监管。只有市场与政府协同并进，才能确保其真正造福于人类。

3. 预防与控制兼顾

对于道德增强技术的风险性，前文已经有所阐述。不管是药物所产生的副作用，还是其对自主性、公正性等的破坏，都是影响道德增强技术继续研究与应用的重要依据。要想建立一个如同医疗体系般完整、系统的治理体系，事先预防与事后控制必定是不可忽视的重要环节。

一是事先预防。在完善的医疗体系中，我们可以通过体检、接种疫苗等手段在疾病发病之前就进行预防，以规避其风险，道德增强技术的研究与同样需要如此。在进行道德增强之前或者服用道德增强药物之前，公众应积极进行技术检查，观察是否有潜在的发病危险从而采取相应的措施。例如，如果想要通过服用利他林药物来治疗自己的注意力缺陷，缓解躁动症，那么在增强之前被增强者就必须进行全身检查，特别是观察自身是否可以使用利他林类药物，如果发现有潜在的风险，医务工作者必须在增强前告知，在得到同意后才可进行下一步操作。又譬如，想通过服用血清素类药物来提高自己的公平意识和合作意识的被增强者同样需要提前进行核查，如果发现不适，必须中止转而观察其他形式的道德增强技术是否适合。如此这般，便可规避道德增强技术所产生的一部分风险，达到预防的目的。除此之外，国家也应重视成立道德增强技术风险评估会，把可能会产生的不良因素扼杀在摇篮中，从而起到积极的预防作用，避免造成经济与资源的巨大浪费。①

二是事后控制。个体在事先积极预防，达到标准之后才进行道德增强，如果仍然产生了出乎意料的风险与副作用，就必须妥善处理，在事后控制风险。事实上，就连已经发展数千年的医学，也不能保证每次手术、每次治疗都能达到预想的效果。手术失败、治疗后遗症的例子比比皆是。医学如是，道德增强技术更如是。因此，我们必须合理看待这一问题，在已经进行风险评估、风险规避的情况下，如果依旧导致了意料之外的其他风险，那么就应该积极善后，进行有效处理以防止事态朝着更为恶劣的方向发展。对于已经发生的事，技术工作者、医务工作者应当以此为鉴，避免下一次再犯同样的错误并尽自己所能进一步降低被增强者的风险。当事人即被增强者倘若面临这种情况也不应恐慌，应当积极配合技术工作者与医务工作者以减少自己的损失，并通过法律或其他途径寻求事故的合理解决。如此这般，才能促进道德增强技术走向更为安全的道路。

总之，道德、法律、市场、政府、公众自身作为道德增强技术伦理问题治理关键的五大主体，必须紧密结合、相互补充，才能构建"五位一体"的完善治理机制，从而使道德增强技术健康合理地向未来进发。

三 实践维度：技术临床应用的限度

1. 明确技术运用各方主体责任

责任是对未来行为的预期和对过去行为的追溯，明确主体责任是为了更有效地规范道德增强技术对人格同一性的干预，也是各单位、各部门和个人提高工作效率、查找问题原因、规范岗位职责的必然要求。因此，道

---

① 江璇：《人体增强技术的伦理研究》，东南大学博士学位论文，2015，第135页。

德增强技术要投入临床实践就必须明确技术参与者的主体责任。道德增强技术运用的参与主体分为增强者和被增强者：增强者包括公共卫生机构、有关专业协会、医学院校和生物医学研究机构、医院和诊所、医务工作者、被增强者父母（监护人）；被增强者主要指受试者、"患者"（被认为存在道德缺陷的人）。

一方面，明确增强者的主体责任。公共卫生机构既是宏观的卫生保健政策的制定者和生物医学技术的决策者，又是监管生物医学技术应用和防范并化解重大医疗风险的行政机构，其职责在于规避道德增强技术导致的关于人格同一性的伦理问题。有关专业协会是指涉及道德增强技术的各种协会或伦理学会，其职责是为道德增强技术的研究和应用提供规范性标准、医疗行为准则和伦理审查论证，以确保道德增强技术对人格同一性的动态调整在可接受范围之内，从而为制定相关法律政策提供指导，并为广大医务工作者提供伦理咨询，发挥伦理在调解医疗纠纷中的作用，以保障医患双方的合法权益。医学院校和生物医学研究机构的主要职责是在法律和伦理框架下研发出安全有效的道德增强新技术，既不损害被增强者的认知功能和非认知能力，又能确保人格特征前后一致，并获得被增强者认可。医院和诊所是道德增强技术临床运用的主要部门，其职责是配备专业的医疗人员和设备，规范手术的各项流程并在技术实施过程中对人格特征的变化进行全程监督。医务工作者作为技术的直接操作者，既要具备较高的医德和过硬的技术本领，又要遵循伦理原则和法律规范，始终把尊重被增强者的人格同一性放在重要位置。被增强者父母（监护人）在其子女（被监护人）失去或不具备自主能力和理性能力的情况下可以替子女（被监护人）做出技术选择的决定，但前提必须是有利于被增强者（子女或被监护人）的，否则要承担责任，同时，父母（监护人）不应该强迫具有自主选择和理性思辨能力的子女（被监护人）进行增强。

另一方面，明确被增强者的主体责任。在道德增强实践过程中，被增强者在健康权、自主权和受尊重权得到保障的同时也要履行相应的义务。被增强者在道德增强的全过程中要履行的义务有：干预之前，要充分应用知情权，了解道德增强相关规章制度，并根据自己的意愿和利益决定是否采取干预措施；干预过程中，要坚持自己的自主权，保有推理、判断、选择、行动的权利，甚至可以中止干预过程；干预之后，要配合医务工作者的要求做好康复工作，严禁不利于健康的生活方式和行为模式。由于个体处于社会环境中，很多选择和决定受外部环境的干扰，所以被增强者对道德增强技术的运用也应承担相应责任。

2. 组建专业的伦理审查委员会

道德增强技术运用的是生物医学手段，相应的伦理审查委员会的建立应旨在保护被增强者的安全、人格尊严、自由等合法权益，以及规范医疗研究实践以保护医生的正当权益。伦理审查委员会应由多学科背景的专业人员组成，主要包括科学家、伦理学家、政治家、法学家、医学专业人员、社会组织代表等，以对道德增强技术进行全方位、多领域的风险规制。伦理审查委员会应分别从科学研究和临床应用两方面对道德增强技术进行审查，坚持科学审查在先、伦理审查居中、研究操作在后的工作准则，遵循尊重、有益、不伤害、公正的伦理审查原则，以履行其在道德增强技术研究和运用中的职责。

伦理审查委员会对道德增强技术干预的职责主要表现在以下几个方面。第一，审视道德增强技术是否经得起伦理原则的检验。监督并保证无害原则——第一原则全面执行的情况下，保证自由和尊重原则的执行，做好知情同意书的审查工作。[①] 同时，根据个体的差异把握自由原则和尊重原则之间的张力，确保道德增强技术在有限的范围和可控的程度内实施干预而不会破坏人格同一性。第二，确定伦理评价的标准和进行技术评估。考量道德增强技术的选择情况和评估技术对人格同一性的影响，并设置相应的技术评价标准和人格同一性判断标准。例如，通过收集科研数据，合理考量技术的选择情况是否符合自主、安全、适用、有效等原则，对未来增强技术进行必要的预测，并通过评估设置合理的规制。同时，制定不同情境中人格同一性的判断标准。第三，提供科研和临床伦理咨询。对道德增强技术的评估要贯穿整个干预过程，及时评估技术对人格同一性的影响，并随时告知被增强者或群体成员。第四，明确伦理责任。监督技术运用各责任主体是否履行各自的义务，对监督方式、考核程序、奖惩制度等都要有明确的规定，保障道德增强技术在保障人格同一性的前提下运作。第五，调

---

① 陈万球、丁予聆：《人类增强技术：后人类主义批判与实践伦理学》，《伦理学研究》2018年第2期，第81~85页。

节伦理冲突。制定并不断完善道德增强不确定性的应急预案，以协调手术中被增强者主动参与和被动干预的矛盾，应对人格异化和人格同一的冲突。

3. 完善道德增强相关法律法规

无论是对当前的研发实验或临床应用，还是对今后的商业运用，道德增强技术都对现行法律秩序提出了诸多挑战，特别是人格同一性相关法律法规存在诸多空白，有关新技术的法律监管过于宽松。因此，政府需要加快法治建设和加强监管，以解决道德增强技术干预人格同一性所引发的伦理问题。

第一，加快法治建设。伦理审查委员会无权批准某项技术或某种药物的研发和运用，而是要在国家法律层面上对其进行双备案才能开展。道德增强作为一种新型干预技术，在法律层面存在诸多空白，这既不利于推动道德增强技术的研究和发展，也不利于规范道德增强技术的研发和运用。要使道德增强技术在运用过程中规避其对人格同一性的影响所引发的伦理问题，就要在国家法律层面进行规制，完善与道德增强技术相关的法律法规。一是明确道德增强技术研究的范围。以法律法规形式划分道德增强技术的等级，既要保有道德增强技术发展的空间，又要禁止存在巨大风险性的研究项目。二是限制道德增强技术实施的对象。从道德增强技术的发展现状和人类目前的普遍共识来看，道德增强技术的实施对象不会是普遍的，而是从极少数人群逐步扩张至具有其他人格特征的群体。所以，道德增强相关法律要随着技术发展和共识的演变而不断完善，实施对象范围的每一步扩大都要在法律允许的范围内进行。法律的限制作用还在于，既要实现道德增强，又要保有人格的差异性和同一性，所以通过法律限制道德增强技术对人格特征的干预范围显得尤为重要。三是保障被增强者的合法权益，如隐私、保密和自主权等。道德增强技术是以"人是目的"为根本支撑的项目，被增强者在不同情境中的知情同意权和自主选择权都应以法律的形式予以保障。四是法律应该摒弃身心的二元差异。由于所有的心理现象都与大脑活动有某种联系，涉及人格的心理现象也应受法律保护，所以法律应该为人们的内心世界引入独立的保护法规。五是制定道德增强技术临床或商业运用的相关法律，涉及公平性、保险、专利和商业化等方面的法律规制问题，并与有关道德增强的国际协议接轨。

第二，加强政府监管。大量事实和医疗案例昭示过度医疗正充斥着人类增强技术领域，人类正遭受着很多无用的甚至有害的技术和药物的戕害。究其原因，用药、诊断和增强的根据常常受制于经济利益，而不是该技术和药物的合理性，所以要警惕道德增强技术应用过程中的逐利倾向。政府这只"有形的手"要对市场这只"无形的手"进行限制和监管，尤其要对可能造成人类异化、颠覆人的本质、剥夺人的自由意志等导致人格同一性伦理问题的技术加强监管。政府对道德增强技术的监管主要体现在制定行政法规、引导舆论导向和提高执行能力等方面。首先，政府制定行政法规要遵循法律的基本要求，建立道德增强技术的许可制度和市场准入机制，征求跨学科的各专业人员和伦理审查委员会的意见，不断修正相关规范。其次，政府应引导舆论导向。政府应坚定立场，把握正确的价值取向：被增强者并不意味着高人一等，也未必逊人一筹；技术干预不意味着人格同一性的瓦解，也不意味着自由的坠落。政府对舆论的正确引导，有利于发挥道德增强技术的正效用。最后，政府应提高执行能力，涉及执法、司法和法律监督等方面。要做好对限制研发运用的技术和药物的甄别和鉴定工作，尤其要对法律禁止研发和运用的技术和药物实施严格的监管，因为部分制定的规范尚未落实到医务人员的行动中。对违法行为要加大执法力度，做到司法公正，追究相关责任人的法律责任，促使人格的完善在合理、合法的范围内进行。

四　治理关键：实施有效的技术分级制度

目前，道德增强技术还停留在实验室阶段，没有专门针对道德增强的临床运用，况且，通常在实验室获得的生物医学及其技术的知识，在运用到临床时很难排除室外环境的影响，这些都说明了技术的不确定性。因此，划分现有道德增强的等级，一方面可以限制和规范研发运用的范围，另一方面可以促进允许研发技术的发展和运用。一般而言，可以将道德增强技术类型分为以下三类：可以研发运用、限制研发运用和禁止研发运用。

第一，可以研发运用的技术类型和候选药物。这种道德增强技术的目标人群为大部分受众，具有以下几个特点：干预是可逆的、干预的副作用较小或无不良反应、不确定性的程度较低等。这类可研发运用的技术能进行更准确、无创的区域性大脑活动测量和副作用较小的大脑功能改变。例如，脑成像技术事件相关电位（Event Related Potential，ERP）可识别撒谎或隐瞒所需信息的动机，该技术被描述为刑事侦查和反恐的新范式，实际上它已被法院接受为有效证据。[①] 目前已发现多种具有认知增强功效的中西药，中药如银杏叶、积雪草、鼠尾草等植物的提取物，西药如吡拉西坦、肌氨酸、褪黑素等，它们能增强记忆、改善情绪和提高认知能力。[②] 这类药物易于使用、副作用小，其可逆性使得该药物对人格同一性的影响较小，甚至可能帮助人们发现真实的自我，可以用作道德增强的候选药物。

第二，限制研发运用的技术类型和限用药物。这类技术所针对的目标人群为增强受益者，要先运用生物学、药理学、神经学、心理学等理论回顾性识别可能具有不良反应的高风险人群，并在随后的实验中排除这类群体。该类技术和药物的特点主要有：不可替代性、不可逆性、时效性、利益相关性等。我国现行法律规定，人类基因编辑试验限于医疗或研究目的，更不允许培养克隆人。[③] 毋庸置疑，克隆人的出现将瓦解人格同一性。研究显示，经颅磁刺激、深部脑刺激、核磁共振成像等神经增强技术能够通过捕获心理活动波动的时空分辨率来监视大脑功能，并能通过改变大脑的化学或解剖选择性以诱导特定的功能改变。[④] 但是，这种直接干预被认为是一种侵入性的、可能造成创伤的过程，且涉及强迫选择的可能性和选择继续使用的真实性等伦理问题，所以是一种限用技术，目前针对的是那些尚未得到有效治疗的人。选择性血清素再吸收抑制剂（SSRIs）被认为是一种可以用来处理反社会和攻击性冲动的干预措施。研究发现，血清素受体至少有 17 种不同的类型，可以调节多种不同效应。[⑤] 因为 SSRIs 干预缺乏针对性，加之存在安全性问题，该类药物运用于道德增强有很多限制性条件。

① Farah, M. J., & Wolpe, P. R., "Monitoring and Manipulating Brain Function: New Neuroscience Technologies and Their Ethical Implications," *The Hastings Center Report* 3(2004): 35-45.

② 冯烨：《认知增强及其伦理社会问题探析》，《自然辩证法研究》2013 年第 3 期，第 63~68 页。

③ 王康：《人类基因编辑多维风险的法律规制》，《求索》2017 年第 11 期，第 98~107 页。

④ Farah, M. J., & Wolpe, P. R., "Monitoring and Manipulating Brain Function: New Neuroscience Technologies and Their Ethical Implications," *The Hastings Center Report* 3(2004): 35-45.

⑤ Dayan, P., & Huys, Q. J. M., "Serotonin in Affective Control," *Annual Review of Neuroscience* 1 (2009): 95-126.

第三，禁止研发运用的技术类型和禁用药物。该类技术和药物有如下特点：在技术上的高度不确定性和不可逆性，在伦理上冲击人的尊严、自由、生存价值等，在社会上导致公平性和人的异化问题，等等。例如，生殖细胞编辑或改变遗传性状之类的基因编辑技术应当被禁止用于道德增强。早在 2001 年，卫生部就已印发《人类辅助生殖技术规范》，其中明确规定："禁止以生殖为目的对人类配子、合子和胚胎进行基因操作。"① 这类技术具有高度不确定性和不可逆性，可能会影响个体未来的叙事身份，导致人的异化和公平性等问题。兴奋剂安非他命在第二次世界大战中被用于军事目的，以提高士兵和军工企业工人的注意力、意志力和耐力，从短期来看确实行之有效，但长期使用会让人产生较高的依赖性并对人有较大的副作用，所以日本政府至今禁用安非他命。②

综上所述，划分道德增强技术的等级既要考虑技术的安全性，又要考虑技术的有效性。更重要的是，对在伦理上冲击人的尊严和自由、颠覆人的本质的技术要持谨慎态度。

---

① 《卫生部关于修订人类辅助生殖技术与人类精子库相关技术规范、基本标注和伦理原则的通知》，中国政府网，2007 年 8 月 15 日，http://www.nhc.gov.cn/bgt/pw10303/200708/68ba58984aba4a44a3bcf74b0c3e2048.shtml。

② Dubljević, V., & Racine, E., "Moral Enhancement Meets Normative and Empirical Reality: Assessing the Practical Feasibility of Moral Enhancement Neurotechnologies," *Bioethics* 5 (2017): 338-348.

结语 树立开放的道德进化观
与倡导建立实践伦理学

有关道德增强技术的激进主义与保守主义之争反衬出道德主体的沉思和人类理性的作用。道德增强技术并不是一个假设，而是一个正在进行的现实进程，并且目前还看不出来有什么力量可以阻止或者是延缓其发展。不管怎样，随着生物医药技术日新月异的发展，道德增强技术革命会在必然的逻辑上发生。面对新技术的挑战，盲目地反对和盲目地接受都是不妥的。正确的态度应该是什么呢？

人为自然立法，也为自己立法。所以，一种新的开放的道德进化观应当建立，我们应倡导道德增强技术和传统道德教育方式并存互补。一方面，必须坚持传统的道德教化来推进人类的文明进程，它始终被实践证明是行之有效的、最主要的人类道德进化方法，必须反对极端的激进主义借道德增强技术抛弃和取代传统的教化方式的意图。另一方面，人类不应该固步自封去做道德增强技术的"卢德分子"。面对汹涌澎湃的新技术浪潮，理应以开放的心态拥抱和接纳道德增强技术，使之成为人类道德进化崭新的辅助方法，反对极端的保守主义，借维护道德的社会性否定道德增强技术，就像保守主义者所说的那样："道德提升没有捷径可走。除了荆棘的道德进步之路之外，确实没有别的选择。"质言之，道德教化和道德增强技术应相互契合、相互作用、共同推进人类道德的进步，成为我们这个时代的"高卢雄鸡"。

应对道德增强技术的复杂伦理问题，我们需要新的思路、新的道德进化观，更需要一种实践的伦理学。

首先是实践的行为方式和思考方式或者说实践判断。实践是"做事"，它面对的是未来，具有很强的不确定性，如在实践中可能出现诸多价值观相互抵牾或规范体系不完善的情况，或是尚不知道应当应用何种技术规则的情况。会聚技术的伦理学就是这样：它正在发展中，具有很强的不确定性，蕴藏着潜在的风险。

实践伦理学面对的是问题，其目标也是要解决问题。所以，实践伦理学不是对既有原则的搬用。在实践的类推、选择与权衡中，人们常常往返于对情境的把握和对原则的理解之间。也就是说，一端是理论、规范，以及我们的目的、需要，另一端是情境、条件、结果和可能的后果。已有的价值观念与合理性规范，只是人们行动与思考的出发点而不是其不变的尺度，人们需要在实践和理性反思中具象化它们，去应用、检验甚至修正它们。这种不断反馈到起点的"迭代"，是一个综合的、创造性的过程。它不仅能够很好地解决问题，也有效避免了"科林格里奇困境"。

实践伦理学强调情境和具体性。也就是从实际出发，从问题出发，从具体情境、后果和可能后果出发，而非从固定不变的原则出发。实践的成效不仅依赖于我们做什么，更为重要的是，它依赖于行为背后的意义及其发生的时机、情境、条件等。对于增强的伦理问题的探讨，不能从抽象的概念出发，而是要针对不同的增强技术类型以及不同的增强对象进行具体问题具体分析。这里不仅要求对情境的深刻理解和正确阐释，而且要求伦理原则的具体化。伽达默尔说，对于实践理性来说，它最重要的特点在于目的本身，"普适性"的东西是靠独一无二的东西获得其确定性的，任何普遍的、规范的意义只有在具体化中或通过具体化才能得到判定和决定，这样它才是正确的。

这里必定涉及需要处理多种冲突的关系，如义务冲突、价值冲突、利益冲突等，需要权衡，需要寻求适当的"度"。这就要求一种实践的判断力，包括从现有可能条件发展出一种新的行动模式的能力，超越现实的局限而创造新条件的能力。

中国是发展中国家，发展包括纳米科学技术、生命科学技术、信息科学技术和脑科学技术等在内的高新技术是国家战略任务。高新技术不仅是中国经济提质增效的根本支撑，不发展就会受制于人，而且发展高新技术还是提高民族素质、实现人民幸福和保障人的尊严强有力的保障。然而，这些高新技术的研发和应用中，潜藏着对人类很大的威胁，其中有许多是我们尚不清楚的危害。因此，在操作层面上，我们需要的首先是积极而审慎的态度。这就是要把安全问题摆在第一位。安全问题不仅是一个科学问题，还是一个价值选择问题。这里所说的安全是指：道德增强技术在技术上应该是成熟的、安全可靠的，无论何时、何人、何种理由，都不能利用其给任何人的身体、精神或者其他方面造成伤害。道德增强技术只有在副作用或不良反应降到最低且可以置于严格控制之下时，才可以被应用于人。从安全原则出发，要求科学家必须及时将有关人体增强的研究情况公之于众。在开发过程中，必须本着预防原则，制定切实可行的安全防范措施。在使用过程中，尊重使用者对风险的知情权和选择权。

在对道德增强技术研发和应用的管理和控制中，应当实行差异原则。也就是说，完全背离人类的道德增强技术必须禁止研发，如以纳米技术为基础、改变物种特性的应被禁止研发。对于兼具正负价值的道德增强技术，必须限制研发。对于技术上成熟、伦理上能够接受的道德增强技术，应当鼓励研发。差异原则应当是发展道德增强技术时人类必须把握的基本伦理原则。

在尚未充分发展的时期，道德增强技术还属于稀缺医疗资源，不可能人人都享有。因此，需要实行优先原则，即以治疗为目的增强的应用应当优先。优先考虑的不应为健康人"锦上添花"，增强其额外的能力以满足他们的特殊偏好，而应该是为被疾病折磨的患者"雪中送炭"，不能与他们争夺医疗资源。

总之，人是理性的物类，必须戒律自己，为自己立法。道德增强技术的应用问题关系到人类的未来，需要充分考量法律的、伦理的和社会的诸多要素。维护人类利益，关注人的尊严，使技术增强的研究与应用在人类普遍认同的伦理框架内有序发展，这是道德增强技术关注的出发点和归宿。

参考文献

一 中文学术著作文献

〔德〕奥特弗利德·赫费:《作为现代化之代价的道德——应用伦理学前沿问题研究》,邓安庆、朱更生译,上海译文出版社,2005。

〔德〕黑格尔:《法哲学原理》,范扬、张企泰译,商务印书馆,1961。

〔德〕胡塞尔:《哲学作为严格的科学》,倪梁康译,商务印书馆,1999。

〔德〕卡尔·雅斯贝斯:《时代的精神状况》,王德峰译,上海译文出版社,1997。

〔德〕康德:《单纯理性限度内的宗教》,李秋零译,中国人民大学出版社,2003。

〔德〕康德:《实践理性批判》,关文运译,商务印书馆,1960。

〔德〕马克斯·舍勒:《价值的颠覆》,罗悌伦等译,生活·读书·新知三联书店,1997。

〔德〕马库斯·杜威尔:《生命伦理学:方法、理论和领域》,李建军、袁明敏译,社会科学文献出版社,2017。

〔法〕贝尔纳·斯蒂格勒:《技术与时间:爱比米修斯的过失》,裴程译,译林出版社,2000。

〔法〕卢梭:《社会契约论》,何兆武译,商务印书馆,1980。

〔古希腊〕亚里士多德:《尼各马可伦理学》,廖申白译注,商务印书馆,2017。

〔荷兰〕斯宾诺莎:《伦理学》,贺麟译,商务印书馆,1983。

〔联邦德国〕F.拉普:《技术哲学导论》,刘武、康荣平、吴明泰译,辽宁科学技术出版社,1986。

〔联邦德国〕伽达默尔:《科学时代的理性》,薛华等译,国际文化出版公司，1988。

〔美〕埃里希·弗罗姆：《自为的人——伦理学的心理学探究》，万俊人译，国际文化出版公司，1988。

〔美〕杜安·舒尔茨、西德尼·艾伦·舒尔茨：《人格心理学：全面科学的人性思考》，张登浩、李森译，机械工业出版社，2016。

〔美〕弗兰克·梯利：《西方哲学史》（英汉对照版），贾辰阳、解本远译，吉林出版集团有限责任公司，2014。

〔美〕理查德·T. 德·乔治：《经济伦理学》，李布译，北京大学出版社，2002。

〔美〕玛丽安·米瑟兰迪诺：《人格心理学》，黄子岚、何昊译，上海社会科学院出版社，2015。

〔美〕迈克尔·桑德尔：《反对完美：科技与人性的正义之战》，黄慧慧译，中信出版社，2013。

〔英〕齐格蒙·鲍曼：《生活在碎片之中：论后现代的道德》，郁建兴等译，学林出版社，2002。

〔英〕亚当·斯密：《道德情操论》，蒋自强、钦北愚、朱钟棣、沈凯璋译，商务印书馆，2015。

〔英〕约翰·洛克：《人类理解论》上册，关文运译，商务印书馆，1959。

〔英〕约翰·密尔：《论自由》，许宝骙译，保商务印书馆，1959。

《阿奎那政治著作选》，马清槐译，商务印书馆，1963。

《马克思恩格斯全集》第三十卷，中共中央马克思恩格斯列宁斯大林著作编译局编译，人民出版社，1975。

《马克思恩格斯全集》第四十二卷，中共中央马克思恩格斯列宁斯大林著作编译局编译，人民出版社，1979。

《马克思恩格斯文集》第一卷，中共中央马克思恩格斯列宁斯大林著作编译局编译，人民出版社，2009。

《马克思恩格斯选集》第三卷，中共中央马克思恩格斯列宁斯大林著作编译局编译，人民出版社，1995。

《习近平谈治国理政》，外文出版社，2014。

《资本论》第一卷，中共中央马克思恩格斯列宁斯大林著作编译局编译，人民出版社，1975。

曹荣湘选编《后人类文化》，上海三联书店，2004。

陈万球：《NBIC 会聚技术的伦理问题研究》，科学出版社，2020。

杜小真选编《福柯集》，上海远东出版社，1998。

甘绍平：《伦理学的当代建构》，中国发展出版社，2015。

甘绍平、余涌主编《应用伦理学教程》，中国社会科学出版社，2008。

高崇明、张爱琴：《生物伦理学十五讲》，北京大学出版社，2004。

教育部社会科学研究与思想政治工作司组编《道德观通论》，高等教育出版社，2000。

李文潮、刘则渊等：《德国技术哲学研究》，辽宁人民出版社，2005。

李正风、丛杭青、王前等编著《工程伦理》，清华大学出版社，2016。

刘大椿：《科学技术哲学概论》，中国人民大学出版社，2011。

刘星：《脑成像技术的伦理问题研究》，湖南大学出版社，2017。

罗国杰主编《伦理学》（修订本），人民出版社，2014。

邱仁宗：《生命伦理学》，中国人民大学出版社，2010。

宋希仁主编《西方伦理思想史》（第 2 版），中国人民大学出版社，2010。

孙周兴选编《海德格尔选集》（下），上海三联书店，1996。

吴国盛编《技术哲学经典读本》，上海交通大学出版社，2008。

俞国良、辛自强：《社会性发展心理学》，安徽教育出版社，2004。

张春美：《基因技术之伦理研究》，人民出版社，2013。

赵敦华：《西方哲学简史》（修订版），北京大学出版社，2012。

周辅成编《西方伦理学名著选辑》上卷，商务印书馆，1964。

朱贻庭主编《中国传统伦理思想史》，华东师范大学出版社，2009。

二　中文学术期刊文献

蔡蓁：《对基因增强技术的伦理探究》，《天府新论》2012 年第 5 期。

陈化：《知情同意在中国医疗实践中的介入：问题与出路》，《中州学刊》2015 年第 6 期。

陈婧：《那些被科技改变的仿生食物》，《IT 经理世界》2014 年第 18 期。

陈默：《道德反哺：道德之代际传递的新型模式探讨》，《云梦学刊》

2017 年第 4 期。

陈万求、沈三博：《会聚技术的道德难题及其伦理对策》，《自然辩证法研究》2013 年第 8 期。

陈万求、杨华昭：《会聚技术发展与 NBIC 鸿沟》，《湘潭大学学报》（哲学社会科学版）2012 年第 6 期。

陈万球：《道德增强与反增强的博弈与反思》，《伦理学研究》2019 年第 5 期。

陈万球：《德性能否复制：道德增强技术的三种质疑》，《中州学刊》2019 年第 12 期。

陈万球：《非传统道德增强的双重变导：生物医学中介与智能体引擎》，《武汉大学学报》（哲学社会科学版）2019 年第 4 期。

陈万球：《人工智能：道德进化的新引擎及其风险应对》，《中国科技论坛》2019 年第 9 期。

陈万球、丁予聆：《人类增强技术：后人类主义批判与实践伦理学》，《伦理学研究》2018 年第 2 期。

陈万球、廖莉：《人类道德增强与人格同一性——兼论人工智能增强》，《自然辩证法通讯》2024 年第 3 期。

戴茂堂：《论道德世界的超自然性——兼论自然主义伦理学的错误》，《伦理学研究》2003 年第 4 期。

邓安庆、蒋益：《西方伦理学史诸概念和命题之释义》，《云梦学刊》2020 年第 2 期。

费多益：《个人同一性研究的过程性视角》，《哲学动态》2012 年第 8 期。

费多益：《情感增强的个人同一性》，《世界哲学》2015 年第 6 期。

冯烨：《国外人类增强伦理研究的综述》，《自然辩证法通讯》2012 年第 4 期。

冯烨：《纳米认知增强的伦理思考》，《自然辩证法通讯》2016 年第 1 期。

冯烨：《认知增强及其伦理社会问题探析》，《自然辩证法研究》2013 年第 3 期。

胡明艳、曹南燕：《人类进化的新阶段——浅述关于 NBIC 会聚技术增强人类的争论》，《自然辩证法研究》2009 年第 6 期。

江畅：《西方德性思想的历史演进和基本特征》，《华中科技大学学报》（社会科学版）2012 年第 5 期。

巨乃岐：《试论技术对人的自由价值》，《科学技术哲学研究》2010 年第 1 期。

黎良华：《美德的相容性：辩护、责难及启示》，《江汉论坛》2018 年第 4 期。

李亚明：《情感的生物医学干预与道德增强》，《自然辩证法研究》2018 年第 8 期。

林德宏：《"技术化生存"与人的"非人化"》，《江苏社会科学》2000 年第 4 期。

刘好、李建会：《融合心灵——认知科学新范式下的 4E 整合》，《山东科技大学学报》（社会科学版）2014 年第 2 期。

刘隽：《道德自然主义面临的挑战与回应》，《世界哲学》2019 年第 5 期。

刘玉山、陈晓阳：《高等教育中认知增强药物使用的伦理审视》，《自然辩证法通讯》2015 年第 2 期。

刘玉山、陈晓阳：《情绪增强及其伦理和社会问题探析》，《华中科技大学学报》（社会科学版）2014 年第 6 期。

刘玉山、陈晓阳、宋希林：《生物医学道德增强及其伦理和社会问题探析》，《科学技术哲学研究》2015 年第 5 期。

刘玉山、宋希林、陈晓阳：《生物医学道德增强可行吗?》，《自然辩证法研究》2014 年第 3 期。

芦文龙：《论佩尔松和萨夫列斯库的生物医学道德增强观》，《自然辩证法研究》2017 年第 9 期。

芦文龙：《论生物医学道德增强——与刘玉山、陈晓阳和宋希林三位学者商榷》，《科学技术哲学研究》2018 年第 6 期。

吕乃基：《科学技术之"双刃剑"辨析》，《哲学研究》2011 年第 7 期。

吕耀怀：《美德的共通性与美德伦理学的独特性及其对道德教育的启示》，《湖湘论坛》2017 年第 4 期。

罗俊、叶航、郑昊力等：《左右侧颞顶联合区对道德意图信息加工能力的共同作用——基于经颅直流电刺激技术》,《心理学报》2017年第2期。

米丹:《生物学对道德的挑战:关于自然主义道德观的争论——基于生物学哲学文献的研究》,《自然辩证法通讯》2018年第8期。

穆艳杰:《论马克思实践观对道德实践观与生产实践观的超越》,《吉林大学社会科学学报》2002年第3期。

彭薇、龚启勇、贾志云:《难治性抑郁症非药物治疗新方法的神经影像学研究进展》,《中国医学影像学杂志》2018年第7期。

奇云:《化学阉割:法律惩罚还是医学治疗?》,《生命世界》2012年第9期。

秦志龙、王岩:《"人性"概念考辩与人的本质探要——基于历史唯物主义的视角》,《理论月刊》2017年第7期。

邱仁宗:《论"人"的概念——生命伦理学的视角》,《哲学研究》1998年第9期。

邱仁宗:《人类基因组的伦理和法律问题》,《科技与法律》2000年第3期。

邱仁宗:《人类能力的增强——第8届世界生命伦理学大会学术内容介绍之三》,《医学与哲学》(人文社会医学版)2007年第5期。

孙保学:《人工智能如何进行道德决策——以自动驾驶汽车为例》,《光明日报》2017年9月11日。

檀传宝:《德性只能由内而外地生成——试论"新性善论"及其依据,兼答孙喜亭教授》,《清华大学教育研究》2001年第3期。

王国学、尚人:《论赫勒关于个性视角下道德标准的界域问题》,《学术交流》2019年第10期。

王国豫、马诗雯:《会聚技术的伦理挑战与应对》,《科学通报》2016年第15期。

王国豫、孙慧:《药物神经增强的不确定性及其伦理问题》,《医学与哲学》2013年第12期。

王敬艳:《道德教育的可教性到底源自何处——对"新性善论"引发的学术论争的神经伦理学思考》,《西北师大学报》(社会科学版)2014年第1期。

王俊博:《价值多元社会中的公共道德标准重构》,《云南社会科学》

2014 年第 4 期。

王康：《人类基因编辑多维风险的法律规制》，《求索》2017 年第 11 期。

王璐、曾华锋：《增强技术的伦理反思》，《科学技术哲学研究》2013 年第 3 期。

王珀：《道德增强与人的自由——与刘玉山、叶岸滔等学者商榷》，《科学技术哲学研究》2019 年第 4 期。

王淑芹、武林杰：《美德论与规范论的互济共治》，《哲学动态》2018 年第 7 期。

吴秀莲：《人性与道德》，《伦理学研究》2011 年第 3 期。

武翠英：《〈共产党宣言〉中的自由发展观及其现实意义》，《中央民族大学学报》（哲学社会科学版）2007 年第 6 期。

肖峰：《"数字增强"的价值及伦理问题》，《社会科学辑刊》2005 年第 1 期。

肖峰：《伦理代价：科技自由主义与保守主义之间的张力》，《武汉科技大学学报》（社会科学版）2007 年第 2 期。

徐嘉：《技术决定论"塑造"道德人之迷误》，《道德与文明》2004 年第 5 期。

杨鹿鸣、张洪江：《情绪增强的伦理考量》，《医学与哲学》（A）2018 年第 6 期。

杨松：《伦理自然主义的还原论与非还原论之辩》，《科学技术哲学研究》2010 年第 2 期。

姚菁菁、王立仁：《西方道德教育视域中的灌输》，《外国教育研究》2017 年第 12 期。

叶岸滔：《道德增强：伦理困境与自然主义思考》，《学术月刊》2017 年第 3 期。

叶岸滔：《道德增强：问题、局限与医学化挑战》，《华中科技大学学报》（社会科学版）2016 年第 5 期。

叶岸滔：《道德增强：问题的提出与正反论证》，《自然辩证法通讯》2016 年第 5 期。

叶峰：《为什么相信自然主义及物理主义》，《哲学评论》2012 年第

1 期。

易显飞:《当代新兴人类增强技术的伦理风险及其治理》,《中国科技论坛》2019 年第 1 期。

易显飞:《技术自身的道德意蕴:一把解开智能时代的伦理钥匙》,《云梦学刊》2019 年第 1 期。

易显飞、胡景谱:《当代新兴"情感增强技术"的界定、类型与特征》,《科学技术哲学研究》2019 年第 3 期。

张灿:《人类增强的类型、范式与伦理争议》,《东北大学学报》(社会科学版)2018 年第 1 期。

张桂权:《论"人格同一性"——洛克、莱布尼兹、休谟的解释与争论》,《四川大学学报》(哲学社会科学版)2011 年第 3 期。

张力博、常祥文、孙艳等:《深部脑刺激技术在神经精神疾病中的应用》,《中国药物依赖性杂志》2018 年第 2 期。

赵克:《会聚技术及其社会审视》,《科学学研究》2007 年第 3 期。

郑康妮:《美国化学工程师学会与化学工程学科的形成》,《工程研究——跨学科视野中的工程》2012 年第 4 期。

周琳:《美德伦理学对现代道德哲学的重构与实践》,《浙江社会科学》2016 年第 5 期。

朱葆伟:《高技术的发展与社会公正》,《天津社会科学》2007 年第 1 期。

朱葆伟:《实践智慧与实践推理》,《马克思主义与现实》2013 年第 3 期。

朱海林:《中国生命伦理学八大热点问题透视》,《昆明理工大学学报》(社会科学版)2013 年第 3 期。

三 中文学位论文文献

康小梅:《情感增强技术引发的伦理问题研究》,硕士学位论文,山西大学,2016。

沈亚生:《马克思主义哲学视野中的人格自我与个体性》,博士学位论文,吉林大学,2004。

王凯成:《人格同一性问题研究——理论、判别标准及难题》,硕士学位论文，湘潭大学，2008。

四　外文学术著作文献

Beauchamp, Tom L. , & Childress, James F. , *Principles of Biomedical Ethics* (Oxford University Press, 2001).

Brey, P. , *Human Enhancement and Personal Identity*, in Olsen, J. K. B. , Selinger, E. , & Riis, S. , eds. , *New Waves in Philosophy of Technology* (London: Palgrave Macmillan, 2009).

DeGrazia, D. , *Human Identity and Bioethics* (Cambridge: Cambridge University Press, 2005).

Duane, P. , & Schultz, Sydney Ellen, *Theories of Personality* (Peking: Peking University Press, 2007).

Elliott, C. , *A Philosophical Disease: Bioethics, Culture and Identity* (New York: Routledge, 1999).

Glannon, W. , *Genes and Future People: Philosophical Issues in Humangenetics* (Colorado: Westview Press, 2001).

Glover, J. , *I: The Philosophy and Psychology of Personal Identity* (London: Penguin Books, 1988).

Gregg, A. P. , Sedikides, C. , & Gebauer, J. E. , "Dynamics of Identity: Between Self-Enhancement and Self-Assessment," represent in Schwartz, S. , Luyckx, K. , & Vignoles, V. , *Handbook of Identity Theory and Research* (New York: Springer, 2011).

Heyd, D. , *Genethics: Moral Issues in the Creation of People* (Berkeley: University of California Press, 1992).

Levy, N. , *Neuroethics: Challenges for the 21st Century* (Cambridge: Cambridge University Press, 2007).

Locke, J. , *An Essay Concerning Human Understanding* (New York: Oxford University Press, 1999).

Maslow, A. H. , *The Psychology of Science: A Reconnaissance* (New York: Harper & Row, 1966).

Milton, John, *Paradise Lost* (London: Penguin Books, 2000).

Noonan, H. W. , *Personal Identity* (London and New York: Routledge, 2003).

Olson, E. , *The Human Animal: Personal Identity without Psychology* (New York: Oxford University Press, 1997).

Parfit, D. , *Reasons and Persons* (Oxford: Clarendon Press, 1984).

Savulescu, J. , Douglas, T. , & Persson, I. , "Autonomy and the Ethics of Biological Behaviour Modification, " in Akabayashi, A. , ed. , *The Future of Bioethics: International Dialogues* (Oxford: Oxford University Press, 2014).

Shoemaker, D. , *Personal Identity and Ethics: A Brief Introduction* (Ontario: Broadview Press, 2009).

Worchel, S. , Morales, J. F. , & Paez, D. , et al. , *Social Identity: International Perspectives* (London: SAGE Publications, 1998).

五 外文学术期刊文献

Agar, N. , "A Question about Defining Moral Bioenhancement, " *Journal of Medical Ethics* 6(2014).

Baumgartner, T. , Heinrichs, M. , & Vonlanthen, A. , et al. , "Oxytocin Shapes the Neural Circuitry of Trust and Trust Adaptation in Humans, " *Neuron* 58 (2008).

Baylis, F. , & Robert, J. S. , "The Inevitability of Genetic Enhancement Technologies, " *Bioethics* 1(2004).

Baylis, F. , "Human Cloning: Three Mistakes and an Alternative, " *The Journal of Medicine and Philosophy* 3(2002).

Caplan, A. , & Elliott, C. , "Is It Ethical to Use Enhancement Technologies to Make Us Better than Well? " *The PLOS Medicine Debate* 3(2004).

Carter, S. , " Could Moral Enhancement Interventions Be Medically Indicated? " *Health Care Analysis* 4(2017).

Dayan, P. , & Huys, Q. J. M. , "Serotonin in Affective Control, " *Annual Review of Neuroscience* 1(2009).

DeGrazia, D. , "Enhancement Technologies and Human Identity, " *Journal of Medicine and Philosophy* 3(2005).

DeGrazia, D. , "Prozac, Enhancement, and Self-Creation, " *The Hastings Center*

Report 2 (2000).

Diéguez, Antonio, & Véliz, Carissa, "Would Moral Enhancement Limit Freedom?" *Topoi* 38 (2019).

Douglas, T., "Moral Bioenhancement, Freedom and Reasoning," *Journal of Medical Ethics* 40 (2014).

Douglas, T., "Moral Enhancement," *Journal of Applied Philosophy* 3 (2008).

Dubljević, Veljko, & Racine, Eric, "Moral Enhancement Meets Normative and Empirical Reality: Assessing the Practical Feasibility of Moral Enhancement Neurotechnologies," *Bioethics* 10 (2017).

Dubljević, V., & Racine, E., "Moral Enhancement Meets Normative and Empirical Reality: Assessing the Practical Feasibility of Moral Enhancement Neurotechnologies," *Bioethics* 5 (2017).

Elliott, C., "Enhancement Technologies and the Modern Self," *Journal of Medicine and Philosophy* 4 (2011).

Erikson, E. H., "The Problem of Ego Identity," *Journal of The American Psychoanalytic Association* 1 (1956).

Farah, M. J., & Wolpe, P. R., "Monitoring and Manipulating Brain Function: New Neuroscience Technologies and Their Ethical Implications," *The Hastings Center Report* 3 (2004).

Focquaert, F., & Schermer, M., "Moral Enhancement: Do Means Matter Morally?" *Neuroethics* 2 (2015).

Glannon, W., "Neuroethics," *Bioethics* 1 (2006).

Harris, J., "Moral Enhancement and Freedom," *Bioethics* 2 (2010).

Hoffman, G. A., "Treating Yourself as an Object: Self-Objectification and the Ethical Dimensions of Antidepressant Use," *Neuroethics* 6 (2013).

Levy, N., "Enhancing Authenticity," *Journal of Applied Philosophy* 3 (2011).

Lipsman, N., Zener, R., & Bernstein, M., "Personal Identity, Enhancement and Neurosurgery: A Qualitative Study in Applied Neuroethics," *Bioethics* 6 (2009).

Maslen, H., Pugh, J., & Savulescu, J., "The Ethics of Deep Brain Stimulation for the Treatment of Anorexia Nervosa," *Neuroethics* 3 (2015).

Moor, J. , "Four Kinds of Ethical Robots, "*Philosophy Now* 72(2009).

Pacholczyk, A. , "Moral Enhancement: What Is It and Do We Want It?"*Law, Innovation and Technology* 2(2011).

Parens, E. , " Authenticity and Ambivalence: Toward Understanding the Enhancement Debate, "*Hastings Center Report* 3(2005).

Persson, I. , & Savulescu, J. , "Unfit for the Future: The Need for Moral Enhancement, "*Analysis* 3(2012).

Persson, I. , & Savulescu, J. , " Getting Moral Enhancement Right: The Desirability of Moral Bioenhancement, "*Bioethics* 3(2013).

Persson, I. , & Savulescu, J. , "The Duty to Be Morally Enhanced, " *Topoi* 1 (2019).

Persson, I. , & Savulescu, J. , "The Irrelevance of a Moral Right to Privacy for Biomedical Moral Enhancement, "*Neuroethics* 1(2017).

Persson, I. , & Savulescu, J. , "The Perils of Cognitive Enhancement and the Urgent Imperative to Enhance the Moral Character of Humanity, "*Journal of Applied Philosophy* 3(2008).

Pols, A. J. K. , & Houkes, W. , "What Is Morally Salient about Enhancement Technologies?"*Journal of Medical Ethics* 2(2010).

Pugh, J. , Maslen, H. , & Savulescu, J. , "Deep Brain Stimulation, Authenticity and Value, "*Cambridge Quarterly of Healthcare Ethics* 4(2017).

Rakić, V. , " Voluntary Moral Enhancement and the Survival-at-any-cost Bias, "*Journal of Medical Ethics* 4(2014).

Riva, G. , Gaudio, S. , & Dakanalis, A. , " The Neuropsychology of Self-Objectification, "*European Psychologist* 1(2015).

Savulescu, J. , & Maslen, H. , "Moral Enhancement and Artificial Intelligence: Moral AI?" in Romportl, J. , Zackova, E. , & Kelemen, J. , eds. , *Beyond Artificial Intelligence*(Springer, Cham, 2015).

Savulescu, J. , & Persson, I. , "Moral Enhancement, Freedom and the God Machine, "*The Monist* 3(2012).

Schaefer, G. O. , "Direct vs. Indirect Moral Enhancement, "*Kennedy Institute of Ethics Journal* 3(2015).

Shook, J. R. , "Neuroethics and the Possible Types of Moral Enhancement, " *AJOB Neuroscience* 4(2012).

Terbeck, S. , Kahane, G. , & McTavish, S. , et al. , "Propranolol Reduces Implicit Negativeracial Bias, " *Psychopharmacology* 3(2012).

Wiseman, H. , "Moral Enhancement—'Hard' and 'Soft' Forms, " *The American Journal of Bioethics* 4(2014).

Zarpentine, C. , "'The Thorny and Arduous Path of Moral Progress': Moral Psychology and Moral Enhancement, " *Neuroethics* 6(2013).

六　外文电子文献

Allhoff, Fritz, Lin, Patrick, & Moor, James, et al. , "Ethics of Human Enhancement: 25 Questions & Answers, " *Studies in Ethics, Law, and Technology* 1 (2010). https://doi. org/10. 2202/1941-6008. 1110, 2010-02-10.

Lin, Patrick, & Allhoff, Fritz, "Untangling the Debate: The Ethics of Human Enhancement, " *Nanoethics* 2(2008): 251. https://doi. org/10. 1007/s11569-008-0046-7, 2008-02-18.

道德增强与反增强的博弈与反思[*]

陈万球　　周心怡

　　道德作为实践理性精神，是人类把握世界的主要方式之一，亦是人类自我完善主要方式之一。21 世纪初以来，欧美哲学伦理学界出现了一场关于能否进行"生物医学道德增强"的论争。一些学者认为人类在现阶段迫切地需要进行广泛的道德增强，以应对未来可能被少数道德败坏群体毁灭地球的风险；另一些学者则表示道德增强并不能避免地球发生最终被毁灭的危机。论争大致上可以分为增强派和反增强派两派。两派理论上的争锋，演绎出 21 世纪初人类道德发展的一幅崭新图景，具有重要的伦理意义。

一　道德增强派的伦理观

　　增强派主张道德增强可以作为解决当前人类道德灾难的必要强制手段，使人们生活在一个和平的世界中，以实现理想的道德社会，其中以道格拉斯（Thomas Douglas）、赛沃莱思库（Julian Savulescu）、佩尔森（Ingmar Persson）、拉基奇（Vojin Rakić）和卡特（Sarah Carter）等为代表。

　　1. 道格拉斯：成为更好的自己

　　道格拉斯是牛津实践伦理中心与英国牛津大学哲学学院的研究学者，也是研究道德增强的开启人之一。他的贡献在于他以一个全新的视角定义了道德增强，并提出了应用道德增强的期望。

　　道格拉斯在 2008 年发表的《道德增强》一文中详细探讨了"生物医学道德增强"的定义，即通过适当的生物干预手段调节道德情感。他认为一

---

　　* 该文发表于《伦理学研究》2019 年第 5 期，收入本书时有修改。

个人在道德动机上获得了比原来更好的动机便可称为"道德增强"。① 从手段上看，道德增强以改善道德动机为切入点。大多数人在道德上都有明显的提升空间，人们往往有不好的或不是最好的道德动机，但人们可以直接改善其中坏的或不是最优的。② 被增强者在增强后，可获得更好的道德动机。从结果上看，道德增强可以使主体的道德能力和道德情操得到提升。通过道德增强个体可以拥有更好的道德动机和道德情感，从而推导出个体实践能获得更多预期的或超预期的好结果。

道格拉斯提出道德增强也可以是一种非道德的"减少"，即通过减少个体的反道德动机从而降低个体的反道德行为的发生频率以在道德上成为更好的自己。这种"减少即增强"的论调的出现是由于学界对道德"善"的定义和程度没有一个具体统一的标准。比如，决定道德动机的是道德推理，是道德情绪，还是两者共同影响；如果道德推理和道德情绪共同作用于道德动机，那么两者具体的影响占比分配是多少……均无定论。道德"善"对不同的人或不同的角色来说存在不同的要求，就像法官更注重法律推理，而爱人之间则会更注重情感。

道格拉斯认为：应用增强道德的理由是，在道德动机上提升自己会得到道德行为产生的尽可能多的好结果，或增强对他人利益的关注。③

从客观需求出发，一些社会危机，如贫困、气候变化、战争等会随着人类伤害能力的增加而加剧，个体在应用道德增强技术提升自身道德水平之后，会表现出较少的偏见、攻击、污蔑等情绪和行为的发生，并能够更多地与疾病和贫困进行斗争，以及成为更好的朋友和合作伙伴。因而道德增强的应用能够有效地减少反道德或错误的行为，防止社会重大危机和威胁的出现，人类也会更多并仅仅是出于善良的道德动机进行社会实践。

从主观需求出发，道德增强则是一种对自我内在属性的提升和一种自我完善的行为，也可以说应用道德增强提升道德水准这一行为本身就是一种"善行"，并且保留无意义的不良道德动机不符合自我改善的意图以及对道德提升要求。虽然道德增强的应用还存在一些争议，如道德增强会提高

---

① Douglas, T., "Moral Enhancemen,"*Journal of Applied Philosophy* 3(2008): 228-245.

② Douglas, T., "Moral Enhancement via Direct Emotion Modulation: A Reply to John Harris,"*Bioethics* 3(2013): 160-168.

③ Douglas, T., "Moral Enhancemen,"*Journal of Applied Philosophy* 3(2008): 228-245.

被增强者的道德地位从而伤害未增强者。但从宏观角度出发，道格拉斯认为道德增强并不一定会增加人类总体的所受伤害。① 只要在能够确保其技术相对安全的情况之下，没有反对使用技术实现道德增强这一目标的理由。

2. 赛沃莱思库与佩尔森：亟须发展更好的社会道德

赛沃莱思库与佩尔森同为牛津实践伦理中心的学者，其代表作有《道德增强、自由和上帝机器》等。两位学者与道格拉斯一同被称为道德增强理论的鼻祖，且一致认为人类迫切需要寻求任何手段在道德上得到改善以承担正确使用现代技术的责任，其中便包括道德增强技术。他们进一步为应用道德增强技术寻找合理依据。

赛沃莱思库与佩尔森认同道格拉斯对道德增强的定义，并从两个方面丰富了道德增强的内涵。其一，道德增强是为了弥补现代社会中存在的落后的道德心理与先进的科学技术之间巨大差异的技术。人类过去长期生活在一个相对狭小而紧密相连的社会中，以往不发达的科学技术也只能影响较小的接触范围。人们延续至今的道德心理则是从这种有限的环境中发展而出的，其道德心理的考虑与思量也是较为短浅的，即仅限关注于周围或眼前的人和事。如今，科学技术通过飞速发展已发生了多次量与质的飞跃，其影响范围也已扩展至全球和遥远的未来，从根本上改变了人类的生活条件，但人类的道德心理在整个技术和社会进化过程中始终保持着基本不变。② 这使得人类的道德心理在实践生活中无法完全匹配现有的科学技术，从而其对科学技术的使用将可能严重破坏人类社会及其发展。例如，对科学技术不合理的应用会导致环境污染和恶劣的气候变化等。其二，道德增强是一项需要社会全面且强制性实施的技术。道德水平较低的个体不会自愿、自主地进行道德增强。赛沃莱思库和佩尔森认为道德增强对自我而言是增加了一种负担，并且非道德心理很容易对他人隐藏，但非道德心理很可能会对社会造成灾难性的"人祸"。譬如，道德水平较低的个体或少数族群应用大规模毁灭性的核或生物武器争夺日渐减少的自然资源或发动恐怖主义性质的战争。据此可知，道德增强不仅仅是单独个体完善自身的追求，

① Douglas, T., "Human Enhancement and Supra-personal Moral Status," *Philosophical Studies* 3 (2013): 473-497.

② Savulescu, J., & Persson, I., "Moral Enhancement, Freedom and the God Machine," *The Monist* 3 (2012): 399.

更是整体社会生存的需求。

同时，赛沃莱思库与佩尔森认为人类迫切需要道德增强。他们认为由非道德心理所产生的伤害具有相对容易性，即"造成巨大伤害相对容易，比在同等程度上受益要容易得多"。[①] 以杀戮和拯救为例，我们能够在短时间内轻易地剥夺数条生命，却无法在同样条件下轻松地拯救同等数量的濒死个体。即便拯救死亡和剥夺生命一样容易，我们的获益也不会同我们通过伤害手段侵犯他人的程度一样大。因为当我们杀害一个人时，我们可能消除了一个人生存条件中的任意一条，但被害者则是损失了所有未来可能的美好，而当我们拯救一个人时，我们不能对被救者未来所拥有的一切美好而邀功，毕竟拯救他人的生命只是他人拥有未来美好生活所必需的无数条件之一。

根据对道德增强的界定，伤害的相对容易性可以从两方面进行避免。一是缩小道德心理与科学技术之间的差异。要提升人类的实践能力，必须通过加速增强道德素质来缩小道德心理和科学技术之间的差异，人们要把道德关切扩大至自身的熟人圈之外，包括那些在未来可能有进一步接触的人，否则人类文明将处于危险之中。二是预防和防止非道德个体和少数族群实施毁灭性行动。在伤害的相对容易性的论点之下，我们可以成功假设少数非道德个体会通过使用核或生物武器等先进的技术手段消灭地球上一切有知觉的生命，而我们无法也不能扭转其毁灭的破坏性，以至于造成了终极伤害。于是，确保有价值的生命永远存在这一终极利益则无法得到保障。因此，道德增强一定要成为"普遍存在"且"强制实施"的技术，以提升全人类认知和非认知的道德水平，控制先进科学技术的部署和使用，将终极伤害发生的概率尽可能地减少。[②]

3. 拉基奇：激励自主的善良

拉基奇是生物伦理学研究中心主任以及世界医学会合作中心生物伦理学国际主席欧洲分部负责人。他支持道德增强的应用，并进一步探讨了关于道德增强的相关问题，如反对赛沃莱思库与佩尔森所提出的强制增强，

---

① Persson, I., & Savulescu, J., "Getting Moral Enhancement Right: The Desirability of Moral Bioenhancement," *Bioethics* 3(2013): 124-131.

② Persson, I., & Savulescu, J., "Should Moral Bioenhancement Be Compulsory? Reply to Vojin Rakic," *Journal of Medical Ethics* 4(2014): 251-252.

而是提倡自愿的道德增强。自愿应用道德增强技术，就包含了自主选择权和激励自愿增强意愿这两个重要的部分。

拉基奇所倡导的道德增强，除了确保有效的安全性外，也保障个人自主选择的权利。由于自由受到限制而被迫做出合乎道德行为的人，我们不能将其称为道德的人，因为自由意志是道德的基础。[①] 这似乎与赛沃莱思库和佩尔森两人强制进行道德增强的观点相左，虽然他们也提出过强制的道德增强不会限制自由，但拉基奇认为人们可以拥有完全的自由意志且不会影响道德增强的有效性。总而言之，人们能够在不丧失自由的情况下，以有效的方式进行道德增强。另外，即便自由意志受到道德增强的影响，自由也将永远是人类行为道德与否的判断标准。人类拥有自主选择是否应用道德增强技术获得道德增强的权利。只要人们是自愿的，人们便是自由的，道德增强是否有效由是否自由来决定。有效的道德增强技术，只会改变或转变人们的行动动机，但是人们的自由不会因此而受到限制。换言之，自愿通过生物医药的手段提升道德，也能够使人们在表现得更加道德化的同时保持自由。

拉基奇指出成为一位道德行为者最大的困难在于，所做的事情与应该做的事情之间存在差距。道德行为者不应纠缠于如何更好地理解道德知识，而应着手于如何加强自身的道德行为。道德增强的核心在于行为，而不是认知。尽管认知增强能够帮助提升道德，可归根结底，道德的关键问题是如何让人们做自己认为应该做的事情。拉基奇认为解决这一难题的设想是"激励善良"。[②] 激励善良不仅强调国家政策层面的刺激与鼓励，如提供各式福利等，更主张让人们认识到善良有助于他们获得关于自我利益的更多的快乐。

激励善良能够由外至内促进人们自愿进行道德增强。一方面，激励善良将道德增强的获益方由外部整体转向到内部自我。激励善良是为了让人们相信道德的行为活动符合人们自身的利益，而不再是牺牲自我的舒适而降低或消除"终极伤害"发生的概率。另一方面，激励善良让人们相信道

① Rakić, V., "Voluntary Moral Enhancement and the Survival-at-any-cost Bias," *Journal of Medical Ethics* 4(2014): 246–250.

② Rakić, V., "Incentivized Goodness," *Medicine, Health Care and Philosophy* 21(2018): 1–7.

德增强能够通过外部技术解决自我内心痛苦。人们在理解道德与幸福相依存的关系后，会渴望在道德上成为更好的自我。不过在目标实现的过程中，人们也可能会由于意志薄弱或缺乏足够动机，产生因无法达到或完成合乎道德行为的痛苦。此时，人们就有理由自愿运用道德增强补充道德意志和动机的软弱之处，以消除无法完成目标无力感，从而采取更恰当或更道德的方式行动。

4. 卡特：实现真正的自我

卡特是曼彻斯特大学法学院社会伦理与政策中心的研究者。他进一步增补了支持道德增强的论述，归纳总结了道德增强应用的间接与直接好处，并对道德增强的激励措施进行反驳。

道德增强技术虽然在医学上还存有疑虑，但卡特认为道德增强技术将会解决同情心缺失的问题，并给予被增强者间接和直接的好处。①

道德增强能够使我们间接受益。与认知、记忆、力量等方面的增强不同，道德增强并不能立即给被增强个体带来直接的好处。但如果每个人都作为社会的一部分提升自身道德水平，从而提升社会整体发展水平，那么这种对社会显而易见的好处就可称为道德增强技术带来的间接好处，即通过生物医学的道德增强技术缩小人与人之间的差距，促进人与人之间的平等。只是缺乏同情心的人仍会觉得道德增强是一种负担。由此可知，不管是道德检测，还是道德增强技术的应用，目标人群的接受程度可能都不是很高。

道德增强技术带来的直接好处是：通过提升同情心水平减少不道德行为，从而减少参与可能对自身造成特别不利影响的活动。比如，道德增强会让人们减少可能受到罚款、监禁等法律制裁的行为，或者避免成为类似群体暴力事件的受害者。但是人们应用道德增强提升自身之时，不太能看到自己的获益，因此接受道德增强的程度也就不高，特别是认为缺乏同情心使得他们在日常生活中更轻松的那些人接受道德增强的可能性较低。例如，对在商业、医药、金融，甚至犯罪等行业中生存的人而言，同情心的缺失似乎更是一种优势，能够让自己的利益最大化，或是获得更好的职业

① Carter, S. , "Could Moral Enhancement Interventions Be Medically Indicated?" *Health Care Analysis* 4 (2017): 338-353.

发展。对于他们而言，冒着失去这一优势的风险而去提高对个人没有明显获益的道德水平的可能性似乎很低。不过我们也必须承认道德增强对个人的直接益处。

卡特坚持认为道德增强对人们有间接与直接的好处，但是也承认存在人们一直缺乏参与技术应用的情况。为了解决道德增强缺乏参与的问题，卡特提出了一种"实现真正的自我"营销方案来增加人们对应用道德增强的参与度，从而代替了具有严重争议性的激励措施。①

公众对激励自愿提升道德水平的提议可能漠不关心，甚至会引发道德愤怒。但当道德增强被描述为一种"实现"或"促成"更好自我的状态时，人们也许不再会提出可能改变本我特质的疑虑，并减轻对失去身份认同的担忧。所以，"实现"或"促成"的营销方案将减少冷漠的回应和避开道德的愤怒，而让更多的人自愿获得一种拥有更高道德水平的愿望。

综上所述，增强派从概念上进行阐述，认为道德增强是一项通过生物医学科技提高人道德水平的技术，并在增强道德认知的作用外，更倾向于加强道德情感。从有效性进行论述，道德增强的发展和应用能够完善个体的不足，并保障社会稳定且持续的发展。因为行善的动机能直接受到道德情感的影响，知行合一才是道德水平的提升，毕竟知善不一定行善。从合理性角度分析，道德增强与自由意志、社会公平等问题不相冲突，甚至能够扩宽自由与公平的上升空间。从实施方式进行考虑，道德增强可以通过各种激励手段或实现自我的宣传推广吸引更多的人主动了解并自主接受，使道德增强达到预期的使用率。

二　反道德增强派的伦理观

反增强派重视对技术后果的评估，对道德增强表示恐惧和不安，警惕人们将道德当作可以无限塑造的东西，其代表人物有哈里斯（John Harris）、芬顿（Elizabeth Fenton）、阿加（Nicholas Agar）、坦尼森（Michael N. Tennison）、马塞洛（Araujo Marcelo）等。

1. 哈里斯：否定了善恶对称性与行善可能性

哈里斯是英国曼彻斯特大学教授。他认为道格拉斯、赛沃莱思库与佩

① Carter, S. , "Putting a Price on Empathy: Against Incentivising Moral Enhancement," *Journal of Medical Ethics* 10(2015): 825–829.

尔森所提出的局限于生物医药手段的道德增强无法真正实现道德素质的提升，并对他们的观点进行了反驳。在他看来，道德增强否定了行善与作恶的对称性。哈里斯认为人类的行善能力与作恶能力具有对称性。[1] 相反，增强派则是推崇其"不对称性"，而这也正是道德增强的核心吸引点，即能够让行善在短时间内变得同作恶一般"容易"。而哈里斯认为当两者从"对称"转变为"不对称"时，人们对待道德增强也应转变为不提倡的态度。尽管行善与作恶的对称性可能会在一些特殊情况下，出现特定方向的倾斜，但这种倾斜与增强派所认为的作恶能力强于行善能力的观念存在实质上的差别。行善与作恶的对称性包含了两层含义。一方面，如果作恶的全部负面结果能够归因于作恶者，那么行善的全部正向结果也可归为行善者。增强派提出一个案例，即一位驾驶车辆于人口密集地区的司机能在短时间内伤害甚至杀害数量众多的路人，而哈里斯认为一个人也可以通过阻止一个打算实施大规模侵害他人利益的个体而成为与之相对的行善英雄。另一方面，如果作恶的全部负面结果不能只归因于作恶者，那么需将作恶结果的影响力分摊部分至外部环境的条件之中。例如，开车撞死大量无辜路人的案例，必须有结实的汽车、提供加油的加油站、平坦的道路以及大量的人群等条件和因素才有可能形成。

哈里斯以弥尔顿《失乐园》中"满可以站住，虽然要堕落也自由"（Sufficient to have stood, though free to fall）[2] 为依据指出，道德增强限制了自由意志，从而可能使我们只知行善却不知为何行善。当我们应用道德增强或启用"上帝机器"而放弃堕落的自由之时，人们也就丧失了自主选择是否行善的权利，行善将毫无价值。[3] 美德不存在于必须做的事中，美德体现在逻辑的选择之中，自由的消失必然导致美德的消散，甚至导致道德的沦丧。其一，道德是综合考虑下最优的选择，而不仅是其行动中包含的良好的动机或亲社会属性。其二，行善不单纯是作恶的对立面，而是基于逻辑推理的选择。通过自然的选择进化至今的人类，并且具有维持社会运转至今的社会秩序，可以说我们每一个人都有自己所需要的东西。人类既拥

[1] Harris, J., "Moral Progress and Moral Enhancement,"*Bioethics* 5(2013): 285-290.
[2] Milton, John, *Paradise Lost*(London: Penguin Books, 2000), BOOK Ⅲ: line 96.
[3] Harris, J., "Moral Blindness-The Gift of the God Machine," *Neuroethics* 3(2016): 269-273.

有自由，也具有大量的公平与正义；既要努力知善，也要尽力行善。

故而在知善与行善间的地带是人类可以完全且自由地进行行动的区域。① 因此我们依旧应通过传统的道德教育，教导人们善恶对错，避免对他人造成伤害或给他人带去痛苦。② 换言之，通过学习和吸收道德知识，人们获得以尊重他人的方式去体会他人感受的利他主义和移情能力。道德知识也能像其他所有科学知识一样得到提升，确保了习得道德知识的可行性。在接受可靠的认知增强之前，我们应致力于尽快提高自身的道德知识能力和水平，从而使自身的道德获得增强，以便更好地帮助人们了解善行、了解可能有助于善的东西，并达到个人或整体所期望的自我防卫能力。而且世界可能面临的巨大威胁也不仅源于不道德，其还可能是自然环境的巨变、愚蠢或粗心大意的疏忽等情况所引起的。

2. 芬顿：认知增强破解道德增强的内在矛盾

芬顿是美国哈佛大学伦理与健康项目的研究学者。他认为赛沃莱思库与佩尔森所提出的道德增强在很大程度上低估了重大科学进步的可能性，由此会引发道德增强的两难境地——增强会灭亡，不增强也会灭亡，并强调非传统认知增强能够替代道德增强以摆脱发展困局。其观点主要在《增强失败的危险：对佩尔森和赛沃莱思库的回应》和反驳增强派的论文中体现。

芬顿认为赛沃莱思库与佩尔森所提出的道德增强具有内部矛盾性。道德增强的应用需要科学技术的发展，但科学技术的发展可能增加出现"终极伤害"的风险。一方面，赛沃莱思库与佩尔森觉得人类社会急需道德增强提高整体道德水平，这也就意味着需要科学技术的大力发展，以推动道德增强的成熟与应用；另一方面，他们却认为在当前较高的科技发展程度之下，拥有较低的道德水平的人类进一步发展科学技术会增加世界毁灭的危险，为避免这一情况的发生似乎需要减缓或停止科学技术的研究与发展。③

① Harris, J., "Moral Enhancement and Freedom," *Bioethics* 2(2011): 102-111.

② Harris, J., "'Ethics Is for Bad Guys!' Putting the 'Moral' into Moral Enhancement," *Bioethics* 3 (2013): 169-173.

③ Fenton, E., "The Perils of Failing to Enhance: A Response to Persson and Savulescu," *Journal of Medical Ethics* 3(2010): 148-151.

简言之，科技进步似乎是一把"双刃剑"，既能发展人类，也能毁灭人类，但这并不是芬顿所反对的地方。芬顿批驳的是赛沃莱思库与佩尔森认为的道德增强发展和应用的前提，即高估了道德增强应用的有效性和道德缺失的风险性。首先，科技进步的益处不能被人类毁灭的风险性所抵消。当人类处于由自然或非自然条件造成的恶劣环境之下，唯有科技的发展才能使我们摆脱逆境。其次，人类能够承担科技发展带来的风险。芬顿承认道德的缺失确实能造成重大灾害，但毁灭性灾难的发生概率却极小，并且毁灭性的灾害不总是道德缺失所带来的，也可能是自然原因所引发的。同时，道德增强的应用也不能确保毁灭性灾害的消失。

芬顿认为道德增强的可替代性，即非传统的认知增强能够替代道德增强。非传统认知增强是指通过一系列生物医学的手段加强人类的认知能力。[①] 因为非传统的认知增强既能够避免人类陷入技术进步的两难困境，也能够推进道德素质的整体提升。芬顿批判赛沃莱思库与佩尔森严重低估了非传统认知增强的价值，并从两方面进行了理解。一是非传统的认知增强与科技发展相辅相成。非传统的认知增强能够通过生物医药方式快速增强人类的认知能力，从而加快科技发展的步伐。科技的突破性研究也能推动非传统认知增强技术的成熟，帮助人类摆脱生存困境的威胁。二是认知增强是道德增强的先决条件。非传统认知增强更能提高我们对道德的理解，让我们获得更多的道德动机，以达到"知善行善"的境界。

3. 阿加：失衡的道德情感与无益的道德地位

阿加是新西兰惠灵顿维多利亚大学伦理学教授。他不认同赛沃莱思库与佩尔森关于道德增强技术能够防止"终极伤害"发生的观点，而主张道德增强是危险的，认定倾向于增强道德情感的道德增强必然会导致社会道德滑坡的状况。

道德增强可能会导致道德恶化，因为道德增强对道德情感有过于不平衡的影响。人类的道德推理和判断依赖于个体的心智能力，并最终影响人类的道德行为，因而情感反应的变化通常伴随着道德推理的改变。[②] 道德增

---

① Persson, I., & Savulescu, J., "The Turn for Ultimate Harm: A Reply to Fenton," *Journal of Medical Ethics* 7(2011): 441-444.

② Agar, N., "Moral Bioenhancement and the Utilitarian Catastrophe," *Cambridge Quarterly of Healthcare Ethics* 1(2015): 37-47.

强对道德情感的"过度"干预，虽然让被增强的个体能拥有更强烈的共情能力，但共情能力的增强不一定会带来好的结果。道德增强可分为横向增强和纵向增强两种：横向增强是指被增强者能够与更广泛的群体产生情感共鸣；纵向增强则是意味着加深被增强者对某一事物同情心。① 以催产素为例，催产素的应用确实会增强个体对群体内人员的同情心，但过量使用催产素进行道德增强则会深化纵向增强的程度，加大个体对群体外人员的排斥心理，这很容易导致被增强者超越人类道德的规范，破坏理性和情感的平衡状态，进而造成道德滑坡。

正确的道德判断需要在感性的道德情感和理性的道德推理之间达到一种特殊的平衡。道德增强的成功运用不能避开对人类感性的加强，道德增强的失败尝试则可能导致道德灾难的结果。当我们权衡与自身毫无关系的陌生人和与我们有着亲缘关系或联系紧密的人群利益时，我们很可能会更倾向于与自身更为亲近的人，而不平衡的道德增强可能会加剧这一倾斜程度，我们甚至可能会牺牲陌生人来换取亲缘关系人群的利益。

阿加极力批判人类在道德上需要特殊援助的观点。他指出道德增强会使被增强者的道德地位提升，甚至高于原本最高位的人格地位。② 一旦拥有更高道德地位的被增强者产生了需求，则必然会优先于未增强者的需要，这意味着未增强者更有可能在极端紧急的情况下被迫做出牺牲。虽然类似于"终极伤害"的极端情况似乎并不常见，未增强者做出牺牲的可能性不高，但无法避免的是道德地位较高的被增强者可以利用道德地位较低的未增强者以换取更多的利益。毕竟资源的分配一般是优先满足地位较高之人，再分给地位低下之人。

同时，阿加通过对人的非关系属性和关系属性的分析得出，人人都应该拥有最高的道德地位，并且不能通过牺牲他人来换取利益。③ 可将其细分为三层含义：其一，被增强者所得到的任何利益，在道德上不能补偿未增强者所付出的代价；其二，被增强者道德地位的提升也表示将未增强者驱

---

① Agar, N., "Moral Bioenhancement Is Dangerous, "*Journal of Medical Ethics* 4(2015): 343-345.

② Agar, N., "Why Is It Possible to Enhance Moral Status and Why Doing so Is Wrong?"*Journal of Medical Ethics* 2(2013): 67-74.

③ Agar, N., "Why Is It Possible to Enhance Moral Status and Why Doing so Is Wrong?"*Journal of Medical Ethics* 2(2013): 67-74.

逐出最高道德地位的位置；其三，未增强者的道德地位降低使他们为被增强者提供重大利益的牺牲看似具有合理性。因为，道德上允许牺牲道德地位为零的事物为有知觉的人提供利益，如牺牲有知觉的非人类为人类创造福利，那么道德上似乎也就允许牺牲未增强者使被增强者获益。如果被增强者是合理的，那么被增强者的价值可以高于未增强者的价值，这将严重违背人人平等的人格地位。

综上，反增强派反对道德增强的应用，提倡以认知增强的手段加强道德素质。其认为道德增强实施存在多种困难和难题。首先，道德增强技术成功实施存在错误的内部逻辑。反增强派不认同道德增强的发展基于善恶的不对称性的观点，并指出增强派存在着科技和道德发展的矛盾性。其次，道德增强的实施标准具有模糊性。道德增强所增强的质与量没有明确标准，而技术的过度使用也会引发一系列问题，如自由、公平、安全和人格等相关难题。由此，反增强派提出道德增强的替代方案——认知增强。道德推理和道德判断应该更多地依赖于理性认知，不管是传统认知增强还是非传统认知增强都可有效提升道德素质，避免道德增强带来的困境或灾难。反增强派的观点没有明确分为强反对派和弱反对派。不过反增强派的观点能够较好地辩驳强增强派的思想。反增强派提出一种较强硬的反对意见，指责道德增强技术是一种绝对意义上令人反感的手段，因为它具有与某些意图或目标结合的非自然性，却忽略了人为的治疗和自我教育。① 但是反增强派对弱增强派理论的反驳较弱。

三 道德增强与反增强论争的伦理意义

道德增强之论争有利于反思技术与道德的关系，拓展理论伦理学的视野，进一步丰富规范伦理学的内容，发展美德的相容性以及完整性，拓展应用伦理学的方法，促进技术与道德的协调发展。

1. 丰富规范伦理学的内容

从规范伦理学看，道德增强的主要问题是：从规范伦理学的利益冲突视角出发，道德增强与自由意志似乎具有地位高低的争议；从规范伦理学的道德难题角度出发，道德增强与公平公正似乎存在对立关系；从规范伦

① Douglas, T., "Moral Enhancement," *Journal of Applied Philosophy* 3(2008): 228–245.

理学的差异性出发，道德增强的标准规则不具有统一性。然则不管哪种类型的规范伦理学问题，我们都可运用"利益同一性"——个人利益与他人利益具有同等性的原则解决。由此可解答出上述三个问题。一是道德增强的应用应确保个体保有足够的自由意志。我们可以通过道德增强去除超出保证自身生存所必需的非道德情感、动机和行为，而不是滥用"自由"的名义以满足一己私利而损害他人的利益。道德增强不应是一种类似于"上帝机器"的技术——忽略个体与之设定有所偏差的思考，"上帝机器"是违背个人自由意志选择的结果，该技术应保证个体在自由思考的同时贴近更高水平的道德修养。二是道德增强也需要在保证社会原有公平状态下进行实施。道德的要求中就包含了公平，道德水平得到提升，那么公平意识也会随之提升。可是当道德增强被巨大的市场财富或极端的个人权力所操控，一部分被权力和财富所引诱的人便会忽视他人利益，违反公平原则导致道德增强与社会公平相对立，进一步扩大"马太效应"。因而道德增强需要政府和民众强有力的监管，并对其进行普遍而广泛的推广，从而大大降低技术获得的门槛。三是道德增强可以加强不同群体形成的伦理学之间统一的道德基础。不同伦理学的准则都应在坚守自由和公平的基础上进一步增加仁爱要求。道德规范不应仅局限于维持人类正常的社会生活，还需要包括更多面向所有人的仁爱之情。这样即便不同的伦理学之间存在差别，但其底线则是大致相同的，即不伤害、自由、公平和仁爱，不同社会或群体间的伦理学也就不会产生本质上的对立，而获得普遍化的全球道德增强伦理。

2. 发展美德伦理的相容性

道德增强能发展美德的相容性以及完整性。一方面，道德增强既能够增加美德间的相容性，也能够减少价值与美德间的分裂。道德增强能够帮助个体突破原本个性的局限，使个体更容易孕育和发展出更多的美德，实现各美德间真正的相容。同时，道德增强能够帮助个体摆脱特定生活形式价值取向的限制，抛弃选择一种美德就必须放弃另一种美德的模式，从而创造出滋长更多美德的可能性。另一方面，道德增强能够实现真实完整的自我。美德伦理学中"真实的自我"强调自我前后一致的同一性，反对个体的同质性。道德增强能促进个体幸福生活目标的达成。每个人都以幸福生活为奋斗目标，虽然各自对幸福生活的规划各有不同，但道德增强能发挥个人内在的道德潜能，帮助每个人实现其不同的幸福规划。道德增强提升个体对美德在具体场景中独特的理解。在每个千差万别的情境中，道德增强能够协助个体理解不同的场景，将个体利己与利他的心态调整至场景所需的最佳状态，也就能够保留并凸显个体的同一性。道德增强同样能够形成美德所需的教育与习惯。道德增强能够提升美德教育的成效。道德增强能促使被增强者从道德情感和道德认知两方面得到提升，因此不论是美德教育者，还是美德习得者都能从情与理视角提高对道德知识的认同与接受程度。道德增强能够提升美德教育的启发性。启发式美德教育更多侧重于培养个体的自主性，即道德方面的自律性与自觉性。美德的习得不仅是依靠他律性的社会规范与舆论监督，还需要自身时刻的约束与谨慎的权衡。道德增强可以帮助被增强者达到"独善其身"的美德境界。道德增强促使个体养成良好的道德习惯。习惯能使人们对正确行为的道德情感感知更为敏锐。[1] 道德增强能够进一步将美德生活化，促使人们在实际生活中更多地感受并注重道德，进而在习惯的力量上更加认同与道德原则相符之事，更加厌恶与道德原则对立的邪恶之事。

3. 拓展应用伦理学的方法

个体在道德增强的实践中需要有正确的伦理指引。首先，需充分利用个体的知情同意权。在医疗实践中，知情同意权是个体最基本的权利之一。但根据中国医疗实践中，知情同意权具有独特的"权威主义"和"家庭主义"特色。[2] 不涉及生命和死亡的道德增强，医护人员应与成年的道德增强受施者直接沟通。而对未成年人的增强，除了尊重本人的意愿之外，也必须征求其监护人的同意。其次，需明确道德增强的应用是对个体"真实自我"的实现，即个体不应将道德增强作为一种超越他人或自身能力的工具，而是应视其为"自我意愿"达成的补充方式。据此，从结果主义出发，可分为两层含义进行分析。一方面，道德能力精准评估的高难度促使"个体超越"无意义。因此，个体如果使用道德增强的目标如果以"超越他人，多享资源"为核心，则道德这一技术毫无意义可言。另一方面，"真实自我"的实现能够更好地促进个体道德增强的意愿。道德增强应用的目的与

---

① 〔英〕亚当·斯密：《道德情操论》，蒋自强、钦北愚、朱钟棣、沈凯璋译，商务印书馆，2015，第255页。

② 陈化：《知情同意在中国医疗实践中的介入：问题与出路》，《中州学刊》2015年第6期，第94~99页。

个体一直期盼着美德造就的幸福生活一致，并不会造成个体自我人格分裂的担忧，而是对自我的增益。最后，需明晰道德增强是个体在传统道德增强基础之上的有益补充。个体为了发展出更高水平的道德心理，可使用道德增强突破自己原有的自然限度，再进行传统道德增强。

四　结语

生物医学道德增强之论争源自增强派与反增强派基于道德理念上的迥异，从某种意义上说，增强派和反增强派激烈的辩论，实质是高新技术发展条件下道德自然主义与道德非自然主义的理论争锋的翻版。增强派遵循着道德自然主义原则，认为道德的产生基于人类的生理基础，生物医学道德增强的可能性与发展性也是以人类自然的物质性为基础，从而改变人类与道德相关的生理条件便能改变人的道德情感与道德行为。然而，当增强派走入极端道德自然主义时，道德便开始"物化"，只依赖于人的自然物质性，却忽略了文化、宗教、政治和经济的影响因素。反增强派则偏向道德非自然主义的立场，相信道德源于最佳的自由逻辑推理，而不是来自具有自然特征的客观存在。不过，反增强派也可能步入道德非自然主义的谬论之中，即道德及其价值都是虚无的。这一论争可以通过传统与非传统道德增强方式的融合而完成。双方相辅相成，将生物医学道德增强技术作为传统道德增强的一个补充方式，既能以传统方式限制人类技术化的程度以降低道德增强技术的风险，又能用技术手段增加传统教化方法的效能，最终获得应用道德增强的权利。

附录二

道德增强的本质：人类史的自然过程
与社会过程的矛盾运动[*]

陈万球　何家玮

　　近年来，一种通过药物、非侵入性脑刺激、基因修饰及其他直接修饰人体生物属性的生物医药技术被用于增强人类道德，并被称为"道德增强"（Moral Enhancement）。在历史唯物主义看来，道德增强在形式上是一个以人的实践为主动干预方式的社会过程，但这种主动性的条件和可能使其在现实性上也是一个自然过程。因此，我们只有从自然过程和社会过程的矛盾运动中才能把握道德增强的本质。

一　道德增强技术是人类道德进化的新密码

　　以基因编辑为内核的道德增强技术引发智能哲学和生命哲学的大裂变。道德增强技术打断了道德的传统演进过程，是人类道德进化的新密码，从此，人类进入了一个崭新时代——生物医药技术控制道德的时代。

　　1. 食物（药物）技术增强道德的时代

　　民以食为天。食物既是人体的燃料，也是人的精神发动机。小说《香水》中的香水传播"香味的魔咒"，香水中的月桂叶、丁香、姜、薰衣草、蜜蜂花、薄荷、芥末、豆蔻、胡椒、番红花等具有催情效果。最典型的使用食物技术增强道德的方式，就是酒的酿造与食用。历史表明，酒是人类无法抗拒的诱惑，它与人类文化同时开始酿造。酒是道德的试金石，也催化了人类的情感："酒能壮胆，诗可言志；酒可俳忧，诗可抒情""酒乱性，色迷人"。尚酒的地区或民族，如俄罗斯、匈奴人等，无不以孔武、雄健、

---

* 本文发表在《世界哲学》2020年第5期，收入本书时有修改。

刚毅的男性特质著称。① 而药物技术增强道德也具有悠久的历史。在古中国，人们使用银杏果来治疗咳嗽、哮喘和提高认知功能，使用人参、枸杞、灵芝等草药促进大脑功能。在古埃及，人们已采用富有香味的芳香剂增加美梦、减少焦虑以及消除痛苦，甚至梦想用药物延寿和提高生命活力，创造"长命超人"。事实上看，食物（药物）技术增强道德的方式是外在的、微小的和局部的。具体来说，食物（药物）技术对道德的影响方式是外在的，它通过摄入食物、服用药物从人的身体上以生理的、物理的方式介入。食物（药物）技术增强道德从程度上看是微小的，不可能从根本上助推道德的进化。从范围上看，食物（药物）技术对道德的影响是局部的，仅限于个体的范围内，对整个社会道德风尚的影响有限。人类从诞生开始就一直使用食物（药物）技术增强道德并持续到现在。

2. 教育技术增强道德的时代

康德认为，人具有发展向善和向恶双重自然倾向。道德教育的价值旨归在人，教育可以帮助个体开发道德潜能，促进人格完善，成就真正的人。② 在教育过程中，主体不断自我完善，精神世界得到充分洗礼。相对于食物（药物）技术而言，教育对道德的影响是内在的、巨大的、宏观的。具体来说，从方式上看，教育对道德的影响是内在的，不管是以榜样示范、和风细雨的方式，还是以言传身教的方式介入，都是在人的心灵和精神世界中发挥作用。从程度上看，教育对道德的作用是巨大的，教育隐含着人性完善的重大秘密，正是通过教育带来了人类全部的善。从范围上看，人是唯一必须接受教育的造物，人只有通过教育才能成为人，所以教育对道德的影响超越了局部的范围，覆盖整个人类，教育始终是人类道德进化的最有力的助推器。

3. 基因编辑控制道德的时代

当然，教育的作用正在面临一种新的挑战，这就是以基因编辑技术为代表的道德增强技术。在我们这个时代，"技术成为一种新的社会权力，这

---

① 陈佳：《浅论唐代酒诗的反伦理倾向》，《成都师范学院学报》2015 年第 9 期，第 104~108 页。
② 陈默：《道德反哺：道德之代际传递的新型模式探讨》，《云梦学刊》2017 年第 4 期，第 61~65 页。

种力量可以用来获得对他人的控制权"。① 我们正进入一个技术控制道德的时代，技术将对道德产生内在的、长久的、根本的影响。具体来说，传统道德增强方式虽然也是为了塑造更好的人，但都不会通过突破人体的自然状态实现，而以基因编辑为代表的道德增强技术，必须使用先进技术，让技术内在于人体，是在生物学意义上真实地嵌入人体，技术与人的关系是"（技术—人）"；传统道德增强方式虽然有时也会借助先进技术，但其使用的技术外在于人体，技术与人的关系是"（技术）—（人）"。② 前者带来直接后果就是高效。对于个体来讲，以往一种优秀道德品质（如勇敢）的形成是一个长期的过程，有时耗尽一生才能养成，而在道德增强技术的条件下，一种优秀道德品质（如忠诚）的形成可能在服用一种药物之后立竿见影。从文化学看，技术增强道德实际上是打破文化渐变论，代之以文化突变论。从久暂性看，一种道德品质经过药物、神经刺激或基因编辑能否持久地发挥作用，这个问题应该做具体分析。"千经万典，孝悌为先"，如果一个逆子在服用药物后对父母百依百顺，但是药物失效后可能转身对父母面目狰狞、拳脚相加，那么药物增强的持续性是有限的。然而在道德增强支持者看来，基因编辑技术对道德增强的效果应该是持久的，因为其制造的"道德完美婴儿"，可能终其一生都会对父母关爱有加。基因编辑道德增强从程度上看是根本的。食物（药物）摄入人体，本质上是通过改善人的身体物质世界从而使人变得暂时有道德性；教育技术是对食物（药物）增强道德的反动，它不是通过改变人的物理世界来建构人的道德世界，而是通过改变精神与心灵世界来建构人的道德世界；基因编辑技术则是对教育的反动，它通过化学的、医学生物的技术作用于人体，培植"人的本性中向善的原初禀赋"，③ 从而根本上改变人的物理世界，完善人的自然性，这显然是一种道德发展螺旋式的上升运动。这种根本性还表现在影响的广泛性上：从理论上看，普遍地使用道德增强技术必然使得"人皆可以为尧舜"，这样，整个社会的道德风尚就可能提升了。

---

① 刘宝杰、田文君：《简论里森技术哲学思想》，《长沙理工大学学报》（社会科学版）2018年第4期，第28~34页。

② 芦文龙：《论生物医学道德增强——与刘玉山、陈晓阳和宋希林三位学者商榷》，《科学技术哲学研究》2018年第6期，第56~61页。

③ 〔德〕康德：《单纯理性限度内的宗教》，李秋零译，中国人民大学出版社，2003，第9页。

二 人性的历史矛盾性与道德增强技术的必要性

从食物（药物）技术增强道德的时代到教育技术增强道德的时代，再到基因编辑控制道德的时代，技术对道德的干预正在以加速度的方式发生作用，人类正在开创一个道德进步的新时代。之所以如此，是因为道德依托于人性，人性是道德的基础，道德的价值旨归在人，道德进步根源于人性的历史矛盾性，[①] 道德增强技术的目的就是借助技术对人性的改善来不断推动道德进步。

1. 从历史视角看，人的自然性和社会性的矛盾使道德产生和存在成为必然

人是一种悖论性存在，是具有物性与超物性、自然性与超自然性、自在性与自为性双重本性的存在。[②] 因此，人有生命本质，也有超生命本质。人性可以从人的内、外两方面进行分裂。人的内在主要体现为人的自然性。人是自然界的产物，个体的生存与发展依附并受制于自然的环境和条件；人也是自然界的生物，有着同动物一般的本能。人的外在主要体现为人的社会性。人通过劳动发展出了不同于动物的社会性，社会性是人的本质属性，社会性统摄自然性。

人的自然性表现为人的个人需要和个人利益，人的社会性表现为人的社会需要和社会利益。个人需要和个人利益与社会需要和社会利益是矛盾的，这是因为，一个社会在一定时期内所创造的物质财富和精神财富的总和是一定的，如果满足个人需要和个人利益的部分增加了，那么满足社会需要和社会利益的部分就会相应地减少；反之亦然。所以，道德的出现恰恰就是为了协调两者的矛盾关系，协调的方法是抑制和牺牲个人需要和个人利益，所谓"道德之途通往牺牲之谷"说的就是这个道理。一般说来，道德提倡在维护个人正当合理利益的前提下，牺牲个人利益来保证社会利益的实现，尤其是在面临国家和民族战争以及重大历史转折关头更是如此。当然，对个人利益的牺牲不能做绝对化的理解，在历史发展长河中也存在

---

① 吴秀莲：《人性与道德》，《伦理学研究》2011 年第 3 期，第 38~41 页。
② 穆艳杰：《论马克思实践观对道德实践观与生产实践观的超越》，《吉林大学社会科学学报》2002 年第 3 期，第 19~24 页。

牺牲社会整体利益来满足个人正当合理利益的偶然性。总之，人具有自然性和社会性，而且两者是矛盾的，道德从调节两者的利益关系中产生，既是一个事实判断，也是一个价值判断。在这两个判断中，前者表明道德存在的历史必然性，后者表明道德存在的价值合理性。

当然，人的自然性与社会性既是对立统一的，也是具体的历史的统一，即我们对人的理解经历了"人是自然存在物—人是类存在物—人是社会存在物—人是社会关系的总和"的过程。[①] 因此，不能将人性的自然性和社会性绝对化。绝对的自然性固守人的自然本性，反对任何人为的干预，人类无法发挥主观能动性行事；绝对的社会性高扬人类的社会属性，忽视自身的自然属性，人类无法正确对待自然客体。在科学技术高速发展的今天，强调两者具体的、历史的统一显得尤为必要。

2. 从现实角度看，人的自然性和社会性的矛盾空前激化使道德增强技术成为必要

道德增强的支持者认为：人类进入了一个空前复杂的时代，人的自然性和社会性产生了激烈冲突，表现为恐怖主义横行、种族主义加剧、各种倒行逆施祸害社会的现象层出不穷。在当代，人类拥有的先进且影响范围较广的科学技术带来的不只是发展，还可能引发人为的惨重灾难。[②] 比如，大规模毁灭性的核武器和生物武器的使用，以及人为干预造成的大面积的环境恶化和有害的气候变化。"当前最主要的社会问题无一不与道德相关，因而提高人的道德水平才是解决这些问题最直接的途径。"[③] 为什么矛盾会空前激化呢？主要原因在于日新月异的技术把人类社会拖入一个加速发展时期，让社会离库兹韦尔所说的"技术奇点"距离越来越近。但是人类本身性能和本能欲望，同它们延伸而出的道德心理都无法与快速提升的技术所匹配，因此必须一种高效的超越传统低效的发展道德的新技术来调节自然性和社会性的激烈冲突，道德增强技术于是应运而生。

---

① 秦志龙、王岩：《"人性"概念考辩与人的本质探要——基于历史唯物主义的视角》，《理论月刊》2017年第7期，第56~61页。

② Savulescu, J. , & Persson, Ingmar, "Moral Enhancement, Freedom and the God Machine," *The Monist* 3(2012) : 399-421.

③ 李亚明：《情感的生物医学干预与道德增强》，《自然辩证法研究》2018年第8期，第18~23页。

新兴道德增强技术与传统的道德教化相互结合，共同演绎成为解决人的自然性和社会性矛盾的双重武器。一方面，传统的道德教化继续可以发挥重要的作用，不应被增强技术所取代，道德教化始终与人类的道德进步共始终。同时，我们不能固守道德教化藩篱，不敢越雷池一步，不应拒绝新的道德发展路径和范式。应当在承认人类自然属性和本性的基础之上，充分发挥主观能动性，积极探索人类自然属性与社会属性之间长期平衡发展的机制。① 这样包括道德增强在内的技术才能得以应用，人性才可以通过持续不断的改造实践来展现永恒的存在。

3. 道德增强技术与人性的侧重属性

人是自然性与社会性的辩证统一体，但这并不代表其自然性与社会性具有绝对的平等的地位。人性能够随着道德增强技术的发展而变化，基因编辑技术也会改变人性中自然性与社会性的侧重。

道德增强技术出现之前，人的自然性需要适应人的社会性。人的社会性是在自然性基础之上形成的，自然性是一切社会性发生和发展的前提条件。生存与繁衍的本能促使劳动生产和社会关系的兴起，促进了道德的产生和社会道德关系的形成。在落后的生产力和传统的道德教育范式之下，除非付出巨大的人力物力代价，否则人类无法随意突破自然环境以及自身条件的限制。因此，在漫长的历史长河中，人类的道德是为了让个体适应自身狭小环境与着眼于眼前的现实而存在的，传统道德关系的内容倾向于限制和引导人的自然性以适应人的社会性发展需要。

道德增强技术出现之后，人的社会性需适应人的自然性。弗洛姆曾说过，"当代对物质满足的技术性手段的丰富性与特别利用它们来寻求和平与人们的福利的无能性之间的矛盾是可以消解的"。② 因为，道德增强技术可以通过生物医药手段增强人的道德素质，使人类不再受到自然与社会关系原本固有的制约。人的自然性与社会性矛盾的解决依赖于由教育与训练培养起来的社会性去抑制和引导自然性，换言之，传统解决方式是从用社会

① Béland, Jean-Pierre, Patenaude, Johane, Legault, Georges A., Boissy, Patrick, & Parent, Monelle, "The Social and Ethical Acceptability of NBICs for Purposes of Human Enhancement: Why Does the Debate Remain Mired in Impasse?" *Nanoethics* 3(2011): 295-307.

② 〔美〕埃里希·弗罗姆：《自为的人——伦理学的心理学探究》，万俊人译，国际文化出版公司，1988，第38页。

性引导自然性的发展的方向。道德增强技术为解决人性矛盾提供了一种新的选择方案与可能。与传统方法不同的是，人的自然性与社会性矛盾的解决依赖于技术从生物学本质上改变人的自然性，用技术放大人的自然性，用自然性因子生成社会性，用自然性覆盖社会性，从而使人的自然性和社会性达到统一，达到弗洛姆所说的用增强的物质技术手段消解用于和平和增进人类福祉的无力性。从这个意义上讲，道德增强技术出现之后，人的社会性需适应人的自然性。

道德增强技术是合规律性与合目的性的统一，具有存在的必然性和可能性。那么，道德增强技术的本质是什么呢？

三　道德的自然主义与实践唯物主义的对立

在探索道德增强技术本质之前，有必要讨论一下历史上关于道德本质问题的两个概念：道德的自然主义与实践唯物主义。

自古以来，道德就是人们孜孜探求的重要话题。为了探明道德本质问题，人们进行了漫长而艰辛的探索。作为哲学领域的核心议题，从《尼各马可伦理学》开始，西方哲学家提出了自己的观点或者理论体系。其中道德自然主义和道德实践唯物主义在本体论、认识论、方法论方面存在着严重的分歧。

1. 道德本体论

道德自然主义是一个极为悠久的理论传统。从亚里士多德主张道德回归生活到伊壁鸠鲁的享乐主义，从密尔的功利主义到休谟的道德情感主义，都表征了立足自然主义探索道德本质的努力。此外，当代的生物科学、神经科学的研究也涉及道德本质问题。"在人产生之前，自然界是不完整的、未完成的、没有被打开的，不具有任何意义。"[①] 自然主义的内核就是一切现象都能用自然的原因和法则的术语加以阐释说明，换言之，就产生了在理解、说明、解释这个宇宙发生的一切时，反对任何超自然力量的介入。把这个标准延伸向伦理学中，就产生了道德自然主义。道德自然主义本质上是关于道德本体论性质的一个立场，它主张道德的善与恶、好与坏等都

---

① 戴茂堂：《论道德世界的超自然性——兼论自然主义伦理学的错误》，《伦理学研究》2003年第4期，第13~15页。

是表征一种自然的属性，而道德判断则是关于该自然属性的断言。如左拉主张"人类世界同自然界的其余部分一样，都服从于同一种决定论"，即道德的发展服从于自然规律，由自然规律所界定。尼采则认为，善就像健康一样，具有复杂的自然属性，只有回归自然才能获得"真正的道德"。道德自然主义立足于人的自然本性，聚焦道德的生理心理机能，力图用科学之方法来解释道德现象，但忽视了道德现象和道德关系是基于自然但超越自然的社会本质属性这一点。

与此不同，道德实践唯物主义认为，道德是由经济基础决定的一种特殊社会意识形态。恩格斯指出，"人们自觉地或不自觉地，归根到底总是从他们阶级地位所依据的实际关系中——从他们进行生产和交换的经济关系中，获得自己的伦理观念。"① 马克思深刻指出："宗教、家庭、国家、法、道德、科学、艺术等等，都不过是生产的一些特殊的方式，并且受生产的普遍规律的支配。"② 社会关系的形成是道德产生的客观条件，劳动创造了人和人类社会是人类道德起源的第一个历史前提。马克思和恩格斯通过对劳动概念的解读实现了伦理观的变革，并进而超越了西方传统伦理。在这一点上，达尔文也认为道德仅仅产生于人的群体，是在群体内部、群体之间斗争的基础上形成的"复杂合作"关系。波普尔则将之称为"道德历史主义"，即人类社会发展的历史具有不以我们意志和行动为转移的趋势或确定法则，在历史发展进程的每一阶段，道德原则或规范都是由历史条件所决定的，也是无法改变的。

2. 道德认识论

道德自然主义在认识论上，承认可知论，反对不可知论，相信以科学为依据，并采用科学的经验方法就一定能够逐步深入地认识自然界从而认识和把握包括道德在内的万事万物。科学的经验方法是认识自然的唯一可靠的方法，直觉和神秘体验都不是发现真理的手段。近代以来，道德自然主义从基督教的经义转向了以实证性、精确性、可测性为特征的"科学主

---

① 《马克思恩格斯选集》第三卷，中共中央马克思恩格斯列宁斯大林著作编译局编译，人民出版社，1995，第434页。
② 《马克思恩格斯全集》第四十二卷，中共中央马克思恩格斯列宁斯大林著作编译局编译，人民出版社，1979，第121页。

义"。分析道德现象的"科学性"成为自然主义追求的对象。① 道德自然主义认为道德应该有其"科学"的基础，科学能从不同侧面揭示道德产生的生物学根源。

道德实践唯物主义在认识论上，也承认可知论，反对不可知论，相信道德是可以认识的。"研究视野由神转向人、从人的自然性转向人的社会性，并通过探究社会性进而深入人的社会物质生产活动过程"。② 其主张道德是知情意行信的统一，强调道德认识是道德行为的基础，道德情感是道德行为的激发器，无德知则无德行。可见，道德实践唯物主义的认识论强调人们在理性的引导下进行道德践履，在道德践履的现实活动中反过来获得新的道德认知，依次反复，螺旋式地推动道德进步。

3. 道德方法论

道德自然主义在方法论上，寻求"科学的自然的基础"，运用"科学"的思维方式推动道德的发展和完善。道德自然主义认为，人类的身体和精神可以用科学的方法加以测量，道德情感和道德行为问题完全可以采用科学的方法进行矫正。自然主义方法论常常与实证主义方法论纠缠在一起，实证主义为道德水平的提升提供了实验的、可测量的、标准化的方法论基础。

在实践唯物主义视域中，道德具有社会历史性与实践性，实践是个体道德建构的基础和载体。人的道德认识和道德行为不仅是物质世界长期发展的产物，而且还是社会发展的产物。人类道德的产生和发展同人类的劳动实践有着不可分割的密切联系。把道德看作社会的和历史的现象，将道德研究和现代科学知识联系起来，强调人的实践对道德发展的重要性，布兰科特（George G. Brenkert）将这种理论称为"依赖性命题"。道德实践唯物主义认为人类社会的实践发展是道德产生的前提条件，道德作为一种实践理性精神，是在实践中产生，在实践中发展和完善的。

四 从"超越自然"到"再自然化"

上述道德自然主义和道德实践唯物主义的分野彰显了新兴的道德增强

---

① 叶岸滔：《道德增强：伦理困境与自然主义思考》，《学术月刊》2017 年第 3 期，第 40~47 页。

② 教育部社会科学研究与思想政治工作司组编《道德观通论》，高等教育出版社，2000，第 23 页。

技术的本质：道德增强技术是一种新的自然主义道德认识论与方法论。而以基因干预为基础的道德增强过程，是一个从"超越自然"到"再自然化"的飞跃过程，也是人类史的自然过程和社会过程的统一。

1. 道德增强是"超越自然"的技术

从古至今，在稳定的人类社会中，人类自身道德水平的提高，便是一个"自然化"的过程。在亚里士多德看来，德性分为两种，即理智德性与伦理德性。理智德性主要通过教导而发生和发展，伦理德性则通过习惯养成。传统意义上的道德提升，应该是通过学校、父母、老师以及社会对人类的教育训练以及自我的反思、教育缓慢实现的，其提升过程相当漫长，乃至于伴其一生，因为道德水平的提升是与人自身的品格塑造同步进行的。每个人从出生开始，便与学校、父母、老师以及社会各种人进行交流以及产生各式各样的价值理念的冲突，不断重塑与完善自己的行为准则与价值观。这是一个社会化的过程。正是因为这些博弈与碰撞，个人的道德水平才能不断提高以适应社会。过去，人类的自然性是无法被忽视的，更是无法被超越的，自然性始终是人的道德的基础，但是，生物医学技术，尤其是基因编辑技术通过对人的基因进行剪接、编辑和重塑，从根本上改写道德的自然性基础，这样，技术变成创造美德和消弭恶德的"上帝之手"，从而实现对道德的自然属性的超越。从这个意义上说，以基因为核心的道德增强技术是"超越自然"的技术。这种技术实现了对人的自然性的三个方面的超越。

一是本体论意义上的超越。自然性不再是道德的基础，道德的发展完善发生了根本的转移，道德建构从以自然为基础转移到以技术为基础。比如，服用一些药物便能对人的道德行为产生一定的影响：普萘洛尔（propranolol）可以减少隐性的种族歧视，产生较少功利性的判断；催产素等能对人类的道德选择产生相应的效果。除此之外，神经反馈技术等非药物方式也可以对人类道德进行"增强"。这种通过生物医学技术进行人为的、技术上的增强，似乎使得人类道德水平的提高迈向了"人工化"的进程。人类道德水平的提高理应是自然而然的，而不应受人为干预。人的道德世界是一种基于自然并且被赋予神圣意义的"上帝赐予"，人类对此应该保持敬畏之心。而道德增强技术这种"人工化"的增强是一种逾越，是一种人类扮演"上帝角色"的行为。

　　二是认识论意义上的超越。尼采认为，每一种道德都是对自然的暴政。科学是从真与假把握世界，艺术是从美与丑把握世界，与此不同，道德是从善与恶的角度来把握世界的实践理性方式。基因编辑技术作为科学把握世界的方式是有缺陷的：一方面其对道德发展的自然规律性的认识不足，试图借助基因的改变，实现道德发展以"真与假"的方式把握和理解世界；另一方面基因编辑技术忽视了对道德的实践的社会的复杂因素的综合考量，仅仅从生物医学的角度复制美德，无疑是犯了"技术决定论"的错误。

　　三是方法论意义上的超越。传统道德教化通过对人的自然性进行约束和限制，牺牲、控制人的欲望，从而实现美德的发展。但是基因编辑技术直接剔除人的恶的基因，种植人的善的基因，实现了道德发展方法论上的革命。历史上，生产力决定生产关系，技术通过对经济基础这一中介作用于道德，它是间接地发生作用。而在技术增强作用下，技术对道德发挥直接的作用。一方面，技术的直接作用极大地拉近了技术与道德的距离，两者变间接关联为直接关联，改写了道德进化的历史进程，使道德发展由单纯的社会化过程变成"自然而然"的过程。

　　2. 道德增强技术是"再自然化"的技术

　　事实上，道德增强技术之于人类道德水平的提升，是一种"再自然化"。休谟区分了三种不同的自然概念：一是与"奇迹"相对立，二是与"稀有与不寻常"相对立，三是与"人为"相对立。那么根据休谟的自然概念，道德增强技术是不是"非自然"的技术呢？

　　首先，"自然"与"奇迹"相对立，超出科学研究范围的东西可以说它是超自然的。道德增强技术并不是超自然的，是可以进行科学研究的。基于此，道德增强技术是"自然"的。

　　其次，"自然"与"稀有与不寻常"相对立。道德增强技术对于当下的多数人来说是不寻常、不熟悉的，但是随着道德增强技术快速推进，对于下一代或下几代人来说，道德增强技术就可能会是寻常的、熟悉的，因而是"自然"的。

　　最后，"自然"与"人为"相对立。道德增强通过"人为"技术来实现，但我们并不能因此就说它是"非自然"的。虽然进行道德增强的技术是"人为"的，但道德具有自然生理心理基础，其增强过程是一种对人的自然性的更高意义上的回归，这就是通过"人为"的技术手段生成自然原初的"道德因子",使新生的道德建立在回归后的更高意义上的自然基础之上,所以从这个意义上讲,道德增强是一种"再自然化"的过程。

五 结语

以基因干预为基础的道德增强过程,是一个"超越自然"到"再自然化"的飞跃过程。也因此,本文从基因编辑技术的自然过程与社会过程的高度统一上揭开了道德增强技术的本质。道德增强技术借助于生物医药技术弱化人的不良道德情感,强化人的优良道德情感,增强人的行为动机以达到增强道德的目的,实际上带有一定道德自然主义和还原论色彩。近代以来,道德自然主义遭受了胡塞尔等人的批判,他们认为"自然主义不仅在逻辑上是悖谬的,而且在实践中也意味着某种危险。"[①]

"任何具体技术形态的开发或运行都表现为社会活动,都是在一定时代的社会场景中展开的,总要受到社会系统及其构成要素的影响。"[②] 道德自然主义试图遮蔽和摆脱人的社会性,把"物理"的价值与"道德"的价值进行还原,导致道德在本体论与方法论之间的断裂,最终的结果就是将道德降为物,让人成为"物化"的人,道德社会成为一个"物化"的社会。自然主义方法论应用到人的道德关系中真的能起到"药到病除"的效果吗;道德增强所激发的行为是否具有道德价值……这些问题仍然值得怀疑。因此,道德实践唯物主义始终是我们应当坚持的立场和态度。

---

① 〔德〕胡塞尔:《哲学作为严格的科学》,倪梁康译,商务印书馆,1999,第6页。
② 刘大椿:《科学技术哲学导论》(第2版),中国人民大学出版社,2005,第358页。

非传统道德增强的双重变导：
生物医学中介与智能体引擎[*]

陈万球

增强自身一直是人类的梦想。随着生物医学技术和神经科学技术的迅猛发展，这样的梦想越来越快速地成为现实。人类正进入一个"增强的社会"（Enhancement Society）。目前人们利用认知增强、情感增强和道德增强来改良人类的精神世界已经成为现实，由此引发了国际社会的广泛讨论，其中最具争议的乃是以改进道德为目标的道德增强。

一 生物医学中介：塑造人"更完美的道德天性"

人类文明史是知识生产史和道德建构史，亦是道德增强史。自人类社会形成以来，人类在教化中不断地推进道德进步，书写出跌宕起伏的道德增强史。近年来，一种运用技术干预，突破非传统知识教化而改良人类的精神世界的技术物化道德实践——"道德增强"已经成为现实。

1. 道德增强的目标

"道德增强"（Moral Enhancement）又称"非传统道德增强"（Non-traditional Moral Enhancement），最早于 2008 年由道德增强之鼻祖，牛津大学研究员道格拉斯（Thomas Douglas）、牛津实践伦理中心学者赛沃莱思库（Julian Savulescu）以及佩尔森（Ingmar Persson）提出。人类正在开创一个技术控制道德的时代，通过技术"让增强的人的道德动机比过去更好"，①

---

* 本文发表于《武汉大学学报》（哲学社会科学版）2019 年第 4 期，收入本书时有修改。

① Douglas, T., "Moral Enhancement," *Journal of Applied Philosophy* 3(2008): 228.

通过技术进行"一种心理上的改变"，[1] 通过技术"提高道德认知、动机和行为"。[2] 可见，随着生物医学和神经科学的发展，人们不仅可以提升自己的道德认知和道德动机，而且可以改善道德品质，乃至于道德行为，可以通过技术诸如药物来改变和建构人的善的理念，唤醒罪犯良知，减少自私自利的行为，从而与他人相处得更加友好。道德增强实质上是使教化的道德变成技术化的道德，"使个人和社会更好的可能性"。[3]

道德增强与传统道德增强之间存在巨大的差异。一般认为，道德的产生是十分复杂的社会过程，马克思用唯物史观科学地回答了道德的起源和本质，证明了道德作为一种社会意识形态既不是神的旨意，也不是先天的良善，从本质上来说，道德由一定的社会经济基础所决定，受一定的社会经济关系所制约。从个体的角度看，道德的形成和发展应该是不断选择的过程，是通过道德训练和自我教育的方式缓慢实现的。但是传统的道德教育改变人类道德动机的速度不够快，难以应对迫在眉睫的灾难如恐怖主义和种族灭绝行为，所以需要探索生物医学新技术的使用来快速改变人的道德动机。[4] 道德心理和神经科学研究也表明，人的道德可以被物化，德性可以"不劳而获"，即不需要通过努力的方式获得。质言之，运用生物医学技术或者神经科学技术，可以对道德进行"靶向治疗"：改造人的道德行为，调节人的道德情感，增强人的道德动机，改善人的道德品质。这也成为道德增强的主要目标。

2. 道德增强的主要方式

道德增强是以生物医学为技术中介的一种全新的"道德建构"，用以实现道德主体对道德客体的自由驾驭。在这个建构过程中，技术对道德建构主要通过两种方式来实现。一是通过技术手段弱化某些"不良"情感，形

---

① Douglas, T., "Moral Enhancement,"*Journal of Applied Philosophy* 3(2008): 228.

② Savulescu, J., & Maslen, H., "Moral Enhancement and Artificial Intelligence: Moral AI?" in Romportl, J., Zackova, E., & Kelemen, J., eds., *Beyond Artificial Intelligence* (Springer, Cham, 2015), pp. 79-95.

③ Dubljević, Veljko, & Racine, Eric, "Moral Enhancement Meets Normative and Empirical Reality: Assessing the Practical Feasibility of Moral Enhancement Neurotechnologies," *Bioethics* 5 (2017): 338-348.

④ Persson, I., & Savulescu, J., *Unfit for the Future: The Need for Mora Enhancement* (Oxford: Oxford University Press, 2012), p. 3.

成良好的行为动机，达到道德增强的目的。例如"暴力侵犯冲动"通常是一种恶劣的情感，常常妨碍良好的行为动机，冲动的情感会干扰一个人理性思维，从而让人做出伤害他人的行为，所以通过生物医学技术减少这些"暴力侵犯冲动"就可以使一个人具有良好的行为动机，从而做出更道德的行为。[①]　二是通过技术手段加强某些核心道德情感如利他、公平正义，以达到道德增强的目的。目前，国内道德增强技术还处于研究介绍和实验论证阶段，但欧美发达国家运用生物医学技术进行道德增强已成为现实，并且在年轻群体中使用广泛。

催产素（oxytocin）与信任、大方等道德情感之间有较强的相关性，可能影响人的道德决定。美国人保罗·扎克（Paul Zak）于2004年发现：催产素是一种激素和神经递质，人体在产后和哺乳中会大量分泌催产素，其是"爱的荷尔蒙"和"拥抱化合物"。研究发现，催产素能使人变得更加慷慨、易于合作和具有同情心，拥有高水平的后叶催产素的人愿意加强与人的信任和合作。[②]　另外一些研究实验表明，血清素（Serotonin）与人类的道德行为之间也存在密切的相关性。拥有较低的血清素水平的人会更少地选择合作的机会，而拥有较高的血清素水平的人容易有更多的公平意识。[③]　经颅磁刺激、深部脑刺激、经颅直流电刺激、光遗传学技术等也可以直接影响人类的选择和行为。进一步，基因编辑技术等可以植入或剔除人的某些道德基因，复制某种美德，甚至制造"道德完美婴儿"等。虽然，上述实验结论还需要更多的研究来验证，但我们应该理性思考：我们是否有权利使用生物医学中介来塑造人类"更完美的道德天性"。

二　"智能体"：精准化的"道德导航"

"道德导航"就是把道德规范"写入"技术物之中，形成一种"脚本"，使其在一定程度上"导演"现实生活舞台上的人们的行为。因此，我们可以利用技术的这种属性有意地"嵌入"一定的伦理因素，来影响人们

[①] Douglas, T. , "Moral Enhancement, "*Journal of Applied Philosophy* 3(2008): 231.

[②] Baumgartner, T. , Heinrichs, M. , & Vonlanthen, A. , et al. , "Oxytocin Shapes the Neural Circuitry of Trust and Trust Adaptation in Humans, "*Neuron* 58(2008): 639-650.

[③] Savulescu, J. , & Persson, I. , "Moral Enhancement, Freedom and the God Machine, "*The Monist* 3 (2012): 399-421.

的决策和行为。① 目前，人工智能是道德增强新的探索途径，是"道德导航"新的尝试。

1. 人工智能体是"道德导航"新的尝试

赛沃莱思库和迈伦认为：环境智能技术和人工智能不够强大，无法在用户行为中发挥规范作用。米哈·克林采维奇（Micha Klincewicz）指出：一个更有前景的方法是依赖人工道德推理引擎，向用户提供诸如康德主义或功利主义的绝对命令的道德论证。依赖人工道德推理引擎发挥道德规范作用，这被看作道德增强的最为光明的路径。之所以说它具有光明的前景，是因为这样的系统可以利用人们对自动化技术的过度信任进一步推广应用。美国达特茅斯学院（Dartmouth College）教授杰姆斯·摩尔（James H. Moor）提出了所谓的第三种道德主体（ethical agent），这种道德主体能在多样化的情境之下判别并处理道德信息，并做出应该要做的敏感判断；特别是它们能在道德两难的情境下，在不同道德原则相互冲突时，做出"合理的决定"。②

道德人工智能体（Moral Artificial Intelligence，MAI）是目前西方哲学伦理学界热议的话题之一。随着普适计算和环境智能的发展，我们可以开发道德人工智能体来帮助人们克服自然心理局限，监测影响道德决策的物理和环境因素，并根据用户的道德价值，为其提供正确的行动路线。在为用户量身定做的情况下，MAI 不仅会保留道德价值的多元化，还会通过促使反思来帮助用户克服自然的心理局限，从而增强用户的自主性。③ "无处不在"的计算以及环境智能的概念，都指向一个未来——在这个未来中，人们将越来越多地与用于获取和处理可用数据的技术相结合。特别是，以人为中心的人工智能应用指向的是一个系统，这个系统通过收集信息多个传感器，并在环境和用户的"意识"中处理这些信息的功能意义。目前，关于"无处不在"的计算和环境智能的研究一直在探索如何让人类的生活变得更容易或更有效率，我们认为它也可以被用来使人类的生活更有道德。

① 张卫：《道德物化：技术伦理的新思路》，《中国社会科学报》2016 年 1 月 19 日。
② Moor, J., "Four Kinds of Ethical Robots," *Philosophy Now* 72(2009): 12-13.
③ Savulescu, J., & Maslen, H., "Moral Enhancement and Artificial Intelligence: Moral AI?" in Romportl, J., Zackova, E., & Kelemen, J., eds., *Beyond Artificial Intelligence* (Springer, Cham, 2015), pp. 79-95.

从广义上说，人工智能可以通过"更强"或"更弱"的方式来解决人类道德设计的局限性。强大的道德人工智能体——不像环境智能范式——将设计创建增强的人工道德智能体。这些人工智能体将会比我们优秀得多，创造出更好的人类品质：它们将（至少）是无私的、合作的、公正的（公平的）。它们会不断地思考这些美德应该如何被校准并从它们行为的后果中进行部署。①

2. 道德人工智能体的角色功能分析

道德人工智能体充当"上帝机器"，具有"道德环境监测"、"道德组织者"、"道德提示器"和"道德顾问"等四种角色功能。②

MAI 的第一个功能是持续监控用户的生理、心理状态和他所处的环境，并且将其作为一个生物反馈机制，从最优道德功能的角度分析生理、心理和环境数据，并提出相应建议。例如，将睡眠不足的美国士兵与处于睡眠状态的 33 岁的人相比，在部分睡眠被剥夺期间，这些士兵的道德判断能力可能会受到严重损害。当疲劳程度较高，他们的道德伦理可能会受到损害时，MAI 会发出提醒。

MAI 的第二个功能是协助用户设定和实现特定的道德目标。例如，一名用户可能希望每年向慈善机构捐出一笔特定数额的资金，或者花一定的时间为公益事业做义工，而另一个用户可能希望减少碳排放量，或者更愿意兑现承诺，MAI 会就如何最好地实现用户的目标提出建议（如推荐新的慈善组织或活动，或其他旅游选择），当用户错过目标时会提醒他。

MAI 的第三个功能是，作为一个中立的道德反思的提示。用户面临道德选择或困境时，MAI 会通过相关的问题来帮助用户进行道德思考。这些问题的动机来自各种各样的道德考量，从不同的对正确行为的描述中得出。这会促使用户更深入地思考他的决定、动机和后果，MAI 对用户的选择施加了一定的影响。例如，性别可能会对决策产生一定影响，但是 MAI 可能

①　Savulescu, J., & Maslen, H., "Moral Enhancement and Artificial Intelligence: Moral AI?" in Romportl, J., Zackova, E., & Kelemen, J., eds., *Beyond Artificial Intelligence* (Springer, Cham, 2015), pp. 79-95.

②　Savulescu, J., & Maslen, H., "Moral Enhancement and Artificial Intelligence: Moral AI?" in Romportl, J., Zackova, E., & Kelemen, J., eds., *Beyond Artificial Intelligence* (Springer, Cham, 2015), pp. 79-95.

会帮助用户做出公平公正的决定，通过让用户在可能的情况下变成"性别盲"来减轻性别偏见。

MAI 的第四个功能是"道德顾问"。这种功能可以让用户向 MAI 询问关于他应该采取的行动的道德建议。例如，如果一个用户表示他想要在当年减少他的碳足迹，但未能做到这一点，那么 MAI 可能会建议他多做环境保护相关的活动。此外，MAI 还有一个更具争议性的功能：保护不道德的行为。虽然 MAI 的作用是帮助用户变得更有道德，但 MAI 也有可能提供与他人潜在的不道德行为有关的保护功能。MAI 作为对他人不道德、性情和行为的保护者，显然是一个更具争议性的功能。①

MAI 的使用实际上是存在风险的，尤其需要考虑：人的道德能力会不会因使用增强技术而下降。"如果 MAI 的使用广泛而有效，我们对道德能力的看法是否会改变。可能存在这样的风险，因为（我们假设）道德人工智能技术的使用可以帮助用户更有道德，道德能力可能会与技术能力纠缠在一起。即使这项技术非常简单易用——让我们想象一下比我们现在的智能手机更简单——仍然需要对它的功能有一些关注和理解。"② MAI 是否会真正帮助用户进行道德沉思？很难预测 MAI 的使用是否会让人们对他们做出的选择进行或多或少的思考，以及这将如何影响对责任的界定。尽管我们所描述的 MAI 涉及很多的用户参与——它提醒了他，他也咨询了它——但我们仍不清楚这是否必然会导致用户的更深层次的反思。进而，MAI 的使用会不会侵犯人的道德自主性。在心理上，人们似乎不太可能会盲目地听从 MAI 的建议，因此，用户仍然是自治的。必须记住的是，人工智能即使有一天比人类的平均智商高，也不会永远是正确的。在做出重要的道德决定的过程中，人类的反思和判断几乎不可能被消除的。因此，可以得出结论：MAI 的功能并不是要取代人类做出决策。相反，它应该作为一种在道德生活上提供更好帮助的方式——这种援助有能力获取和分析大量的相关信息。

---

① Savulescu, J., & Maslen, H., "Moral Enhancement and Artificial Intelligence: Moral AI?" in Romportl, J., Zackova, E., & Kelemen, J., eds., *Beyond Artificial Intelligence* (Springer, Cham, 2015), pp. 79-95.

② Savulescu, J., & Maslen, H., "Moral Enhancement and Artificial Intelligence: Moral AI?" in Romportl, J., Zackova, E., & Kelemen, J., eds., *Beyond Artificial Intelligence* (Springer, Cham, 2015), pp. 79-95.

鉴于我们的道德心理非常有限，我们应该欢迎任何能够以这种方式帮助我们的技术的发展。[①]

三　非传统道德增强的论争

非传统道德增强引发了科技界与学术界的广泛关注和讨论。一方面，人们对道德增强技术的前景充满了期待，甚至将其看作提升人类的道德水平，使人类社会变得越来越美好的核心技术之一；另一方面，种种关于道德增强技术的担忧和顾虑与日俱增，对此我们必须做出伦理上的反思与回应。

1. 非传统道德增强的论争

关于道德增强的论争大致上可以分为激进主义和保守主义两派。激进主义主张人们完全可以进行道德增强，以道格拉斯、赛沃莱思库、佩尔森等为主要代表。保守主义重视对技术后果的评估，对道德增强表示恐惧和不安，警惕人们将道德当作可以无限塑造的东西，以埃尼、伯林、费舍尔、拉维扎、坦尼森等为主要代表。论争主要围绕安全、自由、公平等问题的展开。

激进主义支持道德增强，认为目前人类面临关乎自身存亡的道德灾难，诸如核战争、大屠杀、恐怖主义以及环境破坏等。他们开出的"药方"是：通过道德增强来解决人类社会面临的各种不道德的伤害和威胁。[②] 他们认为，提高个人的道德品质以及对非道德冲动的控制，表面上看似乎牺牲了个人的自由，但实质上是增加了人的自由和自主性。因为成为一个道德上的善人，不仅要知道什么是好的，而且也要有强烈的目的去抑制自私、仇恨、偏见等非道德冲动和行为。[③] 道格拉斯甚至认为："道德增强对身份改变也没多大影响，不仅没有限制人的自由，还增进了人的自由，也不会造

① Savulescu, J., & Maslen, H., "Moral Enhancement and Artificial Intelligence: Moral AI?" in Romportl, J., Zackova, E., & Kelemen, J., eds., *Beyond Artificial Intelligence* (Springer, Cham, 2015), pp. 79-95.

② Persson, I., & Savulescu, J., "Getting Moral Enhancement Right: The Desirability of Moral Bioenhancement," *Bioethics* 3(2013): 124.

③ Persson, I., & Savulescu, J., "Getting Moral Enhancement Right: The Desirability of Moral Bioenhancement," *Bioethics* 3(2013): 124-131.

成'搭便车或无本获利'的现象。"①

　　保守主义反对道德增强,认为道德增强技术为人类的道德社会打开一个不确定性的空间。他们认为,由于对复杂人脑结构以及道德心理缺乏足够的科学认知,药物在改善人们道德行为的同时,也可能对人们造成难以觉察的身体伤害,这违背了生命伦理学的不伤害原则,很难得到伦理辩护。道德增强技术不仅不能解决世界所面临的危险困境,还可能给人类带来更大的灾难。② 犹他大学的克里斯·扎彭廷(Chris Zarpentine)认为生物道德增强会给人类复杂的道德心理带来严重的干扰,主张继续使用传统的道德增强方式。③ 另外,道德增强违背了人的自由意志,混淆了道德责任。费舍尔(Fischer)认为:普遍的强制性道德增强只是一种幻想,在理论上是错误的,在实践中是行不通的。道德增强技术会干扰人的自由,减少人的道德选择空间,增加未增强者的压力,剥夺被增强者的自由。④ 尽管人类使用生物医学技术可能会改变某些道德情感,但要从根本上提高一个人的道德动机,使其做出更好的道德行为,获得明显的道德品质提升,道德增强技术还将面临巨大的挑战,甚至是一些无法逾越的困难。比如道德情感难以量化的特点使道德增强变得异常困难;道德心理表现出的个体发育的复杂性以及神经心理的复杂性给道德增强准确的"目标干预"带来严峻的挑战;道德多元化使我们对道德增强的可能性产生怀疑;将道德抽离其文化背景和社会意义,只寻找引发道德缺失的生物学因素会使人们忽略复杂的社会环境;道德变成如身体或肉体那样的东西,被解剖、还原、分析和改造,那道德是否还能保持它的独特性。此外,道德增强技术可能会损害公平性,扰乱人与人之间和谐的道德生活。道德增强技术伤害内在善,人们伴随着痛苦的奋斗造就了品格,而消除这种痛苦则破坏了好的品格。⑤ 优先得到增强的"道德超人"会产生拉大鸿沟,破坏公平和社会秩序。⑥

① Douglas, T., "Moral Enhancement," *Journal of Applied Philosophy* 3(2008):235-241.
② 刘玉山、陈晓阳:《高等教育中认知增强药物使用的伦理审视》,《自然辩证法通讯》2015年第2期,第114~121页。
③ Zarpentine, C., "The Thorny and Arduous Path of Moral Progress: Moral Psychology and Moral Enhancement," *Neuroethics* 1(2012):141-153.
④ 徐嘉:《技术决定论"塑造"道德人之迷误》,《道德与文明》2004年第5期,第46~48页。
⑤ 蔡秦:《对基因增强技术的伦理探究》,《天府新论》2012年第5期,第22~26页。
⑥ 肖峰:《"数字增强"的价值及伦理问题》,《社会科学辑刊》2005年第1期,第10~15页。

2. 非传统道德增强论争的实质

上述论争，究其实质来说，是技术决定论与社会建构论在道德问题上交锋的具体反映。道德增强激进主义本质上是一种道德技术决定论。技术决定论认为：现代社会正在走向"技术统治的未来社会"，技术成为一种独立的自主性力量。技术决定论主张把道德问题简化成生物医学问题，把道德人格培养过程简化成生物医药过程，把道德进步问题变成基因编辑过程问题，实际上这是一种生物学与医学还原论。激进主义主张通过技术发展道德，以技术手段设计塑造"完美的人"，其错误在于忽视了道德的复杂的社会性本质，把道德还原成为自然性本质，是一种技术决定论的新形态。

道德增强保守主义本质上是一种道德社会建构论。社会建构论认为：道德离不开社会关系的制约，本质上是在社会文化实践中建构出来的。道德社会建构论并不否认道德的先天因素，但是它主张道德是自然过程与社会历史过程的统一，个体的道德是在自然基础上发展起来，由社会政治、经济、文化、教育等多因素的整合构建起来的，强调教育是道德发展的最重要的方法，主张道德教育应当回归生活实践，这将使道德教育更富有创新性和生命力。道德增强保守主义认为道德增强激进主义把道德问题简单地归结于个体道德，将个体道德游离于社会文化和群体道德之外，简单地寻找生物原因而非社会原因，期待用医学上的进步来掩盖社会层面的问题和弊端，其实造成的是一种价值观上的错位，并不利于人类社会的发展。

3. 树立开放的道德进化观

道德增强激进主义与保守主义之争反衬出道德主体的沉思和人类理性的作用。道德增强技术并不是一个假设，而是一个正在进行的现实进程。目前还看不出来有什么力量可以阻止或者是延缓其发展。不管怎样，随着生物医药技术日新月异的发展，道德增强技术革命会在必然的逻辑上发生。面对新技术的挑战，盲目地反对和盲目地接受都是不妥的。正确的态度是什么呢？

人为自然立法，也为自己立法。所以，一种新的开放的道德进化观应当建立，我们应倡导生物医学道德增强和传统道德教育方式并存互补。一方面，我们必须坚持传统的道德教化来推进人类的文明进程，它始终被实践证明是行之有效的、最主要的人类道德进化方法，我们必须反对极端的激进主义借道德增强技术抛弃和取代传统的教化方式的意图。另一方面，人类不应该固步自封去做道德增强技术的"卢德分子"。面对汹涌澎湃的新技术浪潮，我们理应以开放的心态拥抱和接纳道德增强技术，使之成为人类道德进化崭新的辅助方法，反对极端的保守主义借维护道德的社会性否定道德增强技术，就像保守主义者所说的那样："道德提升没有捷径可走。除了荆棘的道德进步之路之外，确实没有别的选择。"① 质言之，道德教化和道德增强应相互契合、相互作用、共同推进人类道德的进步，成为我们这个时代的"高卢雄鸡"。

四 非传统道德增强双重变导的伦理建构

一个完整的行为过程由行为动机、行为本身、行为后果三者构成。传统伦理学主要集中在对行为本身及其行为的明显后果的辨析。随着生物医学、大数据与人工智能的爆发性发展，这些技术行为的后果变得不可预测或难以预测，传统伦理学已无所适从，因此需要一种全新的针对可能产生重大技术恶果的伦理原则及其方案。从现代伦理学的发展趋势来看，专业化和精准化更具有生命力，具有广泛普适性的伦理全能公式已逐步式微。比如，谷歌公司 CEO 桑达尔·皮查伊发表署名文章《谷歌 AI 的原则》，详述了人工智能运用的七大原则，即造福社会、避免偏见、确保安全、对人负责、保护隐私、遵守严格的科学标准、避免有潜在危害或可能被滥用的技术与应用。但这样的伦理规范在实际运用中仅仅体现为现代形而上学。

从道德进化过程来看，非传统道德增强的双重变导是生物医学的突破性进展和人工智能综合技术飞跃的结果。从道德进化本质来看，道德增强技术突破了传统道德进化后的抑制感，实现了道德演化从以"纯粹感性"为重点到以"纯粹理性"（道法自然）为重点，再到以"实践理性"（技术干预）为重点的框架重大转换。从技术介入的公共性来看，该技术形成了身体与道德、道德与技术、人与世界的新型关系，决定了道德进化的新特点与新走向。因此，构建非传统道德增强的双重变导的伦理学是比"道德增强本身更为重要的课题。

1. 确立物种整体安全"为第一优先原则

由于道德增强技术涉及自由、平等、公正、包容、透明、责任、可靠

---

① Zarpentine, C., "'The Thorny and Arduous Path of Moral Progress': Moral Psychology and Moral Enhancement," *Neuroethics* 1(2013): 141-153.

与安全、隐私与保密等众多伦理变量，其中最为首要的是安全中的"人类的物种整体安全"，特别是药物和基因编辑中基因变异带来的物种大面积异化可能会引发人性（自然属性和社会属性）的根本性裂变。就安全本身来说，如果仅仅把绝对安全和全面安全作为第一原则，人类就不会有科学探索。从演化史来看，人类的科技进步史也是人类的安全下降史。道德增强的技术本质是实践理性，其在快速提升道德水平的同时，必须让渡个体的一部分安全，比如少数人身体的局部伤害的可能、人类整体利益需求下的信息公共化以及部分信息泄漏的风险。但是保证人类物种的整体安全是底线。同时，在物种整体性安全、个人自由选择权、社会公正、个体生命权、人类整体发展权等方面，人类"物种整体安全"必须处于序列中第一优先的位置。在此原则下，无论是药物干预还是基因编辑，或是智能体导航，都需要在技术的设计、制造、运行和监督的每一个环节中把"物种整体安全"作为第一预设和初始条件。

2. 保证以自由选择权的"道德差异"为第二原则

从现实性来看，道德增强的技术必要性（因为部分人道德缺失而引发严重的社会问题）和可能性（生物医学中介与智能体引擎）已经得到证实，但道德问题既是个人问题，也是社会问题，社会共同体有权对其中个体提出道德提升的诉求，但个体也有权拒绝这种集体意志。而且从道德自然进化规律来看，道德的差异性不仅是必要的，而且是更为有益的。即使在共产主义社会，也并不意味着所有人的道德水平处于绝对同一的水平和形式。因此，道德增强更应保持这种差异性才能符合初衷（道德水平的整体性增强）。这种"道德差异"原则应有四个方面的含义。①每一个人都具有选择用技术增强道德与自然道德教化的权利，每一个人也都具有拒绝技术化的道德增强的权利。②如果选择道德增强技术，每一个人都可以选择接受和拒绝道德医学化，也可以选择接受和拒绝智能体道德引擎，以及今后可能发展的其他人为介入形式。③像自然道德进化的自主选择一样，在技术介入前提下，每一个人都具有选择和别人不同道德水平的权利，既可以选择更强、更快变革的技术手段，也可选择较弱和较慢的技术方法。④在技术催化下，每一个人都可以选择增强道德的不同方面，比如可以增强友爱、合作，也可以增强正义感或勇气。

3. 世界"命运共同体+道德+技术"委员会专门监督原则

像自然道德一样,道德增强也具有强烈的意识形态性,为了确保第一和第二原则的贯彻,需要对全部过程进行管控和监督,特别是需要一个专业化的监督机构。爱因斯坦曾经针对核武器建议成立一个"世界政府"。这个建议虽然没有实现但推动了联合国的成立。要成立一个具有人类命运共同体意义的组织来监督道德增强,首先需要明晰监督什么和如何监督。①保证第一原则得到全面执行。②保证第二原则的执行,不能以国家意志、意识形态偏见和某种利益原因强行迫使个体接受道德增强。③保证道德增强发展进程的整体正向化。④保证道德增强参与者的公正待遇而不被歧视。⑤对技术全过程进行技术风险影响的即时评估,让被增强者和命运共同体全体成员有风险知情权。⑥制定道德增强不确定性的应急预案和灾难性事故的紧急处置方法。至此,要基于人类命运共同体意识,在协同框架下,单独成立一个全新的专门委员会。这个专门委员会必须是各个国家以自愿契约的形式形成的,由技术、人文、法律、公益等各类代表构成,监督全球所有道德增强行为。

五 结语

突破传统道德进化模式的道德增强是人工智能时代人类进化突变的重要标志,是人类对纯粹理性的反叛,是人类本质力量的再现,也是人类对自身占有能力的又一次显现。生物医学中介与智能体引擎作为道德增强的两大主要手段是人类道德自然增强的"非历史逻辑",但它恰是技术自身发展的"历史逻辑"。"非历史逻辑"+"历史逻辑"共同构成了人工智能时代人类反思逻辑。在第一原则和第二原则基础上推动构建的基于人类命运共同体意识的专门委员会是超越传统国家、联合国和各类非政府组织的"第四类"组织,它克服了国家的意识形态偏见、联合国的弱职能和非政府组织的有限覆盖面等缺点,是人类自主管控自身创造力的新尝试。

德性能否复制：道德增强技术的三种质疑[*]

陈万球

增强自身是人类进化之旅上一首动人的主旋律。自古以来，技术的魔杖助力人类不断地建构和重塑人本身。从旧石器到新石器，从蒸汽磨到计算机，从纳米生物技术到基因编辑技术，人类凭借技术之伟力一路高歌猛进，谱写了坚强前行的凯歌。技术增强人类的过程是由外而内的，发展到当下业已可以干预和改变人类独特的精神世界——道德认知和道德情感，进而干预和改善人的道德行为模式。道德增强的独特性在于：其作用的对象主要是人的精神世界而非人的物质身体，主要目的是建构和重塑人的道德世界。进一步，通过基因编辑技术等，人类可以植入或剔除自身的某些基因，复制某种美德，甚至制造"道德完美婴儿"等。德性能否被复制？自从道德增强被提出之后，质疑之声不绝于耳。尽管道德增强技术的初衷是美好的，但是其自身的合法性还需要进一步的反思和研究：道德增强技术能够经受住科学、道德和文化等方面的质疑吗？

一　科学质疑

"道德增强"理论的科学质疑来自三个方面：科学基础上的还原论谬误、科学方法上的医学化悖论、科学后果上的安全风险的逻辑困境。

1. 还原论谬误

还原论又称还原主义（Reductionism）。在还原论的解析下，世界图景展现为前所未有的简单性。还原论者认为：一旦把一切自然现象都化成简单的力，那么科学的任务就算完成了。只要时间足够，世界上未知的领域

＊　本文发表于《中州学刊》2019年第12期，收入本书时有修改。

最终都能够被还原为可知的部分，没有什么是还原论不能够解决的。还原论在自然科学领域研究中最为明显的表现是把高级的复杂运动还原为低级运动，把生物学规律还原为分子水平的运动规律；在社会科学领域研究中最为明显的表现是把人类社会运动还原为低等动物的运动，把社会规律还原为物理或化学过程。

20世纪中叶以来，随着生物学、脑科学、计算机科学、材料科学等学科的重大进展，加上西方社会日益严重的道德危机，一些哲学家在伦理学问题上转向还原论和自然主义。他们认为人与动物从生物学上并没有根本的区别，或者说，人与动物的差别仅仅是智力在量上的变化，并没有质的区别。而人的道德可以分解为动物的道德及其相加。这样，改变人类道德首先要从人的动物属性出发。2008年以来，欧美国家刮起了一阵"道德增强"的理论旋风。一些伦理学家认为面对西方的恐怖主义、道德沦丧等问题，完全可以用生物医学的方法进行改良，调节人的道德行为，甚至可以依靠基因编辑技术，制造"道德完美婴儿"。从某种意义上说，道德增强论就是还原论在新兴技术革命条件下的翻版。

还原论第一个独特的方法论特征是：它采取"自下而上"的解释方式，即一个相对高层面的现象（事实、状态、过程或事件）总是可以被一个相对低层面的所解释，而且，真正有解释力的陈述总是基于相对低层面的现象的。质言之，还原论用简单的事物解释复杂的事物，把复杂的社会问题还原成自然现象和自然性质。当前神经伦理学的研究出现了一种还原论的倾向，即主张人的思想、意志和道德判断可以还原为大脑的结构、神经组织和功能。"道德就像我们从事的其他事情一样，都以神经生物学为牢固的基础。"[1] 道德增强支持者宣称：道德存在的问题可以归结为个体生理、基因层面的原因，解决问题的路径方法也应为自然科学的方法。保罗·扎克（Paul Zak）认为，道德具有神经生物学基础，他甚至将后叶催产素和血清素化学物质统一归为"道德分子"。[2] 还原论"认为道德性质的存在与自然

① DeWaal, F., *Good Natured: The Origins of Right and Wrong in Humans and Other Animals* (Cambridge: Harvard University Press, 1996).

② Zak, P. J., *The Moral Molecule: The Source of Love and Prosperity* (Penguin, Dutton, 2012), p. 235.

性质有密切关系，道德性质只有诉诸自然性质才能解释经验现象"。① 在英国，心理学家、精神病理学家亨利·莫斯利（Henry Maudsley）认为，很多个体是带着注定的厄运来到世界上的，他们既无意志也无能力与这种厄运抗衡；他们是自然（nature）与哀怨的继子，他们处于最坏的那种专制之下，即一种（身体）组织的专制。② 尽管教育的力量非常强大，但由于它要受到存在于自然的力量的限制，所以严格说来（教育）也是极其有限的力量，这种力量只能在或大或小的必然性的范围中起效，世界上任何（后天）训练都不能让荆棘长出葡萄，或让蓟科植物长出无花果。③ 19 世纪最负盛名的艺术与文学批评家——法国人丹纳（Hippolyte Adolphe Taine）认为：诸如野心、勇气和诚实等道德品质，与消化、肌肉运动等生理现象类似，都被一些更为根本的因素决定，"善与恶就像硫酸和糖一样，都是某些原因的产物；每一个复杂的现象，产生于它所依存的另一些比较简单的现象"，这种相似性使人们"能够像探究物质的简单（基本）成分一样，探究道德品质的基本成分"。④

还原论第二个独特的方法论特征是：它极力主张用自然科学方法解决社会问题。自从人类社会产生以后，出现了自然与社会的二元分离：自然现象和社会现象都具有客观实在性，社会现象和自然现象之间存在本质的差别，自然现象适用自然规律，社会现象适用社会规律。寻找社会现象的自然根源、生物学基础，用自然规律来解释社会规律，虽然为社会科学的研究打开了一扇窗，但自然科学揭示的规律并不完全适用于人类社会。历史上很多著名科学家以他们在自然科学的研究经验及其方法尝试解决社会问题时并没有获得成功，就是因为把复杂的社会关系还原为简单的自然科学的数学关系和物理关系并不可行。社会现象呈现很强的随机性、模糊性、不确定性和不稳定性，因而难以通过自然科学的数量关系和实验数据进行方程求解和公式运用。

1862 年，马克思重新读《物种起源》并进行了评价，"达尔文说他把

① 杨松：《伦理自然主义的还原论与非还原论之辩》，《科学技术哲学研究》2010 年第 2 期，第 30 页。
② Maudsley, Henry, *Body and Mind* (London: Macmillan, 1870), p. 43.
③ Maudsley, Henry, *Responsibility in Mental Disease* (London: King, 1874), p. 20.
④ Taine, H. A., *History of English Literature* (New York: Worthington. Co., 1889), p. 11.

'马尔萨斯的'理论也应用于植物和动物,其实在马尔萨斯先生那里,全部奥妙恰好在于这种理论不是应用于植物和动物,而是只应用于人类"。① 马克思在这里批评了达尔文对马尔萨斯理论的混用。马克思在《资本论》第一卷第一版序言中就这样强调说:"分析经济形式,既不能用显微镜,也不能用化学试剂。二者都必须用抽象力来代替。"② 马克思的《资本论》就是运用抽象力研究社会问题的典范。"道德本身即是一种基于生物学的哲学智慧,而这一论断也为自然主义道德观何以可能提供了新的生物学诠释与注解。"③ 佩尔森等之所以主张通过生物医学技术去增强道德,是因为人类的道德品质具有生物性基础。道德增强的支持者宣称,道德增强是建立在道德发生学、生理学、现代神经科学的基础之上的,具有科学基础,也符合科学规律。人有先天的道德禀赋是道德增强的前提和"原点"。伦理学承认人的自然基础与生物学物质基础,但反过来,如果将这些基础作为评判人精神世界的标准,那伦理学已经脱离了生物学。因此,从生物进化和生物基因的原理来解释伦理学,就"如同为物理学发展寻找这样的解释一样愚蠢"。④

2. 道德医学化悖论

道德作为一种社会意识形态,具有自身产生发展的一般规律。道德作为一种社会意识是与一定历史时期的经济基础相适应的。现实的社会关系是道德产生的客观条件;人类自我意识的形成是道德形成发展的主观条件;劳动是道德产生的一般前提;在阶级社会中,道德具有阶级性,没有超越阶级的道德存在。在道德增强技术使用过程中,道德医学化方法是对道德产生发展的一般规律的挑战。

医学化(medicalization)概念早在20世纪60年代就已提出,康纳德(P. Conrad)把医学化解释为"把某种行为认定为医学问题并授权医疗行业对之进行治疗"的过程。20世纪80年代后,康纳德进一步把医学化解释

① 《马克思恩格斯全集》第三十卷,中共中央马克思恩格斯列宁斯大林著作编译局编译,人民出版社,1975,第251~252页。
② 《马克思恩格斯选集》第二卷,中共中央马克思恩格斯列宁斯大林著作编译局编译,人民出版社,1995,第99~100页。
③ 米丹:《生物学对道德的挑战:关于自然主义道德观的争论——基于生物学哲学文献的研究》,《自然辩证法通讯》2018年第8期,第2页。
④ Nagel, Thomas, *Mortal Questions* (Cambridge: Cambridge University Press, 1979), p. 145.

为，用医学语言描述、医学术语定义、医学框架解释和医学手段干预被认为与医学相关的问题。这样，被普遍认可的医学化定义是指与医学非直接相关的问题运用医学的理论去解释，并以医学的方法加以解决。显然，医学化导致的后果就是医学边界过宽，将正常生命过程纳入医学问题，甚至将社会问题当作医学问题等。医学从来没有像今天这样无比的强大，药物成瘾、同性恋、网瘾、儿童多动症、产后抑郁症、阳痿、男性更年期综合征、临终关怀乃至人的衰老等都被逐渐纳入"疾病"的范畴。生物医学道德增强实际上也是医学化在道德领域的一种扩展和延伸。道德作为一种社会意识形态，是社会诸多因素综合产生的结果，而道德增强的倡导者将道德问题和道德行为置于医学的凝视与干预之下，形成了"道德医学化"。"道德医学化"就是把道德缺陷认定为医学问题并通过生物医学技术对之进行治疗和增强的过程。生物医学道德增强的核心在于否定或削弱道德的主观性成因，强化其客观性因素，让道德成为一个可修改的物，而不是建立在特定社会存在基础上的社会意识形态。"道德医学化"存在三重逻辑悖论。

"道德医学化"蕴含的第一重逻辑悖论是道德缺陷器质性悖论。道德缺陷器质性问题目前尚无科学依据。现今的科学还没有证明：一个说谎或自私的人具有器质性的缺陷，反之，一个利他与诚实的人会有器质性的优势，且两者在生理上会有不同的表现。在特殊情形下，人类的一些极端行为，如在街上砍杀无辜儿童这种报复社会的行为，这种不可饶恕的恶，很大可能与人的神经系统存在某种关联，但我们目前并没有在病理学上找到"缺陷"的确切依据。在病理学尚未取得可靠性证明的条件下，就开始进行技术化的道德增强，不仅技术本身存在风险，其科学基础也存在巨大漏洞和合理性。

"道德医学化"所存在的第二重逻辑悖论是道德问题一元论。道德作为一个综合性社会问题，具有很强的社会历史性和社会结构原因。一旦把道德当作自然化的遗传问题或医学缺陷问题，其社会诱因就会被遮蔽，社会治理就失去存在意义。个体化的医学原因是社会问题简化主义的代表，也许这样的解释框架下的解决方案在短时间内有一定的效果，但这是一个治标不治本的方法论，长期来看，不但不能促使问题从根本上得到解决，反而使问题进一步扩大。有理由相信，将主要运行实践逻辑的道德问题简化为医学逻辑，是人类面对复杂的社会问题的"颓废化"应对方法的表现，是科学主义的社会化"占领"。这个过程本身就说明了社会化问题医学化和医学问题社会化的双重困境，也代表了社会问题个体化和个体问题社会化的尖锐冲突。

道德医学话语解释体系下，道德缺陷是个体医学上的原因，而不是其他原因所致，只有使用医学方法才能将道德缺陷者从道德精神荒漠中拯救出来，达到社会正常生活的道德要求。以此来看，医学化已经成为建构社会的基本力量，是社会关系重塑的基础性工程。这样就把道德问题的来源和解决途径从教育、反思、训诫等社会环境下自我修复的主要方法转为个体的生物层面。医学化进程的实质是将某些社会成员的身心状态用医学逻辑进行"凝视"，把具有复杂社会结构性成因消解为个体独立的身体的遗传或机能性障碍。道德增强会促使人们对于道德的理解发生根本性转向，人们不再把道德问题归结于社会原因，而是归于个体原因，特别是归于个体的生物原因。

"道德医学化"蕴含的第三重逻辑悖论是医学边界与道德自然进化论之间的对立。生物医学的无边界现象进入道德领域，会引发医学权威的极权化及其对道德干预的无边界。道德医学化对社会有着复杂的影响。一方面，会使存在道德缺陷的人有了解释依据，并可以通过医学进行治疗；另一方面，道德缺陷者失去了自主选择权和应有的社会接受度，并加剧了医生对文化的干预权。道德医学化的主要"贡献"就在于把道德缺陷者视为非正常群体，这样，道德裁决从一种价值建构论转向以医学为基础的科学论断。

3. 安全风险的逻辑困境

从技术后果论上看，道德增强技术存在安全问题。质言之，道德增强违背了以人为本的科学原则，形成对人体的或然性损害。它往往以不确定方式、未知的形式出现，涉及药物或技术诱发的副作用、道德增强效果的不确定性等逻辑困境。

一是药物或技术诱发的副作用。从技术路线看，道德增强主要沿着三条路径展开：药物运用、手术干预和基因修饰。三条不同类型的技术路径所导致的副作用和严重程度也有所不同。

药物运用在增强道德的同时可能会损害到身体其他部分的功能，盲目使用药物道德增强是非常危险的。例如，后叶催产素的试验发现，接受后叶催产素者会增强与自己团队成员的合作，但减少了与非团队成员的合作。这说明，后叶催产素的合作效果仅仅限于团队内，超出团队则表现为非合作与不合作。这会带来危险，因为这会带来团队和种族歧视，甚至诱发极端的狭隘主义和恐怖主义等。比如"电车难题"的实验显示，接受后叶催产素干预的受试者更愿意牺牲其他团队人员的生命来挽救自己团队人员的生命。这与接受其他安慰剂的人的结果完全不同。手术干预也被证明具有后遗症。人体大脑的各组成部分是相互联系、相互影响的整体，部分的丧失可能会伤及其余，额叶切除有利于道德增强，但对人的伤害非常大。电影《飞越疯人院》中被实施额叶切除手术的人变成了眼神呆滞的"行尸走肉"。基因修饰通过改变特定基因的方式来达到道德增强的目的，这种方式难以确保对后代不造成任何伤害。而一旦造成伤害，受损的基因就会一直遗传并且不可逆转和恢复。人体的各种基因之间、基因与环境之间存在极其复杂的制约关系，人类目前对这种关系还没有了解透彻，冒失地干预这一系统可能伴随着各种连锁反应，带来未知的风险。当然人们不仅对道德增强技术的短期副作用的认知尚浅，对技术使用的长期副作用的实证研究也存在诸多空白，可能存在的副作用因特殊的原因未被公开，也未得到充分的解释，甚至在一些医学机构或制药公司的广告中被错误地呈现，使用者在不确定其安全性的前提下使用道德增强技术存在着一定的风险。道德增强技术的提倡者佩尔森本人也承认，道德增强有风险：道德增强技术的发展和应用是有风险的——毕竟，研发它的人正是需要使用它的人。因此，就目前的技术条件来看，完全依靠生物技术实现道德增强的条件尚不成熟。① 随着技术的进一步发展，道德增强技术所带来的安全性问题很有可能会被逐渐减弱，甚至可能被消除，但我们仍需警惕技术的两面性，从而慎重使用。佩尔森和赛沃莱思库也早已认识到了生物医学道德增强的风险性，如果增强道德的生物医学技术得以发展，它们不仅可能会被误用，② 还会存

---

① 叶岸滔：《道德增强：问题、局限与医学化挑战》，《华中科技大学学报》（社会科学版）2016 年第 5 期，第 30 页。

② Persson, I. , & Savulescu, J. , *Unfit for the Future: The Need for Moral Enhancement* (Oxford: Oxford University Press, 2012), p. 3.

在双重使用问题。①

二是道德增强效果的不确定性。道德增强技术试图通过改变人的动机来达到复制美德的效果。但果真能如此吗？一种道德品质经过药物、神经刺激或基因编辑能否持久地发挥作用，我们应该对这个问题做具体分析。就像醉酒的人清醒后可能不再胡乱作为一样，服用药物的增强效果应该是短暂的。例如，"千经万典，孝悌为先"，一个逆子在服用药物后对父母百依百顺，但是药物失效后转身对父母面目狰狞，拳脚相加。所以药物增强的效果的持续性是有限的。基因编辑给人们种上"善因"期望结出"善果"。实际上，道德是历史的、社会的产物。更何况从动机上讲，善的动机不一定产生善的结果，恶的动机也不一定就会带来恶的结果。再者，不同的人对道德的追求是不一样的，道德生活的图景在不同的文化和社会中也会有不同的范本，道德增强技术所达到的效果并不一定是人们所希望达到的程度。美德会给人一种正面的积极的影响，让人感到愉悦和满足，但是人的罪恶的经历则让人成长，在战胜恶的过程中，我们可能会收获一种新的能力，可能让自己变得更加强大。另外，正是因为有恶的存在，善和美德才显得弥足珍贵。

二　道德质疑

德性作为人格主体自身的价值，是一个人的真正的徽标。人类社会具有悠久的德性论传统，但是道德增强技术却是对传统德性论的反动。

在人类考虑道德增强之前，就应该注意到其所蕴含的伦理问题即生物医学不仅不能解决人类的社会危机，可能还会给人类带来前所未有的灾难性后果。因此，"使用生物医学技术对人类进行道德增强从道德上讲是不允许的"。② 美德被复制在技术上看是也许是可行的，但在道德上看是被质疑的。

1. 道德增强技术否定了德性的独特性

德性是人与动物的本质区别之一，是人的特有的优越性。德性是被公

---

① Persson, I. , & Savulescu, J. , *Unfit for the Future: The Need for Moral Enhancement* (Oxford: Oxford University Press, 2012), pp. 123 – 124.

② 刘玉山、陈晓阳、宋西林：《生物医学道德增强及其伦理和社会问题探析》，《科学技术哲学研究》2015 年第 5 期，第 103 页。

认为好的、优良的或值得赞扬的品质。古希腊学者认为人可分为肉体与灵魂两个方面，德性是属于灵魂的部分。亚里士多德在此基础上，更侧重于从人的本性考虑德性的实质。"如果这一原则普遍适用的话，那么人的优秀即德性就是那种人能因此而成为善的并能很好地履行其适当功能的品质。"① 在亚里士多德看来，德性是人的根本功能或者说是人的本性得以圆满的实现。"德性是一种使人成为善良，并使其出色运用其功能的品质。"② 德性是人的本质规定，是人精神存在的主要标志。从西方思想史来看，古希腊和古罗马时期思想家们把德性看作人性和功能来理解。"具有德性表明人性或人的功能得到了实现，是人完善的标志。"③ 人在对世界的认识中展开对自我的认识，并在对自我的认识中确认从现时时态向未来时态、从实然形态向应然形态的自我设计。德性让人脱离动物、高于动物，是人类的本质，是对人之为人的确证，是一种人格化的内在道德。从社会历史来看，德性是人类从低级文明向高级文明飞跃的自然力量。但是这种传统世俗观念正在被打破，因为新兴的道德增强技术成为道德发展的一种新方式。道德增强技术是对传统德性论的反动。道德增强技术否定了德性的独特性，德性不再是人最优秀的品质。因为作为一种优秀的品质，其不应被轻易获得。

2. 道德增强技术改写了德性的教化性

神经伦理学认为，人具有先验的道德禀赋。④ "新性善论"的价值预设就是"儿童具有先天性道德禀赋"。⑤ 他们认为，石头是孵化不出小鸡的，屋里也长不出任何东西。与此不同，传统德性论认为，德性既不是与生俱来的，也不是自发形成的，而是通过教化形成的。良心这样的德性是后天形成的而非先天的；人的理性及其生活方式对人们形成德性起着决定性的作用。这肯定了包括教育在内的理性和社会实践对于道德形成的主导性作用。西方学者虽然对于德性的理解有差异，但都认为德性是个人或一个社

① 苗力田主编《亚里士多德全集》第八卷，中国人民大学出版社，1994，第36页。
② 苗力田主编《亚里士多德全集》第八卷，中国人民大学出版社，1994，第32页。
③ 江畅：《西方德性思想的历史演进和基本特征》，《华中科技大学学报》（社会科学版）2012年第5期，第1~7页。
④ 檀传宝：《德性只能由内而外地生成——试论"新性善论"及其依据，兼答孙喜亭教授》，《清华大学教育研究》2001年第3期，第19~23页。
⑤ 王敬艳：《道德教育的可教性到底源自何处——对"新性善论"引发的学术论争的神经伦理学思考》，《西北师大学报》（社会科学版）2014年第1期，第105~110页。

会的内在品质。苏格拉底与柏拉图对于德性的理解是其与智慧有关，只有沿着"回忆"和"精神接生术"的途径才能获得。德性不是个人先天所拥有的，可以通过教化得来，通过理性的指导得来。而且在亚里士多德看来，勇敢的品质是运用理性抵抗恶的、痛苦的、危险的结果。一个勇敢的人，怕他应该怕的，并且坚持他所应坚持的。"勇敢是为了高尚或美好而坚持，而勇敢地行动。"① 教化在强化人的本质力量、创新思维方式的同时，也成就了人的精神家园和精神品质。教化成为千百年来人们道德赖以进步的根据。然而生物医学的道德增强一反传统德性论，认为德性无须经过艰苦的教化和训练就可获得，传统道德灌输的效率是低下无效的，而且德性可以因技术而生成，因技术进步而发展繁荣，这就从根本上改写了德性的教化性。

3. 道德增强技术否定了德性的实践性

传统德性论认为，德性是在实践中形成和发展的，美德是在实践中表现出来的道德品质。苏格拉底提出"美德即知识"，肯定了理性在形成美德中的作用。但他忽视了意志情感的作用。在柏拉图看来，道德既是内在的，也与日常生活息息相关。社会生活是德性的基础，其中国家是德性的主要世界，行为、思想和意志只有从国家中才能得到体现。亚里士多德把德性分为理智德性和道德德性。理智德性是纯粹理性的德性，是思辨性的德性，是可以通过教育和辩论获得的；道德德性是善的德性，是理性对于情感和欲望的控制，是经过时间的检验和实践的对比后产生的。阿奎那在《神学大全》中指出，"人类的德性乃是习惯"。② 伏尔泰则主张德性就是那些使人高兴的习惯。近代以来的西方思想家所推崇的公正、平等、自由、民主等德性，并非人类社会的先在设计和先决条件，而是在自然法和社会契约的基础上人类运用理性进行不断建构的结果。德性是一个动态的形成与发展过程，并不是一旦形成就永远固化的，也不存在一个完美无缺的终极德性标准。人类的实践无止境，理性的发展也无止境，德性的进化也永远在完善之中。人类只有通过对德性的不断完善，才能实现自我批判和自我构建，

① 〔古希腊〕亚里士多德：《尼各马科伦理学》，苗力田译，中国社会科学出版社，1990，第55页。
② 周辅成编《西方伦理学名著选辑》上卷，商务印书馆，1964，第370页。

才能更进一步走进幸福。

总之，德性是在实践中形成和发展的，其实际上代表了人类历史上两千多年的美德形成传统观念。但是道德增强技术违背了德性成长的规律，淡化了德性的实践性，把德性打入了冰冷的实验室中成长。在医院的临床上成长起来的德性，将人类引以为傲的东西降低为一种冰冷的东西。脱离了生活，道德就成了空中楼阁。外部植入是不能形成德性品质的。道德增强技术是对旧有的道德秩序和道德图景的反叛。增强技术把植入道德当作道德增强的必要条件，忽略了生活训教和自我感悟的德性发展机制。这导致技术造成的人为的德性非常周全，却与生活在具体处境中的人相去甚远，与人在具体生活中凝聚的传统德性毫不相干。道德最根本的意义是内在的品格，德性使人的理性发挥着主导作用，是人的主体性的直接体现，让人知道行为的目的和帮助人信守社会准则。

4. 道德增强技术亵渎了德性的神圣性

道德是人类文明发展的历史记忆，是至高无上的人的精神世界。在西方，康德给予了道德最高赞美："有两种东西，我们愈时常、愈反复加以思维，它们就给人心灌注了时时在翻新、有加无已的赞叹和敬畏：头上的星空和内心的道德法则。"① 康德对于道德的崇高地位的强调已经贯穿于整个形而上学体系之中。道德敬畏超越了一般的道德生活，是人们对道德理想与目标的崇敬与畏惧，人们对于道德内容与体系的建设是建构了一种"人心秩序"。道德敬畏的崇高性，是指道德在主体的价值体系中处于至上的位置。道德主体在道德敬畏的过程中不断实现自我增强、自我完善、自我超越，达到道德意志的坚定和持久。奥古斯丁从人的自由意志的高度看待道德的极端重要性。在其看来，人一旦失去对道德的敬畏，就意味着失去意志的自由，因为自由依赖于道德与信仰。到了近代，尼采对道德的批判实际上是对道德的异化的深刻反思。在中国哲学体系里，对道德敬畏的价值地位和方法论地位更为突出。孔子的"畏天命"与孟子的"仰不愧于天，俯不怍于人"都把道德置于最高的"天位"。

道德的价值来源于人，道德的尊严来源于人的尊严，所以，对道德的践踏就是对人的尊严的践踏。康德讲要把人当作目的而不能当成手段。但

① 〔德〕康德：《实践理性批判》，关文运译，商务印书馆，1960，第 164 页。

在技术进步的背景下，人被当成了手段而不是目的。在技术的暴政下，人的尊严被肆虐，人的价值被否定，技术成为最高理性力量。现代技术把人看作一种物质材料和生物因子，仅是一种软体机器和工具，人的身体和人的精神、生命本质价值被凝滞和物化。海德格尔认为，技术不再是现代人的生存工具，已经上升为人的生存"座驾"，支撑人的全部活动。在技术支撑下，人向物质化、功能化、同一化转化，人的独特性、差异性和精神性消散了。在现代技术导引下的文明社会中，人所创造的物、机器日益成为世界的新主人，人变为机器的附属物。"'物'日益聪明、强劲、美好、伟大，创造出物的人日益渺小、无关紧要，日益成为人自身机器中的一个齿轮。"① 在人的精神本质物化的过程中，道德的形而上学价值基础被抽空了。道德是人的社会性反映，道德是神圣不可侵犯的。如果技术复制美德，就等于充当上帝，把道德降格了，把人降格了，这是不允许的。

三　文化质疑

道德在文化中处于核心地位，是区分不同文化体系的重要标准。同一个道德概念，比如民主、自由在不同的文化形态中具有不同的内涵与形式。文化对于道德具有强大的解释功能。从社会文化的语境来审视，道德增强技术存在文化同一性、文化接受度以及技术恐惧等三个问题。

1. 文化同一性问题

赵汀阳在迈克尔·桑德尔的《反对完美：科技与人性的正义之战》一书的导论中认为："基因神药让人不仅变得更聪明、更健康、更漂亮，而且让每个人变得同样聪明、同样健康、同样漂亮，千人一面，一切差异都将消失。一切都完美了，也就应该没什么可抱怨的，可是为什么这个故事结局会令人不安？也许应该思考的是：人类会因此损失什么呢？我无法罗列人类的可能损失，但有一点大概可以预见：人类将失去文化。一旦人类统一于一个完美概念，文化就自动消失了……可以说，万物齐一就不再有文化，物我为一就不再有文化。"② 这种观点代表了人们对深度科技化改变人

---

① 〔德〕马克斯·舍勒：《价值的颠覆》，罗悌伦等译，生活·读书·新知三联书店，1997，第161页。

② 〔美〕迈克尔·桑德尔：《反对完美：科技与人性的正义之战》，黄慧慧译，中信出版社，2013，导论。

的精神世界导致文化趋同现象的审慎的担忧。从文化角度看，道德增强技术可能会导致伦理文化的同一性，其结局是"道德文化的终结"。

不同的遗传因素、社会制度、风俗习惯、家庭状况、教育背景等形成了各不相同的道德人格和道德品行。也正是这种道德文化的差异性，造就了形形色色的道德个体和丰富多彩的世界。在增强技术广泛使用的前提下，如果每一个人都具有诚实、友善、同情、奉献、敬业等美德，那么所有人以同一个品质出现，难道社会矛盾就消失了吗，就没有社会冲突了吗，人类从此就避免战争和伤害了吗？

此外，人的道德人格建立在自我身份识别的基础上，一旦人的道德性失去了差异性，人的自我身份识别就失去了可能，这样也失去了道德进化的自我要求，道德增强本身也就终止了，即道德增强加快了道德进步，也终结了道德。

2. 文化接受度问题

人是一种文化符号动物。文化符号对人的意义在于：它是文明与野蛮、进步与退步的显著区别。一种文化是先进还是落后取决于什么？取决于它是否能在根本的意义上推动经济社会的发展。质言之，文化进步的标准是能在一定程度上推动经济社会的发展。一个靠技术增强道德的人，会不会被人们所认可是具有道德品质的人呢？答案应该是否定的。

道德是一种内化规范，特别强调自律性。一个具有高尚道德的人，群众往往会被他的行为所折服并自觉服膺于他的道德规范。雷锋精神之所以传之后世，为人所敬仰，是因为雷锋具有高尚的道德行为和道德情操。假设雷锋的品性和美德是技术复制的产物，他并不是自觉地履行义务，就像康德所说，不是为义务而尽义务，甚至他是违背他本人的意愿而做出这种行为，雷锋原意并不接受，那么这种行为的价值就会大打折扣，群众也不会接受。复制的德性就像整容美女一样，其德性之美是"整容"产品。一个外形丑陋的人经过整容后貌比潘安，人们会认可他的美吗；假设我们每年遴选的一批全国道德模范中，有些人是技术干预后做出的道德模范行为，请问这种模范行为人民群众会买账吗。

人的认知可以被增强，情感也可以被增强，这些增强也许更容易被人所接受。为什么道德增强不能被人接受，而且反对的声音一浪高过一浪，这是值得人们深思的问题。人作为一种文化动物，在与自然抗争的过程中，增强能力，抵抗自然的暴力会被冠以"与天斗"的美名，增强人的体力从来不会遭受质疑，相反，被质疑表明了道德在文化中的特殊性。有德行天下，无德路难行。若一个人的品德是克隆来的，是复制的，人们在道德心理上是难以接受的。被增强道德的人本身也会存在道德心理上的矛盾性：他认同和接受增强后的自己吗？

3. 文化恐惧问题

格兰蒂宁在其著作《技术的伤害——进步之人的后果》中指出：技术对人造成了身心两方面的伤害，这种伤害会把人们拖入一种技术恐惧之中。道德增强带来的不确定性将同样给予人类恐惧感。这种恐惧感不同于过去的技术化带来的安全恐惧，因为过去的技术恐惧仍在人类道德与价值体系的控制之中，而现在道德与价值体系的形成机制受到了挑战。

今天，强大的技术能力改变着人类的自然进化过程，人们的进化正从外表向内在，从肌体向精神，从局部向整体加快推进。这种无节制、无边界、无标准所带来的风险也将无法定义和掌控。道德增强的技术隐喻已经对现代市民社会产生了巨大的心理和政治冲击，不仅动摇了市民的信仰结构，也深刻动摇了社会的政治和文化向量。不难看出，技术作为人类历史的向量，已经从物质力量发展为最高意识形态。人类对于现代技术的恐惧，主要是源于技术发展逐步危及人的主导性和主体性，破坏了人的理性的神圣性，让人处于一种前所未有的文化再定义的世界之中，其中最显著的特质是人正丧失文化的定义权。

四 结语

突破传统道德进化模式的"道德增强"是人工智能时代人类进化突变的重要标志，是人类对纯粹理性的反叛，也是人类本质力量的再现，是人类对自身占有能力的又一次显现。医学技术下的"道德增强"是人类道德增强的"非历史逻辑"，但它恰恰是技术自身发展的"历史逻辑"。"非历史逻辑"+"历史逻辑"共同构成了人工智能时代人类反思逻辑。对道德增强技术实践及其理论的质疑是人类"自觉"系统的规定，它开辟了人类实践理性从否定"不可约解"向追寻"终有一解"的新征程。

附录五

技术侵入：道德自由的传统与超越[*]

陈万球

道德自由作为人的"类特征"，是主体通过善与恶来把握世界的独特方式。恩格斯说："如果不谈所谓自由意志、人的责任能力、必然和自由的关系等问题，就不能很好地议论道德和法的问题。"[①] 某种意义上，道德主体等于他一连串的行为。意志自由、道德选择能力、道德责任等构成了道德自由的诸多内在要素。意志自由是道德选择和承担道德责任的前提，道德选择能力是主体担负道德责任的基石。在漫长历史进程中，随着技术对道德的渐进式侵入，人类也因此踏上了道德自由的荆棘之路。

一 道德自由的滥觞与传统：习俗教育道德增强

人类从哪里开始，包括道德自由在内的自由也就从哪里开始。长期以来，人类在改造自然与改造社会血与火的洗礼中，日渐凸显主体性，道德自由也因此在广度和深度上获得了提升。

习俗是人类最初用理性规范自己行为的主要方式之一，与宗教一起共同成为人类道德自由增强的原初形态。

人的自由是充满现实性的自由。在理性认识基础上，在人类生产与生活，尤其是在劳动过程中，人类的祖先借助习俗来调节个体与个体、个体与氏族社会之间的复杂关系。共有观念、平等团结、共同劳动等成为原始社会人类道德生活实景。但是，氏族复仇、血缘群婚、食人之风等恶习也

* 本文发表于《伦理学研究》2020 年第 3 期，人大复印报刊资料《伦理学》2020 年第 10 期全文转载，《哲学文摘》2020 年第 4 期详登，收入本书时有修改。

① 《马克思恩格斯文集》第九卷，中共中央马克思恩格斯列宁斯大林著作编译局编译，人民出版社，2009，第 199 页。

曾经在历史上的氏族部落中长期存在，散发着野蛮和蒙昧的浓郁气息。习俗一直在维系社会稳定与发展中发挥不可替代的作用。时至今日，习俗仍然在社会中发挥十分重要的作用。在习俗的规范下，原始先民的自由和道德自由匍匐在狭小范围内。

在习俗发挥作用的同时，教育成为人类道德发展的另外一种传统形式，并且日益成为人类社会道德进步的主要依靠力量。当代道德增强理论代表哈里斯认为："对错误的信仰和偏见最明显的对策是理性和教育的结合。"①

教育是人类理性对自身的反思结果。孔子说："是故君子少思长，则学；老思死，则教；有思穷，则施也。"传统教育在道德发展中发挥三种作用：第一，形成良好的社会道德风尚；第二，引导个体道德自律；第三，推动整个社会道德进步。在形成良好的社会道德风尚方面，传统教育通过家庭、学校和社会三种力量对下一代灌输道德知识，帮助其形成道德理念、激发道德情感、养成道德行为，并借助典型道德人物的塑造、道德故事的传播，倡导主流道德观念，形成有利于统治阶级的道德风尚。在引导个体道德自律方面，传统教育通过自我教育、自我反省发挥作用，促使人们道德自律，从心所欲不逾矩。在推动整个社会道德进步方面，传统教育执行文化知识传承功能，帮助人们认识自然规律和社会规律，在代际的知识传递中，从而达到推动社会道德进步。"科学、创新和知识生产，特别是教育是我们找到解决可能造成大规模毁灭性的最具威胁的根源的主要希望，而且是迄今为止我们唯一得到证实的道德提高形式（并已证明非常有效）。"②

在古希腊，传统道德教育在智者派中徐徐展开。"人是万物的尺度"展现了道德主体的自我觉醒和自我确证。智慧、勇敢、节制、公正四个德目成为人类存在方式和古希腊民众道德践履的尺度。③苏格拉底提出"美德即知识"，用理性匡扶德性，用知识教育唤醒公民，认为人们拥有善的知识就等于有道德自由，人没有理由故意作恶。柏拉图开门办学，用"理想国"教育学生，锤炼学生灵魂，用回忆说解读"善的理念"。亚里士多德著《尼各马可伦理学》，认为理性包括理论理性与实践理性，美德包含在特定的情

---

① Harris, John, "Moral Enhancement and Freedom,"*Bioethics* 2(2011):105.

② Harris, John, "Moral Enhancement and Freedom,"*Bioethics* 2(2011):110.

③ 邓安庆、蒋益：《西方伦理学史诸概念和命题之释义》，《云梦学刊》2020年第2期，第3页。

感倾向中，我们可以通过早期的习惯习得，也可以通过智力技能的锻炼获得美德。中世纪，人们的道德自由成为神学控制下的祭品，基督教倡导信仰、希望、爱、节制、审慎、公正、坚毅等七主德，号召节欲禁欲以升入天堂。近代以来，文艺复兴的旗手们借助教育唤醒民众，用人本思想反对神本思想，用人性反对神性，用人权反对神权，赢得了反对旧道德传统的巨大胜利。笛卡尔的"我思故我在"更是唤醒了道德主体的思想自由。义务论者康德对人类的道德能力有着坚定的理性概念，也承认（有限的）机械、非认知的道德改善的作用。

在传统社会中，在习俗与教育发挥道德增强作用的同时，人所创造的技术反过来也构建人的自由本身。技术是人的意志自由和幸福产生的前提和基础；技术是人的意志自由把握世界的手段和中介。[①] 技术与自由是内在自洽的，而非对立的。因此在传统社会中，技术在很大程度上也增进了人们的道德自由。不过，在"非传统道德增强"[②] 出现之前，人的道德自由的根本特点是主体性得到充分的尊重，也就是道德主体自己决定自己。但是在非传统道德增强技术的干预下，道德主体开始新的探索，也因此道德自由发生了转型。

二 道德自由的探索与转型：生物医药道德增强

21 世纪初，随着生物医学道德增强技术的问世，技术侵入由外在客观世界深入人的内在精神世界，技术对道德的渗透进一步加深。美国当代著名的技术哲学家卡尔·米切姆认为有四种技术类型：客体的技术（Object）、过程的技术（Action）、知识的技术（Knowledge）和意志的技术（Volition）。[③] 据此，我们可以从三种意义上分析生物医学道德增强技术对道德自由的影响。

1. 作为知识的生物医学道德增强技术

技术即知识。作为一种知识，生物医学道德增强技术是关于运用生物的、医学的方法改善人的道德，提升人的道德水平的技术规则和技术理论。

---

① 巨乃岐：《试论技术对人的自由价值》，《科学技术哲学研究》2010 年第 1 期，第 62 页。

② 陈万球：《非传统道德增强的双重变导：生物医学中介与智能体引擎》，《武汉大学学报》（哲学社会科学版）2019 年第 4 期，第 32 页。

③ 吴国盛编《技术哲学经典读本》，上海交通大学出版社，2008，第 22 页。

"道德增强技术"（Moral Enhancement Technology，MET）于 2008 年由牛津大学教授托马斯·道格拉斯（Thomas Douglas）、牛津实践伦理中心学者朱利安·赛沃莱思库（Julian Savulescu）以及瑞典哥德堡大学哲学、语言学和科学理论系教授英格玛·佩尔森（Ingmar Persson）提出。"道德增强技术"又称"非传统道德增强"（Non-traditional Moral Enhancement）。与传统习俗和道德教育方式不同，"道德增强技术"运用生物医学技术来调节个体的道德情感，增强其行为动机（morally better motives）和道德品质，从而提高个体道德行为水平。

随着生物医学、神经科学以及药物合成学的发展，MET 采用更为先进的药物或技术提高道德水平成为可能：一是通过生物医药技术弱化人的"不良"情感，形成良好动机，达到道德增强的目的；二是通过生物医药技术加强某些核心道德情感（the core of moral dispositions）如利他、公平和正义等，达到道德增强的目的。例如，注射催产素后，一个人"无私利他"的捐献精神会明显增强。另外，经颅磁刺激、深部脑刺激、光遗传学技术等也可以直接影响人类的道德选择。

研究表明：最有可能应用道德增强技术的群体是儿童。[①] 在儿童早期的发育过程中，人们通过药物或其他生物技术操纵，可以提高儿童学习道德行为的能力，就像认知增强可能使儿童有一天能更有效地获得知识一样。这种道德增强技术辅之以传统的道德教育，即道德增强与教育两者的结合可能比单独的道德教育更有效。

2. 作为过程的生物医学道德增强技术

技术即过程。生物医学道德增强技术作为一种过程，是指进行道德增强的生物干预技术、医学改善技术及其整个使用活动过程。

马克思立足于历史唯物主义视角考察技术与社会关系时指出，"工艺学揭示出人对自然的活动方式，人的物质生活的生产过程，从而揭示出社会关系以及由此产生的思想或精神观念的起源"。[②] 技术是人的本质力量的对象化，是合目的性与合规律性的统一，是物的尺度和人的尺度的统一。生

---

① Savulescu, Julian, & Persson, Ingmar, "Moral Enhancement, Freedom and the God Machine," *The Monist* 3(2012): 12.

② 《马克思恩格斯全集》第四十三卷，中共中央马克思恩格斯列宁斯大林著作编译局编译，人民出版社，2016，第 388 页。

物道德增强是一种行为控制的新科学。从理论和实践看，药物和脑叶切除术可以帮助我们控制行为。但是今天，复杂而强大的认知科学正在为人类的选择提供新的、更有效的手段。一些常用的抗抑郁药和抗高血压药物会影响道德行为。许多药物如抗酒精滥用药物，减肥药物和抗性欲药物等，其作用与道德行为有关。神经心理学也开始提供更有力的证据来证明道德相关性状的生物学关联，如普萘洛尔可以减少隐式的种族偏见，从而做出带有更少功利性的判断。其他可能的影响选择的技术包括经颅磁刺激、深部脑刺激、经颅直流电刺激等，提供了利用基因操纵和光学刺激来增强道德的前景。这些技术可以直接改变行为，甚至可能治愈成瘾行为。

生物医学道德增强技术在发展过程中，不断使人的道德意志发展变化。哈里斯从后果主义和功利主义的角度反对道德增强技术：一是道德增强技术限制了人们做错事的自由，破坏了自主权；二是道德增强技术会损害自由行动的自由，破坏个人的自治。根据功利主义，正确的行动是使效用最大化的行动。要想成为一个增强的功利主义者，就需要认知增强（准确地估计行动的后果和影响人们做出选择的喜好）、冲动控制（使人能够根据正确的判断采取行动）、愿意牺牲自己的喜好来满足他人的喜好（利他主义）。三者中利他主义最为重要，它不是出于谨慎或自利，而是要求为了他人而牺牲自己的利益。这种功利主义者需要一定程度的自我牺牲。道德行为的先决条件是为了他人的利益，应该牺牲或约束自己的个人利益。为了他人的利益而牺牲自己的利益，这是一种道德增强。但是，像利他主义和正义感这样的道德倾向不会削弱人们选择的自由——它不会让人们比那些今天最道德的人更不自由。即使我们的选择自由是由自身的选择所决定的，而不是完全的因果决定，它也不能消解道德提升的价值，但选择自由对道德提升是有限制的，这也意味着，无论以何种方式，无论是传统教育还是道德增强技术，道德提升的效率都是有限的。

3. 作为意志的生物医学道德增强技术

技术即意志。生物医学道德增强技术是人的自由意志、控制意志和效率意志的体现。

生物医学道德增强是一种自由意志。它是人在更高水平上发挥自由意志的产物，是人的主体意志的高峰。人可以点石成金、化恶为善、化腐朽为神奇，这一切均表明人的自由意志在更高水平得到了发挥。被道德增强的人，总是以道德正确的方式行事。赛沃莱思库和佩尔森认为，生物医学道德增强不会把人们变成不动脑筋的机器人。生物道德增强将使做不道德的事成为不可能。不进行道德增强的人，并不一定比进行道德增强的人更自由。

生物医学道德增强是一种控制意志。在西方历史上，哲学家把道德自由归结为"行动自由""意志自由"。意志自由是行动自由的前提，行动自由是意志自由的结果。主体要拥有道德选择的能力，就必须拥有意志自由。也就是说，拥有意志自由是进行道德选择的前提。正是在这个意义上，生物医学道德增强限制和遮蔽了人的意志。一个人只有意志是自由的，才能够自己决定自己，自己统摄自己。按照康德的道德义务论，主体一旦失去意志自由，受到外力的强制或操纵，即使做出了善的行为，不是出于义务的行为，也是不具有真正的道德价值的。生物医学道德增强用化学药物或者神经技术刺激并控制人的意识，改变人的精神和身体，进而掌控人的道德意志，实现对道德自由的控制。在生物医学道德增强技术的控制下，人的道德意志成为技术的玩物，道德品质不再具有神圣的光环。

生物医学道德增强是人的效率意志。生物医学道德增强技术是人的新的存在方式，在这种方式中，道德的改变以一种新的急速的方式呈现出来。过去人类的道德进步是漫长的历程，个体道德品性的形成不是一蹴而就的，而是经过多次反复磨炼生成。生物医学道德增强克服了传统道德进步的制约性因素，不再拘泥于教育、习俗的循规蹈矩和按部就班缓慢推进的方式，而是以一种快速的革命的方式实现道德品质的建构，在更高的效率水平上把道德在"流水线上"生产出来，实现了道德进步的革命性变革。

总之，使用道德生物增强技术不会减少我们的自由；它只是简单地说明，我们更应经常下定决心去做我们认为好的事情。我们那时就会成为一个道德上完美的人。

三 道德自由的溢出与遮蔽：人工智能道德增强

人工智能与人类的关系成为时代技术发展的一个重大问题。[①] 赛沃莱思

---

① 易显飞：《技术自身的道德意蕴：一把解开智能时代的伦理钥匙——兼评彼得·保罗·维贝克的〈将技术道德化：理解与设计物的道德〉》，《云梦学刊》2019 年第 1 期，第 36 页。

库把"道德人工智能"看作"第三种道德增强"。在赛沃莱思库看来，第一种道德增强是传统的干预，如教育和宗教；第二种道德增强是生物医学干预，如基因选择、药物和脑刺激。人工智能道德增强是一种新的探索途径，其工作机制是通过为用户开发"量身定做"的"道德人工智能体"（MAI），来帮助人们反思和克服自身的道德心理局限，监测影响用户道德决策的物理和环境因素，识别并使人们意识到自身的偏见，并根据自我道德价值观念，为用户提供正确的行动路线，从而增强使用者的自主性。

人的本质是追求自由的存在。卢梭说："人是生而自由的，但却无往不在枷锁之中。"① 人工智能打破了枷锁的种种禁锢，溢出了道德自由。

1. "上帝机器"溢出的自由增量

"人被技术物取代的过程，就是自我超越、自我解放、不断进步的过程。"② 赛沃莱思库和佩尔森引入了"上帝机器"的概念，为强制道德生物增强计划增添了力量。这种装置被想象成一种大脑植入物，可以"删除"那些"非常不道德"的想法。"上帝机器"与人工智能技术结合，使人类获得前所未有的物质自由和精神自由。

从物质自由看，人工智能创造了极大的物质财富，这些物质财富使得人类获得了自由。德国工程师齐墨尔把技术看作"物质上的自由"，强调通过机器和技术获得实际自由。人不断改造和提升自身适应自然的过程，就是人的自由不断实现的过程。马克思就指出，"自由王国只是在必要性和外在目的规定要做的劳动终止的地方才开始；因而按照事物的本性来说，它存在于真正物质生产领域的彼岸"。③

从精神自由看，人工智能带给了人们极大的精神上的自由，尤其是道德自由。生物医学技术不仅增进了人的道德意志自由和自主权，而且使人的道德意志更为完善。人的自由是既是在物质实践活动中产生，也是在追求精神实践活动中产生的。正是这种历史活动过程中对自由无止境的追求，才使得技术被赋予了存在的价值。技术不仅生产着人需要的物化世

① 〔法〕卢梭：《社会契约论》，何兆武译，商务印书馆，1980，第8页。
② 林德宏：《"技术化生存"与人的"非人化"》，《江苏社会科学》2000年第4期，第52页。
③ 《马克思恩格斯全集》第四十六卷，中共中央马克思恩格斯列宁斯大林著作编译局编译，人民出版社，2003，第928页。

界，也生成着人需要的精神世界，物的生产其实反过来也是人自身的精神
生产，物的规律也制约着人自身的精神生产规律。技术把人的自由从可能
变为现实，自由可以凭借技术而表现出来；技术展开了人的主体性空间，
技术的可能样态创造了事物的可能样态，因而就产生了自由的可能样态。

"上帝机器"溢出了人的"意志自由"。道德自由作为人的自由，首先
就是要保证意志自由的完整性。自愿性生物医学道德增强保持了意志自由
的完整性。我们可以认为，只要我们自己决定是否接受道德生物增强，我
们的自由就会保持完整。从这个意义上说，哈里斯对道德生物增强的批评
只影响强制性道德生物增强，而不影响自愿性道德生物增强。当然，强制
性道德生物增强剥夺人类自由。由于道德是人类的一种基本性格，剥夺我
们的道德，甚至削弱道德，将意味着剥夺我们人性的一个核心特征。事实
上，虽然强制性道德增强的目的是避免终极伤害，但它已经通过剥夺我们
基本的人类品质而造成了一定程度的伤害。即使它这样做是因为它渴望不
惜一切代价保卫人类的生存。

"上帝机器"溢出了人的"消极自由"。在康德看来，消极自由是"有
意选择的行为不受感官冲动或刺激的决定"，也就是行动不受干扰而是主体
自主选择的行为，积极自由是"纯粹理性实现自己的能力"，实际上就是自
律。消极自由是"免于做什么的自由"，积极自由是"去做什么的自由"，
比如做法律所许可的事，不做法律所禁止的事。也就是人们可以自己决定
自己，自己有权决定生活方式和行为方式。生物医学技术增强了自己决定
自己的自由。生物医学道德增强是改造"野蛮自我"，"会增加人的自由和
行动的动机，而不是说这削弱了他的自由和行动的自由"。①

2. "上帝机器"遮蔽的自由幻象

"上帝机器"在使道德自由溢出之时也在限制道德自由。拉普曾经说
过，技术像一张大网缠绕着我们，技术"创造了刻板的和非人性的生活方
式"。② 技术实现了一种可能，同时也会遮蔽更多的可能。"上帝机器"可能

---

① Douglas, Thomas, "Moral Enhancement," *Journal of Applied Philosophy* 3 (2008): 228-245.
② 〔联邦德国〕F. 拉普：《技术哲学导论》，刘武、康荣平、吴明泰译，辽宁科学技术出版
社，1986，第 122 页。

会对自由造成"不可接受的代价"。①

一是"上帝机器"限制人的意志自由。对意志的禁锢比对行为的处罚更加可怕。意志自由是人的道德自由的前提。"上帝机器"会监视每个人的思想、信仰、欲望和意图。"上帝机器"的使用会制约和削弱人的自由意志。"与我们可能决定服用或停止服用（排除成瘾）的道德生物增强药物不同，一旦连接起来，'上帝机器'就会绑架我们的自由意志。这个装置负责控制我们的思想，使我们远离不道德的行为。与犹太教、基督教和伊斯兰教传统中保持我们自由意志完整的上帝不同，'上帝机器'更像是一个'警察机器'，而不是一个传统的神。"② "上帝机器"的错误在于强制性。虽然人们能思考道德问题，但任何"非常不道德"的想法都会被"上帝机器"删除。被外部审查削弱的自由意志使我们根本没有意志自由。此外，如果我们可以自由地思考道德问题，但无法按照我们的意愿行事，那我们的道德思考就会变得多余。斯宾诺莎认为："凡是仅仅由自身本性的必然性而存在，其行为仅仅由它自身决定的东西叫作自由。反之，凡一物的存在及其行为均按一定的方式为他物所决定，便叫作必然或受制。"③ 如果一个人的存在是被他物所决定，他的存在和行动就是不自由的，这可以称为强制的必然性。

二是"上帝机器"干预道德行为选择。"上帝机器"是为了消灭人的不道德行为，它对人类的不道德行为进行干预：如果他们选择道德的行为，"上帝机器"就不会介入；如果选择恶的行为，如杀人、强奸，"上帝机器"就会对人类的行为进行干预，以防止巨大的伤害、不公正或其他不道德的行为发生。一旦一个人形成了谋杀的意图，并且不可避免地会去杀人，"上帝机器"就会介入。"上帝机器"不会干预那些微不足道的不道德行为，就像说谎或欺骗，或者考试作弊和婚姻不忠。只有当对某些有知觉的人的利益受到冒犯时，"上帝机器"才会行使其"万能"的力量。

三是"上帝机器"使道德责任的承担陷于困境。康德认为，自由是摆

---

① Douglas, Thomas, "Moral Enhancement via Direct Eotion Modulation: A Reply to John Harris," *Bioethics* 3(2013): 160.

② Rakić, Vojin, "Genome Editing for Involuntary Moral Enhancement," *Cambridge Quarterly of Healthcare Ethics* 1(2019): 46-54.

③ 〔荷兰〕斯宾诺莎：《伦理学》，贺麟译，商务印书馆，1983，第4页。

脱任何他物影响的独立性，这种独立，既不受制于客观规律，又不受制于人的主观感情和欲望。只有具备了这种独立性，才称得上自由。根据康德的理论，道德责任是道德主体在自由意志下做出的选择后必须承担的行为。但如果没有道德意志自由，就不用承担其后果。所以，从这个意义上说，个体在"上帝机器"控制下做出的道德选择是不承担责任的。意志自由是承担道德责任的前提，一个无自由意志、未进行自由行为选择的人，不应该承担道德后果和道德责任。当一个无自由意志的人做了好事，各种荣誉加身，他是否值得这些荣誉也值得我们思考。

四是"上帝机器"限制和降低了道德自由的价值。"上帝机器"这种干预减轻了情感偏见，减少了违背规范性判断的冲动，它通过消除对暴力行为的想法，从某种程度上说是提高了人们的道德自由。[1] 但是，自由是无价的，即使是做坏事的自由也被认为是有价值的，这种价值是巨大的工具价值。比如通过"上帝机器"的道德干预，使张三增强了把钱非要捐给慈善机构的强烈愿望，这就等于他失去了原本不想捐款的自由。托马斯·道格拉斯把这种干预称为"引入一种野蛮的欲望"，认为它限制了真正的自我的自由。尽管不良动机本身可能没有什么价值，但人们可能会认为，持有和采取行动的自由是有价值的。事实上，这种自由似乎是人类理性的核心要素。

"最后，必须记住的是，人工智能即使有一天比人类的平均智商要高，也不会永远是正确的。在做出重要的道德决定的过程中，人类的反思和判断几乎不可能被消除。"[2]

四　道德自由的重组与编码：基因编辑道德增强

2012 年，新的"基因编辑技术"（CRISPR）问世，由于应用的精确高效广泛，其受到科技界和产业界的高度重视。基因编辑技术挑战道德自由，对人的精神世界的影响具有不确定性。面对未知，我们必须认真审视。

[1] Douglas, Thomas, "Moral Enhancement via Direct Eotion Modulation: A Reply to John Harris," *Bioethics* 3(2013): 160.

[2] Savulescu, Julian, & Maslen, Hannah, "Moral Enhancement and Artificial Intelligence: Moral AI?" in Romportl, J., Zackova, E., & Kelemen, J., eds., *Beyond Artificial Intelligence* (Springer, Cham, 2015), pp. 79-95.

　　人类基因组计划的完成，标志着人类历史进入认识和改造自身基因的时代。基因以线性方式决定个体道德行为这一假设，隐含一个技术实现的可能性前提：基因决定生物性状。通过修饰基因结构，改变基因表达，基因产物的功能可能会被影响。设计婴儿的主要目的有三种：剔除疾病基因，使患遗传病的夫妇能够生育健康孩子；为治疗有病兄弟姐妹而筛选婴儿；展开非治疗性目的医学活动，如对胎儿性别外貌乃至性格特征进行选择。① 基因编辑道德增强就属于第三种情形。一些学者把它称为"非自愿的道德增强。"②

　　由于基因组编辑以增强未出生胎儿的道德，这既不是自愿的，也不是强制性的，而是非自愿的，故被称为"非自愿的道德增强。"非自愿道德生物强化（IMBE）可能会使人们变得比原本更有道德。拉基奇（Vojin Rakić）认为，基因组编辑至少在三个方面具有增强人类道德生物能力的潜力："增强同理心；减少暴力侵略；提高认知能力，包括道德反思。这些干预措施的可能目标包括未出生的婴儿。"③ 早在 2009 年，剑桥大学的科学家们在同类基因研究中首次发现了 27 个与阿斯伯格综合征和孤独症特征以及同情心相关的基因。2018 年，瓦伦·沃利尔（Varun Warrier）等人提供了强有力的证据，证明了检测和理解他人情绪的能力受基因影响。④ 沃利尔等人的"眼睛读心术测试"证实了女性比男性更有同情心。⑤ 基于此，人类完全能够利用同情心潜力的基因进行道德增强。对未出生婴儿进行基因干预，包括基因组编辑，可能会培养出有更高水平的同情心的个体。同时，在美国和欧洲的几起著名谋杀案中，法院允许对被告进行所谓的"勇士基因"检测，并允许将阳性结果视为减轻罪责的一个因素。此处所讨论的基因是神经传递代谢酶单胺氧化酶 A，简称"MAO-A"。人们在脑成像扫描和五个与暴力行为相关的基因（包括编码 MAO-A 的基因）中发现了异常。因此，对

---

① 张春美：《基因技术之伦理研究》，人民出版社，2013，第 99~100 页。
② Rakić, Vojin, "Genome Editing for Involuntary Moral Enhancement," *Cambridge Quarterly of Healthcare Ethics* 1(2019): 46–54.
③ Rakić, Vojin, "Genome Editing for Involuntary Moral Enhancement," *Cambridge Quarterly of Healthcare Ethics* 1(2019): 46.
④ Rakić, Vojin, "Genome Editing for Involuntary Moral Enhancement," *Cambridge Quarterly of Healthcare Ethics* 1(2019): 46.
⑤ Rakić, Vojin, "Genome Editing for Involuntary Moral Enhancement," *Cambridge Quarterly of Healthcare Ethics* 1(2019): 47.

于未出生婴儿的基因组编辑有可能减弱暴力攻击。同时，道德反思的质量取决于智力。"道德反思归根结底是我们智力的增强。从这个意义上说，道德增强包括认知提升。"① 我们是否能够提高未出生者的智力？爱丁堡大学最近进行的一项研究两万人参与的"苏格兰世代"（Generation Scotland）的研究。通过研究，科学家们主张：基因组编辑可能会让人更健康，同时也更聪明。由于聪明的人比不聪明的人有更高的道德反思水平，通过基因组编辑对未出生婴儿的认知增强有可能提高人类的道德水平。② 基因编辑技术对道德自由的伤害可能存在以下几种情形。

一是损害后代道德知情权。父母可以决定是否通过提高他们的道德水平来改造后代，其中一种可能性是对未出生婴儿的基因组编辑。这可以包括不干预生殖系的基因组编辑，但也可以包括生殖系基因组编辑。生殖系基因组编辑引起了一系列道德问题。值得注意的是，为提高未出生胎儿的道德而进行的基因组编辑不仅会影响胚胎，还会影响生殖系。

二是损害后代道德选择权。基因编辑实际上是父辈侵害了子辈的道德权利。侵害了其选择权。非自愿的道德生物强化会减少后代个人的自由。未来经过基因编辑的个人将很难保留他们的自由。尽管基因编辑提高了后代的智力水平，包括道德认知水平，但是，知善与行善之间的空间是一个完全由自由居住的区域，德知与德行之间应是一种或然而非必然性的关系。

三是后代道德责任问题。选择对子女进行道德生物强化的父母，其子女的道德水平可能会提高，可以合理地预期这些孩子会比他们在其他情况下更快乐。但也可以推理，一个经过基因编辑后的人可以不承担道德责任吗？答案是否定的。

综上所述，技术与道德关系的嬗变，依次呈现出技术与道德自由的传统流变、探索转型、背离与回归等阶段性历史特征。技术化是一条我们不得不沿着它前进的道路。任何倒退的企图都只会使生活变得愈来愈困难乃至不可能继续。抨击技术并无益处，我们需要的是超越它。③

---

① Rakić, Vojin, "Genome Editing for Involuntary Moral Enhancement," *Cambridge Quarterly of Healthcare Ethics* 1(2019): 48.

② Rakić, Vojin, "Genome Editing for Involuntary Moral Enhancement," *Cambridge Quarterly of Healthcare Ethics* 1(2019): 48.

③ 〔德〕卡尔·雅斯贝斯：《时代的精神状况》，王德峰译，上海译文出版社，1997，第173页。

附录六

人类增强技术：后人类主义批判
与实践伦理学[*]

陈万球　　丁予聆

　　"提升和扩展人类能力"是四大带头技术（生物技术、神经科学、计算机技术和纳米技术）的主旨。"NBIC 会聚技术"这一概念，就是在 2001 年的一个关于"提升人类技能的会聚技术"的会议上首次提出的。本文拟以"人类增强"为例，对这一转折的特点和由此带来的人与技术或技术与社会关系的深刻变化，以及由此带来的哲学和伦理学问题进行再思考。

一

　　自从人猿揖别，人类就在不断地认识客观世界的过程中能动地改造外部世界，也在不断地认识主观世界的过程中能动地改造自我世界。这两种活动的交互作用，使得人类不仅极大地提升了对外部世界的认识与改造能力，也增强了自身的体力与智力。生物技术、神经科学、计算机技术和纳米技术的发展及其结合，则赋予了人类增强技术全新的意义。它们不仅带来了全新的增强技术，而且引起了增强概念质的变化，乃至有人提出"人类进化进入了新阶段""可能会再一次改变我们的物种"等观点。①

　　科学家预言：NBIC 预示技术汇聚的趋势将有可能进入一个"奇点"，在这个"奇点"上技术的力量将大规模地爆发，自然、社会和人类会出现一个质的跃升。在我们看来，它是技术发展，或人与技术关系变化的一个

---

*　本文发表于《伦理学研究》2018 年第 2 期，收入本书时有修改。

①　胡明艳、曹南燕：《人类进化的新阶段——浅述关于 NBIC 会聚技术增强人类的争论》，《自然辩证法研究》2009 年第 6 期，第 106 页。

重要转折。

第一，NBIC（以及增强）反映出的一个最重要的变化，就是技术的对象转向了生命和人本身。在以往的以机器为代表的技术中，我们的身体是出发点或"操纵的基点"。我们把工具（技术）称为人体器官的"投射"或"延伸"，例如说锤子是拳头的延伸，汽车轮子是两条腿的延伸，等等。而在今天以 NBIC 为代表的高新技术中，生命和人的身体成了技术改造和重新设计的对象，乃至提出了用人工进化取代人的自然进化这一观点。形象地说，以往好像是人类拿着工具去改造外部对象——自然事物，而今天这把"刀子"反过来对着人类自身了。

第二，NBIC 会聚技术的发展使人类对自然的干预进一步深入。众所周知，地球上所有物质的宏观性质、结构和功能都是原子和分子运动的结果，所有生物的性状也都是基因组合的结果。所以，当科学研究揭示了原子和基因（哲学家赫费将之称为"两基"，即基本粒子和基因）的秘密，并把它们付诸技术应用时，我们在原则上已经可以对整个世界进行重新设计、重组或再造。事实上，这一转折在 20 世纪下半叶随着生命科学技术、信息科学技术的发展已经开启，NBIC 可以看作其实现的标志，它为人类的发展展示了新的前景，也向我们提出了新的问题，带来了新的风险和挑战。有人为此欢欣鼓舞，认为我们从此可以彻底摆脱自然的限制及其偶然性的摆布了。但这也不禁令人想起海德格尔所说的"技术越来越把人从地球上脱离开来而且连根拔起"。① 把自然的力量和人的进化完全掌握在人类自己手中，是否全然是一件好事；人类是否已经具备了这样的能力……这些都是需要我们进一步思考的。

我们要深入讨论高新技术发展可能引起的经济社会变化以及对人本身的影响，以及如何从伦理规范到政策管理做出合理的应对，就必须考察技术发展与经济和社会、与人的欲求之间的相互作用关系。技术、经济与人的需求三者本来就是相互纠缠的。

技术与经济是相互内生的，技术活动的目标和本质是追求效能。正是这一特征使得技术服务于商业和其他利益，服务于人的需要。由此，技术也就被看作经济发展的"内生变量"。技术的发展，不仅是由其"内在的"

---

① 孙周兴选编《海德格尔选集》（下），上海三联书店，1996，第 1305 页。

规律、力量所驱动的，而且是由市场、利润等经济的力量所驱动、所引导的。而正是后者现实地导引"塑造"了技术朝向什么方向发展，以何种面貌呈现，以何种方式起作用。特别是随着高新技术的发展，技术与经济之间的相互内生关系变得更为明显和直接，而且把科学也"拖"了进来——科学知识也被商品化、市场化了。"它的创造和使用（分配）被纳入市场的运作中，其资源的投入和成功评价也要受到市场规律的支配和检验。"①

　　一般说来，技术的发展是为了满足人类需求。人类需求是经济、军事、文化以及日常生活的具体的需求。在现代社会中，这些需求主要是通过技术发明和创造来实现物质层面的满足，并且大量地通过市场活动表现出来。技术产品在满足人的需要的同时，又可以刺激人产生新的、更多的欲望。在这背后，不难看到资本的作用。

二

　　让我们围绕着"后人类"问题来讨论。因为在关于人类增强的问题上，关于"后人类"的争论集中地凸显了其中的哲学问题。

　　后人类主义（posthumanism）是 20 世纪后半叶，尤其是最后 10 年以来，伴随着生命科学、纳米技术等的发展，在西方国家出现的一种社会思潮乃至实验性探索活动。一些科学家和学者，希望借助于大脑科学、纳米技术、生物技术等在新发展中显示出的巨大潜力，来改造人类的遗传物质和精神世界，最终变人类的"自然进化"为完全的"人工进化"。这个思潮一出现，立即引起了热烈的争论。

　　1. 问题的核心是关于人的进化

　　NBIC 引发人们格外关注的重要原因，是它把生命和人类变成了技术改造的对象，乃至一些人主张用"后人类"来取代当今的人类。纳米增强技术带来困惑与不安，主要是因为人们尚不清楚它会在多大程度上改变人类的自然本性问题。

　　后人类主义者宣称，当前，在知识、自由、寿命和智慧上，人类正处于爆炸性扩展的早期阶段。自然进化只是人类进化的一个初级阶段，将让位于通过生物技术、计算机技术、纳米技术、脑科学技术和其他先进技术

---

① 朱葆伟：《高技术的发展与社会公正》，《天津社会科学》2007 年第 1 期。

实现的"人为进化"阶段。①

这里涉及一个核心问题，即关于"人"或"人性"，或者说人及其身体的本体论和道德地位的问题。关于"人"或"人性"，人们耳熟能详的是："人"既是一个自然物种，又是超越自然的存在物，是自然存在和超自然存在的统一。人类因其具有社会性、精神性（具有自我意识、自由自觉，是自我完成、自我创造的）而区别于其他动物。人类是自然进化的结果，更是社会、历史、文化的产物。没有不变的"人性"或"人的本质"，它们总是要随着文明的发展（包括技术的发展）而改变。人类发展科学技术，在一定的意义上说，就是要弥补人自身的"先天不足"。斯蒂格勒用埃庇米修斯的神话，生动地论述了此观点：与动物获得的各种性能相对比，人生来没有性能，而是依靠技术（代具）发明、创造和实现自己的性能。② 也就是说，自然的进化——智人的出现——并非人类进化的终结，甚至也不是人类自身的完成。

但毕竟，"人"首先是一个自然物种，人之所以为人的基础是这个生物身份。

人的社会性、精神性特质，都是在这个基础上发展起来的。当代科学的研究进一步表明，在自然—社会和物—心的关系中，物包括生命的自然结构、功能，对人的意识、情感、行为、能力等的作用、影响比以往我们认识的要大得多。人是一个整体、有机统一体，不能机械地划分为物—心或自然—社会两个部分，更不能简单地执其一端。而且，这个界限也不那么确定——或者说，界限划在哪里，如何划分，还需要科学和哲学的更进一步研究才能获得更为清晰的认识。把人（人的本质）归结为一堆基因的组合，或者把人的思想、意识、情感和道德判断等统统还原为一定物质的结构和功能，是错误的，但是也不能走向另一极端——它反而使当下这场争论变得无足轻重。

人及其身体本身具有某种道德地位，这一点不应该受到怀疑。至今，这仍然是人类社会道德和法律的一个前提。但是这一地位并不表示它是不

---

① 〔美〕马克斯·莫尔：《超人类主义——一种走向未来的哲学》，载曹荣湘选编《后人类文化》，上海三联书店，2004，第 61 页。

② 〔法〕贝尔纳·斯蒂格勒：《技术与时间：爱比米修斯的过失》，裴程译，译林出版社，2000，第 227 页。

可以触动的——以为触动了它，就是侵犯了人的尊严或"生命的神圣性"——而是要求在进行任何技术干预时，都必须有充分正当的理由，都必须在审慎的限度内，以及必须充分预计到可能带来的社会影响和风险。

人是目的，不能把人当作手段，包括不应把自己的身体当作手段。人类不是一个可以被超越的存在。人类生命也不是技术可以随意处置（设计、改造）的对象。但是，在人的身体问题上，坚持自然物与人工物的划分是没有必要（事实上也已经不可能）的；为了自我发展和完善，对人身体、功能的某些部分进行技术性的改造也不等于把生命沦为工具。问题是，这种改造，无论是在质上还是在量上，有没有一个限度；如果有，那么在哪里；今天改换一个器官，明天增添一种功能……如此持续下去，到什么时候，我们就会不再是"人"。个体失去了自我同一性——如果一个人的身体或心理功能主要部分由技术产品来执行或支持，那他仍是完全意义上的人吗？在什么意义上，他仍是他自己？

而从主观方面说，人类没有具备随自己的意愿组合、设计生命体和控制自身进化的能力。一方面，科学没有提供这样的能力。从上文的分析我们可以看到，部分的、局部的控制是可能的，但是，像人类进化这样的历史过程，是不可能完全由人类自己来控制的。另一方面，"随自己的意愿"也是令人怀疑的。"后人类"仅仅是幻想而已（而且可能不是一个美好的乌托邦。试想，由"人工人"来统治一个"人工世界"）。

2. 支撑后人类主义这一主张的，是所谓"对没有任何限制的永恒进步的未来的价值追求"

后人类主义者宣称，这"是一种启蒙的价值观"，即彻底贯彻启蒙精神，赞同以理性、和谐、进步和有价值的美好生活为目的。其要旨是"肯定无限扩张"和"对限制的永恒超越"。[①] 马克斯·莫尔说，"后人类主义提供一种乐观的、至关重要的和动态的生活哲学。我们以激动和欢快的心情看待无限增长和无限可能的生活"，"肯定无限扩张、自我转化、动态的乐观主义、智能技术和天然次序的价值"。[②]

---

① 〔美〕马克斯·莫尔：《超人类主义——一种走向未来的哲学》，载曹荣湘选编《后人类文化》，上海三联书店，2004，第71页。

② 〔美〕马克斯·莫尔：《超人类主义——一种走向未来的哲学》，载曹荣湘选编《后人类文化》，上海三联书店，2004，第72页。

进步是启蒙时期的一个基本理念，是近代社会的驱动力。特别是到了19 世纪，科学技术和工业的蓬勃发展，进化论的出现，都使得进步成为占统治地位的意识形态。虽然在今天，随着现代性批判的深入，这一意识形态也不免遭到质疑，但不争的事实是：对自然力量的认识在增长，自然力为人类利益服务的能力也在增长；日常福利、自由和自我实现的机会的增多；经济、社会文化的繁荣；等等。"相应的进步是如此压倒一切，谁否认它，谁就显得荒唐可笑。"① 然而，即使是好的，就可以无限、无度吗？

对什么是启蒙精神以及其对今日的意义，人们有各种不同的理解，这里不拟予以评析。但无论如何，理性的批判精神应当是启蒙运动的精华所在。福柯在分析康德论启蒙的名言"要有使用你的理性的勇气和胆量"时指出，批判就是揭示可能性和限度，即明确哪些是我们能够超越的界限。他说："我不知道今天是否应该说批判的工作包含着对启蒙的信念。我认为，这种批判工作必须对我们的界限做研究，即，它是一种赋予对自由的渴望以形式的耐心的劳作。"② 批判就是要揭示可能性，打破界限，但同时也是在划定界限——哪些是我们不能逾越的。

"度"是实践活动合理性的最重要的原则之一。古希腊的亚里士多德讲"中道"，中国古代的儒家讲"中庸之道"，强调的都是对"度"的把握。"无限扩张""无限增长""无限可能"宣扬的都是"无度"。它显示出来的至多是热情，而非理智。超出了"度"，必然会走向自身的反面。

这里也涉及自由问题。一些后人类主义者认为，增强的目的是扩展人的自由：打破限制，成为自身的主人。实现人类的人工进化，就是要把对未来决定权控制在自己的手里，而把决定权交给自然就是用运气支配人的自主权。决定是否增强是个体或人类的自由。一些并不赞同后人类主义的作者也认为，"个人自由"是最高的价值导向，人类有追求卓越的自由和权利，这是任何理由都不可阻挡的。

确实，自由是人类追求的最高价值之一。但自由不是任意的，不等于打破一切限制、界限，也不是听任欲望的驱动。人作为生物具有感官需求

---

① 〔德〕奥特弗利德·赫费：《作为现代化之代价的道德——应用伦理学前沿问题研究》，邓安庆、朱更生译，上海译文出版社，2005，第 213 页。
② 杜小真选编《福柯集》，上海远东出版社，1998，第 543 页。

与利益需要。启蒙精神在高扬自主性的同时，也充分肯定了争取个人幸福的权利。但自由不应完全置于欲望的支配之下。人的需求有高级低级之分，并非所有的欲求都是合理的，也并非所有能够做的都是应当做的。在把价值定义为"对需要的满足"时，人们区分了欲望与需要。被欲念和热情支配的人，恰恰不是自由的人。而且，单纯的由感官或欲望驱动的行为本身是不顾及条件和后果的。柏拉图和亚里士多德认为自由是理性所支配的，康德把实践意义上的自由看作与他律相对立的意志自律，这些都是有道理的，尽管他们过分地强调了理性对感性的压制。

何况，人的欲望可以是无尽无休的，今天科学技术的发展为满足人们的欲求提供了越来越多的手段，每一次欲望、需求的满足都会带来新的欲求。这一欲求—满足的相互刺激的循环带来了物质文明的进步，同时也造成了一系列现代性危机。

此外，在这里，已经不能单纯从个体的层面来考虑自由问题。人工进化涉及的是人类的存在和发展。很多增强手段的选择都不只是个人自由选择的问题，在它之上，还有人类的繁荣，对社会、他人的影响（例如竞争的公平），以及社会的可接受性问题。"追求自己的卓越和自我完善"并非压倒一切的自由和权利。这些都给"无限扩张"以不同程度的限制。放任技术完全自由地发展和放任我们的欲望完全自由地发展，不仅是对世界不负责任的态度，而且是对人类自身不负责任的态度。

后人类主义这种对没有任何限制的永恒进步的追求，是建立在对高技术的片面理解和无限信仰之上的。

确实，今天科学技术的发展使得人类获得了空前的能力并拥有了更为辉煌的前景——几乎是打开了一个"无所不能"的时代。然而，由掌握自然力而构成的"技术本身的能力"和我们对这种能力的使用是不同的。不能说，我们在伦理、法律和政策上对高新技术带来的自然和社会影响，已经有了足够的准备。特别是，我们仍然处于资本和市场起支配作用的时代，而"进行不受任何限制的获取"正是资本主义经济的特征。

高度发达的科学和技术的应用使得我们能够把越来越多的、范围越来越大的，也是越来越复杂的事物、过程和结果置于人类的掌控之下。但是，其条件是分离、分割——把对象从环境中隔离出来，把诸要素分割开来，以及把不确定性限制在一定范围内。或许可以说，"实现完全人工的控制"

只可能是局部的、有限的，尽管范围可以越来越大。高新技术嵌入社会和把人工制造的生物产品投入自然循环，其中有很多的相互作用和长远后果是我们不可能预知的。然而按照后人类主义者和一些人的设想，NBIC 等高新技术发展将使人类把整个自然界和人类的进化都控制在自己手中。这显然是不可能的。

这种对技术——实际上也是对人类力量——的过高估计，还表现在总是试图把技术能够带来的好处与风险、副作用完全分开，或是简单地以为"技术带来的问题，总能用技术手段解决"。然而，"创新几乎永远有阴影相随，有后果负担"。从本质上说，这种观念实际上是希望去除固有的矛盾，"其是超越了一种技术文明的能力……人未把自己带入实存"。①

这不意味着我们应该放弃发展高新技术，相反，我们需要一种审慎的和负责任的态度。

这里的审慎不同于尤纳斯所提出的含义。尤纳斯强调的"审慎"是基于对人类所掌握的巨大的科学技术力量的恐惧，它阻碍了技术的发展和创新。而我们所说的审慎，是愿意正确自我估计技术促成的力量，使自己的行为保持在一个合理的"度"的范围内。它赞同自身可能性的界限，抵制那种不受限制的狂热的权利，但不因此放弃自我发展和自我完善的努力与自主地建造家园的权利，鼓励创造，包括科学技术的创新。这也意味着，避免"强迫欲"与"单纯的顺从"两种未经反思的选择，寻求一种新的人与自然、人与技术的关系。"应该发展一种新型的意义能力，那种未来能力是对新的，使其他意义远景保持开放的能力。"② 尤其是和风险一起生活的能力。

这是一种实践的思维方式，它也贯穿在对伦理问题的解决中。

三

人类增强技术的研发和应用在全球范围内的兴起，在给人类带来无限发展可能的同时，也引发了一系列的伦理、法律问题，其中有一些是对人

---

① 〔德〕奥特弗利德·赫费：《作为现代化之代价的道德——应用伦理学前沿问题研究》，邓安庆、朱更生译，上海译文出版社，2005，第134页。

② 〔德〕奥特弗利德·赫费：《作为现代化之代价的道德——应用伦理学前沿问题研究》，邓安庆、朱更生译，上海译文出版社，2005，第130页。

的价值与意义以及人性的一种颠覆性革命，引起了广泛的争议。①

在面对技术增强的伦理原则的争论中，人们明显表现出两种立场：技术进步主义者持乐观主义态度，而技术保守主义者过于谨慎。科学技术专家和人文学者也往往表现出各自的局限。科学技术专家一方面主要从专业角度出发，为专门化的目的而寻求技术，其所希望的特性虽然以极高效率实现，但往往有损于其他特性或整体性；另一方面他们也更多的是从技术的可行性出发考虑问题。而人文学者同样会有自己的局限性或偏见：他们往往不是从具体情境出发，而是从不变的、理想化的原则出发，其意见更多带有抽象的性质。而且，他们的长处在于批判，其意见往往是适合于做社会的"清醒剂"，却非"治世良药"（如海德格尔关于技术的"座架"思想不可谓不深刻，却不能给问题以解决的出路，带有浓厚的悲观主义色彩，其片面性、局限性也是明显的）。

这些极端的思维方式都不利于新技术的发展，也不利于控制其对人类生存的潜在威胁。

美国著名生命伦理学家比彻姆（Tom Bcauchamp）和丘卓斯（James Childress）提出生命伦理学的四项基本原则：不伤害、有利、尊重自主和公正。一般说来，这四项原则也适用于人类增强，但不足以应对 NBIC 带来的复杂局势。一些传统伦理学理论，如功利主义、义务论等，如何应用于这些全新的情境，也是需要进一步研究的。

要应对 NBIC 带来的复杂伦理问题，需要新的思路和行动原则，需要一种实践的伦理学。

先是实践的行为方式和思考方式或者说实践判断。实践是"做事"，它面对的是未来，具有很强的不确定性，会发生诸价值相互抵牾或规范体系不完善的情境，或是尚不知道应当应用何种技术规则的情境。会聚技术的伦理学就是这样：它正在发展中，具有很强的不确定性，蕴藏着潜在的风险。

实践伦理学面对的是问题，其目标也是要解决问题。所以，实践伦理学不是对既有原则的搬用。在实践的类推、选择与权衡中，人们常常往返

---

① 陈万球、沈三博：《会聚技术的道德难题及其伦理对策》，《自然辩证法研究》2013 年第 8 期，第 45~50 页。

于对情境的把握和对原则的理解之间。也就是说，一端是理论、规范，以及我们的目的、需要，另一端是情境、条件、结果和可能的后果。已有的价值观念与合理性规范，只是人们行动与思考的出发点而不是其不变的尺度，人们需要在实践和理性反思中具象化它们，去应用、检验甚至修正它们。这种不断反馈到起点的"迭代"，是一个综合的、创造性的过程。[①] 它不仅能够很好地解决问题，也有效地避免了"科林格里奇困境"。

实践伦理学强调情境和具体性。也就是从实际出发，从问题出发，从具体情境、后果和可能后果出发，而非从固定不变的原则出发。实践的成效不仅依赖于我们做什么，更为重要的是，它依赖于行为背后的意义及其发生的时机、情境、条件等。对于增强的伦理问题的探讨，不能从抽象的概念出发，而是要针对不同的增强技术类型以及不同的增强对象进行具体问题具体分析。这里不仅要求对情境的深刻理解和正确阐释，而且要求伦理原则的具体化。伽达默尔说，对于实践理性来说，它的最重要的特点在于目的本身，"普适性"的东西是靠独一无二的东西获得其确定性的，任何普遍的、规范的意义只有在具体化中或通过具体化才能得到判定和决定，这样它才是正确的。[②]

这里必定要涉及需要处理多种冲突的关系，如义务冲突、价值冲突、利益冲突等，需要权衡，需要寻求适当的"度"。这就要求一种实践的判断力，包括从现有可能条件下发展出一种新的行动模式的能力，超越现实的局限而创造新条件的能力。

中国是发展中国家，发展包括纳米科学技术、生命科学技术、信息科学技术和脑科学技术等在内的高新技术是国家战略和重要任务。这是因为高新技术不仅是中国经济提质增效的根本支撑，不发展就会受制于人，而且发展高新技术是提高民族的素质、实现人民幸福和保障人的尊严强有力的需要。然而，在这些高新技术的研发和应用中，潜藏着对人类很大的，甚至其中有许多是我们尚不清楚的危害。因此，在操作层面上，我们需要的是积极而审慎的态度。这就要把安全问题摆在第一位（事实上，前述"转折点"所要求的伦理原则就是把安全放在最重要的地位）。安全问题不仅是

① 朱葆伟：《实践智慧与实践推理》，《马克思主义与现实》2013年第3期，第72~78页。
② 〔联邦德国〕伽达默尔：《科学时代的理性》，薛华等译，国际文化出版公司，1988，第72页。

一个科学问题，而且是一个价值选择问题。这里所说的安全是指：增强在技术上应该是成熟的、安全可靠的，无论何时、何人、何种理由，都不能利用其给任何人的身体、精神或者其他方面造成伤害。增强技术只有在副作用或不良反应降到最低且可以置于严格控制之下时，才可以被应用于人。从安全原则出发，要求科学家必须及时将有关人体增强的研究情况公之于众。在开发过程中，必须本着预防原则，制定切实可行的安全防范措施。在使用过程中，尊重使用者对风险的知情权和选择权。

在对增强技术的研发和应用的管理和控制中，我们应当实行有差别原则。也就是说，完全背离人类的增强技术必须禁止研发，例如以纳米技术为基础的、改变我们物种的增强技术应被禁止研发。对于兼具正负价值的增强技术必须限制研发。对于技术上成熟、伦理上能够接受的增强技术应当鼓励研发。差异原则应当是发展增强技术时人类必须把握的基本伦理原则。

在尚未充分发展的时期内，增强技术还将属于稀缺医疗资源，不可能人人都享有，因此，需要实行优先原则，即以治疗为目的增强的应用应当优先。优先考虑的不应是为健康人"锦上添花"，增强其额外的能力以满足他们的特殊偏好，而应该是为处于疾病折磨中的患者"雪中送炭"，不能与他们争夺医疗资源。

总之，人是理性的物类，必须戒律自己，为自己立法。利用技术增强道德的问题关系到人类的未来，需要充分考量法律的、伦理的和社会的诸多要素。维护人类利益，关注人的尊严，使技术增强的研究与应用在人类普遍认同的伦理框架内有序发展，是增强技术关注的出发点和归宿。

道德增强的自然主义困境及其可解性*

陈万球

自然主义历史悠久，但其影响一直持续到现代。道德增强借鉴自然主义思想资源提出一些与传统伦理学相抗衡的命题，这意味着它要面对传统伦理学未曾面对的严峻挑战，必须凛然直面并大胆回应这些新挑战，其才能在现代学术体系中站稳脚跟，否则关于道德增强技术的立场无论是在科学上还是哲学上，都是经不起推敲的。

一　道德增强的本质是道德自然主义

"自然主义"（naturalism）在理论上可以区分为本体论自然主义和方法论自然主义两种类别。本体论自然主义主张只有自然科学断言存在的事物才是真实存在的，超自然的事物是不存在的。方法论自然主义主张，只有自然科学方法才是认识事物的最可靠和最有效的方法。概言之，自然主义是崇尚科学理论和科学方法的哲学理论，是唯科学主义的。把自然主义的理论运用到伦理学领域就形成了"道德自然主义"。

"道德自然主义"基于自然科学原理和方法，从自然规律和人的自然本性中探寻人的行为动机和规律，从而建立起自身的道德哲学。"道德自然主义的核心观念仍然将道德现象视为自然世界的一部分，并用自然科学的方法加以解释。"① 道德自然主义根源于古代的自然主义哲学。从本体论上看，道德自然主义认为，道德的基础和本质是自然的，尊崇从自然事物的本质和规律中引申出人类社会的道德原则和道德规范。从认识论上看，道德自

---

* 本文发表于《中州学刊》2020 年第 12 期，收入本书时有修改。
① 刘隽：《道德自然主义面临的挑战与回应》，《世界哲学》2019 年第 5 期，第 148 页。

然主义大多承认自然的可知性，相信采用科学的经验方法，一定能够认识自然界本质规律。从方法论上看，道德自然主义大多主张还原论，认为道德属性可以直接还原为自然属性。

道德自然主义有其鲜明的理论优点。一方面，道德自然主义把道德研究建立在自然科学基础之上，尝试在道德与科学之间构建一种必然的联系，开启了道德科学化的历程，在某种程度上恢复了古代"知识即美德"的传统。因为道德现象是自然现象，人们对道德的驾驭更加轻松自如。另一方面，对道德问题的解决更加仰仗和依赖科学进步和科学方法，其相信通过科学方法可以解决更多道德问题。①

随着自然科学的进步，道德自然主义在实践中演化成多种形式。"道德物理主义"是道德自然主义的一个典型的子类，是"现时代占统治地位的世界观"。②"道德物理主义"是从物理上寻找道德的起源和本质，把道德现象和道德行为归结为"物理的"属性。随附性是所有物理主义的共同承诺，是物理主义最简单、最核心的思想，即"世界上的一切要么是物理的，要么随附于（依赖于、决定于）物理的东西"。③ 换言之，除了物理的存在之外，什么也没有。物理主义是真实的，世界（包括人）完全是由物理学所认可的实在所构成的。人的身体是一个物理-化学系统，其所有变化都可用物理-化学术语来解释，人身上的所有属性也都可用物理-化学术语来解释，如心理现象、社会现象、道德现象也是物理的。正是在这个意义上，当代伦理学的科学论证从一开始就蕴含着浓郁的物理主义特征，使得道德发展打上了实证性科学的烙印。随着化学科学的大发展，人们尝试用化学来解释道德现象，因而就形成了"道德化学主义"。以此类推，有"道德达尔文主义""道德生物医学主义"等。"道德生物医学主义"就是道德增强。

道德增强最早由牛津大学教授朱利安·赛沃莱思库（Julian Savulescu）和瑞典哥德堡大学教授英格玛·佩尔森（Ingmar Persson）等人提出。在赛沃莱思库和佩尔森看来，一方面当代科学技术的长足发展使人们获得了毁灭性的技术力量；另一方面道德的自然进化缓慢，跟不上技术迅猛发展的

① 刘隽：《道德自然主义面临的挑战与回应》，《世界哲学》2019 年第 5 期，第 148 页。
② Gillett, Carl, & Loewer, Barry, *Physicalism and Its Discontent* (Cambridge University Press, 2001).
③ 高新民、胡嵩：《物理主义两大疑难探原》，《哲学动态》2020 年第 1 期，第 109 页。

步伐。因此，必须寻找道德进步的新途径和新思路，用生物医学手段加速道德的进步，以克服目前人类面临的灾难性难题，如生态问题、种族歧视甚至恐怖主义等。道德增强的重要贡献是引发了学术界对道德自然主义的思考。①

可见，道德增强与传统自然主义一脉相承，从本质上看，道德增强就是道德自然主义，但道德增强不是道德自然主义简单的翻版，而是对其进行了严格的修正。

二 道德增强对道德自然主义的修正

近代以来，道德自然主义学术殿堂非常热闹和繁盛，究其原因在于以下方面。一是，自然科学的飞速发展及其强大的解释力，坚定了人们用自然科学的成果和方法解释一切的信心，导致了科学主义的出现和盛行。人们看到自然科学无比巨大的解释力和实践价值，于是认为科学是至高无上的，是最权威的终极解释理论，高于对生活的一切其他类型的诠释；认为科学不仅能解决自然界的问题，而且能够解决一切社会问题。因此各种形式的自然主义从科学主义中衍生。二是，"物理完全性"信念或原则。其从理论上说，物理的东西或根源于物理的东西就是世界的全部，世界完完全全是物理的。三是，与上所述密不可分的是，道德自然主义相信因果封闭性。所谓因果封闭性是指世界上的确存在着因果作用，但因果作用完全封闭于物理事物之内，即只有物理的东西才有因果作用。

道德自然主义的解释有其合理性和科学性。② 尽管如此，道德自然主义依然遮蔽不了理论和实践上的不足。对此，一些学者指出：道德自然主义是虚妄的，它存在诸多的软肋与麻烦。③ 一是忽视道德社会性本质，把道德现象视为自然现象。道德自然主义一般否认道德的社会性，反对以自然科学以外的视角分析自然现象和社会现象。但道德现象不应等同于自然现象，道德理论也不应等同于自然科学理论，两者无论是在内容上还是方法上都不尽相同。我们无须为了承认道德现象与自然物理现象的联系，就一定要

① 叶岸滔：《道德增强：伦理困境与自然主义思考》，《学术月刊》2017年第3期，第40页。
② 高新民、胡嵩：《物理主义两大疑难探原》，《哲学动态》2020年第1期，第108页。
③ 高新民、胡嵩：《物理主义两大疑难探原》，《哲学动态》2020年第1期，第112页。

将道德事件还原为或等同于自然物理事件。二是混淆了事实和价值之间的关系，导致产生休谟所批判的"自然主义谬误"，即在道德现象与自然现象之间建立起一种并不充分的因果联系。事实上，"oughts"不能等同于"is"或者说，实然不能推出应然。三是还原论的错误，把复杂的现象还原成简单的事物，有损道德独立性和开放性。正如希拉里·普特南（Hilary Putnam）指出的那样："我们的心理状态……不可能等同于任何物理或化学状态。"① 叶岸滔也指出"这种做法最终会把道德的基本要素排除在外，容易导致道德问题简单化和个体化。"② 摩尔认为，所有用非道德术语描述道德属性的尝试都会失败，因为任何道德问题，都是开放式问题，但是自然科学问题却是封闭式的，所以开放式的问题不能用自然方法来讨论。四是思想上的偏狭性。道德自然主义认为，合理性只能是科学的合理性，客观性只能是科学的客观性，其他不具有这种合理性和客观性的学科都是主观的，这种浓郁的科学主义情结显而易见，这种理解在希拉里·普特南看来"是偏狭的"。鉴于道德自然主义存在上述诸多的问题，道德增强在理论和实践中对其进行了修正和补充。

承认道德的自然属性决定论的基础之上，并不排斥道德的社会属性。道德自然主义存在两种形式：一种是从自然界寻求道德的本原，不承认自然之外存在道德的本质；另一种是从人本身的自然生理、心理属性甚至是人脑中寻找道德的基础和本原。不管哪种形式的道德自然主义均忽视了道德社会性本质，把道德现象视为自然现象。在道德属性问题的认识上，道德自然主义犯了一个致命的错误：这就是忽略道德问题的复杂性。把道德现象简单地归结为科学现象，把道德问题归因于个体生物学原因，排斥道德的宗教、文化和历史因素。③ 与此不同，道德增强支持者承认道德在自然性本质外，也有社会属性特点。道德增强支持者认为，道德的社会化途径是存在的，文化背景和传统教育可以成就一个具有伟大德性的人。

折中主义。道德自然主义主张，科学是至高无上的，自然科学知识才是真知识，是最权威的终极解释理论，自然科学方法才是真方法，高于对

---

① Putnam, Hilary, *Mind, Language and Reality: Philosophical Papers Vol. 2* (Cambridge: Cambridge University Press, 1975), p. 293.

② 叶岸滔：《道德增强：伦理困境与自然主义思考》，《学术月刊》2017 年第 3 期，第 47 页。

③ 叶岸滔：《道德增强：伦理困境与自然主义思考》，《学术月刊》2017 年第 3 期，第 47 页。

生活的一切其他类型的诠释。换言之，道德自然主义在理论基础，尤其是方法论上是封闭的、排他的。道德增强论认为，自然科学存在局限，其解释力是相对的。在方法论上，道德增强论强调自然科学方法是道德增强的根本方法，但传统的教育方法对增强也有一定作用。佩尔森和赛沃莱思库认可社会的、文化的和制度性的方式，以及综合理性的重要性。他们认为道德增强不是由生物医学方式单独完成的，传统的道德教育也发挥着积极作用。"生物医学道德增强不是唯一的'灵丹妙药'，而是在包括文化、社会方式等增强的综合路径中可以发挥作用的一种。"①

"非完全性"的信念和原则，即用"非完全性"的原则克服道德自然主义的"物理完全性"。道德自然主义坚持：全部自然科学具有完全性，即可以完全无遗地认识和把握全部世界或世界上的一切。实际上，这是一种作茧自缚、画地为牢的主张。道德增强论并非主张"技术包打天下"，也不认为科学技术是解决现实问题的唯一良方。运用技术增强，并非对"所有"道德情感进行调节，而是只针对"某些"情感，也并非毫无目的地"随意"调节，而是要使人们具有"更好的"道德动机从而做出"更道德"的行为。根据道格拉斯的理论，调节"某些"情感主要是：①对特定种族的强烈反感和暴力侵犯冲动情感（the impulse towards violent aggression），这是需要通过技术"弱化"的；②某些核心道德情感（the core of moral dispositions），如利他和公平正义情感，这是需要通过技术"增强"的。佩尔森和赛沃莱思库明确指出责任心、意志力、勇气、节制等美德不是生物医学道德增强调节的内容。

道德增强对道德自然主义的修正还远不止这些。随着道德增强理论的深入发展和完善，其对道德自然主义的修正也将日益深化。

三 道德增强与传统伦理学的冲突

人类正在开创一个用技术控制道德的新时代。道德增强技术的发展及其应用，彻底颠覆了人们对传统道德的认知，对传统伦理学发起了严峻的挑战。

---

① Persson, Ingmar, & Savulescu, Julian, "Moral Hard-wiring and Moral Enhancement," *Bioethics* 4 (2017): 286-295.

1. 动摇传统道德论基础

道德的根源问题是伦理学派建立各自理论体系的逻辑起点，也是各派伦理学存在合法性的基础。道德神本论把道德的根源归结为神的启示，由此建立系统庞大的神学伦理学体系。经院哲学家托马斯指出，世界上有两种律法：神法与自然法。自然法即社会规则，它起源于神法，是"神的荣光在我们身上留下的痕迹"。[①] 道德人本论从人性中寻找道德根源，即从人的理性、感性或情感中寻找道德的本质和基础，由此衍生理性主义、感性主义和情感主义伦理学体系。与神本论和人本论不同，道德增强强调社会道德情感根源于人的生理、心理活动，是脑神经的外化活动。表面上看，道德增强是传统的情感主义伦理学，其实不然。道德增强只是借用了"情感"一词，它把道德情感归结为生理心理和人脑的机能。也就是说，道德增强论把道德归结于生理心理的现象，并且主张通过药物等技术改变生理心理以及刺激大脑结构和功能，从而达到改变人的道德行为的目标。道德增强也撼动了理性主义伦理学基础。传统理性主义把道德看作人的理性的结果，人为自己立法。在理性主义看来，人类的道德情感和道德行为可能具有一定的生物学基础，但不能就据此否定了道德的社会性。因而，道德增强忽视了道德的社会背景，将道德当成工具理性肆意摆弄的物品，[②] 抽离了道德文化背景和社会意义，使道德问题陷入个体化和简单化的困境之中。

2. 道德神圣性的失落

道德的至上性是传统伦理学一贯的主张。斯多葛学派骨子里充盈着对人性的尊严和道德神圣性的肯定。斯多葛学派的道德自足之说在康德那里得到了印证：有两种东西，我对它们的思考越是深沉和持久，它们在我心灵中唤起的惊奇和敬畏就会日新月异，不断增长，这就是我头上的星空和心中的道德定律。康德还指出，尊严比普通所理解的事物的价值更高，尊严超越一切价值，没有等价物可以代替。同时，道德是自然的道德，不是人为的道德。人和人的道德世界是"上帝赐予"，神圣不可侵犯。人类对待这种"上帝赐予"应该要有足够的尊重和敬畏。人的行动应该要有一定的

---

① 《阿奎那政治著作选》，马清槐译，商务印书馆，1963，第 107 页。

② Ehni, Hans-Joerg, & Aurenque, D., "On Moral Enhancement from a Habermasian Perspective," *Cambridge Quarterly of Healthc Ethics* 2(2012): 223-234.

限度，不可逾越。但是，道德增强对道德进行改造，把道德变成工具理性的对象随意进行修正，这就降低了道德的神圣性，成了一种扮演上帝的行为，使道德意义世界坍塌，让道德的神圣性跌落。

3. 对人的意志自由的僭越

自由的本质，自由与道德责任的承担，是传统伦理学关于自由问题的基本论域。对此问题的不同回答形成了自由意志论和决定论的分野。自由意志论认为，人们的意志或行为是没有原因的，无法解释的，换言之，是完全自由的。因此，人们必须对自己的行为负全部责任。亚里士多德说："我们能说'不'的地方，也能说'是'。"[1] 可见，他认为人们的意志和行为是充分的自由的。康德在突出人的理性的同时突出了人的自由本质，甚至把人的本质定义为自由，认为人格"就是摆脱了全部自然机械作用的自由和独立"。[2] 他又把自由与道德联系起来，说"自由是道德法则存在的理由"，[3] 因为只有人是自由的，才能要求他负道德责任。近代以来，自由意志论与存在主义相联系，形成了强大的思想潮流。决定论则认为，人们的一切选择和行为，无不是由外部的原因所造成的、所决定的，人并不具有自由意志，因此不能要求他们对自己的行为负全部责任。道德增强就是一种典型的决定论，其认为人的生物本能和规律控制着人们的行为和动机，所以人们并不具有自由意志，也就无须承担道德责任。对此，反增强派进行了有力的反驳：道德增强剥夺了人的"作恶的自由"，生物道德增强侵犯行动自由、意志自由和思想自由。[4]

4. 对美德伦理学的否定

"德性"是美德伦理学根本性的概念。在古希腊，"德性"最初用法是指武士的高贵行为，后来泛指包括人在内的一切事物拥有的优点。德性靠教育和社会实践形成是美德伦理学的基本论点。智者派认为德性不是人天生具备的，不是自发而来的，是通过人们苦心的学习，通过别人的传授而来的。普罗塔戈拉用神话方式说明道德、政治都是人们社会生活的产物。

---

① 周辅成编《西方伦理学名著选辑》上卷，商务印书馆，1964，第306页。
② 〔德〕康德：《实践理性批判》，关文运译，商务印书馆，1960，第89页。
③ 〔德〕康德：《实践理性批判》，关文运译，商务印书馆，1960，第2页。
④ Bublitz, Christoph, "Moral Enhancement and Mental Freedom," Journal of Applied Philosophy 1 (2015): 88–106.

他从中证明人性本善，人人都有德性。德谟克利特把教育看作创造人的第二本性的巨大力量。① 亚里士多德认为，德性分为理智德性和伦理德性。理智德性由教导生成；伦理德性由风俗习惯沿袭而来。只有建造房屋才能成为建筑师；只有弹奏竖琴才能成为操琴手。同样，要具有公正的德性，就必须做公正的事；要具有节制的德性，就必须做出节制的行为。斯多葛学派也主张，德性是人世间唯一值得追求的东西，它本质上是自足的。"如果道德上的提高就像服用一颗药丸或给新生儿接种疫苗一样简单，那就太好了。但人类道德心理的个体和神经心理复杂性表明，道德提升没有捷径可走。"② 然而道德增强论改写了美德伦理学传统，绕开了德性的实现必须通过教育、社会实践的努力等环节，认为德性是可以通过技术增强来拥有的，德性不需要用理性来控制感性的欲望，更不需要像犬儒学派那样，"忍耐、忍耐、再忍耐，克制、克制、再克制"，德性和德行可以"不劳而获"。但用亚里士多德的说法来看，技术化的德性，就不是一种"真正的德性"。

四　应对道德增强之困的可解性策略

道德增强的诉求及其引发的挑战，使伦理学面临一系列新的问题。伦理学如果要在现代学术谱系中真正站稳脚跟，就必须有力回应其挑战。

第一，开放主义策略。道德增强论自提出之后，支持派和反对派聚讼是非，不绝于耳。支持者认为道德增强是对传统伦理学的突破与创新，必将推动人类道德的巨大进步。反对派主张道德增强会严重干扰人类复杂的道德心理，道德进步没有捷径可走，应当继续使用传统的道德增强方式。③ 两派观点各有偏颇。我们认为：生物医学道德增强与传统道德增强可以兼容，并行不悖，其主要的理由在于科学化的趋势是不可阻挡的，伦理学吸收自然科学成果是促进其发展的大趋势。现有科学研究证明，道德与自然科学之间存在密切关系。自然科学的发展能从不同侧面揭示人类道德现象

① 周辅成编《西方伦理学名著选辑》上卷，商务印书馆，1964，第73页。
② Zarpentine, C., "The Thorny and Arduous Path of Moral Progress: Moral Psychology and Moral Enhancement," *Neuroethics* 1(2012): 141-153.
③ Zarpentine, C., "The Thorny and Arduous Path of Moral Progress: Moral Psychology and Moral Enhancement," *Neuroethics* 1(2012): 141-153.

的科学根源。① 如果伦理学忽略甚至排斥自然科学，必然会使道德研究与现代科学相脱离，无法令人信服地回答人类道德的起源和发展，无法揭示道德判断背后起支配作用的因素。为了克服非自然主义保守的局限，我们应当坚持开放主义策略，倡导继承与创新的统一。一方面，依然要固守传统伦理学的长期以来积淀的深厚的优秀传统，另一方面，要与时俱进和创新发展，对现代自然科学的强大解释力和有效性予以承认，以谨慎的乐观和包容心态迎接道德增强时代的到来。生物医学道德增强与传统道德增强方式各有利弊，应该互相兼容、共同推动伦理学的兴盛和繁荣。

第二，归谬主义策略。进一步揭示道德增强在理论上、内容上和方法上的错误和漏洞，诉诸或援引既有的道德哲学资源，捍卫道德现象与道德活动的独特性及其不可还原性，进而为道德作为人类所特有的一种精神现象，确认其存在论空间与理论合法性地位。在这个过程中，我们当然无须彻底否定道德增强的实在性与经验性，而只需证明这种实在性与经验性的限度即可。毕竟，经历现代自然科学洗礼并做出相关回应之后的伦理学，不再是也不必只是一种奠基于古代道德知识的伦理理论。相反，它可以在现代自然哲学内部发现同盟军。在这个意义上，坚持现代方向但又规避其中的偏激之处，才是伦理学在现代社会的存在与发展之道。

第三，均衡主义策略。把辩证理性作为建构道德体系的工具和手段，将伦理学建立在知识学的基础上，从人的辩证理性中演绎出伦理原则，这些是自苏格拉底以来西方伦理学的优良传统。辩证理性主义的传统对于现代伦理学的构建仍然是极其宝贵的资源，亦是我们回应道德增强挑战的主要策略之一。对道德客观性的认识可以采用一种与自然科学全然不同的方式，即 J. 罗尔斯所提出的"反思的均衡"。这样建构起来的关于人们道德行为的基本准则中的辩证理性主义将超越自然主义和物理主义的局限，并根除道德增强对道德的简单化的操作，为道德进步提供更多更新的解释论框架。现代西方伦理学中的各种道德增强派别，实际上无法真正解决西方社会面临的严重道德危机。社会道德问题的最终解答还得要诉诸人类的辩证理性来发扬，即在承认人自然属性的基础上把握人的社会属性的发展规律，在自然科学的成就与道德人文主义之间找到均衡。道德均衡主义不同

---

① 叶峰：《为什么相信自然主义及物理主义》，《哲学评论》2012 年第 1 期，第 1~66 页。

于道德折中主义，道德折中主义主张道德自然属性本质，道德均衡主义坚持马克思历史唯物主义立场，主张道德社会属性本质。同时，道德均衡主义强调相互关系的动态性、渗透性和主动性，而不是折中主义的孤立性和被动性。

第四，追寻主义策略。麦金太尔的《追寻美德：道德理论研究》蕴含一种重要方法，即"辩证叙事探究"，其主张道德研究不仅是理论探究，而且是实践研究，不仅是哲学探究，而且是生活探究。这种方法确认了理论研究和生活研究具有同等重要的作用。道德增强应采取辩证叙事探究的追寻方法：一方面，期待着理论研究上的拓新发展，继续加强对道德增强问题的理论研究，厘清道德与技术、自由与责任、决定论与非决定论等概念的辩证关系，拓展问题研究的深度与广度；另一方面，还需要加强道德增强的临床试验和实证研究，回答什么道德增强技术应该被探索和应用，以及技术应用的前景、政策建议等问题，以期获得最佳途径和效果。目前，道德增强的科学研究依然处于起步阶段，对很多问题的研究仍然处于一种初级认识阶段，更多的问题等待科学家与伦理学家携手合作予以科学解答。

附录八

化学技术在人类道德增强中的作用析论[*]

陈万球

化学与道德，是人类把握世界的两种方式，其普遍基础是人类精神与理性，两者都追求真善美的共同价值。在化学的历史发展中，处处体现出求真与臻善的辩证统一。在化学家和哲学家创造性的劳动中，化学技术与人类道德理性水乳交融、和谐相生。从这个意义上说，化学是打开人类道德进化的一本书，化学进化史也是人类道德增强史。

一　传统化学技术在人类道德增强中的双向作用

"用进废退"最早由法国生物学家拉马克提出。他在《动物哲学》中系统地阐述了被称为"拉马克学说"的两个重要法则：用进废退与获得性遗传。随着传统化学技术对道德的渐次侵入，人类道德发展出现了"拉马克式"的演进逻辑，即在化学与道德互动的历史进程中，人类道德发展经历了正向增强与反向进化两种情形。"正向增强"是指化学技术干预下道德的发展，从性质上看是正面的、积极的；"反向进化"是指化学技术延缓甚至降低了道德水平，从性质上讲是负面的、消极的。两种相反性质的作用演绎了传统化学技术嵌入道德的曲折过程。

化学是"研究物体由于量的构成的变化而发生的质变的科学"。① 作为人类把握世界的一种独特方式，化学技术萌芽时间很早。中国古代酿酒、冶铁、陶瓷、丝麻植物染色、造纸术等化工技术，远超同时期世界其他各国，加速了人类文明的发展进程。在古希腊，哲学家德谟克利特认为原子

---

*　本文发表于《伦理学研究》2021年第5期，收入本书时有修改。

① 《马克思恩格斯选集》第三卷，中共中央马克思恩格斯列宁斯大林著作编译局编译，人民出版社，2012，第905页。

和虚空构成了世界的本原。苏格拉底提出"知识即美德",认为知识和技术造就了人的德性。亚里士多德提出"四元素说",认为火、气、水、土这四元素构成了统一世界,而自然按其本性不会自动生产铜像。所以,人类需要借助技艺改造自然物生成人工物以满足人类需要。同时,"每种技艺,每种科学,以及每种经过考虑的行为或志趣,都是以某种善为其目的的"。① 化学作为"制作的技艺科学"也是以某种善为目的的。可以说,化学技术从一开始产生就是以追求人类福祉为目的的。

化学是社会发展的巨大推动力量。火的使用代表了人类化学实践的探索。在人类进化的历史上,有三个重大事件改变了我们的物种,也改变了人类进化的方向,即人的直立行走,它使人与猿最终分离;人类文字的使用,它使人类开始使用表意的符号语言;火的使用,它使人能摄入异体蛋白,最终完成脑的进化。火,使人从灵长类动物进化成人,并形成人类社会。人类有意识的化学探索活动是从炼丹术开始的。恩格斯说:"化学以炼金术的原始形式出现了。"② 炼丹术是炼金术的原初形式,也是古代化学发展的最高形式。炼丹术包括外丹和内丹。外丹以天然矿物石药为原料烧炼而成。内丹是通过内炼以求养生、延年、长生、久视的一种修养方式,所谓"服金者寿如金,服玉者寿如玉"。炼丹术作为古人的一种化学实验,神秘而荒诞。据《新唐书》记载,唐高宗曾经召方士百余人"化黄金制丹"。在漫长的历史进程中,伴随朝代的更迭与兴衰,炼丹术留下了深远的影响:一方面促进了火药、冶炼技术、外科用药的发展,另一方面宣扬了唯心主义价值观。人的一生或波澜壮阔,或惊心动魄,或儿女情长,或悲欢离合,最终都会成为过去。③ 求仙问药和炼丹术影响了人生观的形成发展:道士炼丹内外兼修,皇帝服丹醉生梦死。盛唐炼丹、服丹盛行,死伤不计其数,其荒诞性可见一斑。可见,炼丹术对中国古代形成正确的人生道德价值观起了"反向进化"作用。

历史上,传统化学技术对道德增强更多的是发挥"正向增强"的作用。

---

① 周辅成编《西方伦理学名著选辑》上卷,商务印书馆,1964,第281页。
② 《马克思恩格斯选集》第三卷,中共中央马克思恩格斯列宁斯大林著作编译局编译,人民出版社,2012,第865页。
③ 陈翰苑、吴新颖:《论人生的三个维度》,《云梦学刊》2019年第3期,第67页。

恩格斯说，"波义耳使化学确立为科学"。^① "科学的产生和发展一开始就是由生产决定的。"^② 从最初的制陶、冶炼到本草药物、纸和火药的发明应用，从瓷器再到玻璃的制造使用等，可以看出化学的产生发展与人类社会生产活动是分不开的。从伦理视域看，化学技术在传统道德增强中的作用主要体现在通过改变劳动工具影响道德生长以及变革社会伦理秩序两个方面。

从改变劳动工具看，化学技术推动劳动工具革新，提高劳动效率，使更多更好的化工产品满足人类生产和生活的需要，为人类道德进步提供了良好的物质基础。科学是一种在历史上起推动作用的革命力量。工具"意味着人对自然界进行改造的反作用，意味着生产"。^③ 化学技术直接参与到生产活动中，促进生产力的飞跃，推动社会道德的进步。马克思和恩格斯认为，化学技术表征着人类对"自然力的征服，机器的采用，化学在工业和农业中的应用"，^④ 使得资产阶级创造了比过去一切世代创造的全部生产力还要多，还要大。被称为"药王"的唐代孙思邈在《丹经内伏硫磺法》中就记载了黑色火药的配方，指出了火药能迅速进行燃烧，大量生成高温燃气物质。黑色火药的发明首先被运用于军事。一部火药史就是半部战争史，火药在军事上主要用作爆破和子弹、炮弹的发射药。火药武器的制造反映了一个国家国力的提高，成为科技进步的显著体现。正如恩格斯所指出的：这种纯技术的进步，"它使整个作战方法发生了变革"，^⑤ 使社会迅速进入热兵器时代。但是，"火药和火器的采用决不是一种暴力行为，而是一种工业的，也就是经济的进步"。^⑥ 可见，火药的进步作用超出了军事领域。从民用看，火药等化学工业品的使用，极大地解放了社会生产力，使原来

---

① 《马克思恩格斯选集》第三卷，中共中央马克思恩格斯列宁斯大林著作编译局编译，人民出版社，2012，第 866 页。
② 《马克思恩格斯选集》第三卷，中共中央马克思恩格斯列宁斯大林著作编译局编译，人民出版社，2012，第 865 页。
③ 《马克思恩格斯选集》第三卷，中共中央马克思恩格斯列宁斯大林著作编译局编译，人民出版社，2012，第 859 页。
④ 《马克思恩格斯选集》第一卷，中共中央马克思恩格斯列宁斯大林著作编译局编译，人民出版社，2012，第 405 页。
⑤ 《马克思恩格斯选集》第三卷，中共中央马克思恩格斯列宁斯大林著作编译局编译，人民出版社，2012，第 547 页。
⑥ 《马克思恩格斯选集》第三卷，中共中央马克思恩格斯列宁斯大林著作编译局编译，人民出版社，2012，第 547 页。

主要依靠人力的劳作如开山修路、采矿等不再是一种"苦役"。相应地，人们的劳动时间随之缩短，劳动强度随之降低，产生了更多的闲暇时间，带来了经济收入的增加以及化学新产品的出现，人们对教育、娱乐、旅游等方面的需求量增加，从而导致精神生活方式发生变化，因之增强了道德主体的自豪感、自由感和幸福感。"吃是人生最高艺术"，化学合成的"味精"、"人造鸡蛋"、"试管牛肉"汉堡、人造鸡肉等的出现，改变了人们的食物观，使食物更加健康、安全和美味。[①]

从变革社会伦理秩序看，化学技术对道德增强的作用体现在改变道德观念、道德规范两方面。随着化学工业取得了巨大的发展，化学技术引发的社会问题日趋严重。汉斯·尤纳斯说："解放了的普罗米修斯正在呼唤一种能够通过自愿节制而使其权力不会导致人类灾难的伦理。现代技术所带来的福音已经走向其反面，已经成为灾难。"[②] 有害的食品添加剂、石油能源污染、剧毒农药等都是化学广泛使用所带来的问题，人们在警醒中产生了"反化学主义道德"。《寂静的春天》描述了杀虫剂 DDT 和化学品的滥用所引发的生态灾难，人类可能将面临一个没有鸟、蜜蜂、野鹿和蝴蝶的世界。之后，世界公众开始对二噁英、化学"三废"、农药、化肥、食品添加剂、合成药品等表示焦虑和厌恶，产生了"化学恐惧症"（chemophobia）。"反化学主义道德"和"化学恐惧症"一再警示人们，亟须构建一种以"绿色、安全、责任"为核心的化学工程伦理观。

从道德规范看，基于对化学工程的高污染、高风险的基本认识，人们制定了多层面的化学技术行为规范。在国际层面，1997 年，多个国家签署的《禁止化学武器公约》生效，即《关于禁止发展、生产、储存和使用化学武器及销毁此种武器的公约》，其中禁止的化学武器多达 17 种。公约的达成标志着人类朝着无化学武器世界的目标迈出了重要一步。在国家层面，为预防化学危险和化学品事故，加强环境保护，我国出台了《危险化学品安全管理条例》，国家安全监管总局出台了重点监管的《危险化工工艺目录》和重点监管的《危险化学品目录》，颁布了《危险化学品重大危险源监督管理暂行规定》。2011 年 6 月 5 日，工业和信息化部发布了化工行业标准

---

① 陈婧：《那些被科技改变的仿生食物》，《IT 经理世界》2014 年第 18 期，第 93 页。
② 李文潮、刘则渊等：《德国技术哲学研究》，辽宁人民出版社，2005，第 234 页。

《责任关怀实施准则》（HG/T 4184—2011），该标准列明了实施责任关怀的
12 项指导原则和 6 项实施准则。① 在行业内部，由于化学工程师在工程实践
中扮演着不可或缺的角色，一些化学工程师伦理准则纷纷出台。1908 年，
美国化学工程师学会（American Institute of Chemical Engineers，AIChE）建
立，并制定了章程。② 章程确立了学会的主要目标，包括提高化学工程师的
职业道德标准，改进化学工程的职业伦理教育等。③ 此外，美国制定了《化
学工程师伦理准则》，要求工程师要"对自己的行为负责，寻求和保留对自
己工作的批评性意见，对别人的工作提出客观的评论"。④

二　非传统化学技术在道德增强中的特殊作用

培养增强人类"善德"，弱化淘汰人类"恶德"是生命伦理学研究最关
注的问题之一。进入 21 世纪，西方国家生命伦理学界兴起一场所谓的"道
德革命"。人类面临着生化武器、核武器等大规模杀伤性武器、人为的气候
变化和环境恶化、全球经济不平等重大威胁，以及暴力犯罪、恐怖主义、
种族灭绝等世界性难题，传统的道德增强方法已经不能妥善地处理和解决
上述诸多难题。道德发展必须来一场"适者生存"的革命性变革，其主张
通过药物、非侵入性脑刺激、基因修饰及直接修饰人体生物属性的其他技
术来快速地增强人类道德。⑤ 由此开启了"非传统道德增强"理论研究与实
践操作的序幕。⑥ 目前，非传统道德增强技术正在西方一些国家系统性实
现。而化学作为一种"生物医学道德增强技术"，开始进入人们的视野。与
传统化学技术相比较，新兴的非传统化学技术具有其独特的作用。

从作用的理论基础看，非传统化学技术促进道德增强是建立在道德自
然主义的理论基础之上的。进入 19 世纪后，自然科学得到了迅速发展，由

---

① 李正风、丛杭青、王前等编著《工程伦理》，清华大学出版社，2016，第 214 页。
② 郑康妮：《美国化学工程师学会与化学工程学科的形成》，《工程研究-跨学科视野中的工程》2012 年第 4 期，第 405 页。
③ 郑康妮：《美国化学工程师学会与化学工程学科的形成》，《工程研究-跨学科视野中的工程》2012 年第 4 期，第 404~419 页。
④ 李正风、丛杭青、王前等编著《工程伦理》，清华大学出版社，2016，第 203 页。
⑤ Persson, I., & Savulescu, J., "Moral Hard-wiring and Moral Enhancement," *Bioethics* 4 (2017): 286-295.
⑥ 陈万球：《非传统道德增强的双重变导：生物医学中介与智能体引擎》，《武汉大学学报》（哲学社会科学版）2019 年第 4 期，第 32 页。

此伦理学家们也开始支持道德自然主义的主张。道德自然主义的核心理论是把道德问题看作自然现象，把道德问题的解决还原成用科学方法来解决问题。在道德自然主义看来，个体道德具有某种意义上的生物学基础，"道德就像我们从事其他事情一样，都以神经生物学为牢固的基础"。① 道德的形成和发生实际上能表现出一定的生物学依据。② 脑科学研究表明，道德判断在人脑中具有相应的发生机制。人类有三种情感型道德倾向，即安全道德（the Ethics of Security）、情绪卷入道德（the Ethics of Engagement）和想象道德（the Ethics of Imagination），其在人脑中都有相应的发生机理。③ 质言之，道德自然主义认为，人的道德行为具有生物化学的基础，个体的道德活动可以还原成生物化学过程，因而道德性情在某种程度上可以通过技术加以控制调节。④ 正如人体的任何动作，都对应着肌肉、骨骼、血液等肌体的机械作用，人的任何思想、情感，也对应着大脑中的物理化学变化。因此，道德增强可从化学药物干预、基因编辑、神经递质调节、激素调剂等方面入手。目前，持这种观点的学者主要有英国托马斯·道格拉斯、朱利安·赛沃莱思库以及瑞典英格玛·佩尔森等。

从作用的技术路线看，非传统化学技术促进道德增强主要通过化学药物嵌入方式增强道德。传统化学技术增强方式虽然也是为了塑造更好的人类，但技术外在于人体，技术与人的关系是"（技术）—（人）"，而非传统化学技术促进道德增强则是由外而内，技术内在于人体，技术与人的关系是"（技术—人）"。在实践中，非传统化学技术使用的常见药物，如普萘洛尔、催产素、二硫龙、托卡朋等都是基于化学方法合成的。普萘洛尔（Propranolol），分子式为 $C_{16}H_{21}NO_2$，可以减少隐性的种族歧视，产生较少功利性的判断。催产素（Oxytocin），分子式为 $C_{43}H_{66}N_{12}O_{12}S_2$，有助于增强信任、同情等亲社会态度。二硫龙（Disulfuram），机理是借由抑制乙醛脱氢酶进而阻断乙醇（酒精）的生成，并且造成患者再次吸收酒精时会产生不

① DeWaal, F., *Good Natured: The Origins of Right and Wrong in Humans and Other Animals* (Cambridge: Harvard University Press, 1996), p. 395.
② 叶岸滔:《道德增强：伦理困境与自然主义思考》,《学术月刊》2017 年第 3 期, 第 41 页。
③ Narvaez, D., "Triune Ethics: The Neurobiological Roots of our Multiple Moralities," *New Ideas in Psychology* 26(2008): 95–119.
④ Persson, I., & Savulescu, J., "The Perils of Cognitive Enhancement and the Urgent Imperative to Enhance the Moral Character of Humanity," *Journal of Applied Philosophy* 3(2008): 168.

舒服的反应。托卡朋（Tolcapone），分子式为 $C_{14}H_{11}NO_5$，实验结果表明，托卡朋可以驱使人们更加公平地分配金钱等社会资源。随着聚合技术的发展，未来化学技术将与信息技术、生物技术、纳米技术等汇聚在一起，更加有效地共同提升人类能力，包括更有效地提升道德能力和道德水平。

从作用的技术性质看，非传统化学技术促进道德增强亦具有正向进化和反向增强两种性质。正向进化主要是依靠化学药物强化人的道德动机，增强人的道德情感，使道德品质"好的更好"。例如上述普萘洛尔、催产素等药物，使用后使人具有公正、同情心、信任等亲社会态度和品性。反向增强是指通过化学技术抑制、剔除人的"恶的道德因子"从而实现增强的目的，如抗酗酒药物二硫龙、抗性欲药的使用。反向增强最为典型案例就是"化学阉割"。"化学阉割"的理论依据是：罪犯之所以行恶，是因为罪犯先天身体上存在有害"基因"，只有剔除这种有害基因，消除生理机能，斩断作恶行为的生理链条，才能最终制止犯罪。化学阉割的方法是通过对罪犯注射或让罪犯口服抗睾酮药物，降低睾酮的水平，使之失去性欲和性能力。实践表明，化学阉割本质上是治病救人，能够对性暴力侵犯者有积极疗效。但化学阉割没有想象中那么好。它会因此剥夺合法的性享受权利。[1] 毕竟犯罪成因很多，单纯寻找生理原因是难以奏效的。

从作用的技术效率看，非传统化学技术促进道德增强迅速而高效。传统道德教育增强对道德进化的作用是从个体开始的，通过改变人的道德认知，激发道德情感，即以所谓的"晓之以理，动之以情"的方式进行。其特点是致力于言传身教、耳濡目染、潜移默化，强调漫长的熏陶和浸润。在社会生活激荡不安的今天，这种方法无法快速有效地使人养成与现代科技及其塑造的生存环境相匹配的道德心理。而且传统的化学道德增强进展速度亦是缓慢的、低效的。然而在非传统道德增强中，化学技术的应用实现了人类道德增强作用"量的增长"和"质的飞跃"：新兴化学道德增强通过"短平快"的方式立竿见影。例如，吃上一片"道德丸"（morality pill），人们可能就会成为有道德、有修养的人。因此，非传统化学技术道德增强效率更高、速度更快。

---

① Persson, I., & Savulescu, J., "Getting Moral Enhancement Right: The Desirability of Moral Bioenhancement," *Bioethics* 3(2013): 124–131.

随着新技术革命的深入发展，从某种意义上说，道德被化学技术操控的可能性正在不断增长，化学技术对人类道德增强的确定性与不确定性亦在增长。

三 化学技术对人类道德增强作用的确定性与不确定性

道德增强理论的倡导者赛沃莱思库指出："生物医学道德增强不是唯一的'灵丹妙药'，而是在包括文化、社会方式等增强的综合路径中可以发挥作用的一种。"① 哈里斯也指出，"无论是基因的、化学的、手术的还是神经学的高科技操纵的新形式，无论是现在还是可预见的未来，道德增强的唯一可靠方式是那些已经使用了数千年的传统方式，即道德社会化、道德教育、父母监督，以及高科技方法在这些方面的一般应用"。②

显然，赛沃莱思库和哈里斯在这里讲到了两点：第一，传统道德增强是可靠的方法，这是确定的、不容置疑的；第二，包括化学技术在内的高科技一般应用方法也是确定的、可靠的。从前者看，传统道德增强如习俗教化、家庭教育、舆论监督等始终是维护人类发展安全，并经实践证明行之有效的道德增强的方式；从后者看，随着人类技术水平的不断提升，药物的、化学的、基因编辑的增强方式纷纷涌现，为人类实现自身能力增强提供了更多更新的可供选择方案，非传统道德增强成为人类道德进步的新方式，成为传统方式的有益补充。传统道德增强与非传统道德增强方式各有利弊，应该在互动与融合中，促进人类道德理性和道德精神走得更远和更好。

尽管非传统化学技术具有工具论意义上的确定性，但它在理论上和实践中仍然面临诸多不确定性困境。

种族安全问题。化学技术将在人种的层面改变和重塑人，从而在更高的革命意义上改写道德进化史。例如，通过生物化学方法增强运动员的体能，从而获得新能力的运动员被称为"生化运动员"。2005 年，美国上映科幻片《冲出宁静号》，其中联盟组织打着"和谐"的旗号，招揽自己的战

① Persson, I., & Savulescu, J., "Moral Hard-wiring and Moral Enhancement," *Bioethics* 4(2017): 286-295.

② Harris, J., "Moral Enhancement and Freedom," *Bioethics* 2(2011): 102-111.

士，开拓自己的疆土。他们为了所谓的"大善"（greater good）而训练勇士，控制思想，甚至想通过化学手段彻底根除"斗心"。好莱坞电影《生化危机》里面揭示人种如果改变，那么道德也将发生改变。这种可能性不是不存在的。此外，"化学阉割"的实施，会不会造成男性激素分泌水平普遍降低；长期来看，会不会改变现有人类的种姓……均无定论。

人的尊严问题。人及其尊严是最高的善。人的尊严包括生物学意义上的、心理学意义上的和社会意义上的。生物学意义上的人的尊严使人的生命尊贵和具有不可侵犯性，也即"人的生命尊严"。心理学意义上的人的尊严是指人的心灵、精神的尊贵和不受侵犯，也即"人的精神尊严"。社会意义上的人的尊严是指人们在社会中因为某种卓越特性而获得的敬仰和尊崇，是与个人经历了社会关系的他人、群体和社会对个人给予的价值承认和尊重，也称"人的社会尊严"。人的生物学意义上的尊严是最低层次和最大范围的尊严，人的心理学意义上的尊严和社会意义上的尊严反映的是对个人社会价值的评价。个人享有的尊严高低因人而异。人的身体不仅仅是生物意义上的物理构造和化学构造的有机体，更重要的是社会意义上的独立人格尊严的表现物。非传统化学技术道德增强使道德发展深陷自然主义和还原论的迷雾，造成事实与价值错位，贬低道德的神圣性和人的尊严。

对自由意志的干预。根据道德自然主义理论，个体道德意识和道德行为可以被还原成脑神经系统化学物质活动，那么，通过神经化学干预道德情感，调整和矫正人的道德行为，可能会干预个体独立的道德选择，会对人的自由构成威胁，进而使道德责任的界定变得模糊不清。毕竟，最终决定一个人行动的还是个体内心的道德信念，道德增强只不过是发挥助推作用而已。

正因为如此，从现有技术水平和伦理分析来看，对非传统化学技术道德增强应持非常谨慎的态度。只有建立相应的安全标准、管理制度来规范，才能使之在人类普遍认同的伦理框架内有序发展。未来，化学技术作用于道德增强将沿着多条路线发展。

化学技术将与脑科学进一步融合。科学产生的结果是有用的还是有害的，取决于决定使用它们的人的意图或目的。道德增强技术的发展呈现三种趋势，即增强应用逐步医学化、增强过程的自主性和增强手段的复合性。

生物医学是目前欧美国家道德增强实践运用最主要手段。"由于神经科学的进步，关于通过药理学提高道德能力或道德修养的辩论在过去十年中势头强劲。"① 生物医学道德增强作为当前技术化道德的主要呈现方式，展示了关于技术与道德关系的多重意蕴。未来，化学技术将与脑科学相互融合，例如化学药物与脑手术相互结合，使人获得特定的态度和性情，进而影响人类的道德选择和道德行为。将设备（传感器、微型芯片、纳米器件等）或假肢安装到人体来扩充大脑容量以提高信息接收、处理、传输等方面的能力，从而提高被增强者的认知能力。将"道德芯片"嵌入人体，让其给受体提供咨询或帮助受体做出道德判断，甚至做出道德选择。② 随着生物化学技术与纳米技术、信息技术和认知科学的融合，人类已制造出与生物相容性更强的纳米植入器件，如纳米芯片、纳米神经假肢，并打开脑机接口研究的新思路。"药物、电和化学对脑的刺激、在脑内植入芯片以增强记忆和信息处理能力、脑移植的成功等，则不仅能改变人的心理和行为，而且能改变个性和人格。"③ 可以设想：生活将会比以前更加复杂，技术变革时代中具有创新创意的各种新观点、新方法层出不穷，无论是化学的、物理的还是社会的，都会让人们获得更多更好的道德选择。

化学技术将与基因编辑技术、合成生物学等进一步融合。比如，通过基因编辑技术修复 MAO-A 基因类型，人心智更健全，而且化学修饰将使 CRISPR 基因编辑技术更加精准。由于这种基因编辑技术功能过于强大，加之基因编辑的广泛使用，因而必须被谨慎地对待。如果对其不加以严格控制，它将可能在不恰当的时间和位置改变目标基因，这样就可能带来很大的医疗隐患。合成生物学是正在兴起的新兴科学，结合了生物遗传学、化学和信息科学等学科，按照自动化编程和标准化体系，借助化学合成的基因创造人工的生物化学系统或有机体。合成生物学的成果包括催产素、血清素、β 受体阻滞剂、安非他命等，它们的使用可影响人的信任、公平、合作、反社会和暴力等倾向性心理和行为。合成生物学家还通过改进"代谢

---

① Macpherson, I., Roqué, M. V., & Segarra, I., "Moral Enhancement, at the Peak of Pharmacology and at the Limit of Ethics," *Bioethics* 2(2019): 7.

② 陈万球：《人工智能：道德进化的新引擎及其风险应对》，《中国科技论坛》2019 年第 9 期，第 4 页。

③ 邱仁宗：《人类基因组的伦理和法律问题》，《科技与法律》2000 年第 3 期，第 19 页。

工程"的化学技术，促进药物的研发和生产。新的化学合成品将可能在更高水平和更大范围内增强人的道德。

化学阉割在社会中可能会进一步扩大使用范围。化学阉割在一个国家的使用必须跨越道德的门槛。化学阉割的伦理问题在于：其可能违背医学道德，侵犯人权。化学阉割改变了人的道德的生理基础，会抑制或者增强人的道德因子在社会中的作用。因为，简单的、冰冷的化学手段，难以治愈生长于复杂社会的人心的荒芜与灰暗。一如我们对待盗窃，不能妄图以断其手足期待一劳永逸地解决问题。毕竟，人性没有那么简单。[1]

此外，鉴于近年来生化武器的研究和实验可能威胁人类整体的生存和发展，人类社会正在推动形成有关非传统安全和生化武器治理的全球伦理共识和统一行动框架，在更高意义上严格管控生化武器的科学研究以及试验展开。

---

[1] 奇云：《化学阉割：法律惩罚还是医学治疗?》，《生命世界》2012年第9期，第47页。

人类道德增强与人格同一性

——兼论人工智能增强*

陈万球　廖　莉

人格同一性是中西方经典哲学问题，近年来成为人工智能哲学、道德增强技术研究的热门话题。在道德增强技术哲学中，关于人格同一性问题讨论占有优先的地位。道德增强可能改变个体的人格特征，引发"我是谁"的人格同一性危机。我是谁？昨天的我与今天的我是同一个我吗？增强前的"我"和增强后的"我"是同一个我吗？增强后的"我"具有道德自由，需要承担道德责任吗？显然，关于道德增强对人格同一性影响的持续追问引发了许多具有学术意义的问题。对这些问题的探讨，拓展和深化了人格同一性哲学的论域。

一　问题的提出

人格同一性自古以来就是哲学家热议的话题。该问题涉及人的本质、人的理性、人的价值、道德责任等主题。亚里士多德强调，理性是衡量人之为人的标准。在近代欧洲哲学中，洛克重新发现了该问题的意义。他认为，有理智、能思想是衡量人格的标准："所谓人格就是有思想、有智慧的一种东西，它有理性、能反省，并且能在异时异地认自己是自己，是同一的能思维的东西。"① 学界主要从心理学、生物学、叙事学、人类学等视角

＊　本文发表于《自然辩证法通讯》2024 年第 3 期，收入本书时有修改。
①　〔英〕洛克：《人类理解论》，关文运译，商务印书馆，1959，第 309 页。

来阐述人格同一性的内涵并提出相应的判断标准。[①] 随着现代生物医药技术、认知科学、脑科学以及人工智能的迅速迭代，思想试验中的换体人、头颅移植、冷冻人、复制人等一系列崭新论题接踵而至。人格同一性这一经典议题被不断地赋予新的意义，引发学界的深入反思与持续追问。道德增强技术对人的创造性介入引发了"我是谁"的追问，拓宽了人格同一性的研究领域，却使传统"我是谁"的哲学问题更加复杂化。概言之，由于人类增强技术的崛起，学界的思辨与争辩分成了泾渭分明的两派，即"道德增强派"和"反道德增强派"。

道德增强派认为，人类传统的道德进步速度缓慢，难以应对快速发展的当代人类社会孕育的种种道德危机，主张通过现代技术手段，如人工智能、生物医药等协助人类提高道德认知水平或嵌入人体道德基因，以形成良好动机，增强道德情感，改善道德品质，进而造福整个人类社会。在道德增强派中，对技术是否会干预人格同一性又存在两种不同的观点：一种观点认为，道德增强技术不会干预人格同一性或者说干预效果可以忽略不计，可被称为"增强-无干预派"；另一种观点肯定道德增强技术会干预人格同一性，但表示这种干预不能构成禁止道德增强的理由，可被称为"增强-干预派"。

"增强-无干预派"的代表，也是英国牛津大学学者道格拉斯（Thomas Douglas）认为，道德增强不会改变人格同一性，也不会对人的自由产生影响。[②] 道德增强运用得当不仅不会破坏人格同一性，反而能实现真实完整的自我，表现为发挥个体内部潜能，提升个体在不同场景中对美德的理解，协调利己与利他的心态至场景所需最佳状态，并凸显人格同一性。[③]"增强-干预派"的代表尼尔·里普斯曼（Nir Lipsman）认为，任何手术都可能从根本上改变病人的看法，从而影响人的人格同一性，特别是在神经外科领域，对大脑进行神经外科手术很可能会导致人格或身份的改变。[④] 成功的道

① Shoemaker, D., "Personal Identity and Ethics," in Zalta, Edward N., ed., *Stanford Encyclopedia of Philosophy* (Palo Alto: Stanford University, 2021), pp. 8-9.

② Douglas, T., "Moral Enhancement," *Journal of Applied Philosophy* 3 (2008): 228-245.

③ 陈万球、周心怡：《道德增强与反增强的博弈与反思》，《伦理学研究》2019 年第 5 期，第 113~120 页。

④ Lipsman, N., Zener R., & Bernstein, M., "Personal Identity, Enhancement and Neurosurgery: A Qualitative Study in Applied Neuroethics," *Bioethics* 6 (2009): 375-383.

德增强可能影响一个人的自我概念，从而影响他的叙事身份，但只要该行为是由被增强者自由意志授意的，那这一干预就是可行的。杨鹿鸣和张洪江认为，情绪增强技术会造成人格异化或人格同质化等，但只要采取相应措施就能规避这一问题，使情感增强真正服务于人。①

反道德增强派普遍认为：道德增强会干预人格同一性，并且对这种干预持消极态度。卡尔·埃利奥特（Carl Elliot）表示，增强技术不仅会干预人格同一性，还会对人格同一性产生消极影响，如改变对人格同一性至关重要的个性、本质、认知能力等特征，从而让个体对自己的身份产生一种不真实感。② 菲利普·布雷（Philip Brey）肯定了人类增强技术对人格同一性的影响，其中关于增强智力、情绪、个性等人类特征的技术正是道德增强涉及的诸领域。他认为特别是对情绪和性格的增强会导致自我态度及自我与他人关系的变化，可能破坏自由意志以影响人格同一性。同时，未增强者与被增强者之间的差异会导致道德认同问题和社会不公问题，从而改变现有道德价值和社会秩序。③ 克鲁奇菲尔德·帕克（Crutchfield Parker）认为道德增强给个体道德特征带来的改变要比任何其他心理特征导致的身份变化更大，因为道德增强会中断个体的连续性自我，甚至在某些条件下等同于杀人。④ 总之，反道德增强派认为，道德增强会对人格同一性造成困扰，如人格同一性的模糊化、自我认同的断裂，进而带来道德责任和法律责任的判断等现实问题。

无论是道德增强派的辩护，还是反道德增强派的批判，双方在道德增强技术是否干预人格同一性的问题论争的焦点主要表现在四个方面。第一，道德增强是否会颠覆人的本质（属性）和改变身份认同；第二，道德增强是否会限制人的自由（意志）和自主性；第三，人格同一性是不是一个动态的发展过程；第四，道德增强是否会引发社会不公、美德认同、人格同

---

① 杨鹿鸣、张洪江：《情绪增强的伦理考量》，《医学与哲学》（A）2018 年第 6 期，第 30 ~ 33 页。

② Elliott, C., *A Philosophical Disease: Bioethics, Culture and Identity* (New York: Routledge, 1999), pp. 28-29.

③ Brey, P., "Human Enhancement and Personal Identity, "in Olsen, J. K. B., Selinger, E., & Riis, S., eds., *New Waves in Philosophy of Technology* (London: Palgrave Macmillan, 2009), pp. 169-185.

④ Parker, Crutchfield, "Moral Enhancement Can Kill, " *The Journal of Medicine and Philosophy* 43 (2018) : 8-12.

质化、道德责任等问题。从论争的对象来看，道德增强技术对人格同一性的影响主要表现在心理的连续性方面。事实上，脱离了人的生理连续性，人格同一性便无从谈起。

二 道德增强干预人格同一性的可能途径

人格同一性是技术哲学关注的重要理论问题，它表明一个人能够在身心历时性变化中依然维持其是同一个人的连续性特征。道德增强可能干预和改变个体的身心的连续性特征，引发"我是谁"人格同一性危机。道德增强干预人格同一性的可能途径有以下几个方面。

1. 自我认同中的道德标准

道德增强要达到提升人们道德水平的目的，必然需要考虑外在的道德标准能否被增强者认同，而这直接关系道德增强是否会改变个体人格同一性的问题。回答此问题，需要对道德标准进行一番解析。

道德标准是个体对行为做出善恶价值判断并践行道德行为的指南。道德增强有可能使被增强者对所做之事做出正确道德判断，并依此采取行动。[1] "自我"观念是在与他人交往中，作为认识对象出现在我们意识当中的，是人格同一性存在的先决条件。[2] 因此，在社会经验中形成的自我认同道德标准成为构建人格同一性的关键要素。在不同的文化背景和时空环境下，道德标准由于所重视的道德元素及其优先性不同而存在差异，因而存在私德和公德之分。[3] 人类在理性与情感上的基础性与共同性，决定了人类拥有普遍价值视域和共同服膺的道德尺度，如勇敢、自律、同情心等。这为调节多元价值下差异性人格的道德分歧提供了可能。

公共道德领域的道德标准界域在平衡不同道德个体的最低限度能力方面发挥了导向作用。道德个体存在消极和积极之分：消极的道德个体表现为不顾社会规范和共识并与之对抗，从而陷入与世界或自我相冲突的困境；积极的道德个体则会主动适应社会道德规范的约束，将他律化为自律，从

---

① Schaefer, G. O., "Direct vs. Indirect Moral Enhancement," *Kennedy Institute of Ethics Journal* 3 (2015): 261-289.

② 刘星：《脑成像技术的伦理问题研究》，湖南大学出版社，2017，第74~75页。

③ 陈万球：《德性能否复制：道德增强技术的三种质疑》，《中州学刊》2019年第12期，第105~111页。

而促成人格在个体认同和社会认可上的同一。道德增强技术旨在通过干预促使消极道德个体向积极道德个体转化，使外在的道德标准被个体认可和接纳，调和个体自我和社会的冲突，重新建立自我认同的道德标准，并以这样的道德标准行事。

2. 叙事自我与真实感受性

自我不仅是一个由目标和价值观定义的行为者，而且还是一个挖掘个人重要经验的自传者。自我叙述和回忆着自己经历的过去、现在和想象的未来。麦克莱恩（K. C. McLean）等人确认了叙事身份的三个维度：捕捉基本的结构元素，提供事实，关联连续性的自我，使生活叙事可理解；捕捉叙述自我的回忆经历中的动机和情感主题；捕捉元认知的叙述自我或自传叙述者，这种自传式推理与发展过程相关。① 道德增强会影响许多维持叙事身份的过程。例如，道德增强干预可能导致叙事身份的结构过程的脱节，比如在时间上出现不连贯和缺乏细节与情境，这使得自我无法理解生活故事，从而引发个体对叙事身份的真实感受性，从而干扰人格同一性。

道德增强作为提升人类道德认知的干预手段，不可避免地要涉及感受性的问题。我们对事物的认识都是从感观出发的。感受性是指个体的感觉系统对刺激物的感觉能力。真实感受性则是叙事自我完成构建的核心特征之一，也是从第一人称视角构建人格同一性的重要因素。真实感受性的重要性在于其使人不断审视自己，帮助个体开辟独特的道路从而过充满意义的生活。

然而，真实自我不易被发现。现代生物医学技术揭示，病理学可以隐藏真实的自我，而药物可以揭示真实的自我。② 以彼得·克莱默（Peter Kramer）、大卫·德格拉齐亚为代表的道德增强支持者把抗抑郁药物、兴奋剂、纳米神经假肢、深部脑刺激等描述为寻找或创造真实自我的增强方式。③ 批评者却声称，道德增强威胁着人们实现真实性，担心人们会与真实

---

① McLean, K. C., Syed, M., Pasupathi, M., Adler, J. M., Dunlop, W. L., & Drustrup, D., et al., "The Empirical Structure of Narrative Identity: The Initial Big Three," *Journal of Personality and Social Psychology* 4(2020): 920-944.

② Elliott, C., "Enhancement Technologies and the Modern Self," *Journal of Medicine and Philosophy* 4 (2011): 364-374.

③ Parens, E., "Authenticity and Ambivalence: Toward Understanding the Enhancement Debate," *Hastings Center Report* 3(2005): 34-41.

的自我和世界分离，从而失去、混淆或放弃人格同一性。实际上，两者的分歧源于对真实性概念的不同理解。支持者援引真实性的存在主义概念，把真实性解释为一种自我创造的形式，通过识别个体认可的元素来形成真实元素。批评者借鉴本质主义概念，把真实性看作发现自我的方式，主张从普遍的真实要素中寻找标识"真实自我"的本质特征。[①] 无论持哪种真实性概念，可以肯定的是，道德增强必然会对人的真实感受性产生影响，从而影响人格同一性。

3. 增强对象的自我客体化

基于还原论立场，道德增强把人的心理特征、状态还原为人体的某些生理特征、状态或器官。这种倾向性使得学界担心人自身将沦为受技术支配的物体或机器，这就是金格·A.霍夫曼（Ginger A. Hoffman）所谓的"自我客体化"，即非纯粹的客体以仅适合于纯粹客体的对待方式对待自己的行为。他认为，抗抑郁药在某些情况下的使用是一种自我客体化的体现。在有其他更优选择的情况下，受试者自主选择服用抗抑郁药是一种自我客体化的行为。[②] 理由在于，在药物干预过程中，受试者把自己当作一件可以操纵的东西，而不是可以推理的生物，用直接的方式改变人类的大脑、情感和认知过程而实现道德增强，这在一定程度上威胁了人们传统上所理解的自我存在。[③] 学界普遍认为干预技术引发的自我客体化担忧一般存在于直接的道德增强应用过程中，这一过程显然与人们作为自由和负责任的个体的存在是不相容的。然而，朱塞佩·里瓦（Giuseppe Riva）从另一个角度把自我客体化描述为一个特定的认知过程：一个人内化一个自我客体化的自我形象。[④] 个体根据自己的道德心理和行为来评价自己，内在地将一个客观的自我形象化，从而决定是否接受道德增强干预。如果按照朱塞佩·里瓦的理解，那么在道德增强情境中，接受道德增强干预这一选择是个体对自

① Pugh, J., Maslen, H., & Savulescu, J., "Deep Brain Stimulation, Authenticity and Value," *Cambridge Quarterly of Healthcare Ethics* 4(2017): 640-657.

② Hoffman, G. A., "Treating Yourself as an Object: Self-Objectification and the Ethical Dimensions of Antidepressant Use," *Neuroethics* 6(2013): 165-178.

③ Levy, N., *Neuroethics: Challenges for the 21st Century* (Cambridge: Cambridge University Press, 2007), pp. 78-79.

④ Riva, G., Gaudio, S., & Dakanalis, A., "The Neuropsychology of Self-Objectification," *European Psychologist* 1(2015): 34-43.

我客体化的道德形象与实际道德形象之间的差距进行评估而做出的，人的内在活动仍然被自我当作实现外在目标（整体道德的提升）的工具。

总之，无论是主动干预还是被动干预，个体都让渡了一部分自主权和自由，可能损害自主构建道德的能力，使人失去个性，这无疑会对人格同一性产生影响。

4. 选择的可能性和自主性

选择与德性有着最紧密的联系，因为选择不仅包含着理智，也包含着预先的考虑的意愿，是主体根据对善与恶的考量做出抉择的行为，因此选择比行为更能判断一个人的品质。[①] 人有自主选择的权利和自由，这既是道德和法律赋予的尊严与权利，也是影响人格同一性的重要因素。

道德增强是旨在通过改变个体的生理特征进而改善道德决策和行为的干预措施。因此，道德增强应用的前提便是要弄清楚人在自然状态下的道德能力是以何种方式对这种道德决策和行为产生影响的。道德能力包括道德推理和道德责任能力，它是人们做出道德决策并采取行动的关键。根据神经影像学研究，道德推理利用各种神经网络，包括情感、认知和动机过程，以神经为中介，实现心理与行为的互动。[②] 道德行为的调节涉及复杂的大脑系统，支持情感加工和目标导向的推理，其中去缺陷模式网络有助于整合道德情境中的情感和认知过程。[③] 道德责任能力意味着个人应该具有理性认知能力和行为选择能力。例如，精神病患者因对道德理由缺乏反应能力而应减免责任。一个人所具有的道德推理、判断和选择能力为道德增强的应用在生理基础和心理功能方面提供了可能性。

在道德增强实施过程中，任何加强某些道德情感或动机（如利他主义）或减少其他不道德情感（如攻击性）的生物干预通常付出的代价是侵蚀个人自主性。[④] 那么，在什么意义上可以认为这种干预侵蚀了自主性？一方面，如果通过改变一个人的生理特征以提高他做正确事情的意愿，那么我

---

① 〔古希腊〕亚里士多德：《尼各马可伦理学》，廖申白译注，商务印书馆，2003，第 68～71 页。

② Focquaert, F., & Schermer, M., "Moral Enhancement: Do Means Matter Morally?" *Neuroethic* 2 (2015): 139-151.

③ 罗国杰主编《伦理学》（修订本），人民出版社，2014，第 347～348 页。

④ Francisco, Lara, "Why a Virtual Assistant for Moral Enhancement When We Could Have a Socrates?" *Science and Engineering Ethics* 4(2021): 1-27.

们也可以考虑减少他的行为选择以将剥夺他做错事的可能性，但也剥夺了他"跌倒的自由"。[①] 另一方面，对一个人生理特征的干预直接与他的个人意愿无关，而是与其结果相关。直接进行道德增强便是绕过个体而实现的，如可以直接改变行为的经颅磁刺激、深部脑刺激和光遗传学等技术，这种干预方式很可能改变被增强者的人格同一性，更具有"强制性正常化"或强制性改变的风险甚至威胁，特别要注意父母替孩子做决定的被迫增强和道德增强作为罪犯的替代制裁的案例。[②]

三 道德增强的人格同一性伦理难题

道德增强会导致人格同一性的改变，并引发伦理难题，包括陷入人格同化困境、干预人的自由意志、引发自我认同冲突和道德责任归责失序等。

1. 陷入人格同化困境

人格的独特性意味着其是自己才具有的、与自己同一的特征。个体由于成长环境、文化背景、社会制度、教育水平的差异，形成了一个个性格迥异、独立思考的人格。密尔甚至认为：个性是人类福祉的因素之一，一个人与他人因不同才会相互吸引，才会关注对方的优点从而反思自己的不完善，才会产生结合双方优点的更好的人格。[③]

信念、动机和行为是人格的重要组成部分，也是体现个性独特价值所在。人格差异会使相同的情境下的个体产生不同的道德动机、情感、认知和行为，形成差异性的道德人格。道德增强正是通过改变人的道德动机、道德情感或道德认知而指导人的行为按照特定的道德标准行事的。例如，在情感增强的情境下，人们通常会倾向于选择增强积极正面的情感，长此以往，"喜怒哀乐"的丰富情感世界将演变成单一的"极乐世界"，导致情感的同质化。[④] 随着道德增强的实施，相近的人格复制品将不断涌现，与之相适的道德认同标准也将发生演变。当个体通过人工干预所获得的道德元

---

① Harris, J., "Moral Enhancement and Freedom, "*Bioethics* 3(2011): 102–111.
② Focquaert, F., & Schermer, M., "Moral Enhancement: Do Means Matter Morally?" *Neuroethics* 2 (2015): 139–151.
③ 〔英〕约翰·密尔：《论自由》，许宝骙译，商务印书馆，1959，第84~86页。
④ 易显飞：《当代新兴人类增强技术的伦理风险及其治理》，《中国科技论坛》2019年第1期，第7~9页。

素占比逐渐增大，这些道德元素将逐步替换个人通过自然进化而获得的道德特质，如果长久行之，人格同质化在所难免。

2. 干预人的自由意志

自由的本质、自由与道德责任的承担，是传统伦理学关于自由问题的基本领域。在黑格尔看来，自为存在的意志便是人，人格始于个体对其自身的认识，并伴随自我意识的形成和发展而不断完善。① 人类在自由意志的基础上创造了一个主观见之于客观的世界，自由意志逐渐发展为人格的内在规定性。道德法则作为人类所创造的主观见之于客观的规定性，内蕴着自由意志，即人们可以根据自己的意志选择来决定成为一个什么样的人。只有出于自由选择而做出道德行为的人，才是有道德的人。② 如果道德增强干预了被增强者的自由意志，使其价值观和行为选择所依赖的是他不能控制的因素，那么即使其实现了道德增强，也不能认为他成了一个有德性的人。然而，道德增强可能不得不面对强制干预的情况，因为那些最应当接受道德增强的人（如罪犯）恰恰是最不可能自愿接受增强的人，如果因捍卫自由意志而禁止强制性道德增强的使用，这会使该技术的实用性大打折扣。按照坏的动机行事的自由没有任何价值，强制也并不意味着就是没有自由，就像法律的有效实施才是确保自由的前提一样，强制性道德增强有其合理性。虽然通过生物医学手段进行道德增强并不一定会使受试者失去自由，但我们并不能排除在没有受试者知情同意的情况下，道德增强可以被合理地实施。③

3. 引发自我认同冲突

"身份"一词具有自我指向性，是一个人的重要标识，关系着对一个人真实的理解和尊重，个体身份形成的主要目的是为了识别一个清晰概念的自我。④ 自我认同是人们对于自己是谁的认识，包括自我概念、自尊和社会身

---

① 宋希仁主编《西方伦理思想史》（第2版），中国人民大学出版社，2010，第352~355页。
② Rakić, V., "Voluntary Moral Enhancement and the Survival-at-any-cost Bia," *Journal of Medical Ethics* 4(2014):246-250.
③ Persson, I., & Savulescu, J., "The Duty to Be Morally Enhanced," *Topoi* 1(2017):7-14.
④ 叶岸滔：《道德增强：问题、局限与医学化挑战》，《华中科技大学学报》（社会科学版），2016年第5期，第28~33页。

份认同，自我认同可以视为一个人自我概念中叙述个体发展历史的一部分。[1]
自我认同在决定一个人随后的行为、态度和意图方面起着重要作用。自我
认同在道德方面的重要性在于它决定了人们对自己的感觉，并且是人们的
意图、态度和行为的强有力的决定因素。[2]

　　道德增强通过干预人的意识活动，并重新定义自我以达到提升道德水
平进而践行道德行为的目的。这无疑会对自我认同产生影响。这种影响首
先表现为虚假的自我认同。根据自主性程度，道德增强主要分为直接道德
增强和间接道德增强。前者改变大脑结构和功能以改善个体思维模式和行
为，这种干预带来的增强即便征求了被增强者的同意，也是在牺牲自主性
的情况下获得的。这样的获得是虚假的和暂时的，而如果是永久性的干预，
那被增强者只不过是受制于增强技术的机器。其次表现为多重人格或人格
混乱。如果被增强者自身产生的动机、情感、认知等心理倾向性与外来的
这类心理倾向性不相容，那就相当于把很多种情感、动机等强加到一个人
身上，就会导致其自我认识混乱，这种人格混乱或多重人格的状态容易导
致自我认同感缺失，甚至出现人格障碍，产生诸如无视道德规范、践踏法
律权威等行为。最后表现为属性化的第三人身份。第三人身份在很大程度
上决定一个人如何被他人对待，而较差的第三人身份可能使一个人成为歧
视和不良待遇的对象。道德增强后的个体可能不被他人和社会接受，甚至
受人歧视，进而影响对自我的认同。

　　4. 道德责任归责失序

　　洛克提出人格同一性理论就是为赏罚寻找根据，他在《人类理解论》
中指出，"刑和赏之所以合理、公正，就是在于这个人格的同一性"。[3] 大
卫·舒梅克（David Shoemaker）也表示，一个人在道义上只能对自己的行
为负责，这意味着人格同一性是承担道德责任的必要条件。[4] 一个人承担道

① 〔美〕玛丽安·米瑟兰迪诺：《人格心理学》，黄子岚、何昊译，上海社会科学院出版社，
　　2015，第3~4页。
② Brey, P., "Human Enhancement and Personal Identity,"in Olsen, J. K. B., Selinger, E., & Riis, S.,
　　eds., *New Waves in Philosophy of Technology*(London: Palgrave Macmillan, 2009), pp. 169-185.
③ 〔英〕约翰·洛克《人类理解论》上册，关文运译，商务印书馆，1959，第317~318页。
④ Shoemaker, D., *Personal Identity and Ethics: A Brief Introduction*(Ontario: Broadview Press, 2009),
　　pp. 20-26.

德责任的前提条件是，行为主体在实施行为的前后必须是同一个人或人格。① 研究表明，道德增强的运用会对人的道德能力产生影响，约翰·R.舒克（John R. Shook）甚至认为道德增强剂的简单使用都会减少个体严肃道德思考的机会、能力及其责任。② 这就给道德增强语境下的归责带来了困境。人们不禁追问：增强后的这个人与增强前的那个人还是同一个人吗；增强后的他，需要为增强前的行为承担责任吗？

根据生理标准，道德责任的归责原则应该是当且仅当个体现在和当时拥有同样的身体及其生理功能。但是，由于道德增强对个体生理功能进行了干预，由此引发的责任判定会在此标准下陷入困境。此外，我们倾向于认为判断一个人是否应该对自己的行为负责的底线是，一个人是否可以不这样做。③ 这意味着承担道德责任须是个体在知情条件下做出的自主选择，即故意做了不容于道德的行为，这就涉及人格同一性的心理标准。心理标准侧重一个或多个基本心理能力的延续，而干预受试者的记忆、意识、推理能力的道德增强会使道德责任界定陷入两难境地。而且，受试者对技术的了解程度和自主性的掌控程度很难把握，这增加了道德责任认定的难度。可见，心理标准既不能体现出人格同一性的动态性发展，也没有考虑自我价值观的影响因素。那么，认同理论能否弥补这一缺陷呢？认同理论注重社会价值观对叙事身份形成的影响和对人格同一性的判断，其对道德责任的判断主要是从第三人的视角进行的，显然缺乏自我内在的评判标准，而现实中可能存在受试者违背自己意愿被迫按道德冲动行事却仍然要对自己所做之事负责的情况。总之，以单个的人格同一性判断标准对道德责任进行界定都存在不能涵盖的案例。可见，道德增强的应用会让我们陷入道德责任归责失序的困境。

四　人格同一性伦理难题的批判与破解之道

道德增强技术对人的自由意志、道德判断、自我和个性等进行改造，

---

① Focquaert, F., & Schermer, M., "Moral Enhancement: Do Means Matter Morally?" *Neuroethics* 2 (2015): 139-151.

② Shook, J. R., "Neuroethics and the Possible Types of Moral Enhancement," *AJOB Neuroscience* 4 (2012): 3-14.

③ DeGrazia, D., *Human Identity and Bioethics* (Cambridge: Cambridge University Press, 2005), pp. 95-96.

所带来的伦理难题远比现代遗传学来得棘手。本文对道德增强技术进行道德审视与批判，提出破解之道，以期使技术始终沿着科技以人为本的合理轨道前行。

1. 以人格同质化问题为中心：保留人格差异

道德是人们在实践中所构建的主观见之于客观的社会意识形态，与之相对应的道德的习得是个体通过不断学习在实践过程中获得的。从该意义上讲，传统道德增强使德性成为个体身体经验的内在组成部分，是个体实现身份叙事的重要过程。个体由于学习、实践和文化背景的不同而形成各异的人格，而非传统道德增强则对传统道德增强方式发出了挑战，它通过技术而不是社会经验习得的方式让人迅速做出道德行为。按照非传统道德增强的模式，个人道德经验和道德修养的丰富性、情境性与差异性可能被忽视，甚至个体可以通过批量化生产而实现道德增强，成为技术干预下的具有"善"的个体，而社会将陷入人格同质化的困境。人及其尊严是最高的善，个体因某种卓越性特性而受到敬仰和尊严，因而个人享有的社会尊严因人而异，而道德增强导致的人格同质化贬低了道德神圣性和人的尊严。因此被增强后的道德行为难以被社会认同。

人格差异或个性正是人的独特价值之所在，即使在未来的共产主义社会，也并不意味着所有人的道德水平处于绝对同一的水平，因此，道德增强更应保持这种差异性才能符合初衷——道德的整体性增强。我们认为：道德增强技术在实施的过程中，既要保留人格差异，又可以保有适当的同一性。换言之，只有保留人格同一性基础上的道德增强才会获得道德辩护。如此才能回应理论上和实践上对道德增强导致人格同质化问题的质疑。

2. 以自由意志问题为中心：保障意志的自主性

传统观点认为，真正道德的行为是个体面临道德抉择时自主选择的结果，而这种意志自主性才使得行为具有道德属性。虽然道德增强相较于传统的道德教育方式更有效率，但其由于干预人的自由意志而受到质疑：干预过程中的道德意志是否是自由的；干预与道德选择是否具有因果决定关系。[①] 所以，哈里斯（J. Harris）质疑道德增强会取消人做恶的自由就不难

---

① Lara, Francisco, "Why a Virtual Assistant for Moral Enhancement When We Could Have a Socrates?" *Science and Engineering Ethics* 4(2021): 1-27.

理解了。哈里斯的观点内蕴着自由意志的两方面规定性。即自主性和可选择性，这与马克思和恩格斯关于人的本质的观点相契合。道德增强的提出正是基于不断完善和发展自我的需要，即为了发展和完善个性特征、道德品质和素质能力而有了道德增强，自由意志成为道德增强合理性的逻辑起点，也是对道德增强进行分析和评价的依据。

可见，如果不能从理论上回答道德增强是否会限制意志自由的问题，道德增强必然会遭遇质疑，也会面临合法性挑战。尽管有不少学者从后果论、德性论和知情同意权等方面提供了道德增强与自由意志兼容的辩护路径，但都未能完全令人信服。在道德增强的实际操作中，必须保障道德增强中意志的自主性，即只对意志决定的前件（道德认知和情感）实施干预，以此为道德增强的合法运用提供可行性方案。拉拉（Francisco Lara）提出设计一款集对话、中立性和虚拟现实技术于一体的人工智能道德增强体以实现自主权的保障，这或许有望使上述观点从理论变成现实。①

3. 以自我认同为中心问题：以个体的"自由意志+"为前提

道德增强对个体自我认同施加的影响直击"我是谁"的问题，引发了虚假的自我认同、多重人格、属性化的第三人身份等问题。如占支配地位的道德价值观是否与自我认同的价值观相一致，自我已有价值观是否会容纳并接受由道德增强支配的价值观。

然而，关于道德增强的伦理难题，生物伦理学家们在很大程度上忽视了最引人注目的一个方面，那就是人们用身份和真实性的语言来描述它们的程度。德格拉齐亚（David Degrazia）和格兰农（Walter Glannon）声称，成功的道德增强项目很可能影响一个人的自我概念，从而影响他的叙事身份。② 但只要道德增强干预引发的人格同一性变化是在自由意志支配下发生的，且个体的行为出于他的本性并且他认同这种变化，那么这种变化就可以被视为是自我创造的真实行为。③ 简言之，以自我认同为中心问题的解

① Lara, Francisco, "Why a Virtual Assistant for Moral Enhancement When We Could Have a Socrates?" *Science and Engineering Ethics* 4(2021): 1-27.

② DeGrazia, D., "Enhancement Technologies and Human Identity," *Journal of Medicine and Philosophy* 3(2005): 261-283; Glannon, W., "Bioethics," *Neuroethics* 1(2006): 37-52.

③ 胡永文、柯文：《道德增强与人的自由——自主原则的视角》，《自然辩证法通讯》2021年第9期，第46~53页。

决，应当以个体的"自由意志+"为前提。如果实施道德增强技术之前，个体的自由意志被尊重，履行了知情同意原则，同时，个体也认同该行为带来的变化，那么这种道德增强就是合理并成功的。

4. 以道德责任为中心问题：明确道德增强相关主体的责任

前已述及，道德增强的应用面临这样的一个问题，即道德责任归责不清。因为一旦同一性遭到破坏，个体为自身行为负起道德责任的能力就会受到贬损，即使个体做出道德行为，也难以确认自身道德的进步。虽然道德增强会带来道德责任归责失序问题，但也不乏支持者为其辩护。人格同一性处于一种动态的自我组织过程中，所有新出现的经验、意识和心理状态都会被自我体验和理解，然后被整合到人格同一过程中。关于人格同一性的判断标准尚且存在争议，道德增强可能陷入改变人类生活状况的质疑，如短暂的思维增强会提升人对生活的应对能力，但萎缩或消失的应对能力可能会削弱个体对自己的责任感。同时，在增强过程中，与自我和个人身份相关的隐私可能会受到技术和操作者的威胁，外部干预可以越来越多地取代应对能力和个人发展。如果干预这个过程在很大程度上受到设计者输入系统的某种价值框架的指导，那么这个干预过程采用的是具有明显个人属性的价值观。显然，明确技术研发运用各方主体责任，才能在道德责任的判断和划分上做出客观公正的界定。要划分道德增强相关主体的责任，常基于对一件事所负的责任与因果贡献率成正比的原则。如果我们认为自己不是引发事情的原因就会感觉自己对该事件没有责任，而当我们与其他因素一起导致该事情发生的时候，责任作为因果基础的概念就被稀释了。[①]道德增强也面临道德责任被稀释而让侥幸者逃脱追究的风险，因为道德增强涉及的主体有研发者、实施者、受试者，还涉及法律制定、政府监督和社会保险等部门。从受试者的角度来看，研发者和实施者对道德增强的使用负有责任，因为他们对这种使用有一定程度的控制，并且他们可能通过传达受试者如何与技术互动以实现一些实际目的来转移责任。[②]

---

① Pols, A. J. K., & Houkes, W., "What Is Morally Salient about Enhancement Technologies?" *Journal of Medical Ethics* 2(2010): 84-87.

② 张永军、张效初：《成瘾人群的自由意志及其增强路径》，《自然辩证法通讯》2022年第11期，第32页。

五 结语

道德增强面临的伦理诘难既深又广。道德增强引发的人格同一性问题及其道德批判，为人们对人格同一性问题的理解提供了一种新的尝试。在目前正在进行的研究能够证明其有效性之前，关于道德增强干预人格同一性及其可能导致的伦理问题大多仍然是推测性的。虽然并不能因此否认人工智能以及生物医学道德增强对人类道德进步的意义，但在诸如此类的担忧得到更充分与合理的回答之前，仓促推进道德增强实践和临床试验等将是不道德的。

图书在版编目（CIP）数据

道德增强技术的伦理问题研究／陈万球著. -- 北京：
社会科学文献出版社，2025.6. -- ISBN 978-7-5228
-4898-3

Ⅰ. B82

中国国家版本馆 CIP 数据核字第 2025YZ2725 号

道德增强技术的伦理问题研究

著　　者／陈万球

出 版 人／冀祥德
责任编辑／曹长香
文稿编辑／李瑶娜
责任印制／岳　阳

出　　版／社会科学文献出版社（010）59367162
　　　　　地址：北京市北三环中路甲 29 号院华龙大厦　邮编：100029
　　　　　网址：www.ssap.com.cn
发　　行／社会科学文献出版社（010）59367028
印　　装／三河市尚艺印装有限公司

规　　格／开　本：787mm×1092mm　1/16
　　　　　印　张：21　字　数：342 千字
版　　次／2025 年 6 月第 1 版　2025 年 6 月第 1 次印刷
书　　号／ISBN 978-7-5228-4898-3
定　　价／99.00 元

读者服务电话：4008918866